觀音特展

Visions of Compassion: Images of Kuan-yin in Chinese Art

國立故宮博物院

Visions of Compassion: Images of Kuan-yin in Chinese Art

Catalogue to a Special Exhibition of Works from the National Palace Museum Collection

by
Yu-min Lee

Translations by
Donald E. Brix

National Palace Museum
Taipei

目次

展覽概述......9

中國觀音的信仰與圖像......10

圖版......40

雕刻類......41
1 北魏 觀音菩薩立像......42
2 隋 雙觀音菩薩立像......44
3 隋 觀音菩薩立像......46
4 唐 觀音菩薩立像......48
5 大理國 阿嵯耶觀世音菩薩立像......50
6 大理國 觀音菩薩坐像......52
7 明 觀音菩薩坐像......54
繪畫類......57
8 宋人 畫千手千眼觀世音菩薩......58
9 〔傳〕宋 賈師古 大士像......60
10 明人 準提菩薩......61
11 明 仇氏杜陵內史 白衣大士像......62
12 明 邢慈靜 觀世音菩薩三十二應身......64
13 明 邵彌 蓮華大士像......88
14 明 丁雲鵬 大士像......90
15 〔傳〕元 趙孟頫 魚籃大士像......94
16 明 吳彬 畫魚籃觀音......95
17 明 吳彬 大士像......96
18 明 陳洪綬 蓮池應化圖......97
19 〔傳〕唐 范瓊 大悲觀音像......98
20 〔傳〕元 張渥 十六臂大士像......100
21 〔傳〕明 仇英 觀世音菩薩......102

22〔傳〕元 柯九思 畫大士......104
23〔傳〕宋人 白描大士像......105
24 明人 觀世音菩薩品經像......108
25〔傳〕宋人 觀音大士......110
26〔傳〕明 丁雲鵬 畫莊嚴大士瑞像......112
27 清 陳書 出海大士像......114
28 清人 畫海洞潮音......116
29 民國 溥儒 觀音......117
30〔傳〕隋人 成陀羅造觀世音菩像......118
寫經類......119
31 明人 書妙法蓮華經觀世音普門品......120
32 明人 佛頂心觀世音菩薩大陀羅尼經......146
33 明人 千手千眼觀世音菩薩大慈心陀羅尼經......154

作品解析......179

張勝溫「梵像卷」之觀音研究......223

英文說明......253
英文展覽概述......254
英文作品簡介......256

Contents

(of the sections in/with English)

Plates..40

<u>*Sculptures*</u>

1 **Standing Kuan-yin,** *Northern Wei Dynasty* 42

2 **Two Standing Kuan-yin,** *Sui Dynasty* 44

3 **Standing Kuan-yin,** *Sui Dynasty* 46

4 **Standing Kuan-yin,** *T'ang Dynasty* 48

5 **Standing Ācārya Kuan-yin,** *Ta-li Kingdom* 50

6 **Seated Kuan-yin,** *Ta-li Kingdom* 52

7 **Seated Kuan-yin,** *Ming Dynasty* 54

<u>*Paintings*</u>

8 **Kuan-yin of a Thousand Arms and Eyes,** *Anonymous, Sung Dynasty* 58

9 **Kuan-yin,** *Attributed to Chia Shih-ku, Sung Dynasty* 60

10 **Cundī,** *Anonymous, Ming Dynasty* 61

11 **White-robed Kuan-yin,** *Tu-ling Nei-shih, Ming Dynasty* 62

12 **Thirty-two Manifestations of Kuan-yin,** *Hsing Tz'u-ching, Ming Dynasty* 64

13 **Kuan-yin of the Lotuses,** *Shao Mi, Ming Dynasty* 88

14 **Kuan-yin,** *Ting Yün-p'eng, Ming Dynasty* 90

15 **Kuan-yin of the Fish Basket,** *Attributed to Chao Meng-fu, Yüan Dynasty* 94

16 **Kuan-yin of the Fish Basket,** *Wu Pin, Ming Dynasty* 95

17 **Kuan-yin,** *Wu Pin, Ming Dynasty* 96

18 **The Amitābha Triad,** *Ch'en Hung-shou, Ming Dynasty* 97

19 **Kuan-yin of Great Compassion,** *Attributed to Fan Ch'iung, T'ang Dynasty* 98

20 **Sixteen-armed Kuan-yin,** *Attributed to Chang Wo, Yüan Dynasty* 100

21 **Kuan-yin,** *Attributed to Ch'iu Ying, Ming Dynasty* 102

22 **Kuan-yin,** *Attributed to Ko Ch'iu-ssu, Yüan Dynasty* *104*

23 **Kuan-yin in the Outline Manner,** *Attributed to an Anonymous Artist, Sung Dynasty* *105*

24 **Kuan-yin Bestowing Children,** *Anonymous, Ming Dynasty* *108*

25 **Kuan-yin,** *Attributed to an Anonymous Artist, Sung Dynasty* *110*

26 **Solemn Kuan-yin,** *Attributed to Ting Yün-p'eng, Ming Dynasty* *112*

27 **Kuan-yin by the Sea,** *Ch'en Shu, Ch'ing Dynasty* *114*

28 **Kuan-yin of the Tidal Cave,** *Anonymous, Ch'ing Dynasty* *116*

29 **Kuan-yin,** *P'u-ju, Republican Period* *117*

30 **Kuan-yin,** *Attributed to an Anonymous Artist, Sui Dynasty* *118*

Manuscripts

31 **"The Kuan-yin Chapter" from the *Lotus Sūtra*,** *Anonymous, Ming Dynasty* *120*

32 ***Kuan-yin Sūtra*,** *Anonymous, Ming Dynasty* *146*

33 ***Kuan-yin Sūtra of Great Compassion*,** *Anonymous, Ming Dynasty* *154*

Introduction..254

Descriptions of the Plates..256

展覽概述

觀音又稱觀世音、觀自在。祂的信仰自三世紀傳入我國以後，很快地便在各地蓬勃發展起來。如今在我國供奉觀音菩薩的寺院隨處可見，口誦「南無大慈大悲觀世音菩薩」的信眾不計其數，俗諺云：「家家觀世音，戶戶阿彌陀」，觀音菩薩無疑是國人最熟悉的大乘菩薩。

西晉太康七年（286），竺法護翻譯《正法華經》，正式揭開了我國觀音信仰發展的序幕。自此迄今，已有一千七百年的歷史。在這漫長的歲月中，高僧們翻譯了八十餘部的觀音經典，信眾為了因應信仰的需要，依據正統佛經的思想和修行方法，撰著了許多部觀音偽經，並且編纂了無數觀世音菩薩感應集和聖德錄，民間更流傳著眾多的觀音話本、傳說。經過中國文化長期的薰陶，觀音這位在印度美術中的男相菩薩，到了宋元之際，則漸漸變成一位有如慈母一般的女性菩薩。觀音這位外來的菩薩，已經成為我國文化的一部分。

觀音信仰的內容豐富，從性質來分，可分作顯教觀音、密教觀音和中國化觀音三大類。在圖像上，這三個系統的觀音形象也各具特色。顯教觀音信仰是以《法華經》〈普門品〉、《華嚴經》、《觀無量壽佛經》等大乘的顯教經典為根據。這一系的觀音菩薩圖像，一首二臂，頭戴化佛寶冠，手中多持蓮花、楊枝、淨瓶、念珠、水杯等，例如此次展出傳為宋人的觀音大士、傳為仇英的觀世音菩薩等。密教觀音信仰以《十一面觀音經》、《千手千眼觀世音菩薩大悲心陀羅尼經》、《七俱胝佛母准提大明陀羅尼經》等密教經典為基礎。這一系的觀音菩薩圖像為一首多臂，或多首多臂，手中往往執持不同的器物，來協助信眾解除種種的災厄與困難，例如此次展出傳為范瓊的大悲觀音像、明人準提菩薩等。中國化的觀音信仰則以觀音偽經、靈應集、寶卷、話本、傳奇為依憑。這一系的觀音菩薩圖像多受民間文學的影響，較常見的有白衣觀音、送子觀音、魚籃觀音、南海觀音等。明代民間尚依《楞嚴經》〈二十五圓通法門〉或《法華經》〈普門品〉所說，觀音菩薩隨類應化，化現為三十餘種不同人物為眾說法的經義，彙集了當時流行的三十二或三十三種觀音形象，成為「觀世音菩薩三十二應身像」或「三十三觀世音菩薩像」，其中大部分的圖像不見於經典的記載，是觀音信仰中國化最具體的表徵。

此次特展陳列本院所藏歷代觀音菩薩的畫作，以及顯教、密教和偽經三類不同的觀音經典，一方面呈現觀音信仰豐富的內涵，再方面從變化多端的觀音菩薩形象裡，希冀觀眾能對佛教中國化的軌跡有所認識。

中國觀音的信仰與圖像

引言

觀音的梵名為 Avalokiteśvara，古譯闚音、現音聲，音譯作阿縛盧枳低濕伐羅，意譯又稱觀世音、光世音、官世音、觀自在等。祂是大乘佛教中的十地菩薩，為完美的慈悲化身。祂的信仰在印度成立以後，很快地便在各地蓬勃展開。現在東至日本、韓國，西至印度、西藏，南到斯里蘭卡、中南半島，北至蒙古，無論是信奉小乘、大乘顯教或是金剛乘佛教的地方，都可以發現觀世音菩薩的蹤跡。在我國，供奉觀世音菩薩的寺院隨處可見，口誦「南無大慈大悲觀世音菩薩」的信眾不計其數，俗諺云：「家家觀世音，戶戶阿彌陀」。觀世音無疑是國人最熟悉的一位佛教人物。

我國的觀音信仰發展迄今，已有一千七百年的歷史，源遠而流長。目前我國佛教的經藏中，與觀音有關的顯、密經典多達八十餘部，尚不包括流傳於民間的觀音偽經。四世紀末，謝敷（活動於371-396）集錄了我國佛教史上最早的一部觀音靈驗集——《觀世音應驗記》，[1]自此以後，觀世音菩薩靈感應驗集、聖德錄的編纂便不曾中斷。唐宋以來，與觀世音有關的文學作品，如小說、戲曲、寶卷等，時有所見，這些文學著作對觀音信仰的傳播更有著推波助瀾的作用。我國觀世音菩薩的形象又千變萬化，除了印度、中亞傳來顯、密二教的圖像外，又發展出白衣觀音、魚籃觀音、送子觀音、南海觀音等不見於佛典記載的圖像，這些作品更為中國美術增添了不少光彩。觀音這個外來的佛教人物，經過中國文化長期的滋潤和薰陶，如今已經化為我國文化的血肉，而祂的形象也由印度的男相造形變為女相菩薩。本文試圖鉤勒我國觀音信仰和圖像發展的輪廓，並擬從其圖像的轉變過程中，一探佛教中國化的發展軌迹。

兩晉、十六國時期

雖然早在東漢（25-220）末年，支亮翻譯的《法鏡經》和支曜所譯的《成具光明定意經》，就已經提到闚音[2]與觀音[3]的名號，可是在當時觀音菩薩並沒有引起太多的注意。直到西晉太康七年（286），竺法護翻譯了與觀音信仰密切相關的《正法華經》後，我國的觀音信仰始揭開序幕。

檢視經錄發現，兩晉時期（265-420）我國流傳與觀音信仰有關的經典約十部左右，依其內容，大抵可分為淨土、授記和法華三大類。屬淨土系的有一部，乃曹魏嘉平四年（252）康僧鎧翻譯的《佛說無量壽經》。該經言及，觀世音和大勢至為無量壽佛的兩大脇侍菩薩。屬授記類的有兩部，一為西晉（265-317）竺法護所譯的《光世音大勢至受決經》，[4]另一是北涼沮渠蒙遜（412-432 在位）時

---

1 謝敷集錄的《觀世音應驗記》已散佚不存，但該書的部分內容收錄於傅亮（374-426）集錄的《光世音應驗記》和王琰（五世紀）的《冥祥記》。

2 〔東漢〕支亮譯，《法鏡經》，收錄於《大正新脩大藏經》（以下簡稱《大正藏》，台北：新文豐出版社，1983），第12冊，頁15中。

3 〔東漢〕支曜譯，《成具光明定意經》，《大正藏》，第15冊，頁451下。

4 僧祐（445-518）在《出三藏記集》中已將該經列入闕本（〔梁〕僧祐，《出三藏記集》卷二，《大正藏》，第55冊，頁9上-下）。

曇無讖翻譯的《悲華經》〈授記品〉。這類經典言及，觀世音菩薩為一生補處菩薩，無量壽佛進入涅槃後，其將得阿耨多羅三藐三菩提，成就佛道，號「遍出一切光明功德山如來」。在法華系方面，則至少有七部之多，居三類之冠。兩晉時期，除了西晉竺法護所譯的《正法華經》外，後秦弘始八年（406）鳩摩羅什又翻譯了《妙法蓮華經》。《正法華經》第二十三品〈光世音普門品〉和《妙法蓮華經》第二十五品〈觀世音菩薩普門品〉皆稱，只要人們一心稱念觀世音菩薩的名號，一定能脫離「七難」（火、水、風或羅剎、刀杖、鬼、枷鎖、怨賊）、「三毒」（貪、瞋、癡）之苦，並能滿足「二求」（求男、求女）的願望；同時該品又提及觀世音菩薩能夠隨類應化，以三十三種不同形象，為眾說法。〈普門品〉所揭櫫觀世音菩薩普門示現、圓通無礙，救護眾生的特質，奠定了觀音信仰的基本性格。太康八年（287），竺法護又翻一部《普門經》，[5]東晉的祇多蜜也曾譯《普門品經》；[6]此外，《法華經》〈普門品〉還曾單獨地被抄錄出來，脫離《法華經》，以《光世音經》、《觀世音經》的名日流傳。[7]智顗（538-597）說的《觀音玄義》提到，北涼奉佛甚篤的沮渠蒙遜有疾，曇無讖告之曰：「觀世音與此土有緣，乃令誦念，患苦即除，因是別傳一品，流通部外也。」[8]這些資料充分說明，法華系的〈普門品〉實是兩晉時期最重要的一部觀音經典。實際上，它也是我國觀音信仰發展史上最重要的一部經典。

在兩晉的志怪小說中，不乏觀音靈驗故事的記載。傅亮（374-426）的《光世音應驗記》記述，晉元康中（291-299）竺長舒因誦《光世音經》而免於火難。[9]此一事件上距竺法護譯出《正法華經》和《普門經》不過十年左右的時間。另外，年九十餘卒於後趙石虎（卒於 349）統治末期的帛法橋，也因至誠禱念「光世音菩薩」，使得低微的聲音轉為宏亮。[10]光世音菩薩一名即典出竺法護所譯的《正法華經》〈光世音普門品〉。從這些靈驗故事看來，《正法華經》譯出後不久，觀音信仰便逐漸展開。不過在筆者所收集的晉代觀世音菩薩應驗記中，僅發現三則西晉的資料，足證，三世紀時我國的觀音信仰尚屬萌芽階段。

東晉時期（317-420），我國的觀音信仰迅速地傳佈開來，最早的觀音靈驗記即是在這一時期編纂的。目前筆者蒐集的觀音應驗記中，屬於東晉時期的就有三十五則之多。由於這些故事的主角身分多為一般百姓或中、下層官吏，顯示當時的觀音信仰是先在庶民階層紮根。

宗炳（375-443）的〈明佛論〉云：「神意安定有危迫者，一心稱觀世音，略無不蒙濟皆向，所謂生蒙靈援，恐則清昇之符也。」[11]的確，大部分的東晉靈驗故事提到，觀世音是一位具有神力的菩薩，每當信眾專念觀世音名號，或誦持《觀世音經》，被虜者得脫，收押者枷鎖自落，如竇傅、僧明感、[12]尼令宗[13]等；在江海上遭遇風暴者平安，如法顯[14]（？-約 422）、道冏、[15]釋法純[16]等。總之，

---

5 〔梁〕僧祐，《出三藏記集》卷二，《大正藏》，第55冊，頁8中。

6 同上註。

7 參見〔梁〕僧祐，《出三藏記集》卷四，《大正藏》，第55冊，頁22中。

8 〔隋〕智顗說．灌頂記，《觀音玄義》卷下，第34冊，頁891下。

9 〔劉宋〕傅亮，《光世音應驗記》，收錄於孫昌武點校，《觀世音應驗記（三種）》（北京：中華書局，1994），頁2。

10 同上註，頁3-4。

11 〔晉〕宗炳，〈明佛論〉，引文見〔梁〕僧祐，《弘明集》卷二，《大正藏》，第52冊，頁16上。

12 〔劉宋〕傅亮，《光世音應驗記》，收錄於孫昌武點校，《觀世音應驗記（三種）》，頁4-5。

13 〔梁〕寶唱，《比丘尼傳》卷一〈釋令宗尼傳〉，《大正藏》，第50冊，頁936下。

14 〔東晉〕法顯撰．章巽校註，《法顯傳校註》（上海：上海古籍出版社，1985），頁167。

15 〔梁〕慧皎，《高僧傳》卷十二〈釋道冏傳〉，《大正藏》，第50冊，頁407上。

16 〔蕭齊〕陸杲，《繫觀世音應驗記》，收錄於孫昌武點校，《觀世音應驗記（三種）》，頁24。

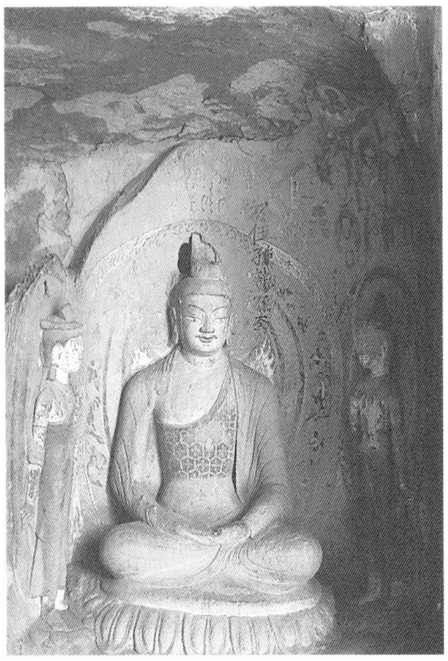

圖 1　無量壽佛三尊像
西秦建弘元年（420）
甘肅永靖炳靈寺第一六九窟

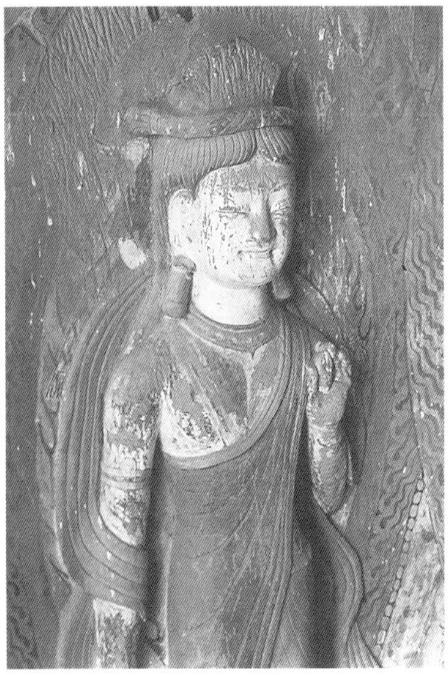

圖 2　觀世音菩薩像（局部）
西秦建弘元年（420）
甘肅永靖炳靈寺第一六九窟

觀世音菩薩能夠隨時應現，解決人們現實生活中迫在眉睫的危厄。此外，有一則是瑯琊王珉無子，其妻嘗禱念觀世音以求嗣，終得有娠生子的記載，[17]這些內容顯然都與〈普門品〉有關。此外，不少東晉觀音靈驗記的主角，如竺法義、[18]竺法純、[19]道冏[20]、玄藻[21]等，又善誦《法華經》。〈普門品〉中所昭示的救苦觀音無疑一直主導著東晉觀音信仰的發展，是信仰的主流。

在筆者所蒐的兩晉觀音資料中，僅發現慧虔一則提到「乃屬想安養，祈誠觀世音」，[22]文中的「安養」指的即是西方淨土。由此觀之，兩晉的觀音信仰與淨土的關係尚不密切。

《歷代名畫記》載，東晉的雕刻名家戴逵（326-392）「曾造無量壽木像，高丈六，並菩薩」，[23]足證，四世紀時我國已有無量壽佛三尊像的製作，然而這件作品並未流傳下來，故這三尊像中觀音菩薩具體的圖像特徵如何，已無從查考。甘肅永靖炳靈寺第一六九窟，是我國石窟群中唯一有十六國紀年的洞窟。該窟北壁第六龕龕內塑一佛二菩薩（圖 1），主尊手結禪定印，結跏趺坐於蓮台之上，其右上方墨書「無量壽佛」。右脇侍菩薩的頭光左側墨書「觀世音菩薩」，左脇侍菩薩的頭光右側又書「得大勢志菩薩」。龕外有一則二十四行的題記文字，末署「建弘元年（420）歲在玄枵三月廿四造」。[24]這鋪三尊像應成於建弘元年，是我國現存最早的無量壽佛（又稱阿彌陀佛）三尊像，也是我國現存最早，並且是唯一的十六國觀世音和大勢至菩薩像的遺例。在這鋪造像裡，觀世音菩薩（圖 2）頂束一髻，下束絭帶，右肩袒露，斜披絡腋，下著長裙，左手於胸前捻珠，右手下垂握天衣，其與一般的脇侍菩薩無異，若不是榜題標名，很難認出這尊脇侍菩薩即為觀世音。

除了作為無量壽佛的脇侍外，東晉應有單尊的觀世音菩薩造像。米芾在《畫史》中記載，他家藏的戴逵「觀音」，「其相天男端靜，與世所覩觀音作天女相者皆不及也。」[25]然而這件畫作並未倖存。根據文獻，除了知道其為一男相觀音外，無法進一步討論這尊觀音造像的圖像特徵。

17〔唐〕法琳，《辯正論》卷七〈信毀交報篇第八〉，《大正藏》，第52冊，頁537下。

18〔梁〕寶唱，《名僧傳抄》，收錄於《卍續藏經》（台北：新文豐出版社，1994），第134冊，頁14下。

19〔唐〕僧詳，《法華傳記》卷四，《大正藏》，第51冊，頁62中。

20〔梁〕慧皎，《高僧傳》卷十二〈釋道冏傳〉，《大正藏》，第50冊，頁407上。

21〔梁〕寶唱，《比丘尼傳》卷二〈釋玄藻尼傳〉，《大正藏》，第50冊，頁938中。

22〔梁〕慧皎，《高僧傳》卷五〈釋慧虔傳〉，《大正藏》，第50冊，頁357下。

23〔唐〕張彥遠，《歷代名畫記》卷五，收錄於《畫史叢書》（台北：文史哲出版社，1983），第1冊，頁74。

24 甘肅省文物工作隊．炳靈寺文物保管所編，《中國石窟——永靖炳靈寺》（北京：文物出版社，1989），頁255。

25〔宋〕米芾，《畫史》，收錄於楊家駱主編，《宋人畫學論著》下（《藝術叢編》第1集第10冊），（台北：世界書局，1962），頁14。

兩晉時期，禮拜和供養是製作佛教尊像的重要目的，可是陸杲的《繫觀世音應驗記》（成於 501 ）有數條與觀音像有關的資料，又透露了一些兩晉觀音像其他宗教功能的訊息。該書云：

> 晉泰元中（376-396），北彭城有一人，被枉作賊。本供養觀世音金像，恒帶頸髮中。後出受刑，愈益存念。於是下手即折。三遍易刀，項終無異。……答曰：唯事觀世音，金像在頸中。即解髮者，視見像頸三瘡。[26]

又言：

> 蜀有一白衣，以栴檀函貯觀世音金像，繫頸髮中。值姚萇（384-393 在位）寇蜀，……甚唯聞頸中鏗然有聲，都不覺痛，……解髮視函，函形如故。開出見像，身有破瘡痕。始悟向者之聲是中像。[27]

由此看來，當時的觀音信徒常作小觀音像，繫於頸髮之中，作為個人的護身符，希冀觀音菩薩隨身護衛，使得他們無災無厄。

南北朝時期

南北朝時（420-589），觀音信仰繼續發展，又有數部觀音經典譯出。其中，較為重要的有劉宋元嘉三年（453）曇無竭所譯的《觀世音菩薩授記經》、元嘉年間（424-452）畺良耶舍翻譯的《觀無量壽佛經》、劉宋（420-479）竺難提所翻的《請觀世音消伏毒害陀羅尼經》（簡稱《請觀音經》）等，更豐富了我國觀音信仰的內容。《觀世音菩薩授記經》為一部授記系的經典，內容大抵與《悲華經》〈授記品〉相同。《觀無量壽佛經》是一部淨土系的經典，除了和《佛說無量壽經》一樣，提到觀世音和大勢至為無量壽佛的兩大脇侍菩薩外，該經又進一步言及，「觀世音菩薩觀」為十六觀中的第十觀。且提到，凡為上品往生的修行者，臨終時都將看見無量壽佛與觀世音、大勢至菩薩持寶臺來迎。在這部經典中，觀世音不僅是無量壽佛的脇侍，也是無量壽佛不可或缺的助手和迎接眾生往生西方的接引者，觀世音菩薩在淨土信仰中的重要性也大幅度地提高。《請觀音經》則是一部雜密系的經典，其與〈普門品〉的宗教意涵是相通的，都在強調觀世音是一位應現救苦的菩薩，將宗教的解脫化為現世的救護，只是《請觀音經》除了強調稱念觀世音菩薩名號的重要外，還特別重視誦持密咒的功德。

除了上述正統的漢譯經典外，南北朝至少出現《高王觀世音經》、《觀世音三昧經》、《彌勒下生觀世音施珠寶經》、《觀世音十大願經》、《觀世音詠託生經》、《觀音懺悔經》、《大悲雄猛觀世音經》七部觀音偽經。這些偽經皆出自國人之手，是佛教中國化最好的表徵，也是外來觀音信仰在我國土壤上所結成的果實。這些觀音偽經雖無梵文或西域的經本，但也不是憑空杜撰的。它們是以正統的大乘佛典思想及修持方法為基礎，為適應我國的國情和人民信仰的需要，與中國傳統思想調和的中國式佛典。例如《高王觀世音經》提到：「高王觀世音，能救諸苦危，臨危急難中，死者變成活。」又說：「誦經滿千遍，念念心不絕，火焰不能傷，刀兵立摧折。」[28]此經的內容顯然與〈普門品〉息息相關。這些經典不談高深的教理，而著重實際的救濟利益，義理淺顯，文字簡單，篇幅不長，容易讀誦，庶民色彩濃厚，廣為一般百姓所接受，是傳佈觀音信仰的重要媒介。南北朝觀音

26〔蕭齊〕陸杲，《繫觀世音應驗記》，收錄於孫昌武點校，《觀世音應驗記（三種）》，頁27。

27 同上註。

28《高王觀世音經》，《大正藏》，第85冊，頁1425下。

偽經的撰著有兩層意義：一方面，這些觀音偽經的出現，對觀音信仰的推廣起了相當大的作用；另一方面，南北朝大批觀音偽經的撰著，又反映了當時人們急需慈悲為懷的觀世音菩薩，來慰藉苦難大眾惶恐不安的心靈。

道宣（596-667）的《釋迦方志》言道：「自晉、宋、梁、陳、魏、燕、秦、趙，國分十六，時經四百，觀音、地藏、彌勒、彌陀稱名念誦，獲其將救者，不可勝紀，具諸傳錄，故不備載。」[29]受到北朝造像興福之風的影響，觀音造像的數量也十分可觀，北朝獨尊的觀音像數目就與釋迦並駕齊驅。[30]許多南朝的士大夫還編輯觀世音菩薩感應集，如劉宋傅亮的《光世音應驗記》、張演（五世紀中葉）的《續光世音應驗記》、蕭齊陸杲的《繫觀世音應驗記》[31]（成於501），宣揚觀世音菩薩的神力，積極推動觀世音信仰。這些資料都足以證明，南北朝時觀音信仰十分流行。

侯旭東蒐集了近兩百條北朝觀音的造像記，根據這些造像記信眾身分的整理，他發現平民信徒所造的觀世音像要比官吏、僧尼早了幾十年，流行時間亦長數十年；而且無論是大部分時段的比例，或是總體的比例，平民、僧尼造觀世音像都高於官吏。由此推斷，北朝時，平民、僧尼更熱衷於觀世音信仰。[32]這一研究的結果與靈驗故事主角人物身分的分析不謀而合。從筆者所收的造像資料，發現大部分南北朝觀世音像的尺寸都不大，高度為十餘或二十餘公分；而這些造像題記所記述的迴向對象，又大多是所生父母、七世父母、己身眷屬、兄弟姐妹等，所以推斷，當時大多數的觀世音菩薩像是奉置於私人的佛龕之內，作為個人或家族供養禮拜的對象。在筆者所收的造像資料中，就發現一人造多尊觀音像的事例。例如，北魏太和八年（484）丁杜就曾為其父造了兩尊觀世音像，[33]如今分別收藏於美國舊金山亞洲美術館和日本私人收藏家之手；盧邊之也於熙平三年（518）和神龜元年（518）分別為了亡女和兒女、以及免於水厄，造了兩尊觀世音菩薩像；[34]武泰元年（528）鄧法念為子息六人各造一尊觀世音菩薩像，[35]這些資料都是觀音為個人或家族供養的明證。

六世紀中葉，觀音信仰起了微妙的變化。此時出現了邑義團體集資雕造觀音像的記載，例如東魏武定二年（545）王雙虎等法儀五十九人造觀世音像、[36]北齊乾明元年（560）大交村邑義七十五人造雙觀世音像、[37]北周天和六年（571）曇貴合邑子廿八人造觀世音像。[38]這些邑義造像的出現說明，六世紀下半，觀世音菩薩不只是個人或家族的供養對象，也可作為群體禮拜的尊像。事實上，在傳

29〔唐〕道宣，《釋迦方志》卷下，《大正藏》，第51冊，頁972中。

30 佐藤智水，〈北朝造像銘考〉，《史學雜誌》第86編第10號（1977），頁16；佐藤氏論文之中譯見劉俊文主編，《日本中青年學者論中國史．六朝隋唐卷》（上海：上海古籍出版社，1995），頁72-73。

31 孫昌武點校，《觀世音應驗記（三種）》，北京：中華書局，1994。

32 侯旭東，《五、六世紀北方民眾佛教信仰》（北京：中國社會科學出版社，1998），頁112-113。

33 圖見René-Yvon Lefebvre d'Argence, *Chinese, Korean and Japanese Sculpture in the Avery Brundage Collection* (San Francisco: Asian Art Museum, 1974), pl. 20；和泉市久保惣記念美術館，《六朝時代の金銅仏》（和泉市：和泉市久保惣記念美術館，1991），圖版48。

34 這兩尊觀世音菩薩造像分別收藏於美國華盛頓弗利爾美術館和上海博物館。前者為筆者至弗利爾美術館考察時所見，後者則見金申，《中國歷代紀年佛像圖典》（北京：文物出版社，1995），圖105。

35 中國社會科學院考古研究所．河北省文物研究所．鄴城考古隊，〈河北臨漳鄴城遺址出土的北朝銅造像〉，《考古》1992：8（1992年8月），頁741-742。

36〔清〕陸耀遹纂．陸增祥校訂，《金石續編》卷二，頁17，收錄於嚴耕望編，《石刻史料叢書甲編》（台北：藝文印書館，1966），第28冊。

37 大村西崖，《中國美術史彫塑篇》（東京：仏書刊行會，1980 復刻，二刷），頁327。

38 同上註，頁372。

世的北齊觀音造像中，即發現了幾件大型的觀音石像或碑像，例如武平七年（576）郭延受所造的觀音像就高達一四八公分，[39]現藏於美國舊金山亞洲美術館的北齊觀音碑亦高一四七・三公分。[40]這些巨大的觀音像或觀音碑當然不再適合奉置在私人的佛龕內，顯然是陳設在寺院的院落裡，作為眾人禮敬膜拜的對象。這樣的轉變表示，六世紀下半葉以來，觀世音菩薩不僅是個人或家族的保護者，同時也是護祐群體信眾的慈悲菩薩。此外，北齊武平二年（571），武成皇太后胡氏造觀世音石像一軀，祈求「武成皇帝昇七寶之宮殿，皇帝處萬國之雄威」；[41]陳後主沈皇后在陳亡（581）後，於毗陵天靜寺出家為尼，名為「觀音」。[42]可見，南北朝晚期，觀音信仰的流傳已不只限於庶民、文士階層，且受到皇室的重視。

筆者目前蒐得的南北朝觀世音靈應故事就有八十餘則之多，其中僅有劉宋的法琳[43]及楊氏[44]兩則與西方淨土有關，顯然淨土信仰對南北朝觀音信仰的影響仍然有限。大部分的靈驗記仍為因誦念觀世音菩薩的名號或《觀世音經》而獲救的故事，毫無疑問地《法華經》〈普門品〉依舊是南北朝觀音信仰的基石。不過，沈約的《宋書》（寫於487）載，元嘉二十七年（450）王玄謨被任命為寧朔軍將，北伐拓跋魏，然因敗北而被判死罪，夢中有人告曰：「誦觀音經千遍，則免。」於是「既覺，誦之得千遍，明日將刑，誦之不輟，忽傳停刑。」[45]北宋（960-1127）初年李昉編纂的《太平廣記》記述王玄謨的故事更詳，云：

> 宋太原王玄謨爽邁不群，北征失律，軍法當死。夢人謂之曰：汝誦《觀音經》千遍，則可得免禍。謨曰：命懸旦夕，千遍何由可得。乃授云：觀世音，南無佛，與佛有因，與佛有緣，佛法相緣，常樂我情（當作淨）。朝念觀世音，暮念觀世音，念念從心起，念佛不離心。既而誦滿千遍，將就戮，將軍沈之諫，遂免。[46]

在《太平廣記》的故事中，夢人原來勸王玄謨念誦的《觀音經》當是《法華經》〈普門品〉，可是王玄謨認為命在旦夕，不可能誦完千遍長近兩千字的〈普門品〉。在他的要求下，夢人乃授一簡短易誦的偽經——《十句觀音經》。另外，北朝的孫敬德[47]和盧景裕[48]（卒於 542）也都曾因誦《高王觀世音經》千遍，使刑刀三折，遂得死裡逃生。可見，當時信眾所誦持的《觀音經》，除了《法華經》〈普門品〉外，也包括了國人所撰著的觀音偽經。

在兩晉、南北朝的靈驗記裡，求那跋陀羅（394-468）的靈驗記尤值注意。慧皎《高僧傳》載，元嘉十二年（435）抵達廣州的中天竺高僧求那跋陀羅，在東來的途中，「隨舶汎海，中途風止，淡水復竭，舉舶憂惶。跋陀曰：可同心并力，念十方佛，稱觀世音，何往不感。乃密誦咒經，懇到禮懺。」在荊州時，譙王欲請講華嚴等經，「而跋陀自忖，未善宋言，有懷愧歎，即旦夕禮懺，請觀

39 松原三郎，《中国仏教雕刻史論》（東京：吉川弘文館，1995），圖468a、b。

40 René-Yvon Lefebvre d'Argence, *Chinese, Korean and Japanese Sculpture in the Avery Brundage Collection*, pl. 65.

41 大村西崖，《中國美術史彫塑篇》，頁346。

42〔唐〕李延壽，《南史》卷十二〈後主沈皇后傳〉（北京：中華書局，1992），第2冊，頁346-47。

43〔梁〕慧皎，《高僧傳》卷十一〈釋法琳傳〉，《大正藏》第50冊，頁402上。

44〔唐〕僧詳，《法華傳記》卷六〈長安城寡女楊氏傳〉，《大正藏》，第51冊，頁76 中。

45〔梁〕沈約，《宋書》卷七十六〈王玄謨傳〉（北京：中華書局，1991），第7冊，頁1974。

46〔宋〕李昉，《太平廣記》卷一一一，收錄於《景印文淵閣四庫全書》（台北：台灣商務印書館，1983-），第1043冊，頁601-602。

47〔唐〕道宣，《集神州三寶感通錄》卷中，《大正藏》，第52冊，頁420上-中。相關的記載亦見於〔唐〕道宣，《續高僧傳》卷二十九〈釋僧明傳〉，《大正藏》，第50冊，頁692下-693上。

48〔唐〕李延壽，《北史》卷三十〈盧景裕傳〉（北京：中華書局，1991），第4冊，頁1099。

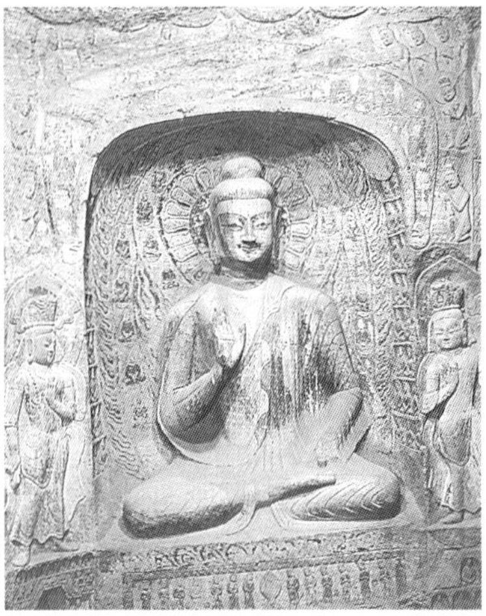

圖 3　無量壽佛龕
北魏中期
山西大同雲岡石窟第十七窟

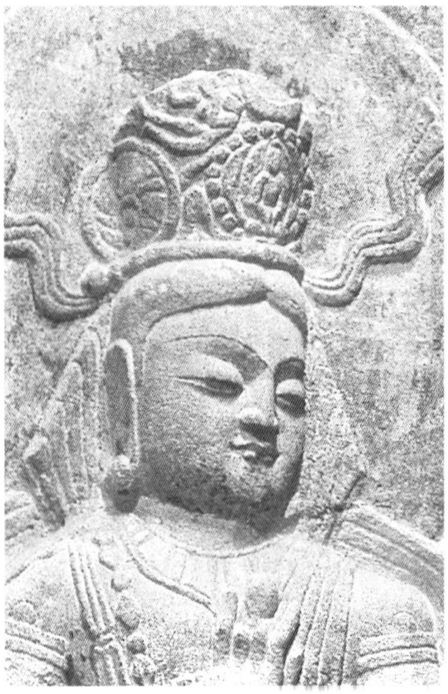

圖 4　無量壽佛龕右脇侍（局部）
北魏中期
山西大同雲岡石窟第十七窟

世音。」[49]由此看來，求那跋陀羅所奉行的觀音信仰修行法門，包括了稱喚觀世音菩薩的名號、念十方佛、密誦咒經、禮拜懺悔等方式，這些法門均典據《請觀音經》。該經云：

> 此陀羅尼灌頂章句無上梵行，畢定吉祥一功德海，眾生聞者獲大安樂，應當闇誦。若欲誦之，應當持齋。……常念十方佛及七佛世尊，一心稱觀世音菩薩，誦持此咒，現身得見觀音菩薩。一切善願皆得成就，後生佛前，長與苦別。[50]

求那跋陀羅的行法與《請觀音經》的記載相符，他所弘揚的觀音法門當與《請觀音經》有關。又因求那跋陀羅歷宋文帝、孝武帝、明帝三朝，深受劉宋皇室的敬重，他結合稱名、持咒和禮讖諸種行儀的觀音法門，對南朝的觀音信仰必有相當的影響。

南北朝，觀音信仰流行，受到造像興福之風的影響，觀音造像的數量也十分可觀，北朝獨尊的觀音像數目就與釋迦並駕齊驅。[51]在圖像上，南北朝初期上承兩晉傳統，觀音圖像的特徵並不明顯。志磐的《佛祖統紀》（成於1269）有一則關於會稽龍華寺彌勒像的記載，饒富趣味，文云：

> 戴顒（378-441），逵之子，才巧如其父。江夷嘗託顒造觀音像，積年未成，夜夢人曰：江夷於觀音無緣，可改為彌勒。顒即馳報，而夷書已至，俱於此夕感夢，及改造彌勒，觸手成妙。[52]

戴顒既然在很短的時間內，將原來雕造積年的觀音像改為彌勒像，顯示當時在圖像上，觀音和彌勒菩薩並無嚴謹的分野，這一資料也可視為五世紀上半葉我國觀世音菩薩儀軌尚不明確的一個佐證。

北魏中期（450-500），觀世音菩薩的圖像有了突破性的發展。雲岡第十七窟南壁第二層東側的坐佛三尊龕（圖 3），龕外的二位脇侍菩薩都頭戴三珠寶冠。右脇侍右手持珠，左手持天衣；左脇侍左手持寶珠，右手持天衣，布排對稱。由於右脇侍的冠中刻有一尊禪定坐像（圖 4），左脇侍的冠中則刻一水瓶，二者的圖像特徵與《觀無量壽佛經》的記述[53]侔合，故這龕佛三尊像當然是依據《觀無量壽佛經》所刻鑿的無量壽佛三尊像。不過，這類冠有化佛的觀世音菩薩在南北朝的造像中極為罕見。

自五世紀的七〇年代起，出現了不少單獨的北朝青銅或金銅菩

49〔梁〕慧皎，《高僧傳》卷三〈求那跋陀羅傳〉，《大正藏》，第50冊，頁344 上-中。

50〔東晉〕竺難提譯，《請觀世音菩薩消伏毒害陀羅尼咒經》，《大正藏》，第20冊，頁35 下。

51 佐藤智水，〈北朝造像銘考〉，《史學雜誌》第86編第10號（1977），頁16；《日本中青年學者論中國史．六朝隋唐卷》，頁72-73。

52〔宋〕志磐，《佛祖統紀》卷三十六，《大正藏》，第49冊，頁341下。

53〔劉宋〕畺良耶舍譯，《佛說觀無量壽佛經》，《大正藏》，第12冊，頁343下-344 上。

薩造像，皆右手持一枝長莖未敷蓮花（圖錄 1），根據造像記，知道其為觀世音菩薩像。[54]美國弗利爾美術館所藏的一件蓮華手菩薩像，這尊菩薩頭戴三瓣花冠，右手持長莖未敷蓮華，左手下垂握天衣，頸環項飾，瓔珞於腰際交叉，有鏤空火焰背光，無論在風格或是在圖像上都與北魏皇興四年（471）王鍾造的觀世音菩薩像[55]彷彿。這尊菩薩像台座上的造像記雖未明言所造菩薩像的尊格，可是卻有劉宋元嘉三十年（453）的年款，可見手持未敷蓮花的觀世音菩薩像不只出現在北方，同時也出現在南方。後藤大用的研究指出，觀音手中的未開蓮華代表一切有情自性清淨的心蓮，即本覺菩提，而觀世音菩薩以其慈愍大悲之心，將蓮華打開，故觀世音菩薩又名「蓮華手」。[56]

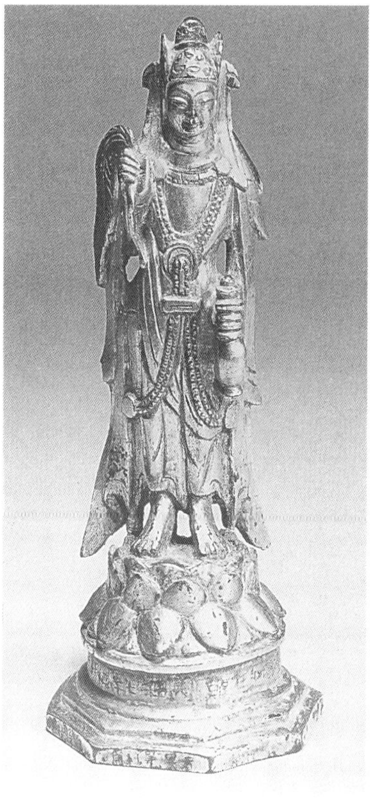

圖 5 □□造觀世音像
北周太和七年（572）
日本私人藏

美國舊金山亞洲美術館的收藏中，有一尊南齊建武二年（495）右手持一枝楊柳，左手執淨瓶的菩薩立像，[57]圖像特徵與日後常稱的「楊柳觀音」一致。日本私人收藏中，有一尊北周天和七年（572）的菩薩像（圖 5），也是右手執楊枝，左手握著淨瓶頸部，其造像題記云：「佛弟子□妻□□敬造觀世音像」，[58]可見南北朝時，人們認便視這種菩薩形象為「觀世音菩薩」。這種觀音圖像不見於印度與中亞，當為南北朝人所創。

楊柳觀音的圖像典據《請觀音經》，該經言：

> 爾時毗舍離人即具楊枝、淨水，授與觀世音菩薩。大悲觀世音憐愍救護一切眾生，故而說咒曰：普教一切眾生而作是言，汝等今者應當一心稱南無佛、南無法、南無僧、南無觀世音菩薩摩訶薩，大悲大名稱救護苦厄者。如此三稱三寶，三稱觀世音菩薩名，燒眾名香，五體投地，向於西方一心一意令氣息定，為免苦厄，請觀世音。[59]

這段經文明確地指出，楊枝與淨水為觀世音菩薩兩件重要的持物。智顗製定的〈請觀世音懺法〉也特別提到，在行請觀世音懺法時，要安置楊枝和淨水。[60]前文已述，劉宋時，在求那跋陀羅的推動下，典據《請觀音經》的觀音修行法門在南方迅速展開。蕭齊陸杲在他編纂的《繫觀世音感應記》裡，於十四則靈應故事後，特別註

---

54 參見拙作，〈南北朝觀世音造像考〉，發表於中央研究院主辦，「中央研究院第三屆國際漢學會議」（2000年6月29日至7月1日），頁30-33。

55 此像現為日本私人收藏，圖見松原三郎，《中国仏教雕刻史論》，圖35a。

56 後藤大用著．黃佳馨譯，《觀世音菩薩本事》（台北：明友出版社，198-），頁 95。

57 René-Yvon Lefebvre d'Argence, *Chinese, Korean and Japanese Sculpture in the Avery Brundage Collection*, pl. 67.

58 松原三郎，《中国仏教雕刻史論》〈本文編〉，頁290。

59〔東晉〕竺難提譯，《請觀世音菩薩消伏毒害陀羅尼咒經》，《大正藏》，第20冊，頁34下。

60〔隋〕灌頂纂，《國清百錄》卷一，《大正藏》，第46冊，頁795中、下。

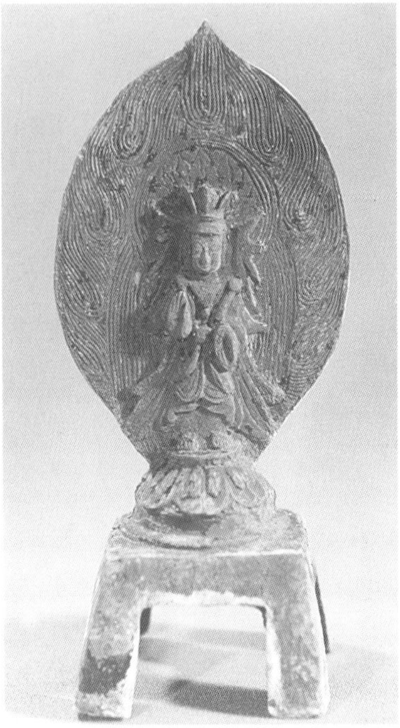

圖 6　明敬武造觀世音菩薩像
北魏永平四年（511）
山東博興縣文物管理所藏

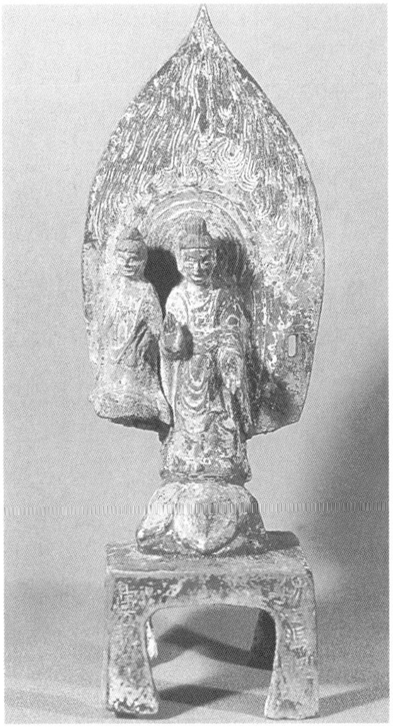

圖 7　馮貳郎造觀世音三尊像
北魏延昌四年（515）
山東博興縣文物管理所藏

記與《請觀音經》有關，[61]毫無疑問地《請觀音經》在南朝觀音信仰中的地位極為重要。而建武二年的楊柳觀音又是這類造像裡最早的遺例，因此推斷，楊柳觀音應該是在重視《請觀音經》的南朝文化中孕育出來的產物。隨著南北文化的交流，到了六世紀下半葉，北周（557-581）的藝匠才開始雕造楊柳觀音像。

六世紀時，我國的藝匠在觀音圖像上又有不少創新之處，一手施無畏印的觀音造像（圖 6）已成為六世紀最重要的觀音圖像典型。在印度和西域美術裡，手作無畏印從不曾被視作辨識觀世音菩薩的重要依據。筆者以為，這類圖像的製作可能和《妙法蓮華經》〈觀世音菩薩普門品〉[62]以及《請觀音經》[63]有關，因為二經皆提到觀世音菩薩又名「施無畏者」。可能受到這個觀念的影響，六世紀初，我國的藝匠遂別出心裁地製造出手作無畏印的觀音菩薩像。這種觀音圖像對東、西魏以及北齊、北周的觀音造像影響甚鉅。

除此之外，在六世紀的佛教造像遺例裡，又發現了數尊觀世音佛像。山東博興崇德村出土的太昌元年（532）馮貳郎造觀世音像（圖 7），為一立佛三尊像的組合。該像的主尊是一尊一手施無畏印，一手作與願印，身著褒衣博帶式袈裟的立佛，此像的造像記清楚記載：「造觀世音像一軀」，[64]故知這件金銅造像的主尊當為觀世音。前文已述，兩晉和南北朝流傳的授記系經典，如《光世音大勢至受決經》、《悲華經》〈授記品〉、《觀世音菩薩授記經》，都有觀世音受記成佛的記載，可見當時國人對觀世音成佛的觀念並不陌生。東魏天平二年（535）張榮遷造像碑的碑陰刻有四十二尊禪定坐佛，第五行第四尊坐佛身側的榜題即為「觀世音佛主劉道亮」。[65]另外，北京故宮博物院所藏興和三年（541）二佛並坐像的題記也言，這二尊佛像乃「觀音」。[66]可見，馮貳郎造像並非南北朝「觀世音佛」造像的孤例。

整理筆者蒐集的一二二件南北朝的觀音造像，發現五世紀刻具「觀世音菩薩」名號的造像皆為單尊的菩薩立像。六世紀，陸續出現了以觀世音菩薩為主尊的三尊像、五尊像、七尊像，甚至於十一尊像的組合。從觀音尊像組合越來越繁複這點來看，六世紀時觀音信仰的重要性也日益提昇。

雖然早在五世紀初，甘肅地區即開始塑造無量壽佛三尊像，不

61〔蕭齊〕陸杲，《繫觀世音應驗記》，收錄於孫昌武點校，《觀世音應驗記（三種）》，頁54-64。
62〔姚秦〕鳩摩羅什譯，《妙法蓮華經》卷七〈觀世音菩薩普門品〉，《大正藏》，第9冊，頁57中。
63〔東晉〕竺難提譯，《請觀世音菩薩消伏毒害陀羅尼咒經》，《大正藏》，第20冊，頁35中-下。
64 山東省博興縣圖書館．李少南，〈山東博興出土百餘件北魏至隋代銅造像〉，《文物》1984：5（1984年5月），頁25。
65 圖見大村西崖，《中國美術史彫塑篇．附圖》，圖556；該碑的拓片亦藏於中央研究院，拓片編號為10908。
66 圖見金申，《中國歷代紀年佛像圖典》，圖164，造像題記見同書，頁490。

過，檢視南北朝佛教美術的遺存，僅在甘肅和山西發現數例無量壽佛三尊像。其中，除了極少數的作品，如雲岡第十七窟之例，大部分無量壽佛三尊中的觀世音菩薩與一般的脇侍菩薩無異，並無任何特殊的圖像特徵。至於東邊的河北、山東地區，則到北齊（550-577）晚期，才有無量壽佛三尊像的雕造，且數量不多。又因筆者所蒐集刻寫觀世音名號的南北朝菩薩造像，沒有一件冠飾化佛，說明南北朝觀音圖像的發展與淨土信仰的關係並不密切。

隋唐時期

隋、唐兩代，是中國佛教的極盛時期。唐代（618-907），在隋代（581-618）行理並重的基礎上，成立了許多宗派；同時，與西方往來的交通發達，我國遠赴天竺求法的高僧不絕於履，由印度東來的天竺僧侶也為數可觀，他們所攜來的梵經和新的佛教圖像為我國的觀音信仰注入了新生命。此外，這時佛教信仰已深入民間，和國人的精神生活已達休戚與共的地步。在這種文化的氛圍下，不以佛教經典和儀軌為依據的新觀音圖像也應運而生。

隋、唐時期所流傳與觀音信仰有關的經典多達七十餘種，依其內容，可分為法華、授記、淨土、華嚴、禪宗和密教六大類。至於法華、授記和淨土系的觀音經典，雖然隋、唐兩代仍有新譯，但內容大抵與兩晉和南北朝的經典相近，在此不再贅述。本文僅簡述華嚴、密教和禪宗三系觀音經典的內容。

五世紀初佛陀跋陀羅（359-429）即翻譯過《大方廣佛華嚴經》六十卷，不過並未對六朝的觀音信仰產生任何影響。[67]初唐時，法藏（643-712）得悉地婆訶羅從中印度帶來了《華嚴經》〈入法界品〉的梵本，遂請他補足舊譯六十卷《華嚴經》〈入法界品〉的缺失。聖曆二年（699）于闐沙門實叉難陀又著手《大方廣佛華嚴經》八十卷的翻譯工作，法藏擔任筆受。法藏深受武后的推崇，曾在長生殿為武后講述華嚴十六玄、六相的義旨。上行下效，唐代《華嚴經》的流傳更廣。該經的〈入法界品〉記述，善財童子為求法門要義，先後參訪了五十三位善知識，問菩薩行，求菩薩道的過程。觀世音菩薩即為五十三位善知識之一，祂住在南方的補怛洛迦山（Potalaka，又稱光明山、補陀落迦山、普陀洛迦山），該處不但「眾寶所成極清淨，華果樹林皆遍滿，泉流池沼悉具足」，而且「泉流縈映，樹林蓊鬱，香草柔軟。」[68]後世佛教徒據此就稱補陀落迦山為觀世音菩薩的淨土。

禪宗是唐代重要的宗派之一，以探究心性本源，見性成佛為宗旨。在唐代流行的禪宗經典中，與觀音信仰關係最密切的為《般若波羅蜜多心經》（簡稱《心經》）和《大佛頂如來密因修證了義諸菩薩萬行首楞嚴經》（簡稱《楞嚴經》）兩部。在《心經》裡，觀世音菩薩是一位具備般若智慧的大乘菩薩，以五蘊皆空，觀照世間的無常、無我，證得般若實相。目前流傳的《心經》異譯本有六，除了姚秦鳩摩羅什和宋代（960-1279）的譯本外，其餘四本皆是唐代的譯本，為數最多，可見唐代對此經的重視。如今坊間流傳的《心經》即為唐代玄奘（600-664）的譯本。

《楞嚴經》凡十卷，該經卷一言：「大唐神龍元年（705）龍集乙巳五月己卯朔二十三日辛丑，中天竺沙門般剌蜜帝於廣州制止道場譯出。菩薩戒弟子前正諫大夫同中書門下平章事清河房融筆授，烏長國沙門彌伽釋迦譯語。」[69]不過，近代學者的研究指出，《楞嚴經》應是一部國人所編纂的

---

67 小林太市郎，〈晉唐の觀音〉，《小林太市郎著作集7——仏教藝術の研究》（京都：淡交社，1974），頁63。
68〔唐〕實叉難陀譯，《大方廣華嚴經》卷六十八〈入法界品第三十九之九〉，《大正藏》，第10冊，頁366下。
69 同上註。

偽經。[70]縱使如此，歷代為此經作註疏者甚眾，其所揭示之修禪、耳根圓通、五蘊魔境等禪法要義，對我國佛教影響甚鉅。該經最重要的一部分是「二十五圓通法門」，其中談到，觀世音菩薩得耳根圓通，以禪定的觀法達到徹悟究竟的境界，且以三昧聞薰、聞修、無作之妙力所得之自在成就，化現三十二身，為眾說法，令彼解脫。[71]由於《楞嚴經》所言觀音三十二應身的內容與《法華經》〈普門品〉所說之三十三身大同小異，可見撰寫《楞嚴經》的人對《法華經》的內容必不陌生。

在密教方面，早在北周保定四年（564），耶舍崛多和闍那崛多就翻譯了《十一面觀世音神咒經》，不過當時並沒有受到太多的重視。直到唐代，大量的密教系觀音經典始被譯出。實際上，唐代新譯的觀音經典主要為密教經典，計六十餘部。重要的有《十一面神咒心經》、《千手千眼無礙大悲心陀羅尼經》、《不空羂索咒心經》、《如意輪陀羅尼經》，《七俱胝佛母准提大明陀羅尼經》等，這些經典介紹十一面觀音、千手千眼觀音、不空羂索觀音、如意輪觀音菩薩、準提觀音的形象和相應的供養禮拜儀軌、密咒等，它們不但充實了我國觀音信仰的內容，也豐富了我國觀音圖像的題材，使得我國的觀音形象更加多彩多姿。

在唐代眾多的密教觀音信仰中，千手千眼觀世音菩薩最為流行。千手千眼觀世音菩薩又稱大悲觀音。根據史籍，早在武德年間（618-625），中天竺婆羅門僧瞿多提婆就曾攜千手千眼觀世音經像來到京都長安，不過當時並未受到唐高祖的重視，故瞿多提婆遂悒而旋轡。貞觀時（627-649），又有一北天竺僧齎《千臂千眼陀羅尼》梵本奉進，很快地便引起太宗的注意，並敕命智通翻譯此經及手印等。智通譯完此經以後，又「於妙氎畫一千臂菩薩像并本經咒進上，神皇令宮女繡成，或使匠人畫出，流布天下，不墜靈姿。」[72]在王室的支持下，千手千眼觀音的信仰很快地便流傳開來。僅唐一代所譯的千手千眼觀世音經典，即多達十餘部。唐代，持誦〈大悲咒〉的靈驗故事也時有所聞，例如，知玄（809-881）於象耳山誦〈大悲咒〉，夢神僧截舌換之。[73]以神異著稱的越州諸暨保壽院神智（819-886），持〈大悲心咒〉，應法登戒，號「大悲和尚」。[74]中唐戴孚的《廣異記》〈李昕〉條：「唐李昕者，善持〈千手千眼咒〉。有人患瘧，昕乃咒之。其鬼見形，謂人曰：我本欲大困辱君，為懼李十四郎，不敢復往。」[75]高僧道舟（864-941）甚至於還曾「刺血畫大悲千眼立像」。[76]九世紀時，〈大悲咒〉的利益廣為人知，甚至於樹立刻寫著〈大悲咒〉的陀羅尼經幢。[77]小林太市郎的研究指出，唐末、五代（907-960）是千手千眼觀音信仰的黃金時代。[78]

隋、唐的觀音信仰，上承南北朝的遺緒，《法華經》〈普門品〉仍是當時這一信仰的重要經典。初唐時，甚至出現了「救苦觀世音」的稱呼。在龍門的唐代石窟裡，還發現不少造救苦觀世音像，卻祈求往生西方淨土的造像記。[79]敦煌遺書P2133號的〈妙法蓮華經講經文〉寫經的〈普門品〉部

---

70 呂澂，〈楞嚴百偽〉，收錄於《呂澂佛學論著選集》（濟南：齊魯書社，1991），第1卷，頁370-395。

71〔唐〕般剌蜜帝譯，《大佛頂如來密因修證了義諸菩薩萬行首楞嚴經》，《大正藏》，第19冊，頁128中-129下。

72〔唐〕智通譯，《千眼千臂觀世音菩薩陀羅尼神咒經》〈序〉，《大正藏》，第20冊，頁83中。

73〔宋〕贊寧，《宋高僧傳》卷六〈釋知玄傳〉，《大正藏》，第50冊，頁743下。

74 同上註，卷二十五〈越州諸暨保壽院神智傳〉，頁869下。

75 引文見孫昌武，《中國文學中的維摩與觀音》（北京：高等教育出版社，1996），頁257-258。

76〔宋〕贊寧等，《續高僧傳》卷二十三〈釋道舟傳〉，《大正藏》，第50冊，頁859上-中。

77 于君方著．徐雅慧譯，〈大悲咒與大悲觀音〉，《香光莊嚴》第60期（1999年12月），頁23。

78 小林太市郎，《小林太市郎著作集7——仏教藝術の研究》，頁131。

79 劉景龍．李玉昆編，《龍門石窟碑刻題記彙編》（北京：中國大百科全書出版，1998），上冊，頁39、215-216；下冊，頁411、413等。

分，除了歌頌「禮拜觀音福最強，靈山會上佛稱揚」的功德利益之外，還特別以「來世示君何處好，西方淨土證無生」作為修持的目標。[80]顯然在唐代修行者的心目中，並不在乎不同經系觀音信仰的差異，實際上，這種現象在隋代已見端倪。

天台宗的三祖智顗（538-597）七歲即喜往伽藍，諸僧口授〈普門品〉。十八歲出家，常誦《法華經》。臨終時，智顗右脇向西而臥，「專稱彌陀、般若觀音」，[81]顯然是受到了《觀無量壽佛經》的影響。換言之，他所信奉的觀音信仰是法華和淨土二系兼備。此外，智顗還曾為《請觀音經》作疏一卷，並製定〈請觀音懺法〉，[82]可見他對雜密系的觀音修持法門也十分熟悉。

法相宗的創始人玄奘法師也是一位虔誠的觀音信徒，他出玉門關過第五烽時，遭遇沙暴，「人馬俱困，不能復行，遂臥沙中，默念觀音，不能語，氣殆將絕。至第五夜，忽有涼風，非常冷快，體得醒悟，馬亦能起。」[83]從其在危厄之之際，專心禱念觀音一事看來，玄奘的觀音信仰係出〈普門品〉。《大慈恩寺三藏法師傳》（成於688）又談到，玄奘在赴天竺的戈壁沙漠中，每逢惡鬼異類，如專念觀音仍不能袪除，則誦《般若心經》，必能在危獲濟。[84]《三寶感應要略錄》更說：

> 玄奘法師，……以貞觀三年（629），杖錫道路，每日誦《般若心經》三七遍，作是誓言：貧道為求大法，發趣西方。……周遊西宇十有七年，耳目見聞百三十八箇國，若有留難處，誦《般若心經》，及念觀世音，必免怖畏。十九年正月，方始旋返，居於長安，所獲經論六百五十七部。三藏自云：皆是《般若心經》及觀音力也矣。[85]

由此觀之，玄奘的觀音信仰不但與《心經》有關，同時他也「發趣西方」，又具有淨土的成分。同時在玄奘的弘傳下，《心經》也和我國的觀音信仰結下了不解之緣。

唐代，除了顯教不同經系的觀音信仰混融外，也發現顯、密二系觀音信仰揉合的現象。貞元七年（792），穆員的甥女裴求已妻本「恭西方之教，有追護之功」，顯然是一位西方淨土的信徒，可是她為追薦亡母冥福，卻畫千手千眼大悲觀音像，並相信該像「起爾一心，成千手千眼，自素為繢，自繢為相，自相為聖，自聖為福，所以復於爾所生者，庸非爾之血乎？」[86]無獨有偶，戒珠的《淨土往生傳》也提到：

> 釋自覺，……唐至德二年（757）受具，……嘗發四十九願，其一願者，願由大悲菩薩接見彌陀。於是鳩率檀度，鑄大悲像，高四十九尺，造寺居之。及寺之成，盛陳佛事，於大悲前俯伏泣曰：聖相已就，梵宇已成，願承聖力，早登安養。其夜三更，忽有祥光二道，作中金色，光中阿彌陀佛乘雲而下，觀音、勢至左右隨之，佛垂金臂，按覺首曰：守願勿悛，利物為先，寶池生處，孰不如願。[87]

釋自覺發「由大悲菩薩接見彌陀」的宏願，顯示他既是大悲觀音又是西方淨土的信徒。同時他為了往生西方，還鑄造四十九尺高的密教大悲觀音像。由此看來，千手千眼觀世音和西方淨土的信仰似息息相關。凡此種種皆表明，當時的密教大悲觀音和西方淨土信仰之間關係密切。《大悲心陀羅

---

80 黃永武主編，《敦煌寶藏》（台北：新文豐出版公司，1986），第115冊，頁225-230。

81〔隋〕灌項，《隋天台智顗別傳》，《大正藏》，第50冊，頁191上-196下。

82 參見〔隋〕灌項纂，《國清百錄》卷一，《大正藏》，第46冊，頁795中-796上。

83〔唐〕明詳，《大唐故三藏玄奘法師行狀》卷一，《大正藏》，第50冊，頁215上。

84 參見〔唐〕慧立本，彥悰箋，《大慈恩寺三藏法師傳》卷一，《大正藏》，第50冊，頁224中。

85〔宋〕非濁，《三寶感應要略錄》卷中，《大正藏》，第51冊，頁842下-843上。

86《全唐文》卷七八三〈畫千手千眼大悲菩薩記〉（台北：華文出版社，1965），第16冊，頁10334。

87〔宋〕戒珠，《淨土往生傳》卷下，《大正藏》，第51冊，頁122中。

尼經》提到，誦持〈大悲咒〉不但可以解除現實疾苦，而且也可以「恒在佛前，蓮華化生」。[88]在《千手千眼觀世音菩薩治病合藥經》裡，觀世音菩薩更明確地言及：「若有眾生能持我法，其人若在命終時，我急迎來，以無邊樂乘寶雲車，速令往生安樂世界，蓮華化生，成佛不久。」[89]由此看來，奉持千手千眼觀音的法門，即可以在西方極樂世界蓮花化生。無怪乎釋自覺造了大悲像後，阿彌陀佛三尊顯聖，並告訴他「寶池生處，孰不如願」。

前文已述，直到南北朝的晚期，始發現皇室信奉觀音的記載，但在這些記載中，尚未發現帝王直接禮敬觀音的資料。而唐代，卻有不少皇帝崇信觀音。武德五年（622）陸德明撰〈敕建廣武山觀音寺碣〉云：

> 王世充、竇建德為饑大邦，我秦王（李世民）赫然然怒，罪人乃得班師凱還，駐蹕廣武。值夜雨作，而東南雲際，光焰射天，燭見觀音菩薩金身畢露。王頓首拜瞻，喜謂群臣曰：乃者武事告成，天授神佑，厥功溥哉。遂敕建茲寺，因名焉。[90]

唐太宗為秦王時，討伐王世充、竇建德，曾見觀音「金身畢露」，顯示新王朝為「天授神佑」。唐太宗認為觀音具護國的威靈，故建觀音寺以奉祀之。萬歲通天二年（697），由於武周出兵討伐契丹，不幸失利，武則天特別詔請法藏遏阻寇虐。法藏便在宮中建立十一面觀音道場，置觀世音像行道，不久果然傳來戰捷的喜訊，[91]遂改歲「神功」。開元己未歲（719），久旱不雨，玄宗即詔請密教高僧金剛智（669-741）結壇祈請，於是金剛智「用不空鉤，依菩薩法，在所住處起壇，深四肘，躬繪七俱胝菩薩像（即準提菩薩，密教觀音之一），立期以開光，明日定降雨焉。」[92]根據這些資料，唐代的觀音信仰可以說遍及社會的每一階層，上至帝王、貴族，下至平民、百姓，都有觀音菩薩的信受者。

隋、唐時期，我國的觀音信仰內容豐富，觀音圖像的種類也千變萬化。南北朝時，原來主要流行於南方的楊柳觀音，由於南北文化的交流，雖然在北周的造像遺例中也偶有發現，不過在北齊的佛教美術裡卻不曾看到。隋代統一南北以後，楊柳觀音的圖像迅速流佈開來，遍及全國，即使在原來不曾雕製這種觀音像的舊北齊轄區內，也時常可以發現楊柳觀音的造像。楊柳觀音不但是隋代主要的觀音圖像之一（圖錄 3），也是隋代以來我國最常見的一種觀音圖像。

前文已述，《法華經》〈普門品〉仍是隋代觀音信仰的重要基石。隨著變相藝術的日益成熟，張彥遠《歷代名畫記》即有隋代名畫家展子虔作法華變的記載，[93]只可惜該畫不存，無法得知其是否包括了觀世音普門品變相。不過，在敦煌的隋代洞窟裡，例如莫高窟第四二〇窟、第三〇三窟，就有法華經變和觀世音普門品變的發現。莫高窟第四二〇窟覆斗頂的四披皆作法華經變，東披的南側分上、中、下三層，即依〈觀世音菩薩普門品〉的內容，畫觀音普門示現，濟助眾生，和化為三十三身，為眾說法的場面。[94]而三〇三窟的人字披頂則分為上、下兩層，作觀世音普門品變。這兩窟普門品變的情節橫向鋪陳，由上而下，各個情節之間又以山石、樹木和房屋間隔，既保持了畫面的相對

88〔唐〕伽梵達摩譯，《千手千眼觀世音菩薩廣大圓滿無礙大悲心陀羅尼經》卷一，《大正藏》，第20冊，頁106下。

89〔唐〕伽梵達摩譯，《千手千眼觀世音菩薩治病合藥經》，《大正藏》，第50冊，頁105。

90《全唐文》卷一四六〈敕建廣武山觀音寺碣〉，第4冊，頁1865。

91〔新羅〕崔致遠，《唐大薦福寺故寺主翻經大德法藏和尚傳》，《大正藏》，第50冊，頁283下。

92〔宋〕贊寧，《宋高僧僧》卷一〈金剛智傳〉，《大正藏》，第50冊，頁711中。

93〔唐〕張彥遠，《歷代名畫記》卷八，收錄於《畫史叢書》，第1冊，頁102。

94 敦煌文物研究所，《中國石窟——敦煌莫高窟》第二卷（北京：文物出版社，1989），圖版77。

獨立性，又使各情節緊密相連，延續不斷，節奏感強。[95]到了唐代，經變畫有了進一步的發展，出現了以觀音像為主體的普門品變相。盛唐時期開鑿的莫高窟四十五窟，整個南壁的壁面即繪普門品變相（圖 8）。此鋪壁畫突破了隋代橫卷式的格局，壁畫中央畫一尊巨型的觀世音菩薩立像，冠有化佛，左手持瓶。兩側分繪觀音救濟諸難和三十三化身說法的場面，每一情節的旁邊並抄錄對應的經文。全作的規模宏偉，構圖均衡對稱，條理井然，藝術的感染力強。這樣的作品奠定了我國「八難觀音」圖像的基礎。

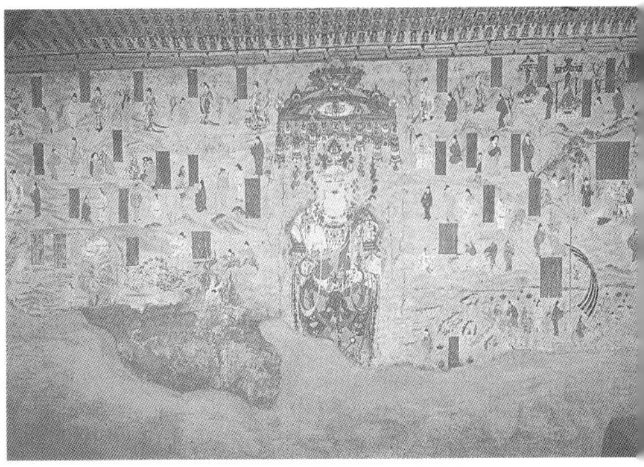

圖 8 普門品變相
唐代
甘肅敦煌莫高窟第四十五窟

南北朝晚期，西方淨土信仰逐漸抬頭，到了隋代，觀音圖像與彌陀信仰的關係才轉趨密切。依據淨土系經典所雕鑿冠有化佛的觀世菩薩像激增，有的甚至於嚴謹地依據《觀無量壽佛經》觀音菩薩「天冠中有一立化佛」和大勢至菩薩「肉髻中有一寶瓶」的記載，[96]來刻造無量壽佛三尊像（圖 9、10）。同時，隋代也出現了冠有立化佛的單尊觀音像，作為禮拜的主體。誠如松原三郎所說，到了隋代，我國始有較多冠有化佛的菩薩像出現，冠有化佛和觀音菩薩的關係才被確立下來。[97]唐代以來，冠有化佛已成為辨識觀音菩薩最重要的圖像特徵之一（圖錄 4）。

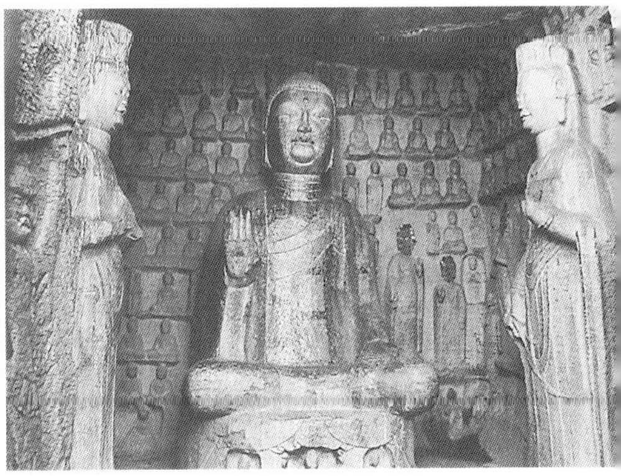

圖 9 第二窟內景
隋代
山東青州市駝山

唐代，淨土思想盛行，修行淨土法門的人希冀臨終之際，觀世音菩薩將來接引亡者，往生淨土。根據這個觀念，唐代的畫師遂創造出新的觀音圖像——引路菩薩。大英博物館收藏中有一幅原藏於敦煌莫高窟藏經洞的唐代引路菩薩，[98]畫天雨寶花，一位菩薩右手執香爐，左手持一枝蓮花，上掛畫幡，足踏雙蓮，乘著紅色的祥雲而來，回首望著往生的貴婦。畫幅右上角瑞雲中湧現一座樓閣，象徵西方淨土。幅左的榜題尚存「引路菩」三字。大英博物館的收藏中，還有一件五代的引路菩薩，[99]原來亦藏於敦煌藏經洞中。此畫天際雖無西方淨土的表現，可是該尊菩薩冠住化佛，明確地說明，「引路菩薩」即觀世音菩薩。

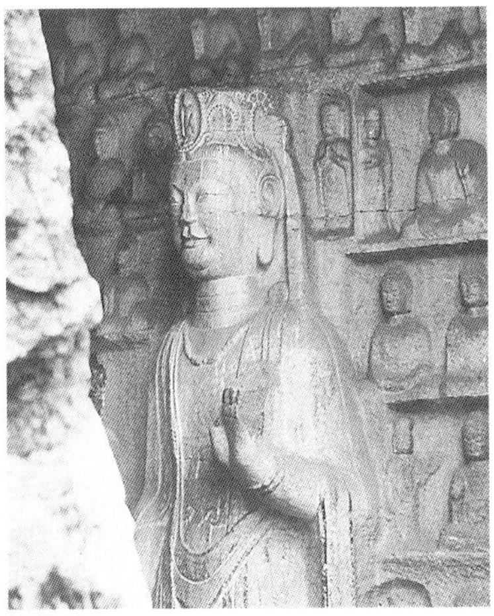

圖10 觀世音菩薩像（局部）
隋代
山東青州市駝山第二窟

唐代，出現了大量的密教觀音經典，受到這些經典的儀軌影響，各式各樣的密教觀音像應運而生。其中以十一面觀音像流行最早。前文已述，武則天時曾命法藏於宮中建十一面觀音道場，並置觀音像行道。長安三年（703），武則天於長安光宅寺興建七寶台，

95 圖見上註，圖版15、16。有關敦煌普門品經變的研究，參見羅華慶，〈敦煌藝術中的《觀音普門品變》和《觀音經變》〉，《敦煌研究》1987：3（1987年8月），頁49-61。

96〔劉宋〕畺良耶舍譯，《觀無壽佛經》，《大正藏》，第12冊，頁343下、344 上。

97 松原三郎，〈調查報告（彫刻）〉，國際交流美術史研究會，《觀音——尊像と變相》（大阪：大阪大學文學部美術史學研究室，1986），頁7。

98 Roderick Whitfield and Anne Farrer, *Caves of the Thousand Buddhas: Chinese Art from the Silk Route* (New York: George Braziller, Inc., 1990), Catalogue 15.

99 同上註，Catalogue 14.

其親信的高僧德感（約 650-710）在七寶台「奉為國敬造十一面觀音像一區，伏願皇基永固，聖壽遐長。」[100]十一面觀音的信仰與武則天關係之密切於此可見一斑。目前傳世的七寶台石雕裡，還保存著七尊十一面觀音像，[101]這些觀音皆是二臂立像，手中或執淨瓶，或持蓮花，頭頂有十個佛頭，分三層排列。有時，取十面佛頭而代之的是十個菩薩頭（圖 11），或九個菩薩頭和一個佛頭。[102]美國克利夫蘭博物館（Cleveland Museum of Art）的收藏中，還發現頂作忿怒面的唐代十一面觀音殘像。[103]這尊觀音頂有十面，每面的髮髻中均安住阿彌陀佛，這十面除了和藹的菩薩面外，有的犬牙暴出，有的張口而喝，形象特異。[104]玄奘《十一面神咒心經》（656 譯）載：

> ……觀自在菩薩像，長一搩手半，左手執紅蓮花軍持，展右臂以掛數珠，及作施無畏手。其像作十一面，當前三面作慈悲相，左邊三面作瞋怒相，右邊三面作白牙上出相，當後一面作暴惡大笑相，頂上一面作佛面像。諸頭冠中皆作佛身。其觀自在菩薩身上，具瓔珞等種種莊嚴。[105]

類似的經文在許多不同的《十一面觀世音經》譯本中皆有發現。雖然克利夫蘭博物館的十一面觀音像頭頂十面的形象與經文稍有出入，但毫無疑問地，雕造這尊觀音像時，藝匠必定參照了經文對十一面的描述。此外，在傳世的唐代觀音像裡，尚發現六臂和四臂的十一面觀音像。[106]至於觀音示現十一面的原因，一說，十一面是十一地佛果位的標幟，斷十品無明之謂。又說，度十二因緣故為十二面，頂上佛面為果，頂下菩薩面為因，因果兩重，頭上十一面為方便面，下一面為真實面，方便真實一雙，表示真俗二諦。也有的學者認為，依據《十一面觀世音神咒經》，十一面就代表十一億諸佛。[107]總之，眾說紛紜，莫衷一是。

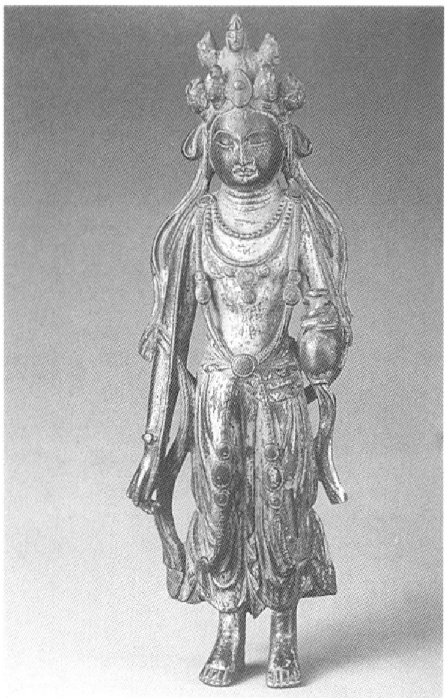

圖11　十一面觀音菩薩立像
唐代
日本私人收藏

貞觀時（627-649），唐代宗命宮女、匠人製作千手千眼觀音像，流布天下以來，大悲觀音的圖像很快地便流傳開來　朱景玄《唐朝名畫錄》載，尉遲乙僧（活動於 639-710 左右）曾在長安慈恩塔的凹凸花面中間畫千手千眼觀音像，[108]《宣和畫譜》稱這尊觀音「時號奇蹤，然衣冠物像，略無中都儀形，其用筆妙處，遂與閻立

---

100 引文見顏娟英，〈武則天與唐長安七寶台石雕佛相〉，《藝術學》第1期（1987年3月），頁51。
101 圖見上註，圖5-11。
102 松原三郎，《中国仏教雕刻史論》，圖706。
103 國立故宮博物院，《海外遺珍・佛像》（台北：國立故宮博物院，1986），圖115。
104 敦煌文物研究所，《中國石窟——敦煌莫高窟》第三卷（北京：文物出版社，1987），圖版55。
105〔唐〕玄奘譯，《十一面神咒心經》，《大正藏》，第20冊，頁154上。
106 松原三郎，《中国仏教雕刻史論》，圖701c、741c、756、757、764c、785b。
107 後藤大用著・黃佳馨譯，《觀世音菩薩本事》，頁123。
108〔唐〕朱景玄，《唐朝名畫錄》〈神品下〉，收錄於《景印文淵閣四庫全書》，第812冊，頁365。

本（卒於673）為上下也。」[109]此外，吳道子（活動於713-756）、[110]盧楞伽（活動於八世紀中葉）、左全（活動於825-859）、范瓊（活動於846-879）、張南本（活動於九世紀下半葉）[111]等也都曾繪大悲觀音像，可惜這些名家所作的千手千眼觀世音菩薩像均已不傳。

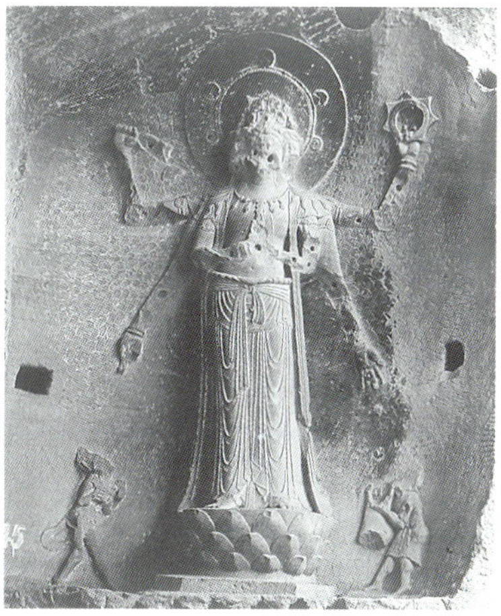

圖12 千手觀音菩薩龕像
唐代
四川安岳臥佛院第四十五龕

千手千眼觀音，顧名思義，這尊觀音應有千手，每一手掌中應有一眼。不過根據經典、文獻，祂尚可能以兩臂、四臂、十二臂、十八臂、三十六臂、三十八臂和四十二臂的形象出現。至於祂的面數，亦有一面、三面、四面、五面、二十七面、三十面、三十七面，乃至五百面的區別。[112]目前唐代石窟裡所發現的千手千眼觀世音像遺例，多以一面為主，偶有十一面的出現。[113]四川安岳臥佛院第四十五號千手觀音龕（圖12），主尊的頭部殘損，原來應有十一面，其正大手有六，其餘九百九十四隻手全以陰刻的方示來表示，精細的程度令人嘆為觀止。

除了千手的形象外，最常見的是四十二臂的大悲觀音（圖錄19），這種大悲觀音的圖像可以追溯至開元年間（713-741）。唐代段成式的《寺塔記》云：

> 翊善坊保壽寺，本高力士宅，天寶九載（750），捨為寺，……寺有先天菩薩幀，本起成都妙積寺。開元初，有尼魏八師者，常念〈大悲咒〉，雙流縣百姓劉乙，名意兒，年十一，自欲事魏尼。尼遣之，不去，常於奧室立禪，嘗白魏云：先天菩薩見身此地，遂篩灰于庭。一夕有巨跡數尺，輪理成就，因謁畫工，隨意設色，悉不如意。有僧楊法成，自言能畫，意兒常合掌仰祝，然後指授之，以匠十稔工方畢。後塑先天菩薩像二百，四十二（臂），首首如塔勢，分臂如蔓，……畫樣凡十五卷。有柳七師者，崔寧之甥，分三卷，往上都（即長安）流行。時魏奉古為長史，進之，後因四月八日賜高力士。今成都者，是其次本。[114]

由於魏八師時常誦持〈大悲咒〉，為一大悲觀音的信眾，這首首如塔勢的四十二臂先天菩薩，當即是十一面的千手千眼觀世音菩薩像。同時《寺塔記》又言，柳七師曾分了三卷先天菩薩的畫樣，攜至上都，先天菩薩的畫稿很快地便在長安流傳開來，成為唐代流行

109 《宣和畫譜》卷一，收錄於《畫史叢書》，第1冊，頁385。

110 《宋中興閣儲藏圖畫記》，《古今圖書集成》（台北：鼎文書局，1976），第59冊，頁616下。

111 《宣和畫譜》卷二，收錄於《畫史叢書》，第1冊，頁392、393；〔宋〕黄休復，《益州名畫錄》卷上，收錄於《畫史叢書》，第3冊，頁1386。

112 小林太市郎，〈唐代の大悲觀音〉，《小林太市郎著作集7——仏教藝術の研究》，頁90、93。

113 參見彭金章，〈千眼照見・千手護持——敦煌密教經變研究之三〉，《敦煌研究》1996：1（1996年2月），頁14-15。

114 〔唐〕段成式，《酉陽雜俎續集・寺塔記》〈先天菩薩〉，收錄於《中國佛教史料初編》（現代佛學大系12 ），頁432。引文的斷句與補字則依小林太市郎，《小林太市郎著作集7——仏教藝術の研究》，頁108。

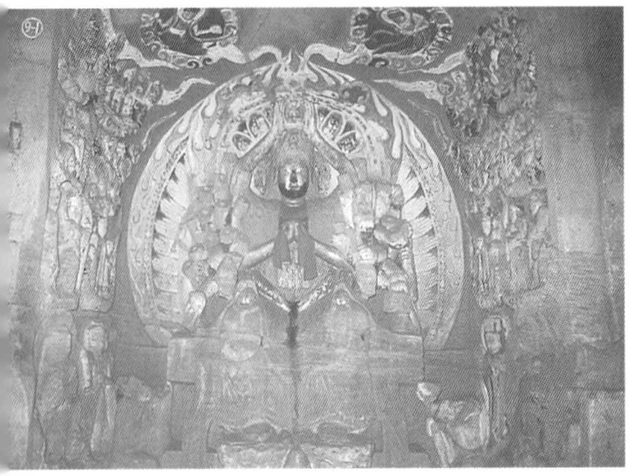

圖13 大悲觀音菩薩坐像
唐代
四川大足北山第九窟

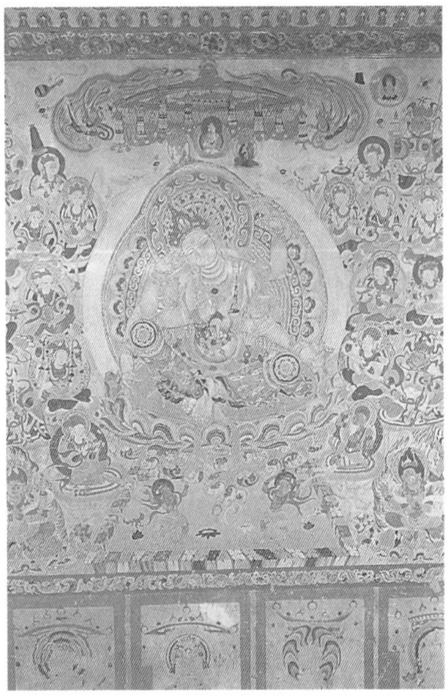

圖14 如意輪觀音菩薩坐像
唐代
甘肅敦煌莫高窟第十四窟

大悲觀音像的類型。如今在四川的晚唐石窟造像裡，時常可以發現四十二臂的大悲菩薩雕像（圖 13）。

我國如意輪觀音的製作數量，雖然不能與十一面觀音和千手千眼觀音相提並論，但在唐代，亦有相當的重要性。敦煌莫高窟的壁畫裡，就發現二十餘鋪盛唐至晚唐的如意輪觀音經變。後藤大用指出，如意輪觀音的形象有二、四、六、八、十、十二臂數類，[115]我國的如意觀音像以六臂為主。不空（705-774）翻譯的《觀自在菩薩如意輪瑜伽》對這尊觀音的圖像與意涵敘述甚詳：

> 手持如意寶，六臂身金色。皆想於自身，項髻寶莊嚴，冠坐自在王，住於說法相。第一手思惟，愍念有情故。第二持意寶，能滿一切願。第三持念珠，為度傍生苦。左按光明山，成就無傾動。第二持蓮手，能淨諸非法。第三挈輪手，能轉無上法。六臂廣博體，能遊於六道。以大悲方便，斷諸有情苦。行者如是觀，坐於月輪中。身流千光明，項背皆圓光。復想心月輪，亦有寶蓮花。[116]

敦煌莫高窟第十四窟北壁的如意輪觀音經變（圖 14）的主尊，身後有大月輪，坐於蓮台之上，共有六臂，右上手作思惟狀，中手於胸作安慰印，下手下垂；左上手頂輪寶，中手於胸前捧如意寶珠，下手作安慰印置膝上。圖像特徵雖與經文略有出入，但如意輪觀音最重要的圖像特徵——代表濟渡六道的六臂和如意寶珠、寶輪兩件重要的持物，卻無一不備。

除了上述諸密教觀音像外，在敦煌莫高窟裡還發現了數十鋪唐代的不空羂索觀音壁畫，代表作有盛唐的第一四八窟，中唐的第三八四、三五八、三六一窟，晚唐的第十四窟等。其形象有三面十臂、三面六臂和一面四臂三種，圖像特徵與唐代菩提流志所譯之《不空羂索神變真言經》的記載符合。[117]

根據非濁的《三寶感應要略錄》，唐代荊州的趙文侍曾為亡親畫大悲、大慈、師子無畏、大光明普照、天人丈夫、和大梵深遠六觀音，[118]這六觀音即千手千眼觀世音、聖觀音、馬頭觀音、十一面觀音、準提觀音和如意輪觀音的別名。由此看來，唐代亦應有馬頭觀音和準提觀音的製作。不過現存的唐代佛教造像和畫作中，馬頭觀音和準提觀音的遺例甚稀。

西安市東北郊大安國寺址出的密教造像裡，發現一件非常難得的唐代馬頭觀音石雕（圖 15）。該像三面八臂，正面犬牙上出，現

---

115 後藤大用著．黃佳馨譯，《觀世音菩薩本事》，頁134。
116〔唐〕不空譯，《觀自在菩薩如意輪瑜伽》，《大正藏》，第20冊，頁208下-209上。
117 季羡林主編，《敦煌學大辭典》（上海：上海辭書出版社，1998），頁164。
118〔宋〕非濁，《三寶感應要略錄》卷中，《大正藏》，第51冊，頁853中-下。

忿怒相；右面作菩薩面，現慈悲相；左面怒目蹙眉，作瞋怒相。火焰髮，冠有化佛，頂戴馬頭。除了在胸前結手印的兩手外，右上手持斧鉞，中手持念珠，下手作與願印；左上手執金剛捧，中手持軍持，下手持蓮花。圖像特徵大抵與《大聖妙吉祥菩薩祕密八字陀羅尼修行曼荼羅次第儀軌法》[119]相符。這尊觀音的忿怒形象與其他觀音大異其趣，不空譯的《聖賀野紇哩縛大威怒王立成大神驗供養念誦儀軌法品》云：「賀野紇哩縛（馬頭觀音），能摧諸魔障。以慈悲方便，現大忿怒形。成大威日輪，照曜無邊界。修行者暗瞑，速得悉地故。」[120]可見，馬頭觀音雖外現忿怒之形，降伏各種邪魔，但其內心實則悲愍仁慈。

《宋高僧傳》載，開元三大士之一的金剛智在洛陽時，曾結壇祈請，躬繪準提菩薩。可見開元時期，我國應有準提觀音像的繪製，不過迄今，筆者僅發現金剛智、趙文侍、盧楞伽[121]等數則唐代準提觀音畫的記載，推測準提觀音的信仰在唐代尚不十分流行。

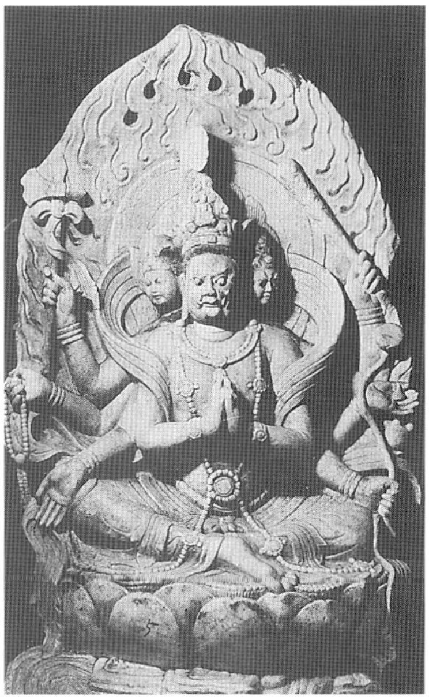

圖15 馬頭觀音像
唐代
西安碑林博物館藏
西安市大安國寺遺址出土

除了上述這些觀音像外，唐代尚有普陀落迦觀音像的雕造。上海博物館所藏的一尊唐代金銅觀音像（圖 16），這尊觀音與上述法相端嚴的觀音迥別，其左手撐在岩石座上，右手擱在抬起的右膝上，姿勢悠閒舒適，自由愜意。這尊觀音的圖像典出《華嚴經》〈入法界品〉。該經曰：

> （鞞瑟胝羅言：）善男子，於此南方，有山，名補怛洛迦。彼有菩薩，名觀自在，汝詣彼問菩薩，云：何學菩薩行？修菩薩道？……爾時善財童子……至於彼山，處處求覓此大菩薩。見其西面巖谷之中，泉流縈映，樹林蓊鬱，香草柔軟，右旋布地。觀自在菩薩於金剛寶石上，結跏趺坐，無量菩薩皆坐寶石，恭敬圍遶，而為宣說大慈悲法。[122]

這尊觀音的四周還有嶙峋的山石圍繞，具體地表現觀音菩薩居住在補怛洛迦山巖谷之中的形象，因此，人稱這種形象的觀音為「普陀落迦觀音」。

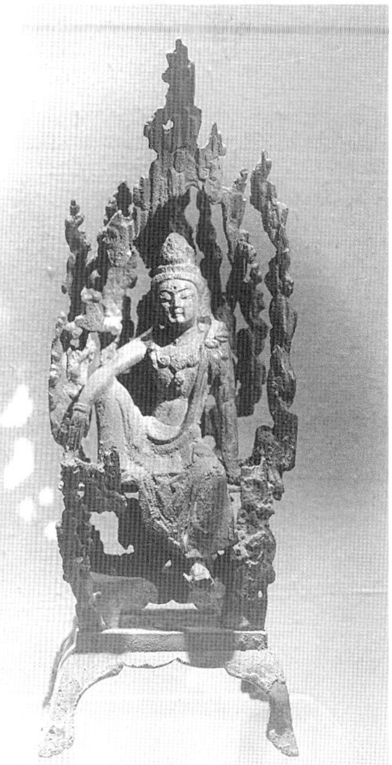

圖16 普陀落迦觀音菩薩坐像
唐代
上海博物館藏

在普陀落迦觀音圖像的基礎上，唐代又創造了水月觀音的畫作。水月觀音之名最早見於朱景玄的《唐朝名畫錄》，該書言及，周昉（活動於 779-804）在上都畫水月觀自在菩薩。[123]張彥遠的《歷代名畫記》更進一步提到，周昉「妙創水月之體」，[124]因此大家皆視周昉為水月觀音的創稿者。周昉所作的水月觀音目前已經不存，

119〔唐〕菩提仙譯，《大聖妙吉祥菩薩祕密八字陀羅尼修行曼荼羅次第儀軌法》，《大正藏》，第20冊，頁785下。
120〔唐〕不空譯，《聖賀野紇哩縛大威怒王立成大神驗供養念誦儀軌法品》，《大正藏》，第20冊，頁155上。
121《宣和畫譜》卷二，收錄於《畫史叢書》，第1冊，頁392。
122〔唐〕實叉難陀譯，《大方廣佛華嚴經 》卷六十八〈入法界品第三十九之一〉，《大正藏》，第10冊，頁366下。
123〔唐〕朱景玄，《唐朝名畫錄》〈神品下〉，收錄於《景印文淵閣四庫全書》，第812冊，頁365。
125 同上註，卷三，收錄於《畫史叢書》，第1冊，頁50。

不過《歷代名畫記》言及，在西京勝光寺塔東南院，周昉所畫的水月觀自在菩薩掩障，「菩薩圓光及竹並是劉整成色。」[125]由此看來，這鋪水月觀音應頭有大圓光，身側並繪有竹子以為配景。白居易（772-846）〈畫水月菩薩贊〉又言：「淨淥水上，虛白光中。一睹其相，万緣皆空」，[126]池水的描寫想必也是水月觀音圖的重要母題（motif）之一。

九世紀以來，水月觀音的資料激增。唐開成九年（839），日本高僧常曉和圓行[127]自中國返日時，均曾攜水月觀世音菩薩像一軀，常曉還特別在水月觀音菩薩條下註記：「右大悲之用，化形萬方，觀思眾生，拔苦與樂。故示像相，使物生信。今見唐朝世人，總以為除災因，天下以為生福緣也。是像此間未流行，故請來如件。」[128]《北夢瑣言》又載，唐末「蔣凝侍郎亦有人物，每到朝士家，人以為祥瑞，號水月觀音。」[129]顯然，九世紀時，水月觀音已是人們所熟悉的佛教人物。根據畫史，唐末名家范瓊、左全分別在成都聖壽寺和大聖慈寺繪水月觀音，[130]可惜這些畫作均未倖存。由於在目前傳世的作品裡，尚未發現唐代水月觀音畫的遺存，具體的圖像表現後文再論。

五代、兩宋時期

五代（907-960），各朝國祚短促，政權更迭迅速，動亂相仍，自印度東來的僧侶人數銳減。宋（960-1279）初，雖然東來的天竺僧人也曾翻譯了一些新的密教系觀音經典，如天息災（？-1000）所譯的《大乘莊嚴寶王經》，甚至於將觀音的地位提高為「宇宙創造者」，可是這些經典的內容對我國的觀音信仰幾無影響。經典已經不再是觀音信仰的唯一基石，靈驗故事和傳說也是弘宣觀音信仰的重要媒介。

會昌法難（842-845）以後，我國的密教觀音信仰受到很大的打擊，唯獨大悲觀音信仰例外。五代、兩宋時期，上承前代大悲觀音信仰的傳統，千手千眼觀音信仰依然十分興盛。智覺禪師（即永明延壽，904-975）每日「六時誦〈千手千眼大悲陀羅尼〉，普為一切法界眾生，懺六根所造一切障。」同時「初夜普為盡十方面眾生，擎爐焚香，念《般若》、〈大悲心陀羅尼〉，悉願諦了自心，圓明般若。」[131]顯然禪宗名僧永明延壽也是〈大悲咒〉的信受者。

宋代，對大悲觀音信仰發展貢獻最大的當屬天台宗高僧知禮（960-1028），他參照智顗的《法華三昧懺》，編寫了《千手千眼大悲心咒行法》（簡稱《大悲懺法》），認為藉由懺悔及觀想自己與大悲觀音合而為一，便能增智除惡，藉由在儀式上的「扮演」觀音，終有行如菩薩的希望。知禮把〈大悲咒〉由原本單純的密教神咒，轉變成悟道的入口。[132]因此，千手千眼觀音雖為一尊密教菩薩，但卻能在顯教的觀音信仰中歷久不衰，深受國人的崇奉。

在宋代大悲觀音信仰蓬勃發展的同時，與此信仰息息相關的妙善公主傳說便悄然地誕生了。該故事提到過去有一位國王，名妙莊嚴，膝下有妙顏、妙音和妙善三女。妙善出生之後，即不茹葷

126〔唐〕白居易，《白氏長慶集》卷三十九，收錄於《景印文淵閣四庫全書》，第1080冊，頁448。
127〔日本〕圓行，《靈巖寺和尚請來法門道具等目錄》，《大正藏》，第55冊，頁1073中。
128〔日本〕常曉，《常曉和尚請來目錄》，《大正藏》，第55冊，頁1070上。
129〔宋〕孫光憲，《北夢瑣言》卷五〈沈蔣人物〉條，收錄於《景印文淵閣四庫全書》，第1036冊，頁31。
130〔宋〕黃休復，《益州名畫錄》卷上，收錄於《畫史叢書》，第3冊，頁1380、1386。
131〔宋〕文沖，《智覺禪師自行錄》，收錄於《卍續藏經》，第111冊，頁155、161。
132 有關知禮大悲懺的研究，參見于君方，〈大悲懺與天台教觀〉，《香光莊嚴》第60期（1999年12月），頁34-62。

腥，齋戒修行。後來，妙莊嚴王夫婦欲為妙善招駙馬，妙善則志求出家，堅不應允。王怒下詔，令其至尼寺種菜，希望她經不起種菜的辛苦，而萌生退意。孰不知，妙善修道的決心卻絲毫沒有動搖。妙莊嚴王一怒之下放火燒寺，妙善公主因得神助平安逃至香山修行。後妙善公主聽聞父王得疾，全身腐爛，遂為父捨自己的手眼為藥，王終得康復。妙莊嚴王痊癒後，夫婦二人至香山參禮，始知捨手眼者為三女妙善，並發現妙善乃香山的千手千眼大悲觀音化現。

妙善公主的傳說對宋代以來的觀音信仰影響極為深遠。這則故事最早的記載見於崇寧三年（1104）杭州天竺寺僧道育所立的〈香山大悲成道傳碑〉。[133]杜德橋（Glen Dudbridge）的研究指出，妙善公主在香山寺顯靈的故事應源於紹聖三年（1100）蔣之奇所作的《汝州香山大悲菩薩傳》。[134]這個故事成立不久，便迅速流傳開來，正覺（1091-1157）的〈雲巖大悲〉、南宋祖琇撰的《隆興佛教編年通論》（成於1164）、[135]金盈之《新編醉翁談錄》[136]（成於十三世紀初）等，都有妙善公主為大悲觀音化現的記載。由於這個故事的流行，女相觀音的觀念也日益普遍。

前文已述，唐代時即有水月觀音信仰的興起。在敦煌遺書裡，發現後周顯德五年（958）翟奉達抄寫的觀音偽經——《佛說水月觀音菩薩經》（簡稱《水月觀音經》），[137]長僅三百零五字。十世紀時，《水月觀音經》這部簡短易誦的偽經流傳，更促進了水月觀音信仰的流佈。

五代、兩宋，流行的觀音信仰中，白衣觀音和南海觀音對我國文化的影響最為深遠。雖然早在唐代王勃（647-675）的詩中，已用「皎若現白衣之相，身挂雲羅素服」[138]來形容觀世音菩薩，《宣和畫譜》亦有辛澄（活動於八世紀八〇年代）畫「白衣觀音像」的記載，[139]但白衣觀音的信仰則至五代始有突飛猛進的發展。過去，學者曾經指出，白衣觀音的圖像可能源自藏密的白度母，[140]可是近十年的研究已經證實，白衣觀音的圖像並無經典的直接根據，[141]而是從中國本土文化中所孕育而生的一位佛教人物。

中古文獻裡，有關白衣觀音的資料豐富。遼太宗（925-947 在位）篤信白衣觀音，並曾奉其為家神。宋代秦再思〈洛中紀異〉云：

> 契丹主德光嘗晝寢，夢一神人，花冠美姿容輜軿甚盛，自天而下，衣白衣，佩金帶，執金骨朵，有異獸十二隨其後，內一黑色兔入德光懷而失之。神人語德光曰：石郎使人喚汝，汝須去。覺告其母，忽之不以為異。後復夢，即前神人也。衣冠儀貌宛然如故，曰：石郎已使人來喚汝。既覺而驚。復以告母。母曰：可命筮之。乃召胡巫，筮言：太祖從西樓來，言中國將立天王，要爾為助，爾須去。……後至幽州城中，見大悲菩薩佛相，驚告其母曰：此即向來神人，冠冕如故，但服色不同耳。因立祠木葉山，名菩薩堂。[142]

133〔清〕陸增祥，《八瓊室金石補正》卷一〇九，頁19上-25下，收錄於《石刻史料叢書甲編》，第42冊。

134 杜德橋（Glen Dudbridge）著．李文彬等譯，《觀音菩薩緣起考——妙善傳說》（台北：巨流出版社，1980），頁7、10、89。該書原名為Glen Dudbridge, *Legend of Miaoshan* (Oxford Oriental Monographs, vol. I), London: Ithaca Press, 1978.

135 同上註，頁40、24。

136〔宋〕金盈之，《新編醉翁談錄》〈禪林叢錄〉之〈雕佛餘錢渡僧話〉條（《適園叢書》第7集）（揚州：江蘇廣陵古籍出版社，1986），第134冊，卷六，頁5-6。

137 王惠民，〈敦煌寫本《水月觀音經》研究〉，《敦煌研究》1992：3（1992年8月），頁93-97。1139上。

139《宣和畫譜》卷二，收錄於《畫史叢書》，第1冊，頁397。

140 Kenneth Ch'en, *Buddhism in China: a Historical Survey* (Princeton: Princeton University Press, 1973), p. 342.

141 潘亮文，〈白衣観音像についての一考察〉，《佛教藝術》231號（1997年3月），頁105。

《遼史》卷四十九又載：「太宗幸幽州大悲閣，遷白衣觀音像，建廟木葉山，尊為家神。」[143]可見遼太宗耶律德光夢中所見的神人即白衣觀音。又從〈洛中紀異〉提到這位著白衣的神人「花冠美姿容」來看，白衣觀音似乎已是一位女相菩薩了。

南方的白衣觀音信仰也約於同一時間蓬勃展開。《咸淳臨安志》載：

> 後晉天福四年（939）僧道翊結廬山中，夜有光就視，得奇木，命孔仁謙刻觀音像，……錢忠懿王（947-978 在位）夢白衣人求治其居，王感寤，乃即其地創佛廬，號天竺看經院。[144]

自吳越錢忠懿王建天竺看經院起，杭州上天竺寺遂成為白衣觀音的重要道場。宋代時，上天竺寺的白衣觀音屢現靈瑞。咸平（998-1003）初，臨安郡守張去華因久旱不雨，迎天竺寺的白衣觀音至梵天寺致禱，即日便雨。孝宗皇帝（1163-1190 在位）初即位，又因久雨，遂到天竺寺的白衣觀音像前降香祈禱，則馬上日霽。[145]十一世紀時，我國已有〈白衣觀音神咒〉（又稱〈白衣咒〉）的流傳，[146]這個咒語相當俚俗，內有「天羅神、地羅神，人離難，難離身，一切災殃化為塵」的文句，不見於佛教典籍，佛道雜揉的民間信仰成分甚重。根據文獻，宋代以來，信眾誦持〈白衣咒〉的目的都是為了現世的利樂，所以白衣觀音俗神化的色彩濃厚。

南海觀音又稱普陀觀音，因南海普陀山而得名，係受《華嚴經》所說補袒落迦的影響。雖然祂的傳說可以追溯至晚唐，可是晚唐、五代與南海觀音有關的記載甚稀，直到宋代才有豐富的資料，顯示南海觀音的信仰至宋代才廣泛地流傳開來。志磐《佛祖統紀》云：

> （大中）十二年（858），日本國沙門慧鍔，禮五臺山得觀音像，道四明，將歸國。舟過補陀山，附著石上不得進。眾疑懼禱之曰：若尊像於海東機緣未熟，請留此山。舟即浮動，鍔哀慕不能去，乃結廬海上以奉之。鄞人聞之，請其像歸，安開元寺。其後有異僧，持嘉木至寺，倣其製刻之，扃戶施功，彌月成像，忽失僧所在。乃迎至補陀山。山在大海中，去鄞城東南水道六百里，即《華嚴》所謂南海岸孤絕處，有山名補怛落迦，觀音菩薩住其中也，即《大悲經》所謂補陀落迦山觀世音宮殿，是為對釋迦佛說大悲心印之所。其山有潮音洞，海潮吞吐，晝夜砰訇，洞前石橋，瞻禮者至此懇禱，或見大士宴坐，或見善財俯仰將迎，或但見碧玉淨瓶，或唯見頻伽飛舞。[147]

自此，浙江定海縣東舟山群島的普陀山便被視為觀音的聖地。宋代，到此朝拜的人不絕於履，南海觀音的感應頻傳。根據元代盛熙明的《補陀落迦山傳》，元豐中（1078-1085），王舜封使三韓，遇風濤，曾見觀音大士自巖洞出，始平安渡海。崇寧間（1102-1106），戶部侍郎劉逵在舟山群島附近迷航，也在觀音菩薩示現後，遂得登岸。淳祐年間（1241-1252），連歲苦旱，制帥顏頤仲在普陀山潮音洞禱雨，隨求輒應。[148]諸如此類的故事甚多，不勝枚舉。

---

142 引文見〔清〕厲鶚，《遼史拾遺》卷二，收錄於嚴一萍，《百部叢書集成》（台北：藝文印書館，1964），86編35冊，頁17-18。

143 〔元〕托克托等，《遼史》卷四十九，收錄於《景印文淵閣四庫全書》，第289冊，頁389。

144 〔宋〕潛說友，《咸淳臨安志》卷八十〈上天竺靈感觀音寺〉條，收錄於《景印文淵閣四庫全書》，第490冊，頁841。

145 同上註，頁842

146 Chyn-fang Yü, "Guanyin: the Chinese Transformation of Avalokiteshvara," Marsha Weidner ed., *Latter Days of the Law* : *Images of Chinese Buddhism 850—1850* (Lawrence: Spencer Museum of Art, University of Kansas, 1994), p. 172.

147 〔宋〕志磐，《佛祖統紀》卷四十二，《大正藏》，第49冊，頁388中-下。不過，另有一說，此事發生於五代後梁貞明二年（916）（王亨彥輯，《普陀洛迦新志》（台北：新文豐出版公司，1975），卷三，頁2）。

觀世音原本是一位印度的菩薩，祂的淨土原來在南印度的補怛落迦山，可是至宋，國人已將觀世音菩薩的聖地移到我國的普陀山，這個轉變顯示觀音信仰已與我國的土地緊密結合，成為中國文化的一部分，也是觀音信仰中國化最具體的表徵。

馬郎婦觀音是觀音信仰中國化的另一個具體事例。志磐的《佛祖統記》〈元和四年（809）〉條云：

> 馬郎婦者出陝右，初是此地俗習騎射，蔑聞三寶之名，忽一少婦至，謂人曰：有人一夕通〈普門品〉者則吾婦之。明旦誦徹者二十輩。復授以《般若經》，旦通猶十人。乃更授《法華經》，約三日通徹，獨馬氏子得通，乃具禮迎之。婦至以疾求止他房，客未散而婦死，須臾壞爛遂葬之。數日有紫衣老僧至葬所，以錫撥其屍，排金鎖骨，謂眾曰：此普賢聖者閔汝輩障重，故垂方便。即凌空而去。[149]

文中雖稱馬郎婦乃普賢菩薩化現，可是黃庭堅（1045-1105）的〈觀世音贊六首〉中，卻有「設欲真見觀世音，金沙灘頭馬郎婦」的詩句，[150]〈戲答陳季常寄黃州山中連理松枝二首〉又言：「金沙灘頭鎖子骨，不妨隨俗暫嬋娟。」[151]詩下任淵又註：「《傳燈錄》：僧問風穴（896-973）：如何是佛？穴曰：金沙灘頭馬郎婦。世言觀音化身，未見所出。」[152]可見北宋時（960-1127），馬郎婦有時又被視作觀音菩薩變現。

早在六朝，觀音菩薩送子的觀念已經存在，可是宋代筆記小說中，觀音送子的故事大幅度增加，洪邁編纂的《夷堅志》（成於1198）〈翟楫得子〉條載：「翟楫……年五十無子，繪觀世音像懇禱甚至，其妻方娠，夢白衣婦人以盤擎一兒甚韶秀，妻大喜……既而生男。」[153]此外，在《夷堅志》支丁卷一〈徐熙載禱子〉、支癸卷十〈安國寺觀音〉等條，都有觀音送子的記載。這類傳說的流行，對送子觀音信仰的成熟自然起了積極的作用。

孫昌武指出，《夷堅志》收錄的四十餘則觀音故事，在內容方面已與早期的觀音靈驗記有明顯的不同。其中表現得最多的是有關治病、送子之類涉及日常生活福利的現實題材，反映了民間觀音信仰形態的變化。宋代的信徒主要著眼於現世的福利，觀音信仰的宗教內涵日趨淡薄。人們向觀音乞求的，不在於彼岸世界的解脫，甚至不是六朝觀音靈驗記所說的水、火、刀、兵之類的大災大難，而在解決人們的日常生活問題，[154]觀音與信眾的關係更形密切。

五代、兩宋的傳說反覆提及，觀音菩薩是一女性，在這種觀念下，女相觀音的造像也應運而生，顛覆了早期觀音造像的傳統。

普陀落迦觀音是五代、兩宋時期佛教造像流行的形式之一，不但在國外博物館中常見這類的木雕觀音坐像，即使在石窟雕刻裡，這種觀音造像也時有發現。四川安岳毗盧洞的宋代觀音經變相（圖 17），主尊為普陀落迦觀音，坐在一岩石座上，左足垂下，右腳放在岩石座上，頭略下傾，姿勢安閒自在。祂的持物楊枝插在淨瓶中，放置在身側，身後尚有數竿修竹。這尊觀音不再高不可攀，

148〔元〕盛熙明，《補陀落迦山傳》，《大正藏》，第51冊，頁1137上-中。
149〔宋〕志磐，《佛祖統記》卷三十六，《大正藏》，第49冊，頁380下。
150〔宋〕黃庭堅，《豫章黃先生文集》卷十四（四部叢刊初編集部本），頁132。
151〔宋〕黃庭堅撰．任淵注，《山谷內集詩注》卷九，收錄於《景印文淵閣四庫全書》，第1114冊，頁122。
152 同上註。
153〔宋〕洪邁，《夷堅乙志》卷十七〈翟楫得子〉，收錄於《筆記小說大觀．八編》（台北：新興書局，1975），第3冊。
154 孫昌武，《中國文學中的維摩與觀音》，頁369。

遙不可及，全作散發著濃郁的「人」的氣息。其髮髻高聳，上身裸露，僅著天衣。五官娟秀，垂目而望，表情嫻靜溫和，多了一份女性秀麗的韻致。這種既不失菩薩的莊重，又富有人世間生活情感的作品，正是宋代佛教造像的傑出成就。在祂的兩側則以浮雕的方式刻畫出八幅觀音救難的場面，故又稱「八難觀音」。八難觀音典據《法華經》〈普門品〉，而普陀落迦觀音則源出《華嚴經》。這一觀音經變浮雕將兩經系的圖像並陳，說明在宋代藝匠的心目中，觀音信仰實無宗派的區別。類似的表現亦見於四川大足北山石窟的第一三三龕（圖 18），該窟的主尊也是一尊水月觀音，可是在龕的兩側卻出現了兩位四臂的密教護法。這些觀音龕的尊像的布排顯示，宋代的觀音造像已經跳脫經典儀軌的拘囿，以更靈活的手法來詮釋觀音信仰的特質。

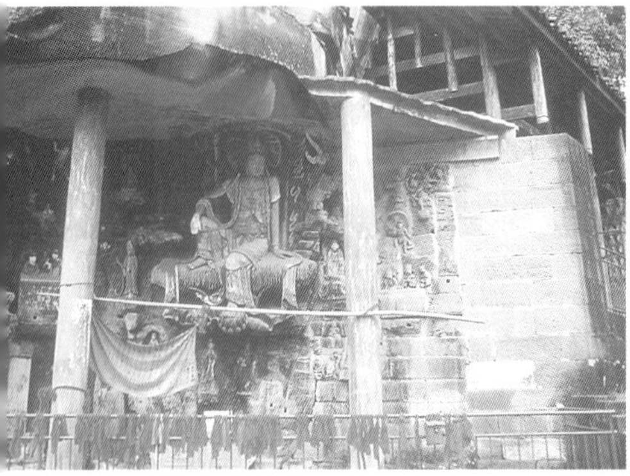

圖17 觀音經變相
宋代
四川安岳毗盧洞觀音龕

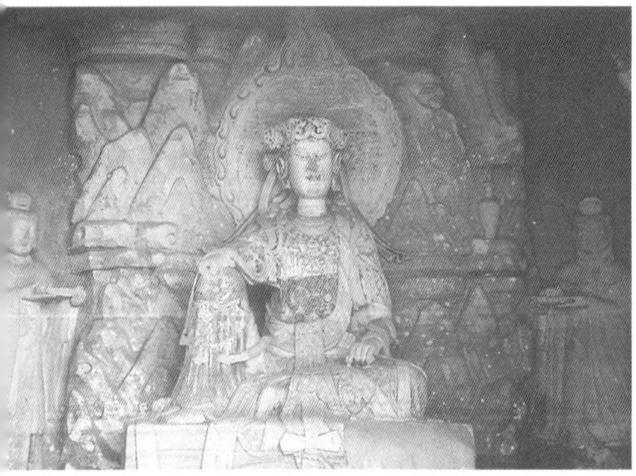

圖18 水月觀音菩薩坐像
宋紹興二十五年（1115）
四川大足北山第一三三龕

五代、兩宋時期，水月觀音的圖像十分流行。目前傳世最早的一件水月觀音畫，出現於居美美術館（Musée Guimet）所藏千手千眼觀世音圖的左下方，其側尚有「水月觀音菩薩」的榜題。[155]根據這幅作品的題記，知道此畫作於後晉天福八年（943）。圖中的水月觀音冠有化佛，背有大月輪，右手持一枝楊柳，左手捧一淨瓶，屈右膝，垂左足，坐在一塊大磐石上，周圍有蓮池綠水環繞，身後數株棕櫚樹和幾隻竹筍，全作顯然是從周昉的水月觀音變化而來。不少水月觀音的作品，如安西榆林窟第二窟西壁北側的西夏（1038-1227）水月觀音圖（圖 19），在觀音菩薩的身前尚繪善財童子禮拜，清楚揭示了水月觀音和《華嚴經》的關係密切。

李廌（1059-1109）《畫品》提到勾龍爽（活動於1067-1085）曾畫「普陀觀音像」，是筆者所發現最早的普陀觀音像的記載。該書稱這尊觀音「具天人種種殊相，寶珠纓絡，鉄衣綷髻，使人瞻之，敬心自起。筆氣清潤，意通幻妙。所居普陀伽山在海岸孤絕處，煙台蒙密，佳氣藹然。」[156]雖然此畫不傳，不過根據李廌的描述，勾龍爽所畫的「普陀觀音」應有山水、雲煙的描寫，以象徵觀世音菩薩的聖地普陀山。

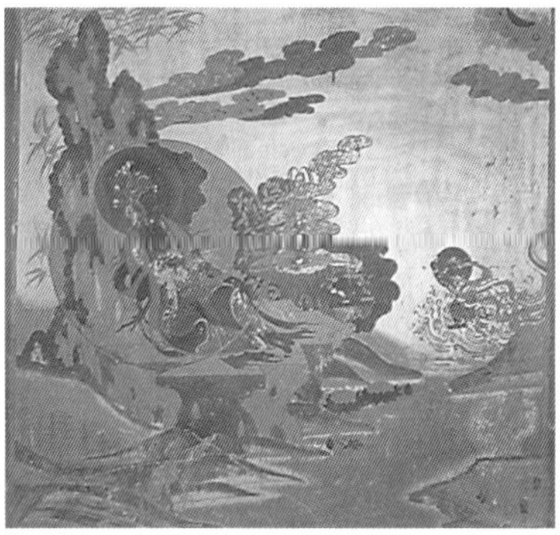

圖19 水月觀音坐像
西夏
甘肅安西榆林窟第二窟

五代、兩宋期間，白衣觀音信仰流行，白衣觀音像的製作當然不少。根據畫史，五代的王齊翰、杜子瓌、曹仲元和富玫都曾畫過白衣觀音，[157]不過這些作品無一倖存。敦煌遺書 P3927〈啟請白衣觀自在文〉描述白衣觀音的形象為「素服衣冠，圓容麗質，身掛輕羅自在，足躡千輪，兩耳長垂玉珠樓洛（瓔珞）。」[158]在杭州煙霞

155 圖見ジャン・フランソヮ・ジャリーシュ（Jean-Francois Jarrige），秋山光和監修；ジャク・ジェス（Jack Jesse）編輯，《西域美術：ギメ美術館ペレオ・コレクション》第一卷（東京：講談社，1994），圖版 96、96-5。

156〔宋〕李廌，《畫品》〈普陀觀音像〉條，收錄於楊家駱編，《藝術叢編》第1集第10冊（台北：世界書局，1962），頁194。

洞的觀音立像（圖 20）中，就可以清楚地看到這些圖像特徵。這尊觀音冠住阿彌陀佛，胸佩瓔珞，右手持念珠，雙手於腹前交叉，與過去常見的觀音像最大的不同，是其頭覆大巾，當為一尊白衣觀音像無疑。麥積山一六五窟的宋塑白衣觀音（圖 21），臉呈橢圓形，頰頤豐腴，柳眉鳳眼，鼻子秀氣，雙肩削窄，也戴頭巾，面容體態頗近宋代婦女的形貌。不過其胸部平坦，尚未完全女性化。類似的作品在南宋繪畫中也時有所見。[159]敦煌二三七窟前室西壁門上有一鋪西夏的壁畫，作一背有大圓光的觀音菩薩，在臨流的大磐石上抱膝而坐，身側置有淨瓶，身後尚繪山石、樹木（圖 22）。從其坐姿和山水的背景觀之，應是一尊水月觀音，可是這尊觀音又身著白衣，頭覆白巾，樣貌與白衣觀音相同。顯然兩宋、西夏時期，圖像的嚴謹性已經減弱，出現了多種觀音圖像混融的狀況。

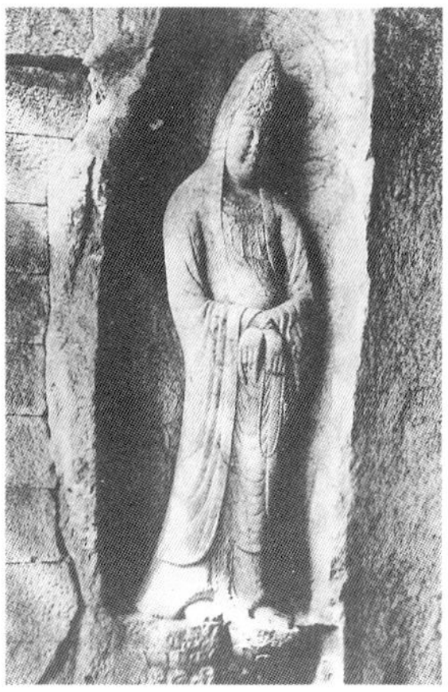

圖20 白衣觀音立菩薩立像
宋代
浙江杭州煙霞洞

馬郎婦觀音和送子觀音是宋代典型的女相觀音。目前收藏於日本的一軸馬郎婦觀音，[160]上有拙翁如琰的贊語。該幅畫中為一女子，既無頭光，又不佩瓔珞，正在展閱經卷，這位女子即是觀世音菩薩所化現，屢次勸人誦經的馬郎婦。另外，元豐五年（1082）的觀音石刻，[161]刻畫著觀音菩薩頭披大巾，坐於磐石之上，身後有竹數竿，身前則有蓮花數朵。膝上抱著一個孩童，身前尚有二位童子展閱讀經，觀音菩薩的持物——淨瓶、楊枝和水杯置於身側。在畫幅的上方尚題刻著《白衣大悲五印陀羅尼經》，毫無疑問地這石刻中的人物就是送子觀音。這類女相觀音像將觀音的俗神性一表無遺。

鄧椿《畫繼》載：成都的宋僧祖鑒「師智平畫觀音，今大慈超悟院佛殿有十觀音」，[162]儼然是一座觀音殿。由於成都大慈寺超悟院的十觀音壁畫已經不存，目前只得從四川石窟的造像，管窺大慈寺十觀音壁畫的狀況。四川北山佛灣第一八〇窟開鑿於政和六年（1116），以姿勢安閒的普陀落迦觀音為主尊，左右兩壁各刻六尊觀音立像，這些觀音皆頭戴華冠，胸佩瓔珞，有些觀音像的冠中尚有化佛。從所持器物來訂名，有持鉢觀音、數珠手觀音、如意珠觀音、提籃觀音、寶印觀音等。雖然其中有些觀音像可依其圖像特徵加以辨識，如數珠手觀音頭披長巾，手持一串念珠，形象與杭州煙

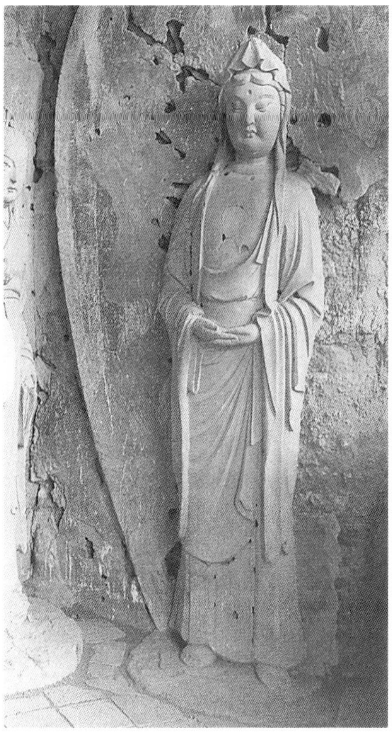

圖21 白衣觀音菩薩立像
宋代
甘肅天水麥積山第一六五窟

157 《宣和畫譜》卷一，收錄於《畫史叢書》，第1冊，頁404、406、415；〔宋〕郭若虛，《圖畫見聞志》卷二，收錄於《畫史叢書》，第1冊，頁171。

158 黃永武主編，《敦煌寶藏》，第132冊，頁 312。

159 圖見潘亮文，〈白衣觀音像についての一考察〉，《佛教藝術》231號（1997年3月），圖 15、16、17、20、21。市立美術館．朝日新聞社，《宋元の美術》（大阪：大阪市立美術館，1978），圖 5-100。

161 海老根聰郎，〈宋元時代の觀音圖〉，收錄於國際交流美術史研究會，《觀音——尊像と變相》，圖13。

162〔宋〕鄧椿，《畫繼》卷五，收錄於《畫史叢書》，第1冊，頁307。

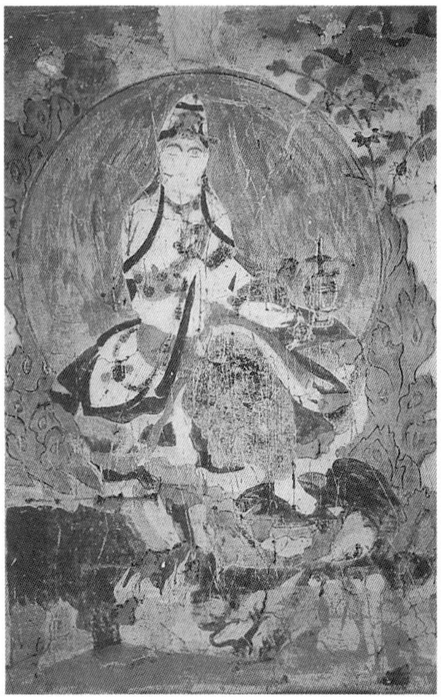
圖22 水月觀音坐像
西夏
甘肅敦煌莫高窟第二三七窟

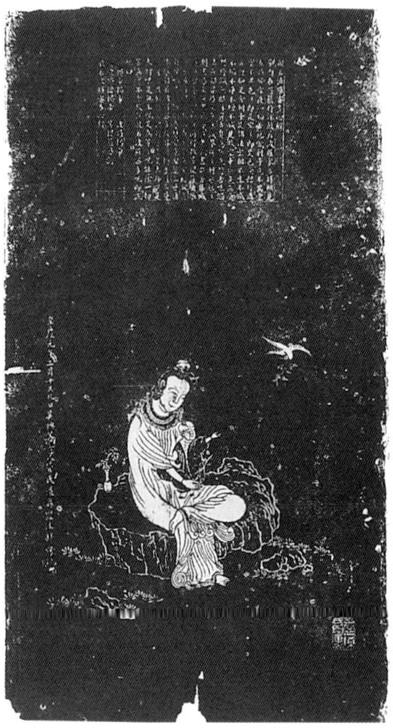
圖23 管道昇觀音像并心經拓片
元皇慶元年（1312）
北京圖書館藏

霞洞的白衣觀音一致，可能也是一尊白衣觀音，但是大部分的觀音圖像不可查考。全窟布排井然有序，結構對稱而嚴謹。此外，四川大足石門山的第六窟和妙高山第四窟又出現了西方三聖和十觀音的組合，[163]這樣的布排方式在其他地方都不曾見到，可能為四川觀音像的一大特色。尚值一提的是，宋代時，四川安岳地區又出現了多尊高達六、七公尺的觀音造像，如圓覺洞第七號窟的楊柳觀音、十四號窟的蓮華手觀音、茗山寺第八號窟的觀音菩薩等，[164]宋代四川地區觀音信仰發展的蓬勃於此可見一斑。

除了上述根據靈驗故事或傳說的觀音圖像外，五代朱繇所作的「披髮觀音變相」，觀音「在水中石上，襲衣寶絡，被髮按劍而坐。」[165]宋代李公麟（1049-1106）所畫的長帶觀音，「非世俗可以彷彿，而紳帶特長一身有半，蓋出奇玄異，使世俗驚惑，不失其勝絕也。」他為延安呂吉甫所作的石上臥觀音像，又「前此未聞有此，畫樣亦出奇也。」[166]這些不落俗套觀音的形象，已完全脫離宗教儀軌的規範，當是畫家別出心裁之作。此外，畫史又載，五代的王齊翰曾作「寶陁羅觀音像」、「巖居觀音像」[167]等名號來源不可考的觀音作品，也可能是畫家自創，這些觀音畫作都使得觀音圖像的內容更加豐富。

最後尚值一提的是，隨著水墨人物畫的興起，除了敷色穠麗、繪製嚴整的觀音畫作外，五代、兩宋時期，又出現了水墨白描式的觀音像，其中最具代表性的當為宋代士大夫畫家李公麟。李公麟學佛悟道，深得微旨，精於繪事，尤以白描人物著稱。畫史曾載，他畫觀音多幅，[168]很可能就是以白描手法完成。此外，日本京都大德寺所藏牧谿（活動於十三世紀下半葉）白衣觀音三屏中的白衣觀音，[169]也是以水墨白描法畫成。這些畫家的嘗試為後代文人水墨白描觀音的先驅。

元明清時期

西元一二〇三年，回教大軍襲擊孟加拉地區，大舉破壞佛教寺院、虐殺佛教徒數萬人。兩年以後，回教控制了北印度，印度的佛

163 黎方銀，《大足石窟藝術》（重慶：重慶出版社，1992），頁151-153。
164 劉長久主編，《安岳石窟藝術》（成都：四川人民出版社，1997），圖96、103、186。
165〔宋〕李廌，《畫品》〈披髮觀音變相〉條，收錄於楊家駱編，《藝術叢編》，第1集，第10冊，頁197。
166 同上註，頁195-196。
167《宣和畫譜》卷一，收錄於《畫史叢書》，第1冊，頁415。
168《宣和畫譜》卷七，收錄於《畫史叢書》，第1冊，頁450。
169 海老根聰郎，〈宋元時代の観音圖〉，國際交流美術史研究會，《観音——尊像と變相》，圖11。

教遂亡。因此，元代（1271-1368）以來，我國的觀音信仰不再受到印度佛教的滋潤。另外，雖然元、明（1638-1644）、清（1644-1911）三代不少帝王都信奉西藏密教，隨著藏密的東傳，也有一些新的藏密觀音圖像傳入我國，可是這些圖像只在王公貴族之間流傳，對我國觀音信仰的發展並沒有產生太大的影響。因此，元、明、清三代的觀音信仰上承宋代遺緒，大抵以本土化、民俗化為發展方向，旨在祈求平安，除災免禍等，在信仰內容方面沒有顯著的突破。

宋代的密教觀音，除了大悲觀音信仰一枝獨秀外，其他的密教觀音大多勢力衰微。遼代天祐皇帝（1056-1101）時，《顯密圓通成佛心要集》成書以後，融密教的準提法於顯教的華嚴義學當中，使得準提法門的修持不再侷限於密教範疇，以至於準提法有了復甦的生機。[170]明代修持準提法的風氣更盛，震棲袾宏、憨山德清等禪宗高僧都曾傳授準提法，天界覺浪禪師還稱「觀音與準提之救世最為靈應」。[171]刊印《嘉興大藏經》的袁了凡、明末名宦項蘭齋一家屢蒙準提菩薩的庇佑，項蘭齋不但刊行《準提儀軌》，而且又鑄造準提鏡，廣施信眾。其孫項謙曾於廣濟寺隱空和尚處得《佛母準提焚修悉地懺悔玄文》及準提菩薩圖像，後刊刻此書，分贈有緣，弘揚準提法門的殊勝。[172]受到準提法流行的影響，準提菩薩像的製作自然急速增加，本院所藏的明人畫「準提菩薩」（圖錄 10）就是一件謹守經典儀軌規範、繪製精謹的明代遺例。

元、明、清三代，仍有許多觀音偽經的流傳，如《佛頂心觀世音菩薩大陀羅尼經》（圖錄 32）、《白衣大悲五印陀羅尼》、[173]《白衣觀音經》等流行，甚至於皇室也參與了觀音偽經弘傳的行列。據說，《大明仁孝皇后夢感佛說第一希有大功德經》就是永樂帝（1403-1242在位）的徐皇后在夢中神人親授的一部偽經，《佛說大慈至聖九蓮菩薩化身度世尊經》出自萬曆皇帝（1573-1620在位）的母親李太后之手。[174]民間還流傳著無以計數與觀音有關的寶卷、話本、小說、傳奇等，這些內容通俗的民間文學，更促進了觀音信仰在一般百姓間的流傳。

此時所流傳與觀音有關的民間文學，大多以早期的傳說為依憑，但又加油添醋地增入了許多細節，其中最具代表的當屬妙善公主的故事。宋末元初的管道昇（1262-1319）是一位虔誠的佛教徒，曾「手書《金剛經》至數十卷，以施名山僧。」[175]於皇慶元年（1312）又盥沐拜寫「觀音像并心經」，並刻石碣（圖 23），可見她也篤信觀音。管道昇依據宋代流傳的妙善公主傳說，曾作《觀世音菩薩傳略》（成於 1306），使得大眾對這位女相觀音有了更系統性的認識。到了明代，又出現《香山寶卷》、《南海觀音全傳》、《觀音得道》等書，十七世紀張大復還根據妙善公主的故事，編寫了《海潮音》的劇本。通過這些民間文學形式的渲染，女性觀音的觀念更深植民心。

明代馬郎婦觀音的發展狀況與妙善傳說十分類似。前文已述，宋、元時期，馬郎婦時而稱為觀音變現，又時而被視作普賢應化，顯示當時馬郎婦與觀音的關係尚不穩固。明初，宋濂（1310-1381）〈魚籃觀音像贊〉所記述的魚籃觀音生平與其化渡陝右民眾的情節，和《佛祖統記》馬郎婦的記載完全一致，只是在該文裡，宋濂開宗明義地說道：「〈觀音感應傳〉：唐元和十二年（817），陝右金

---

170 藍吉富，〈《顯密圓通成佛心要集》初探〉，《佛學研究中心學報》（中國社科院宗教研究所佛學研究中心出版），第1期（即將出版）。

171 藍吉富，《準提法彙》（台北：迦陵出版社，1999），頁15。

172 同上註，頁11、14-15、307。

173 本院文獻處即藏有一本，其典藏號為故佛 000419。

174 參見于君方，〈于君方，〈「偽經」與觀音信仰〉，《中華佛學學報》第8期（1995年7月），頁125-129。

175 〔元〕趙孟頫，〈魏國夫人管氏墓誌銘〉，《松雪齋文集》外集，收錄於《歷代畫家詩文集》（台北：台灣學生書局，1970），第3冊，頁481。

沙灘上，有美艷女子，挈籃鬻魚，人競欲室之。」[176]文中特別提到，馬郎婦「挈籃鬻魚」，明確地指出馬郎婦觀音即魚籃觀音。明初的戲曲裡，也發現了《觀音魚籃記》的劇目。毫無疑問地，明代早期已有魚籃觀音信仰的流傳。明代中期以後，又陸續出現了《魚籃寶卷》、《提籃寶卷》、《賣魚寶卷》等書。明末，萬曆皇帝的母親李太后篤信觀音，曾親繪魚籃觀音，其「筆端神妙，繪飾莊嚴」，[177]在皇室的推廣下，這幅魚籃觀音的稿本在宇內普遍流傳，甚至於翻製為畫像碑（圖 24）。四川瀘山魚籃觀音的畫像碑上尚刻題著萬曆神宗皇帝的贊詞，曰：「惟我聖母慈仁，格天感斯嘉□，闕產瑞蓮，加大士像，勒石流傳，延國福民，霄壤同堅。」[178]上行下效，明末魚籃觀音的信仰更加隆盛。無怪乎胡應麟（1551-1602）提到「今世女子多崇事魚籃觀音。」[179]魚籃觀音自然也成為明代佛教藝術的重要題材，除了卷軸畫外，各地也常刻製魚籃觀音的碑像。[180]在圖像方面，明代的魚籃觀音大抵與宋代的馬郎婦觀音一樣，穿著與一般婦女無異，但多手提魚籃（圖錄 15）。有的雖上承宋、元時期馬郎婦觀音的圖像傳統，手拿經卷，不過其側卻畫提著魚籃的童子（圖錄 16）。總之，魚籃是魚籃觀音不可或缺的圖像特徵。

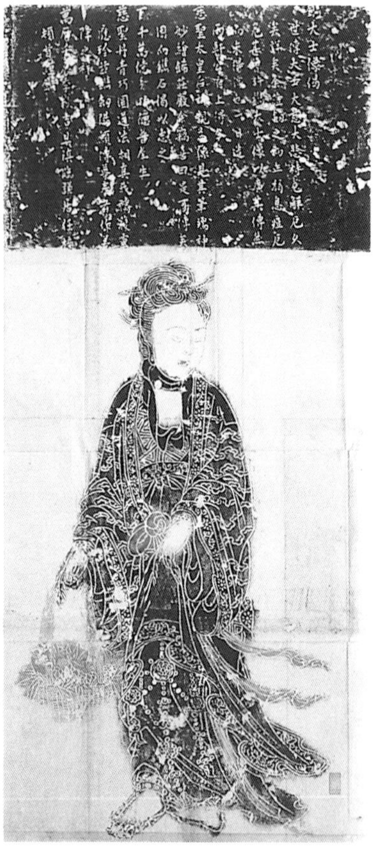

圖24 魚籃觀音碑拓片
明萬曆二十年（1592）
北京圖書館藏

元代以來，白衣觀音信仰仍歷久而不衰。在北京法源寺的善本書中，就有三十五本《白衣大悲五印心陀羅尼經》，[181]白衣觀音的畫像也隨處可見。雖然早在宋代，已有白衣觀音送子的傳說與圖像的流傳，元、明時期這種傳說與圖像更為普遍，《普陀志》載：「繹堂心明，邵氏子，母夢白衣大士手抱嬰兒入室而生。」[182]《一行居集》又言：「藕益名智旭，吳縣鍾氏子。父岐仲，持〈白衣大悲咒〉十年，以祈子，母夢大士抱兒授之而生。」[183]《高僧傳四集》：「明志若，字耶溪，母晏氏，禱白衣大士，求生佳兒。」[184]在這種觀念的影響下，民間又出現了《銷釋白衣觀音菩薩送嬰兒下生寶卷》。明末的謝肇淛（1567-1624）言道：「大士變相不一，而

176〔明〕宋濂，《宋學士文集》卷五十一（台北：台灣商務印書館，1965），第6冊，頁881。

177 明萬曆二十年（1592）「魚籃觀音像并偈」的拓片，題刻的文字中有「慈聖太皇后所親為像，見其筆端神妙，繪飾莊嚴」之句（見北京圖書館善本部金石組編，《北京圖書館畫像拓本匯編》〔北京：書目文獻出版社，1993〕，第7冊，頁27），故知李太后曾親繪魚籃觀音。李太后篤信觀音，且自稱九蓮菩薩，並寫《佛說大慈至聖九蓮菩薩化身度世尊 經》這部觀音偽經。（參見于君方，〈「偽經」與觀音信仰〉，《中華佛學學報》第8期〔199年7月〕，頁126-129。）

178 劉世旭．張正寧，〈西昌瀘山“魚籃觀音”畫像碑考略〉，《四川文物》1992 : 3（1992年5月），頁48。

179 胡應麟，〈觀音大士現象靈應記〉，收錄於《觀音大士慈容五十三現象贊》（明刻本），頁58。

180 圖見北京圖書館善本部金石組編，《北京圖書館畫像拓本匯編》，第7冊，頁15、22、27、29、35。

181 參見于君方，〈「偽經」與觀音信仰〉，《中華佛學學報》第8期（1995 年7月），頁122。

182 引文見許止淨《觀世音菩薩本迹感應頌》，收錄於《觀世音菩薩聖德彙編》（台北新店：彌勒出版社，1985），頁475。

183 同上註。

184 同上註。

世所崇者，白衣為多，亦有《白衣觀音經》云專主祈嗣生育之事。此經《大藏經》所不載，不知其起何時也。」[185]由此看來，明末，不但白衣觀音信仰盛行，這一信仰又與送子觀音混融。因此，明、清兩代的送子觀音像多著白衣，與白衣觀音的形象並無軒輊。

元、明、清三代，除了送子觀音外，南海觀音與白衣觀音的形象亦也融合的現象。元代的《普陀洛迦山傳》載，至元十三年（1276），丞相伯顏定江南，部帥哈刺歹來謁普陀山潮音洞，曾見「白衣大士并童子像」。大德五年（1301），集賢學士張蓬山奉旨祝釐潮音洞時，「忽見白衣瑞相，瓔珞被體。」[186]顯然在元人的心目中，南海觀音與白衣觀音的形象並無不同，故許多明、清畫中的南海觀音皆頭披白巾，身著素服，形貌與白衣觀音並無分別（圖錄28）。

此外，還有許多民間傳說、話本故事等豐富了元、明、清三代觀音圖像的內容。元、明時期，民間流傳著一隻白色鶯哥（鸚鵡）為了孝養母鶯，歷經種種危難，最後隨南海觀音至普陀山，修習道法的故事。上海博物館的收藏中，尚存成化年間（1465-1487）《鶯哥孝義傳》的刻本，[187]民間還有《鶯哥寶卷》的流傳。早在皇慶元年管道昇觀音像并心經的拓片（圖 23）上，已發現鸚鵡口啣楊枝的畫面。在元、明、清三代的觀音作品裡，鸚鵡更是常見的母題，足證孝義鶯哥的傳說流傳甚廣。除此之外，明代以來，民間又流傳著觀音菩薩渡化善財、龍女、十八羅漢、韋馱的故事，所以在明、清的觀音作品中，善財童子和龍女時常成對出現，作為觀音的脇侍，韋馱也時常侍立於觀音菩薩的身側（圖錄 32）。同時，又常見觀音與十八羅漢並現的畫面（圖 25）。凡此種種皆俗文學影響佛教圖像的具體例證。

雖然元、明、清三代的觀音圖像與民間文學的關係十分密切，但《法華經》〈普門品〉和《楞嚴經》的影響亦不容忽略。明代，民間彙集了三十三種不同的觀音形象，以與〈普門品〉觀音菩薩隨類應化，示現三十三身為眾說法的教義相對應，這三十三觀音的名稱是：楊柳觀音（又稱藥王觀音）、龍頭觀音、持經觀音、圓光觀音、游戲觀音、白衣觀音、蓮臥觀音、瀧見觀音、施藥觀音、魚籃觀音、德王觀音、水月觀音（又稱水吉祥觀音）、一葉觀音、青頸觀音、威德觀音、延命觀音、眾寶觀音、岩戶觀音、能靜觀音、阿耨觀音、阿麼提觀音（又稱無畏觀音、寬廣觀音）、葉衣觀音、琉璃觀音（即高王觀音）、多羅尊觀音、蛤蜊觀音（又稱救度母觀

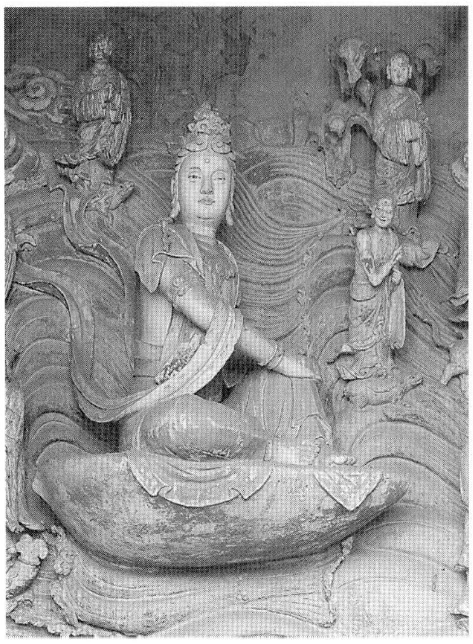

圖25 觀音菩薩與羅漢（局部）
明代
山西平遙雙林寺

185〔明〕謝肇淛，《五雜俎》卷之十五，收錄於《筆記小說大觀．八編》，第7冊，頁4390。
186〔元〕盛熙明，《補陀洛迦山傳》，《大正藏》，第51冊，頁1137中。
187 劉世德．陳慶浩．石昌渝主編，《古本小說叢刊》（北京：中華書局，1991），第38輯第1冊，頁1-40。

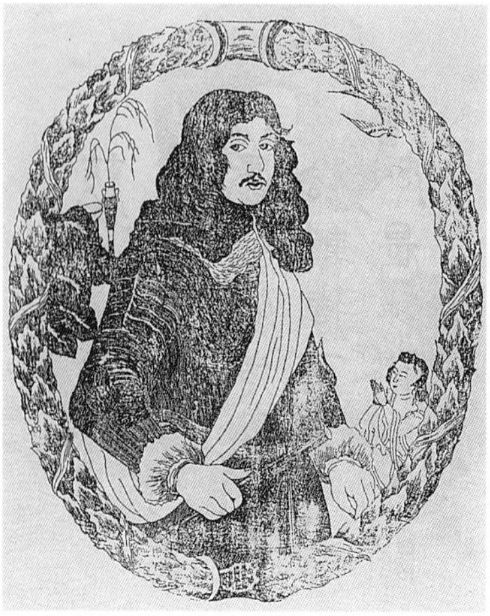

圖26 觀音菩薩
明代
選自「觀音菩薩慈容五十三現版畫」

音）、六時觀音、普悲觀音、馬郎婦觀音、石掌觀音、弓如觀音、不二觀音、持蓮觀音、灑水觀音。這些觀音圖像大部分不見於經典的記載，是當時民間流傳的觀音圖像。此外，又依《楞嚴經》〈二十五圓通法門〉觀音為施方便，以三十二身說法渡眾的說法，製作了三十二觀音像（圖錄 12）。到了明末，又增益三十二觀音像為五十三觀音。更有趣的是，在《觀音大士慈容五十三現象贊》刻本[188]的第五十現中，觀音竟然作西洋人模樣（圖 26），但楊枝、淨瓶、鸚鵡以及善財童子禮拜等觀音圖像的重要特徵，一應俱全。將西洋人視為觀音的變現，實為明末的創舉，也是當時中西文化交流的最好的註腳。

最後尚值一提的是，宋、元以來，女性觀音的傳說層出不窮，女相觀音的作品也隨處可見。明末，觀音菩薩特別受到閨閣婦女的青睞。不過，當時觀音菩薩究竟是男或是女，已是眾人議論的焦點。胡應麟（1551-1602）曾撰〈觀音大士現象靈應記〉，對當時流行的觀音為一女性菩薩的看法大加駁斥，文中他開宗明義即言：「觀音大士絕不聞有婦人」，然後其考查六朝以來的雜記小說，發現「唐以前塑像固不作婦人也。」「宋、元間，觀音像亦有作婦人者，然是變相，未必如近時。」最後其言：「而觀世音之稱婦人亦當起於宋世，元僧簡陋無識，遂以為妙莊王女，可一笑也。今觀世音像率作婦人，故人間顯迹夢兆，無復男子相者，俗遂真以觀世音為婦人。不知夢生於心，兆徵於目，心目注瞻，皆非男相，則恍惚示現，自當女身。」[189]可見胡應麟對當時流行的女相觀音頗不以為然。

究竟觀音菩薩應該是男還是女？舊題元代伊世珍的《琅嬛記》中有一段精闢的說明，該書言道：

> 一人問應元曰：觀音大士女子乎？答曰：女子也。又一人問：經云觀音菩薩勇猛丈夫，何也？答曰：男子也。又一人曰：觀音一人，而子一男子一女子者，非矛盾乎？答曰：非也，觀世音無形，故〈普門品〉述現眾身為人說法，既然現眾生，則飛走之物至蠛蠓醯雞，皆可耳，豈直男女乎？[190]

這也就是說觀音既然可以為渡化眾生，變現三十三身，甚至可以化為昆蟲動物，當然可以應機而變，或以女形示現，或以男身顯聖。謝肇淛在《五雜俎》對這個議題也有一段深入的剖析：「佛氏之教，一味空寂而已，惟觀音大士慈悲眾生，百方度世，亦猶孟子之於孔子也。大士變相無常，而妝塑圖繪多作女人相，非矣。既謂大

188 收錄於《明代木刻觀音畫譜》（上海：上海古籍出版社，1996），頁1-110。
189〔明〕胡應麟，〈觀音大士現象靈應記〉，收錄於《觀音大士慈容五十三現象贊》（明刻本），頁56-60。
190 引文見冷華編著，《觀世音及觀世音文化現象》（成都：巴蜀書社，1997），頁339。

士，豈得為女。既謂成佛，則男女之相俱無矣。」[191]從這些論述看來，元代以來，士大夫、高僧與庶民百姓對觀音的認知有明顯的差距，前者熟悉經典，深知觀音隨類應化，在外形上可男可女，可是其乃十地菩薩，在本質上應無男女之別。然而一般百姓則受通俗文學的影響，在他們的心目中，觀音是一位女性菩薩的觀念已根深蒂固，不可動搖。

小結

在〈觀音大士現象靈應記〉中，胡應麟特別提出，就是因為當時的「觀世音像率作婦人」，耳濡目染，所以當信眾有感應時，所見的觀音菩薩皆作女身。其實，究竟是女相觀音像的出現促進了觀音為女性菩薩觀念的流行？還是觀音化現為女身，渡化眾生故事的流傳，造成了佛教藝術中女相觀音像的出現？這是一個十分弔詭的問題。

自三世紀觀音信仰萌芽以迄唐代，觀音顯迹為女的故事的確不多。縱使唐代的觀音菩薩（圖錄4）臉如滿月，彎眉細目，鼻秀嘴小，體態婀娜，已有幾分女性化的成分，可是其平坦的胸部卻明顯為男性的軀體，有的甚至繪有鬍髭，男性特徵更為明顯。到了宋代，妙善公主、馬郎婦等觀音化現為女身的傳說流行，觀音造像更趨女性化。因此，宋人小說便曾以「巧笑倩兮，美目盼兮，彼美人兮」[192]的文句，來描寫觀音像。不過，這時的觀音菩薩像作男相的（圖錄 8）仍不在少數。元、明以來，民間流傳的觀音文學大多言道，觀音菩薩化現為一女子，寺院裡供奉的多為女相觀音像，坊間女相觀音的畫作又普遍流傳，在這種狀況之下，每當信眾有觀音感應時，誠如胡應麟所言：「心目注瞻，皆非男相，則恍惚示現，自當女身。」然而究竟是藝術的女相造形影響了女身觀音信仰？還是當時流行的女身觀音傳說加速了女相觀音像的普遍流傳？實際上，二者互為因果，難有結論。這個錯縱複雜的文化現象清楚反映，我國的觀音信仰歷經一千七百餘年的發展，在這段漫長的歲月中，受到我國文化不斷的滋潤，觀音這位外來的菩薩終得脫胎換骨，處處展現民族的風貌。在信仰內容上，其由宗教性濃郁的慈、智兼備的十地菩薩，變成民俗色彩強烈的救苦救難觀音；在圖像上，其由法相莊嚴的男相菩薩，變成慈祥和藹的婦女形貌。從我國觀音信仰和圖像的發展，我們清楚地看到了佛教中國化的軌迹。

191〔明〕謝肇淛，《五雜俎》卷之十五，收錄於《筆記小說大觀．八編》，第7冊，頁4389-4390。

192 引文見〔明〕胡應麟，〈觀音大士現象靈應記〉，收錄於《觀音大士慈容五十三現象贊》（明刻本），頁58。

圖版
Plates

雕刻類

Sculptures

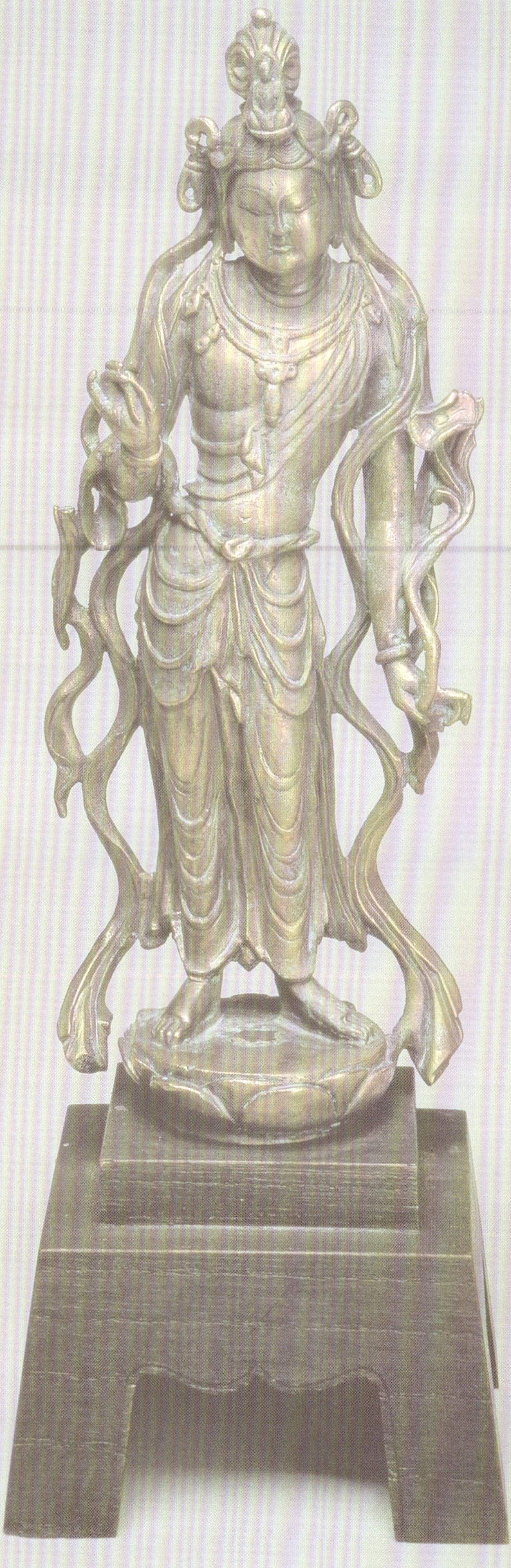

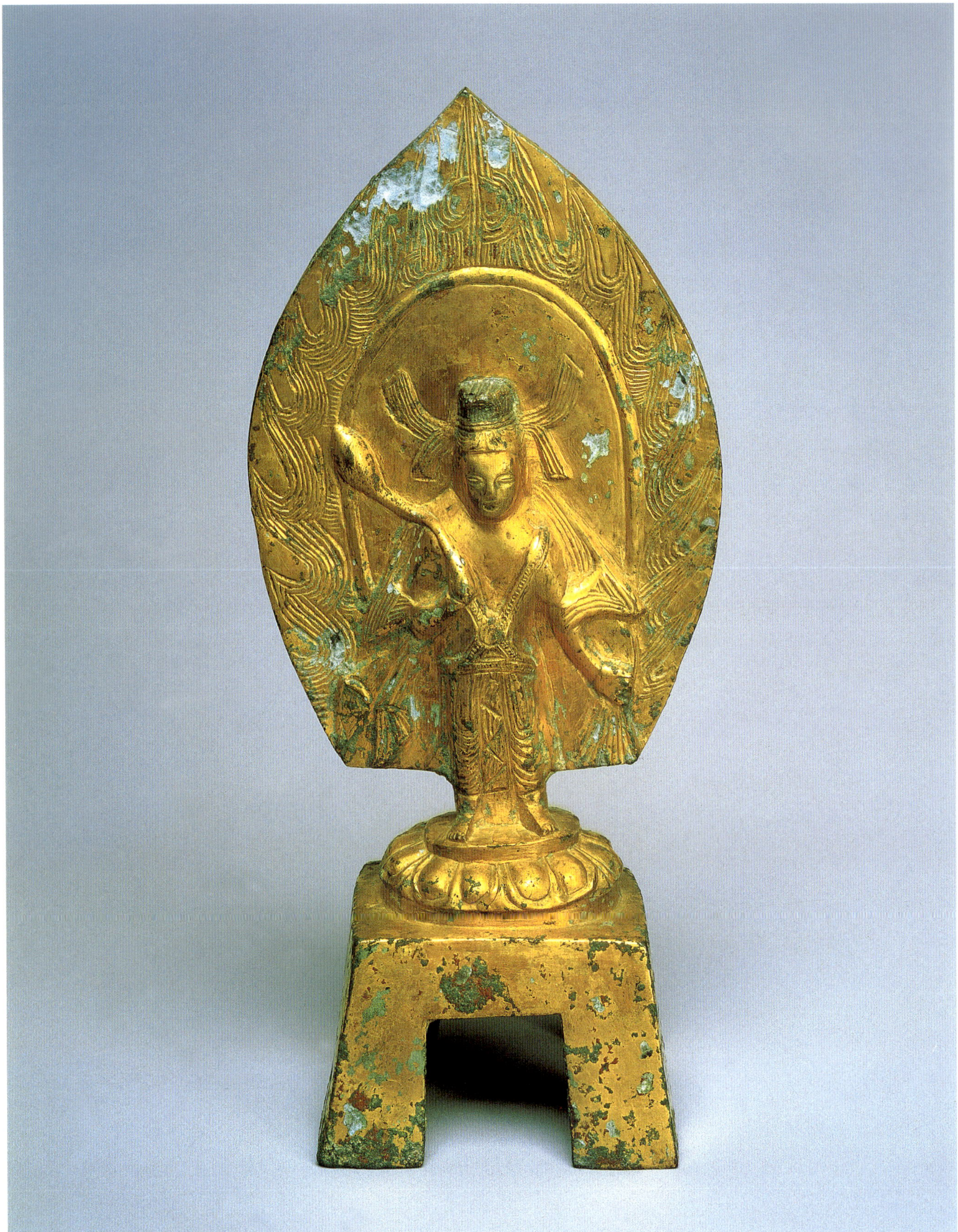

1 觀音菩薩立像
北魏 太和二十二年（498）

Standing Kuan-yin

Northern Wei Dynasty, dated 498

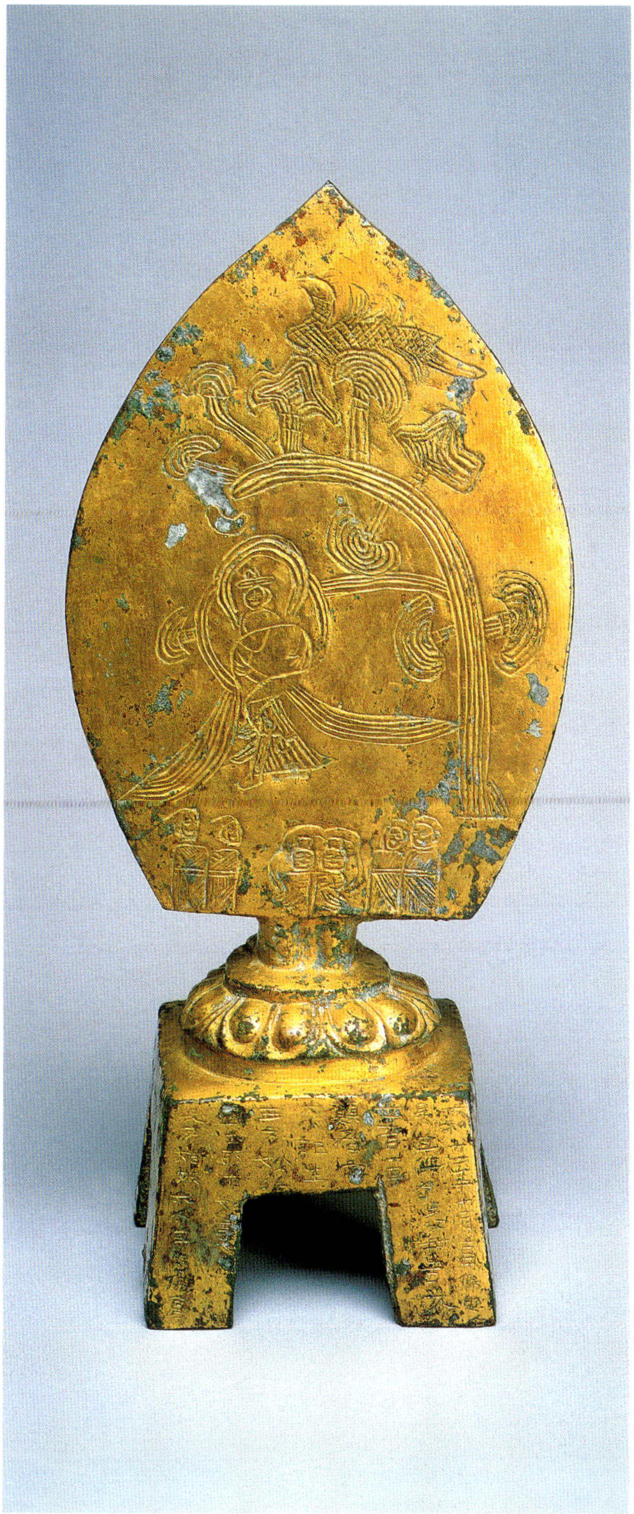

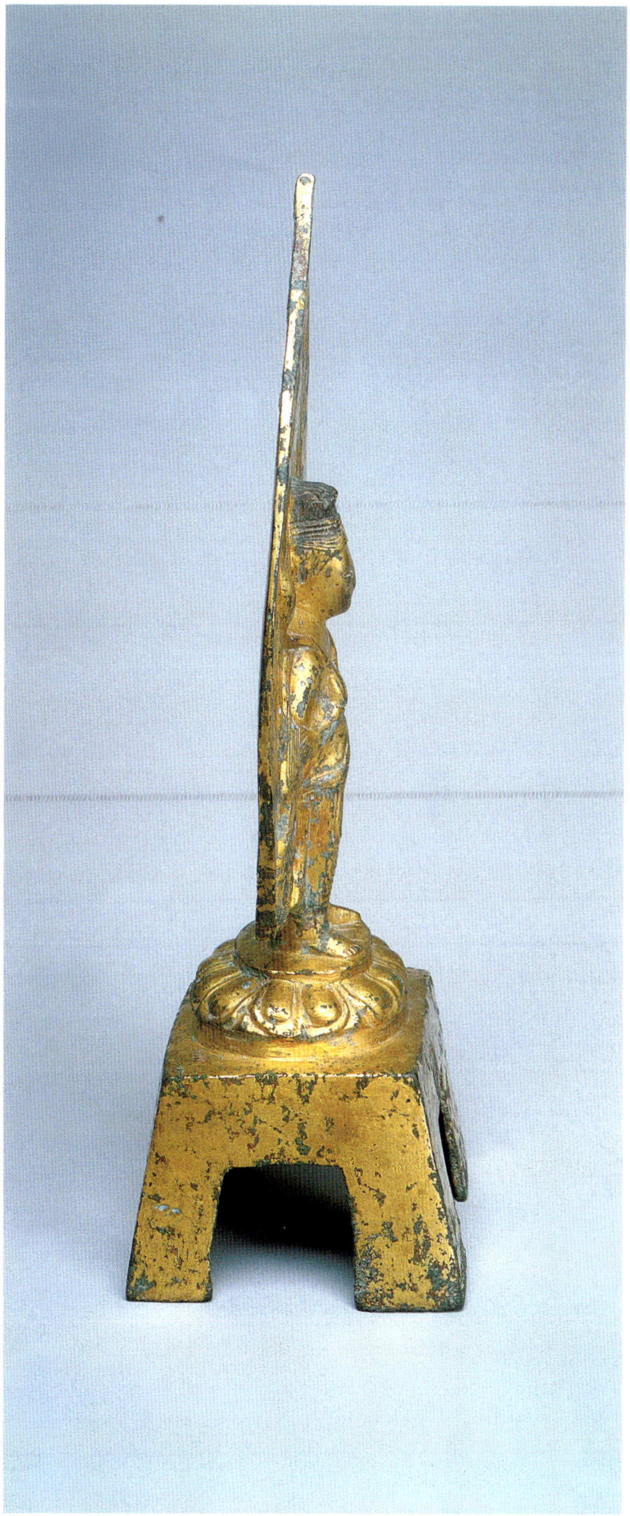

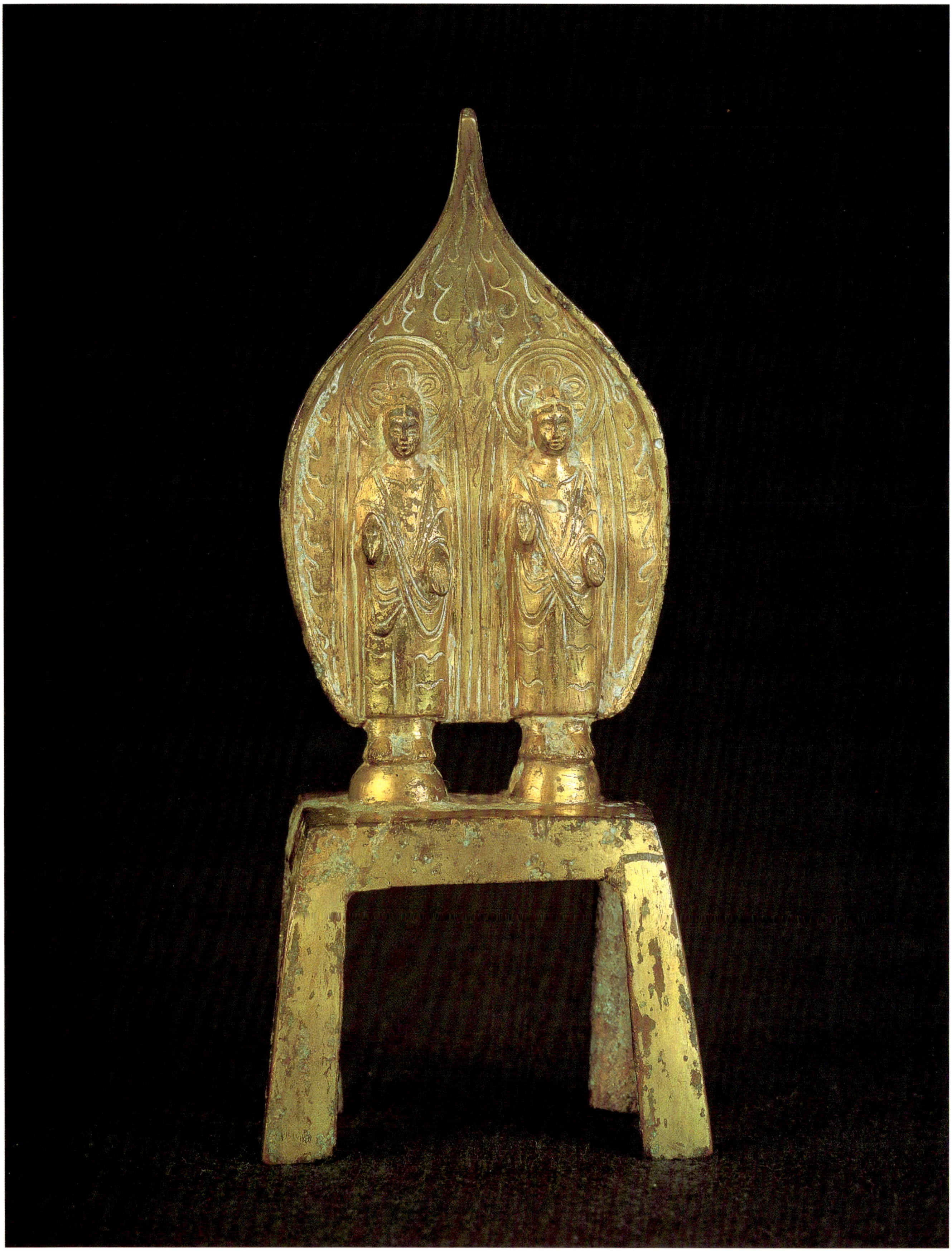

2 雙觀音菩薩立像
隋代 開皇六年（586）
Two Standing Kuan-yin
Sui Dynasty, dated 586

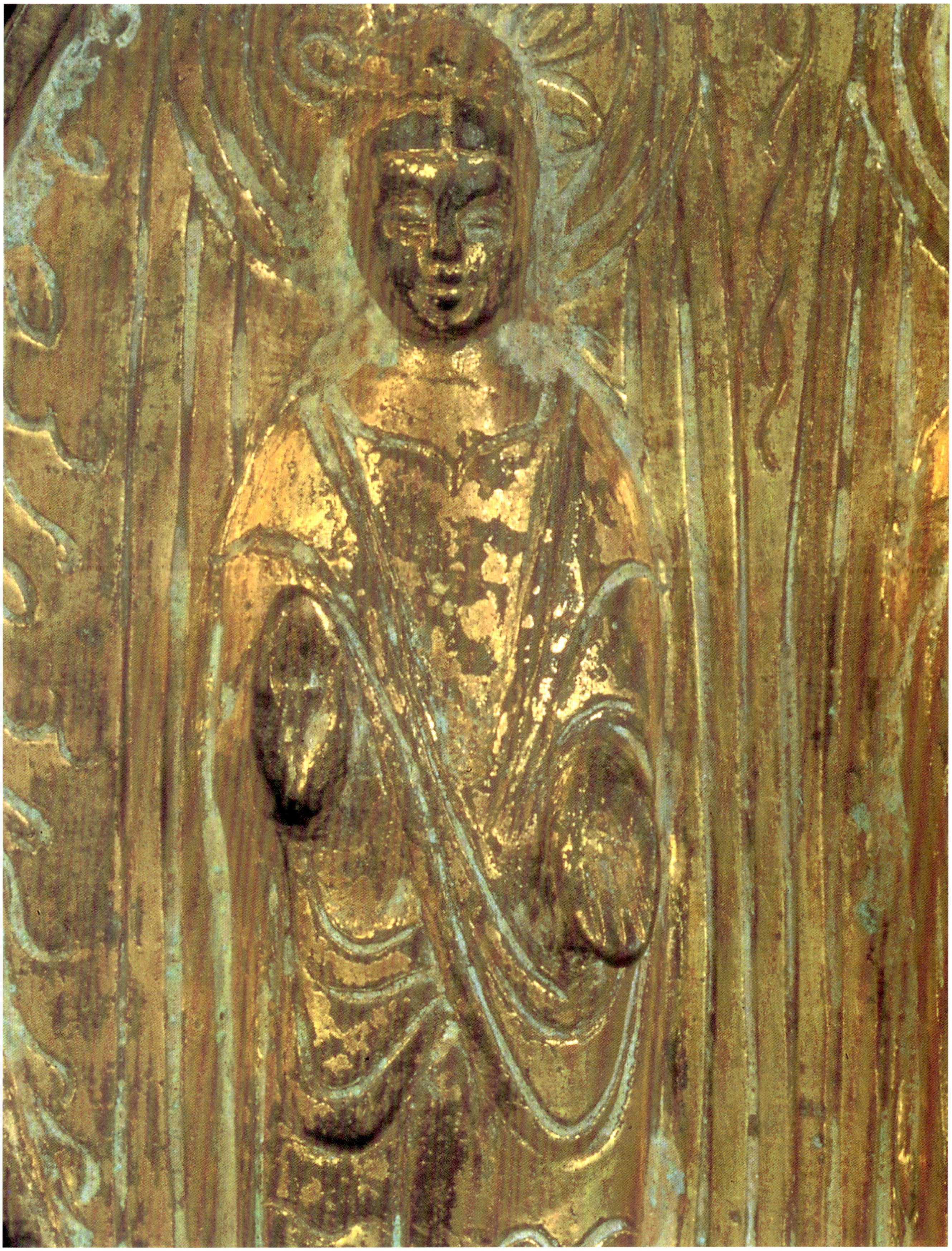

局部
Detail

3 觀音菩薩立像
隋代 (581-618）

Standing Kuan-yin

Sui Dynasty (581-618)

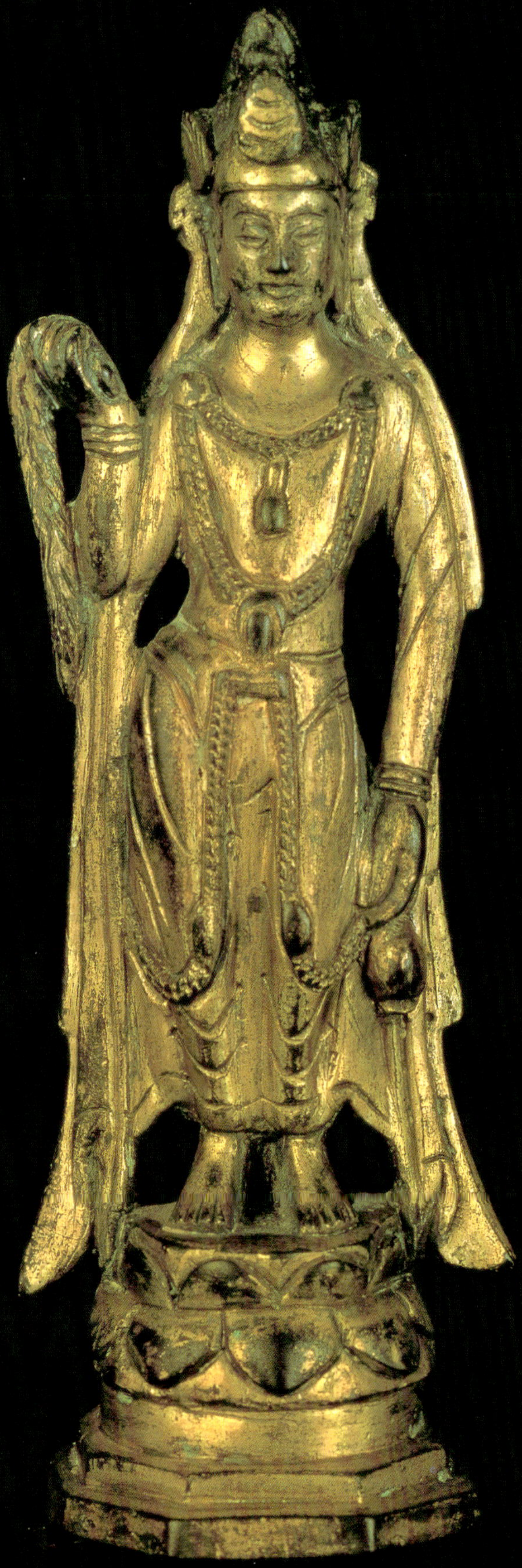

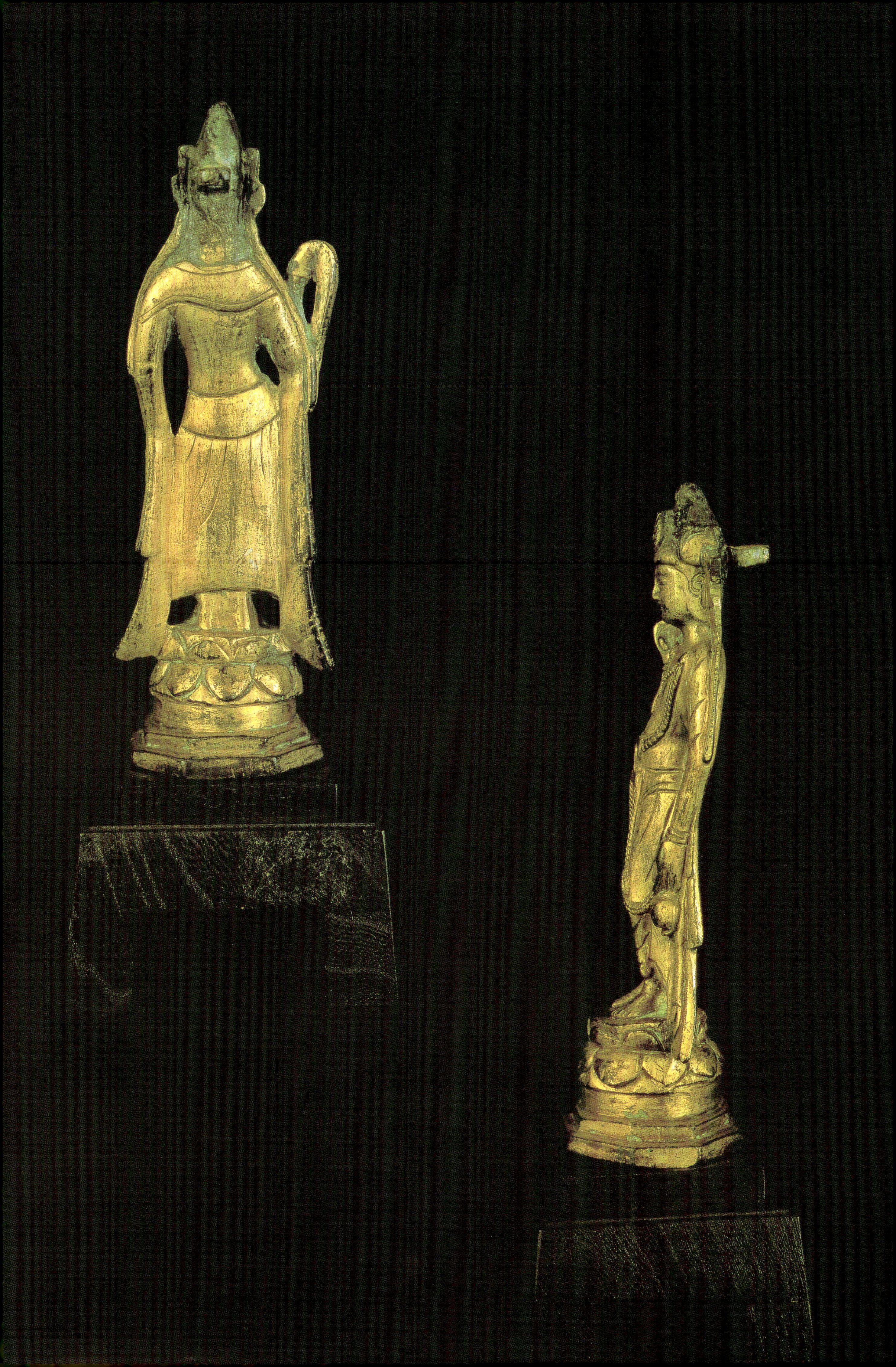

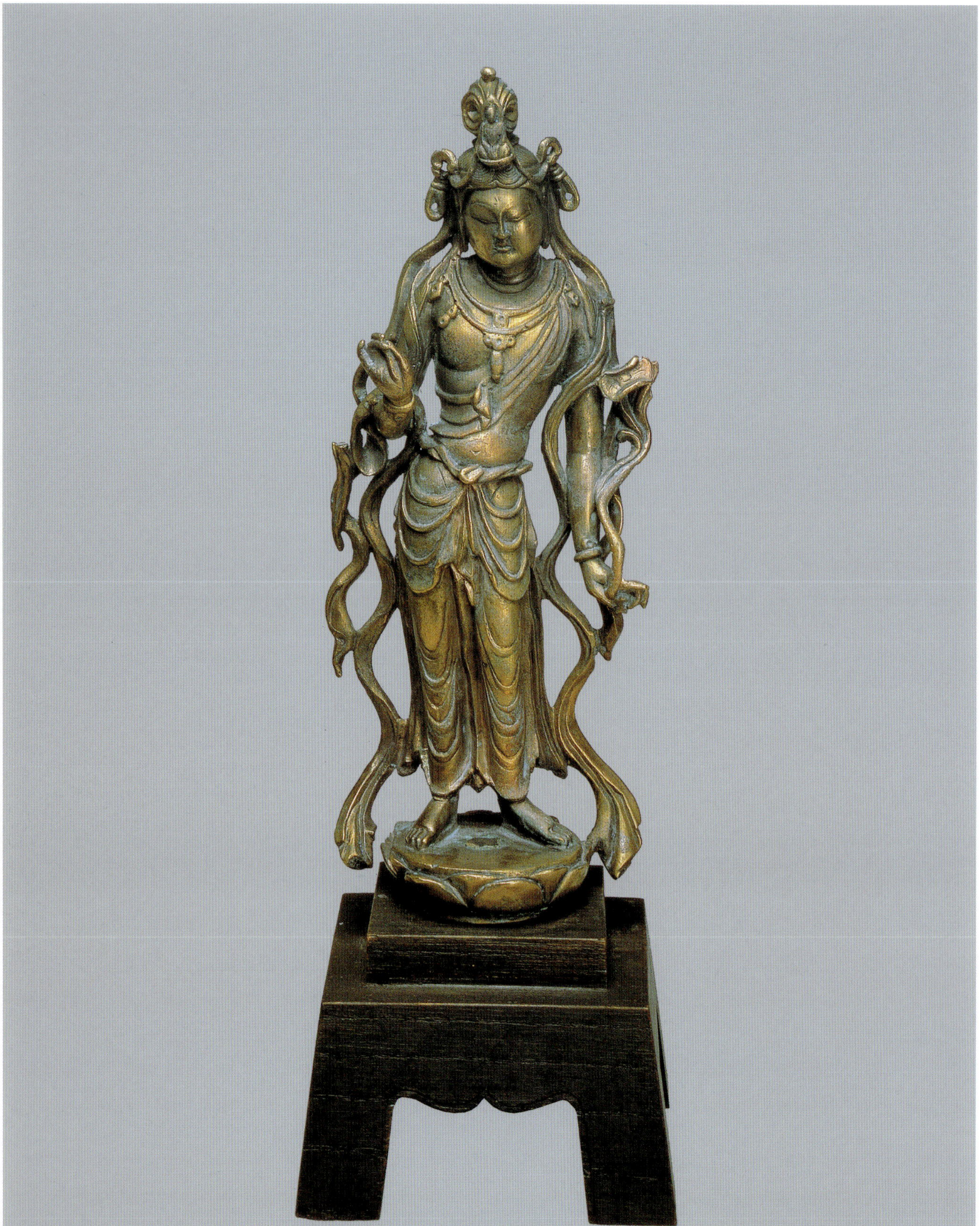

4 觀音菩薩立像
唐代 八世紀中葉

Standing Kuan-yin
T'ang Dynasty, mid-8th c.

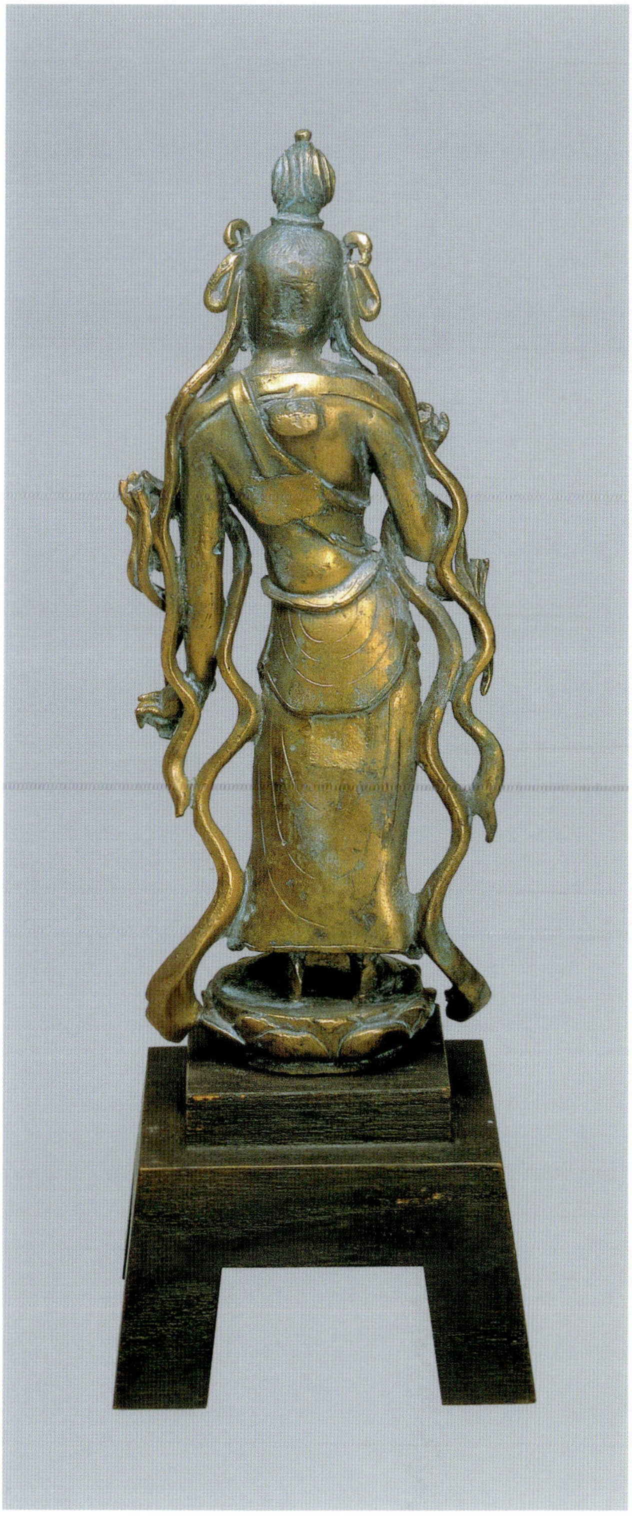
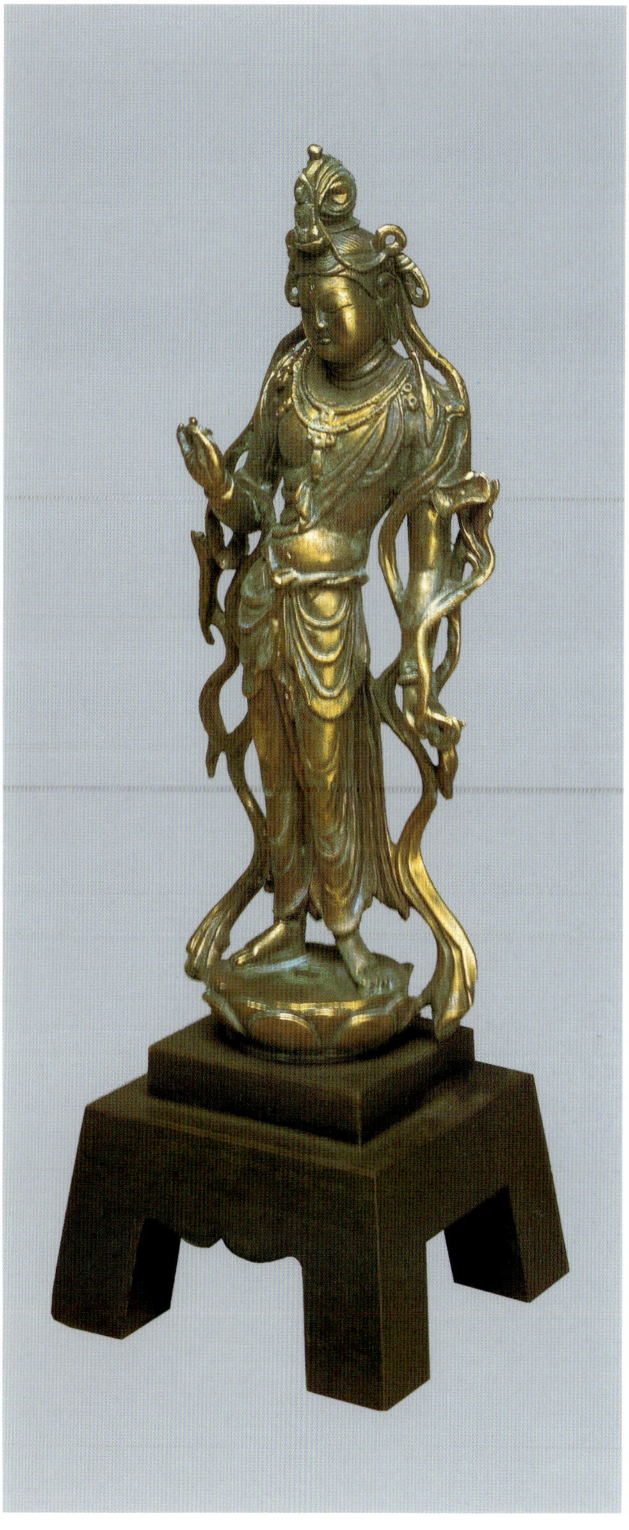

5 阿嵯耶觀世音菩薩立像
大理國 十二世紀

Standing Ācārya Kuan-yin
Ta-li Kingdom, 12th c.

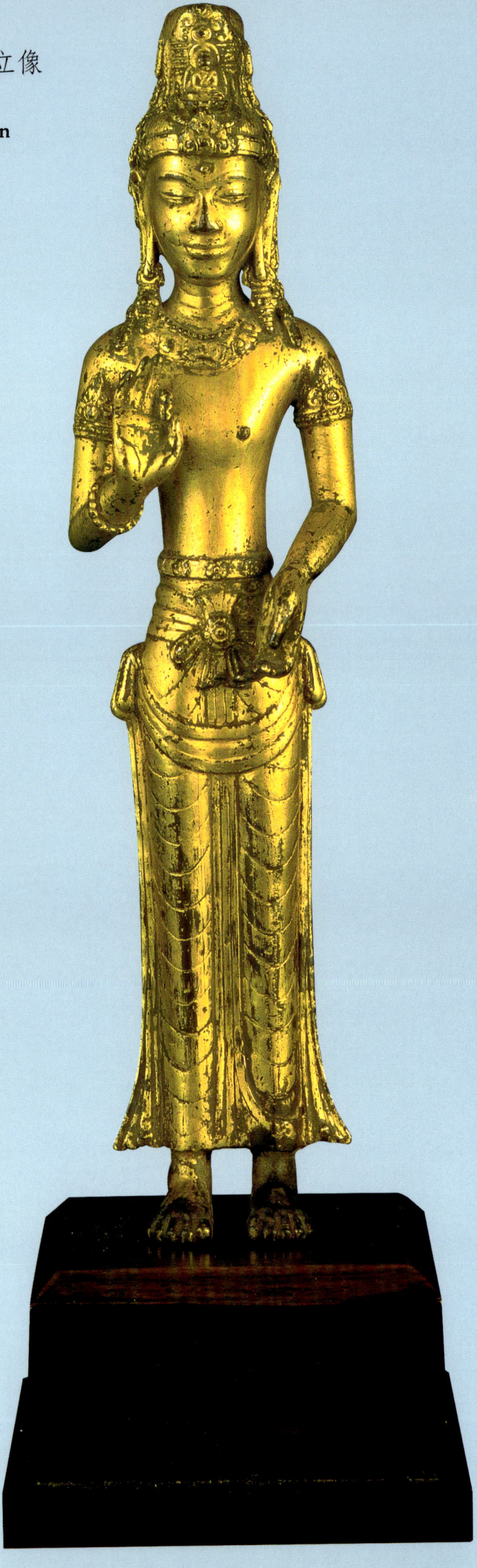

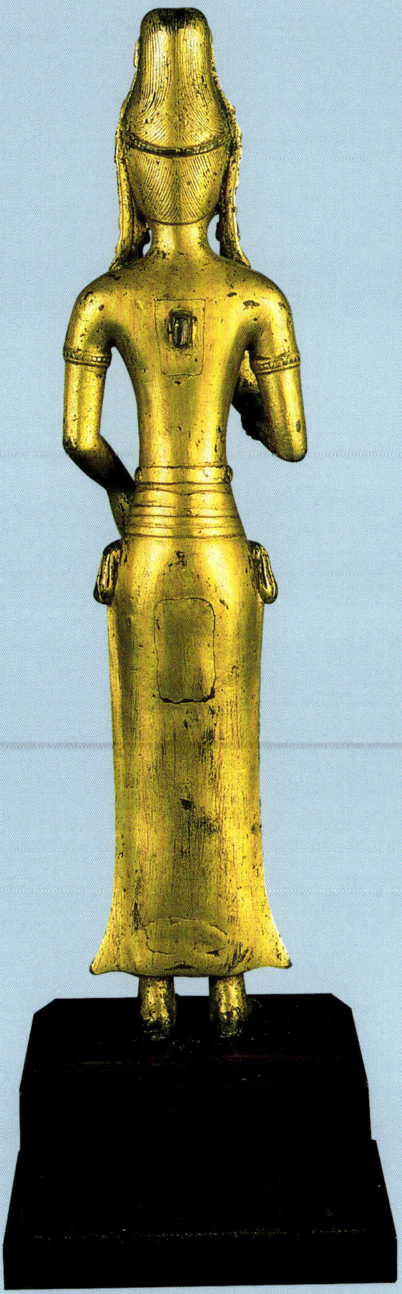

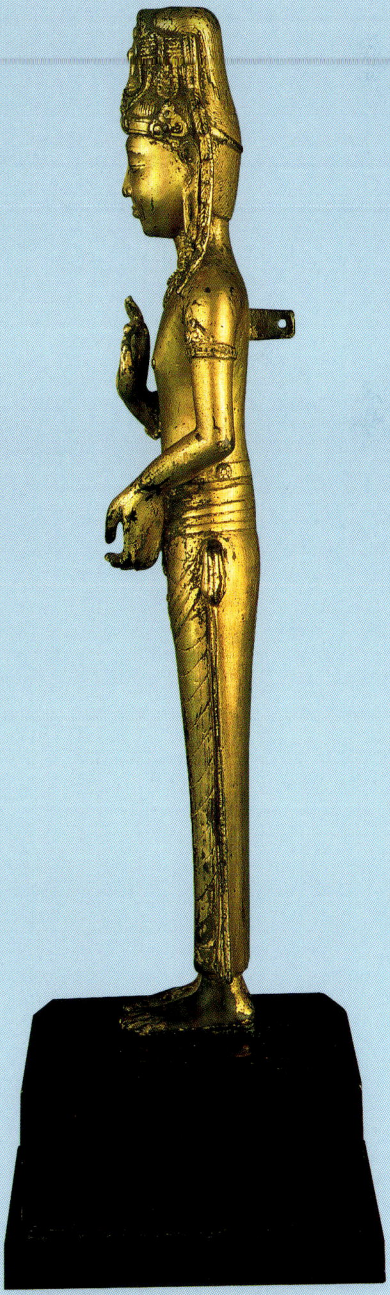

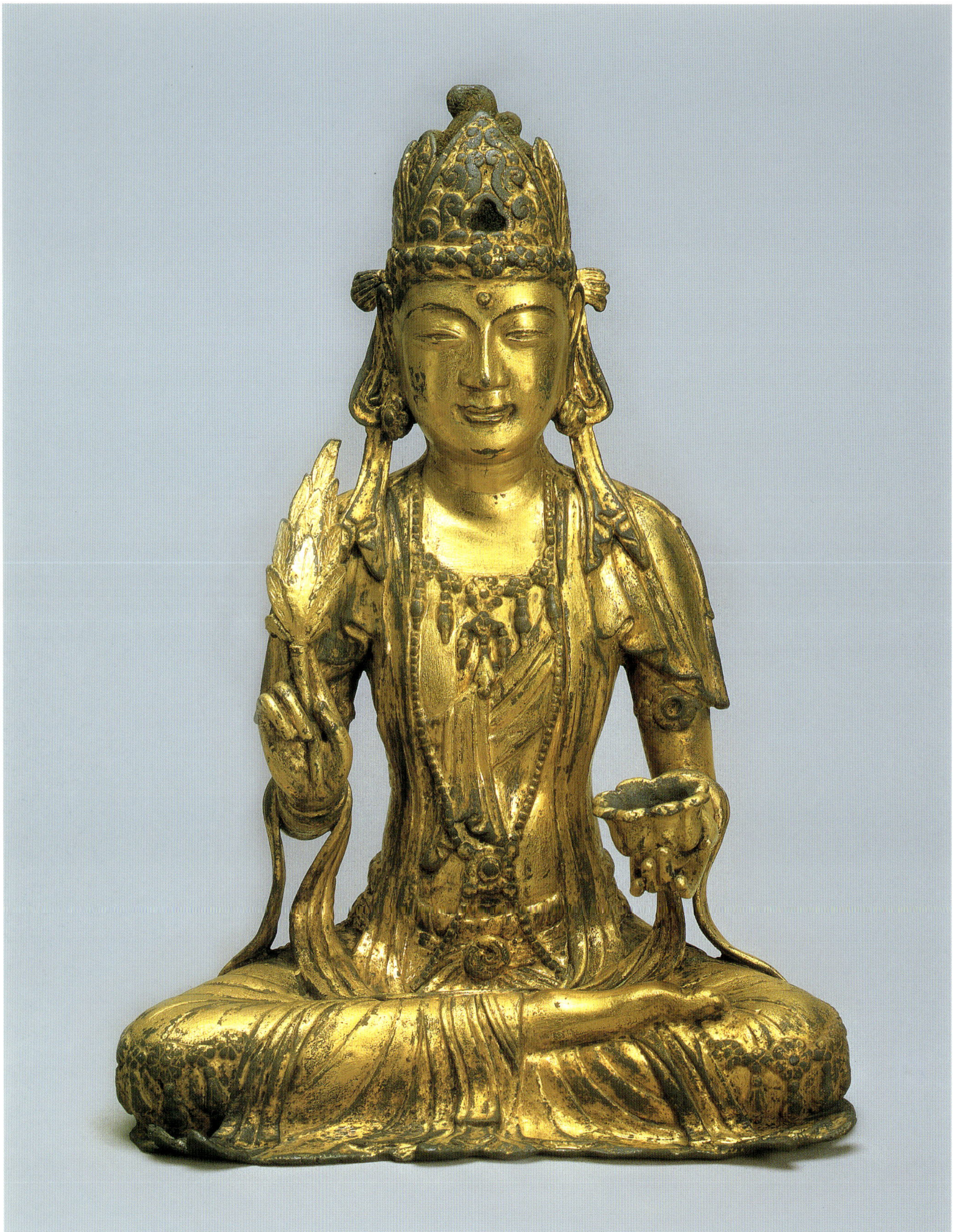

6 觀音菩薩坐像
大理國 十二世紀

Seated Kuan-yin
Ta-li Kingdom, 12th c.

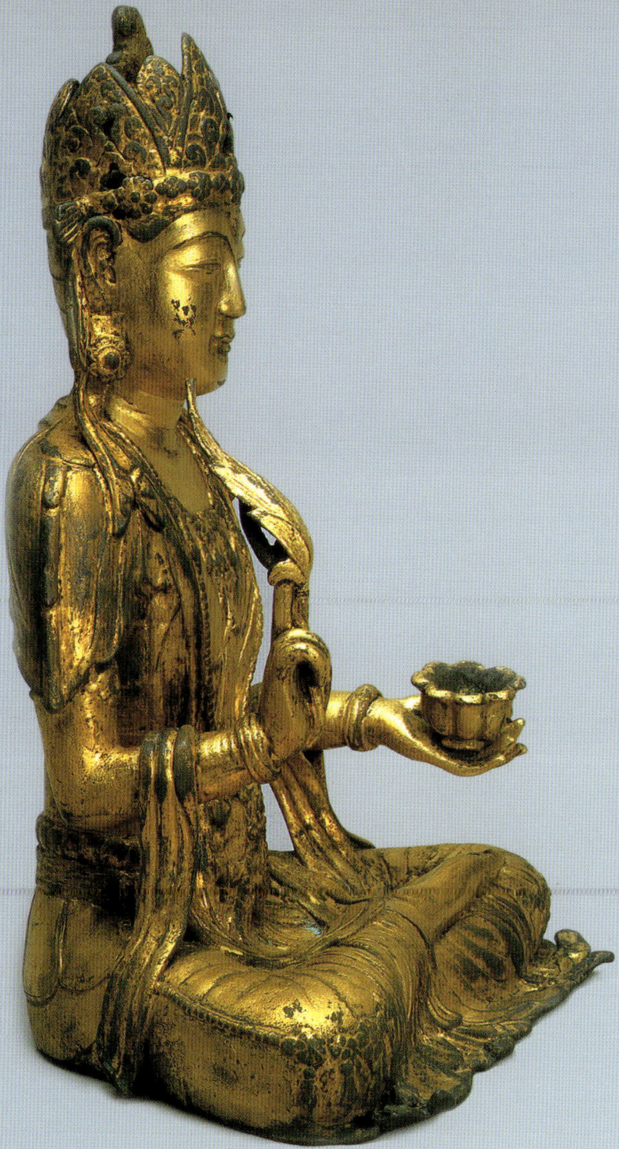

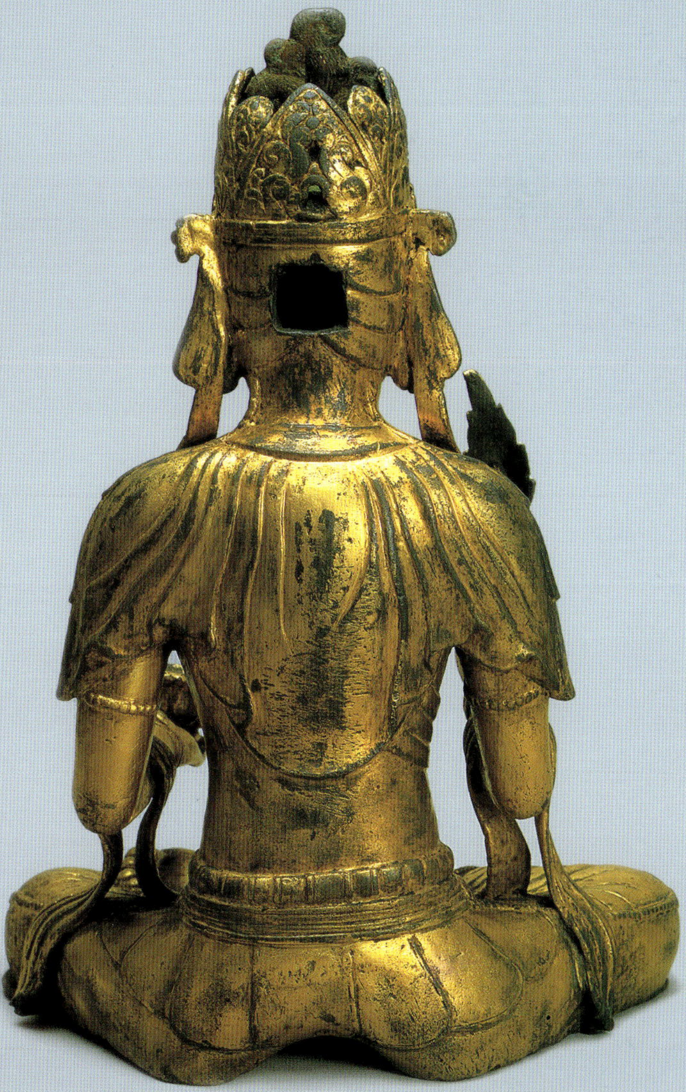

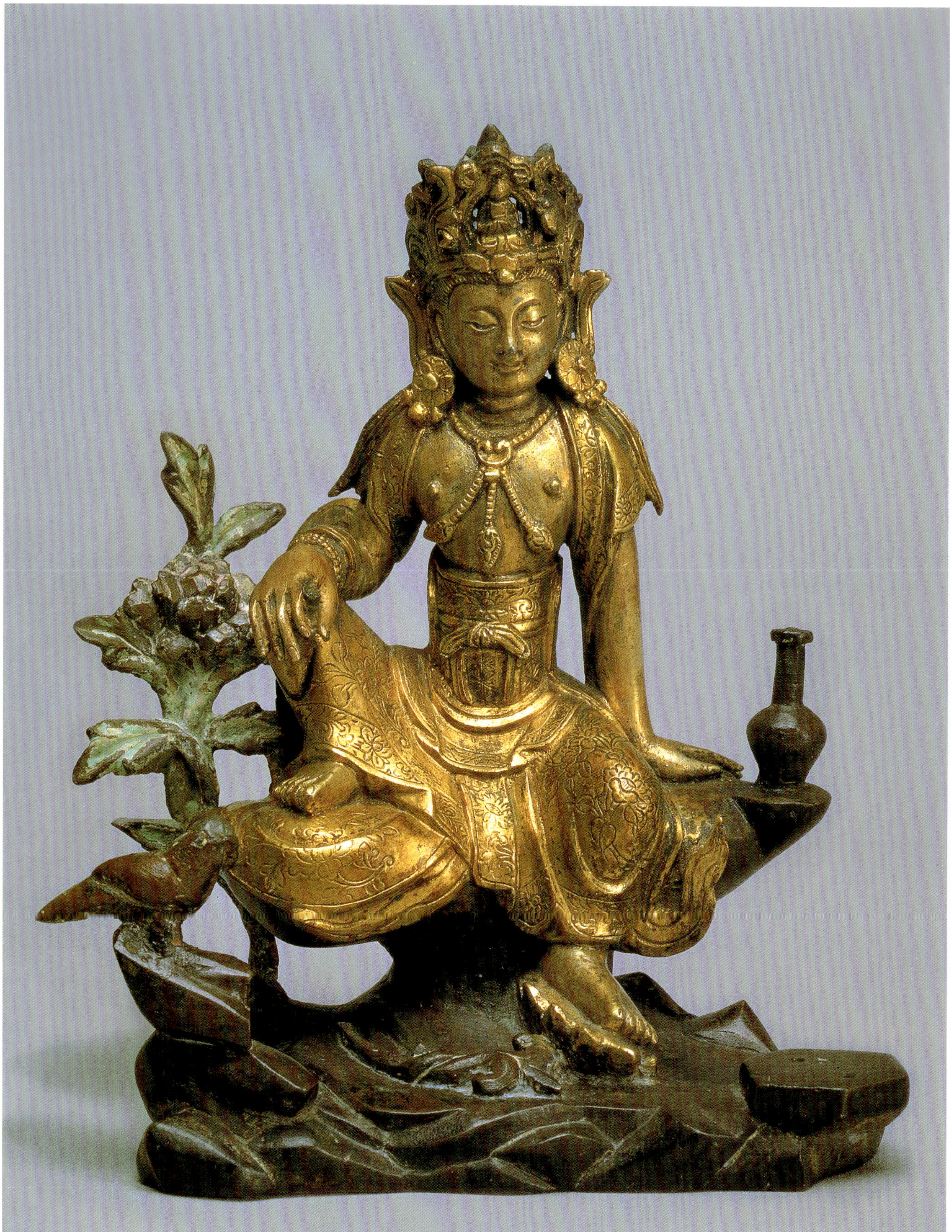

7 觀音菩薩坐像
明代 十五－十六世紀

Seated Kuan-yin
Ming Dynasty, 15th-16th c.

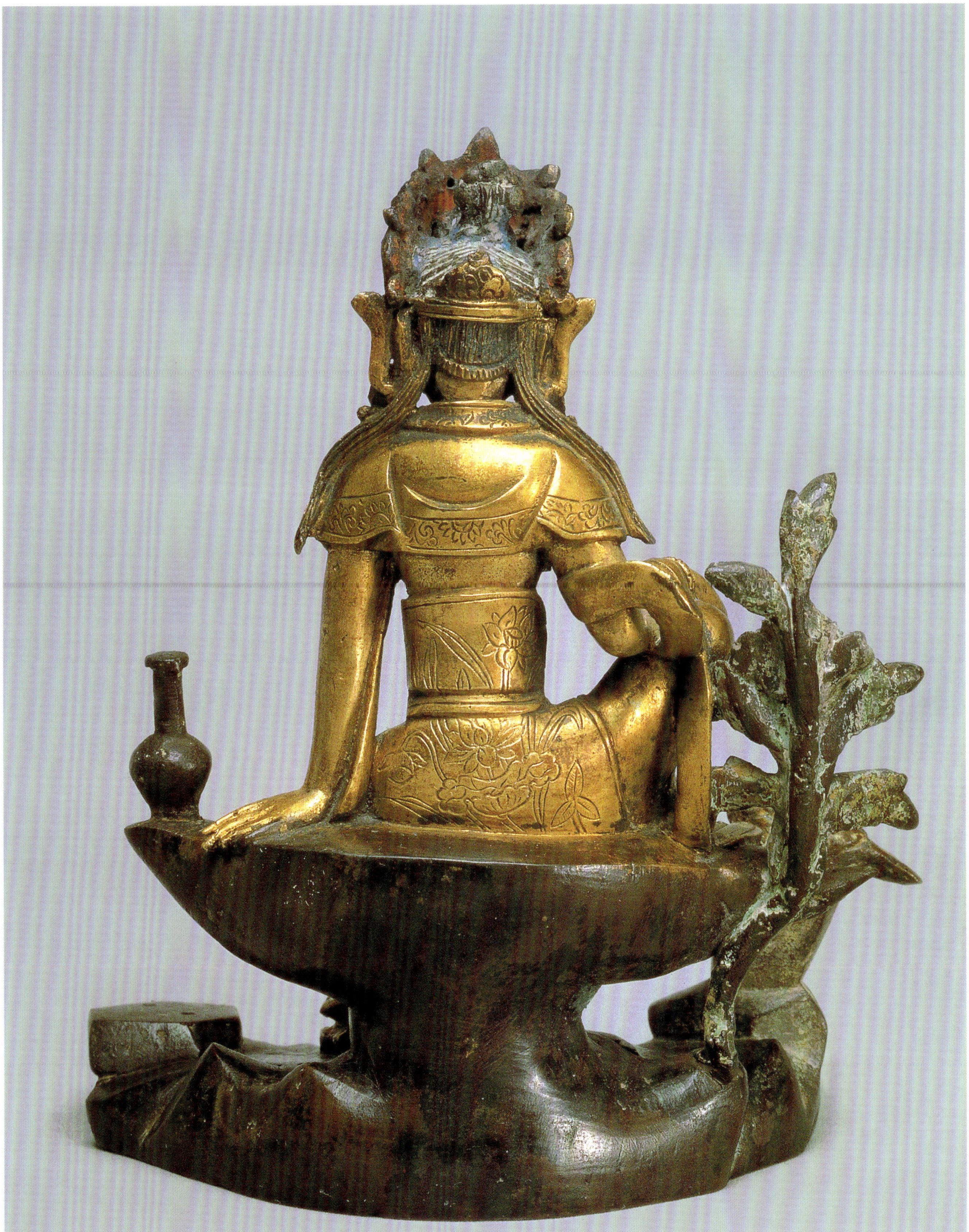

繪畫類
Paintings

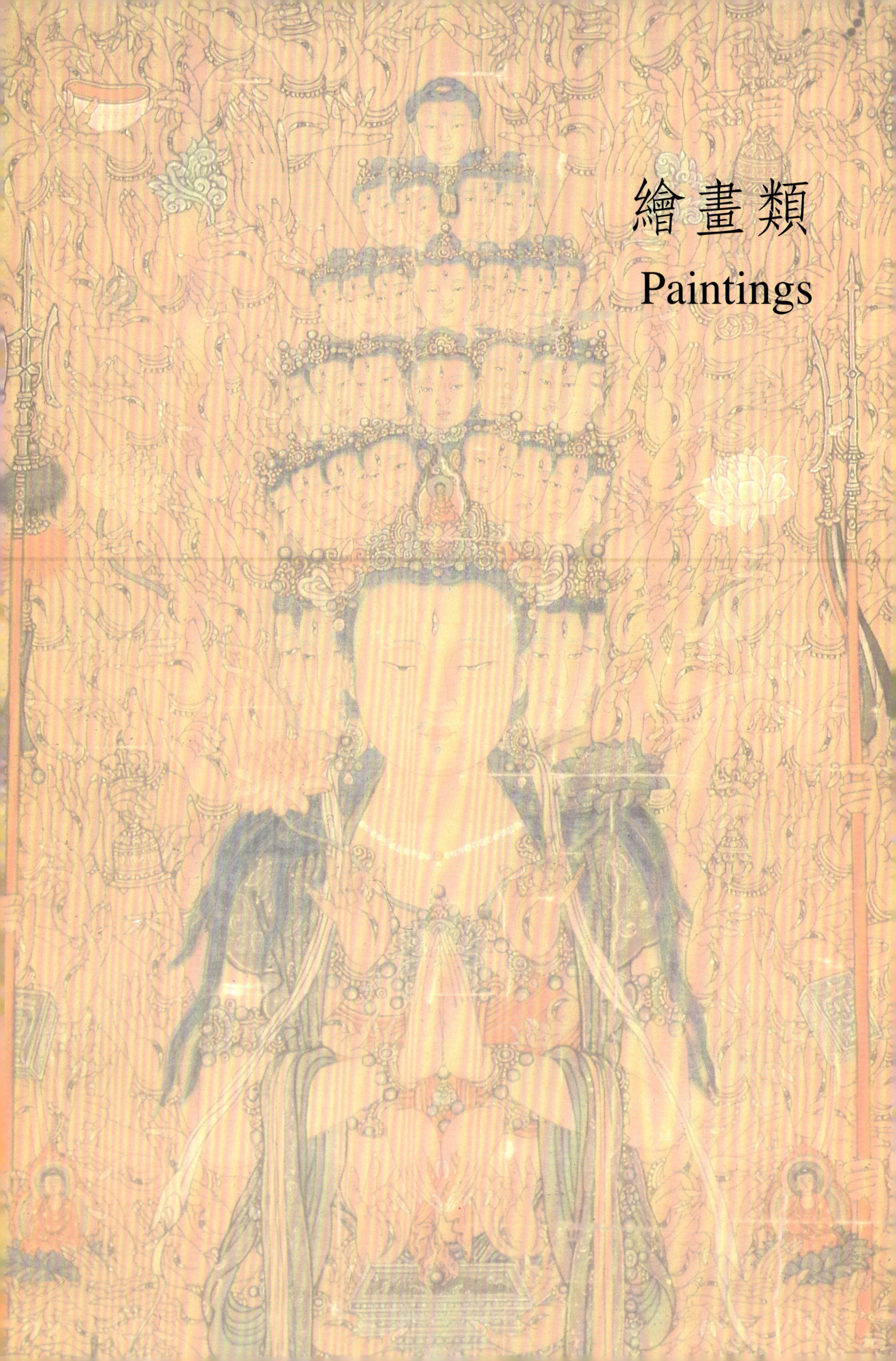

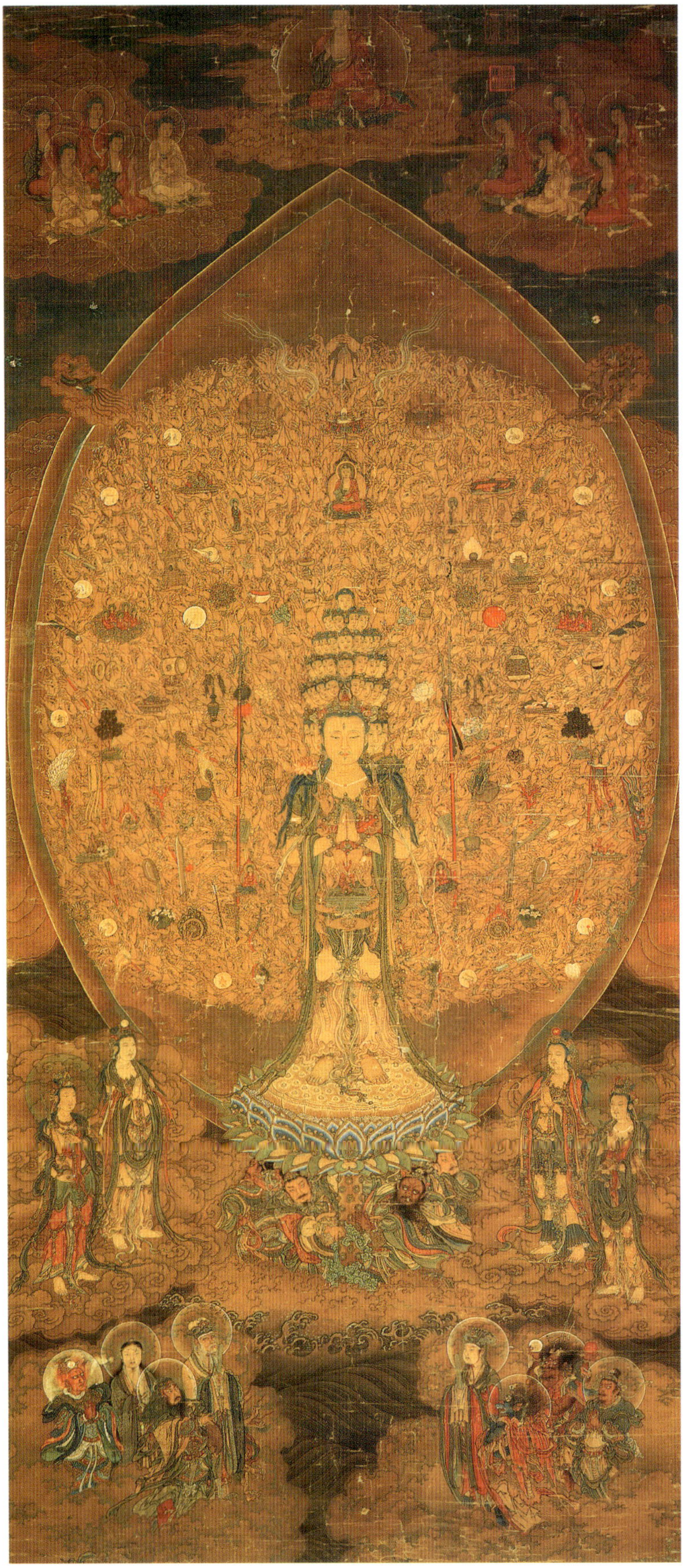

8 宋人 畫千手千眼觀世音菩薩
十二世紀

Kuan-yin of a Thousand Arms and Eyes

Anonymous, Sung Dynasty, 12th c.

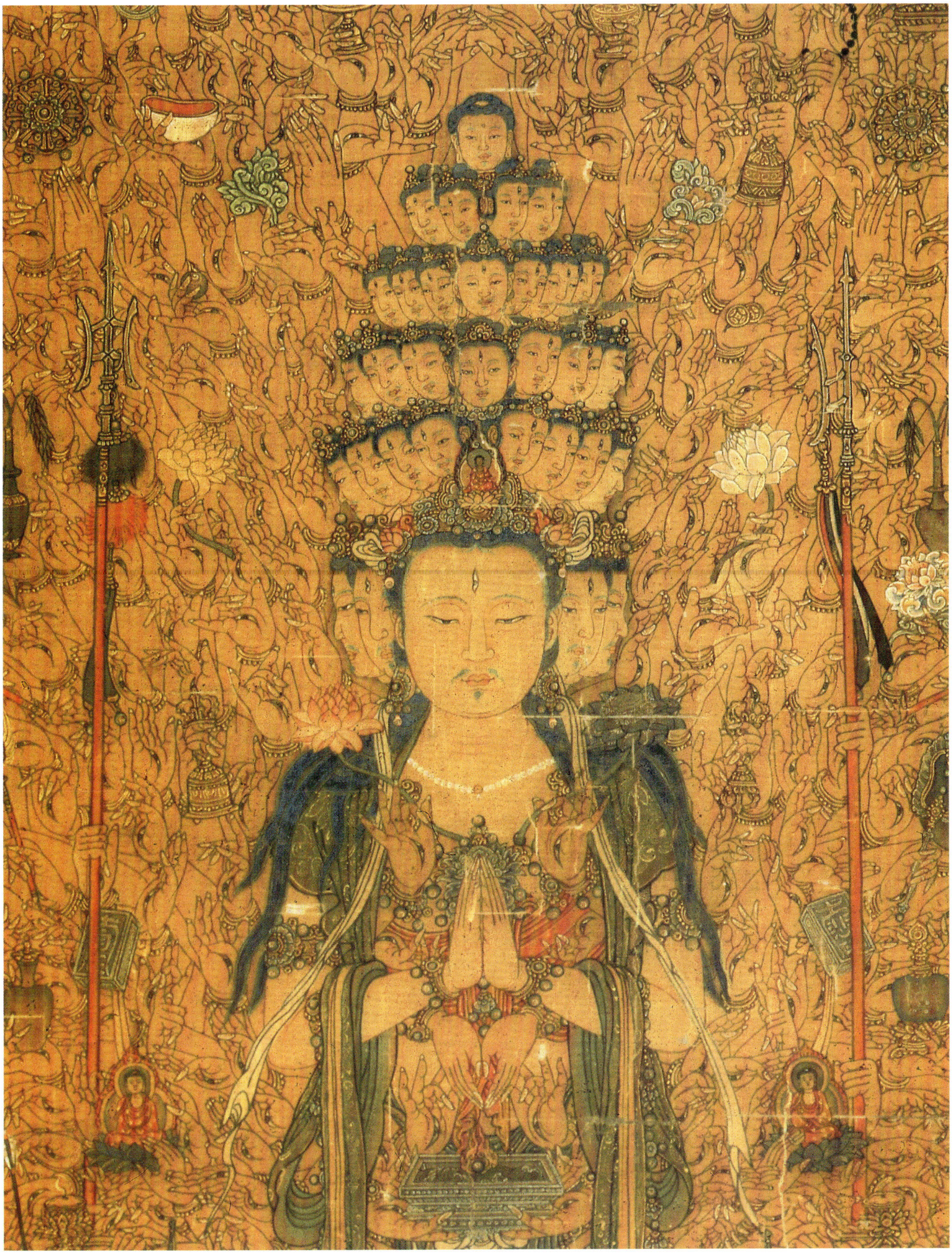

局部
Detail

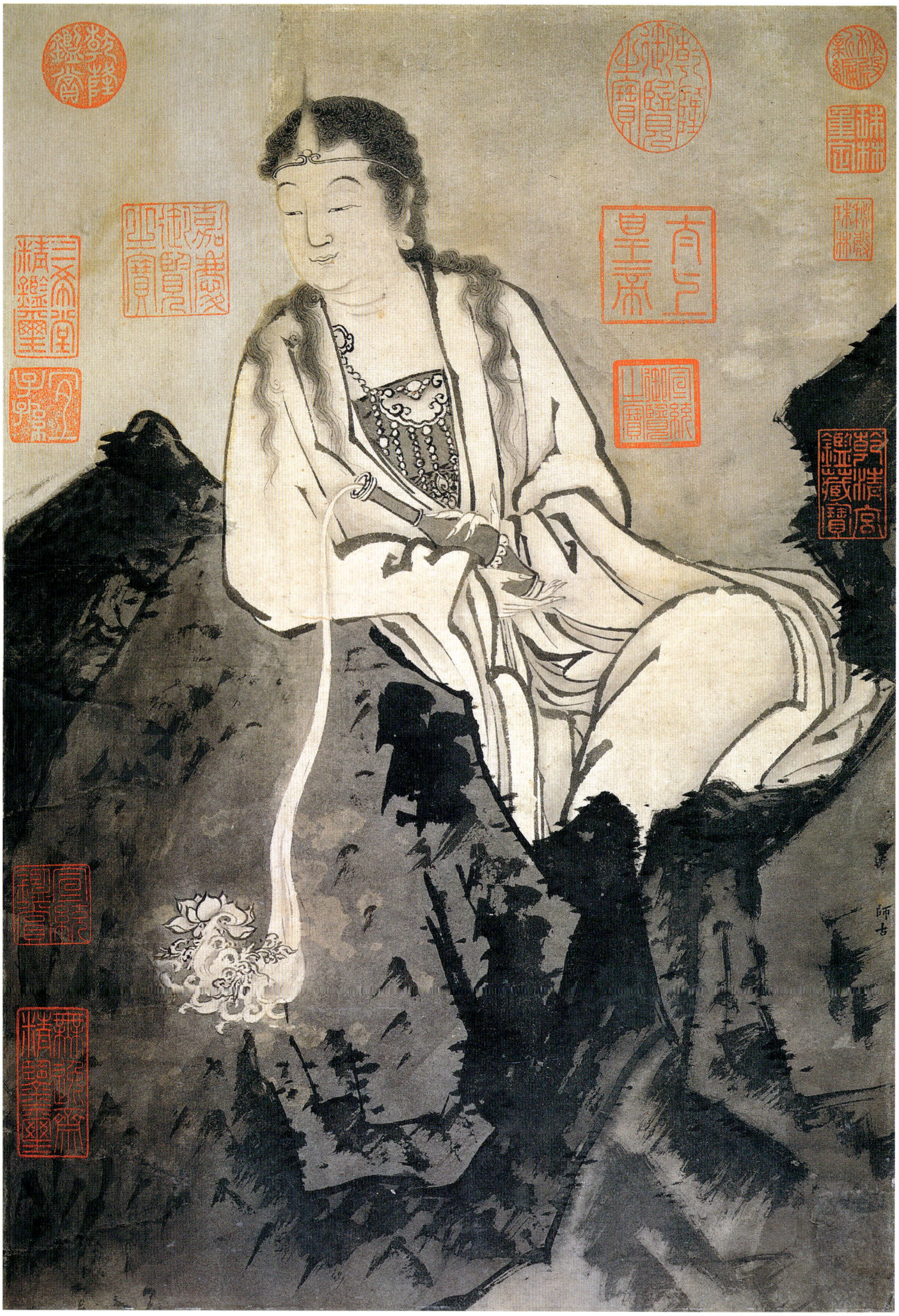

9〔傳〕宋 賈師古 大士像
明代 十五世紀

Kuan-yin

Attrib. to Chia Shih-ku (fl. 1131-1162), Sung Dynasty

Ming Dynasty, 15th c.

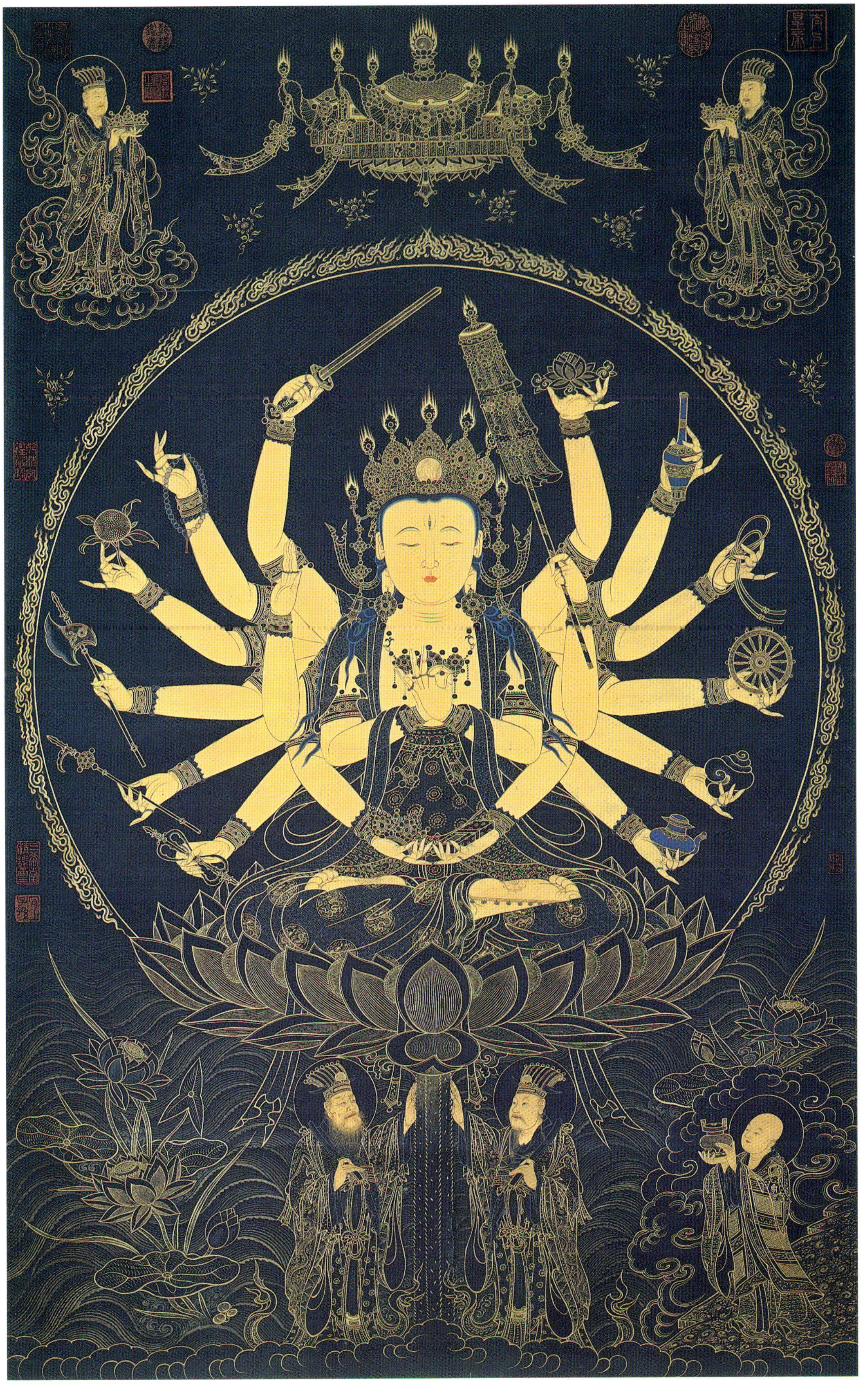

10 明人 準提菩薩
十五世紀

Cundī

Anonymous, Ming Dynasty, 15th c.

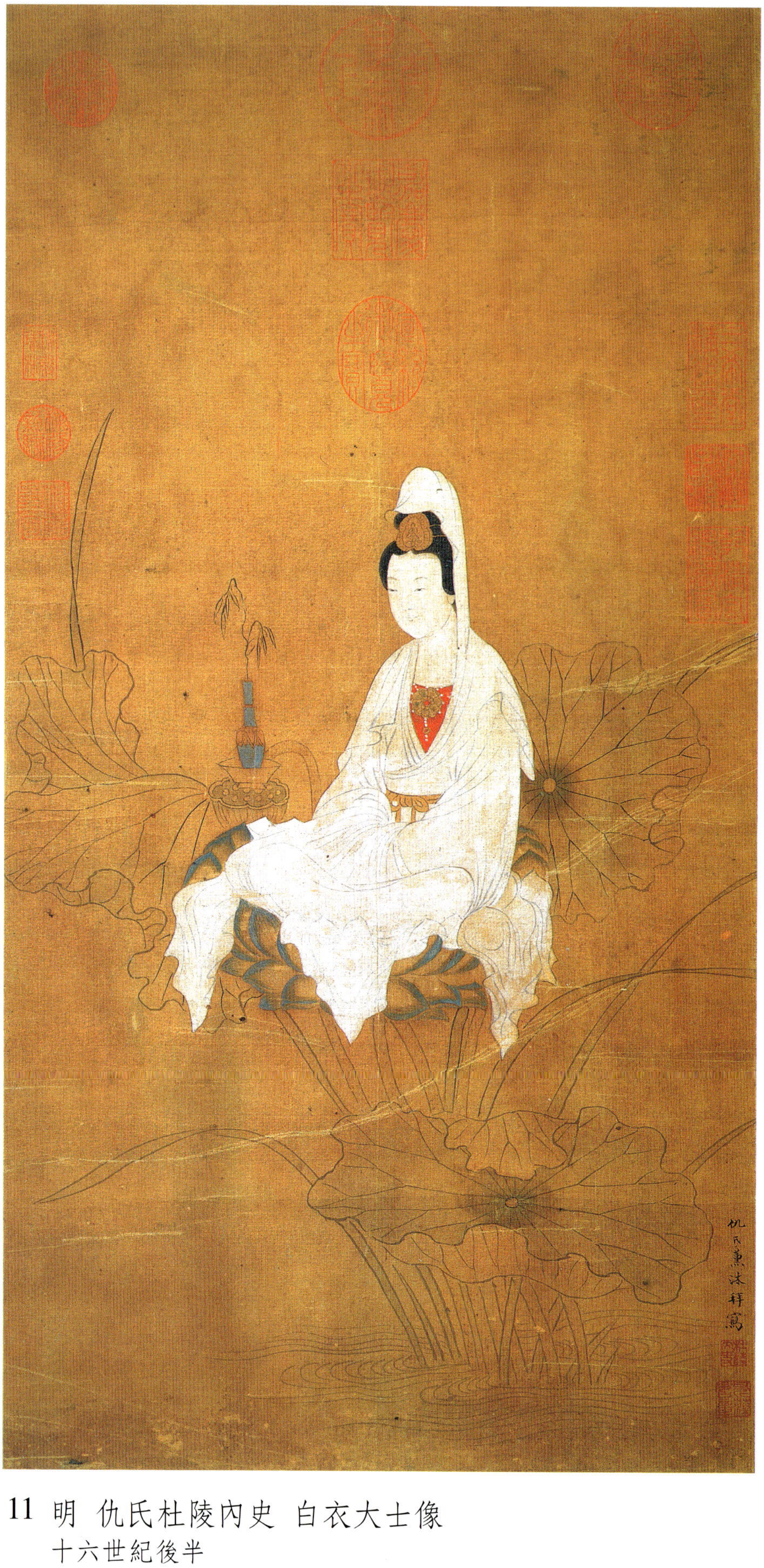

11 明 仇氏杜陵内史 白衣大士像
十六世紀後半

White-robed Kuan-yin

Tu-ling Nei-shih, Ming Dynasty, 2nd half of 16th c.

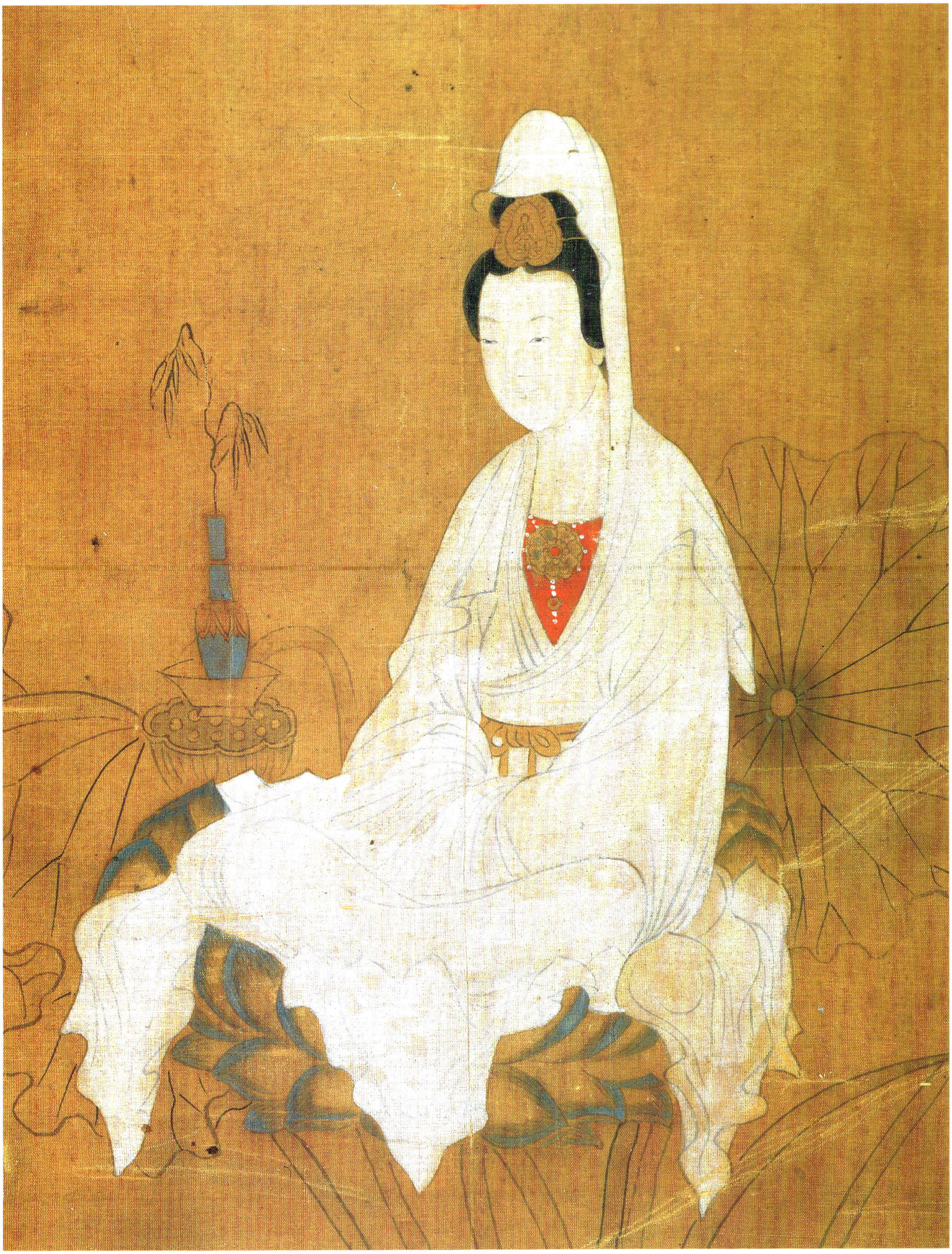

局部
Detail

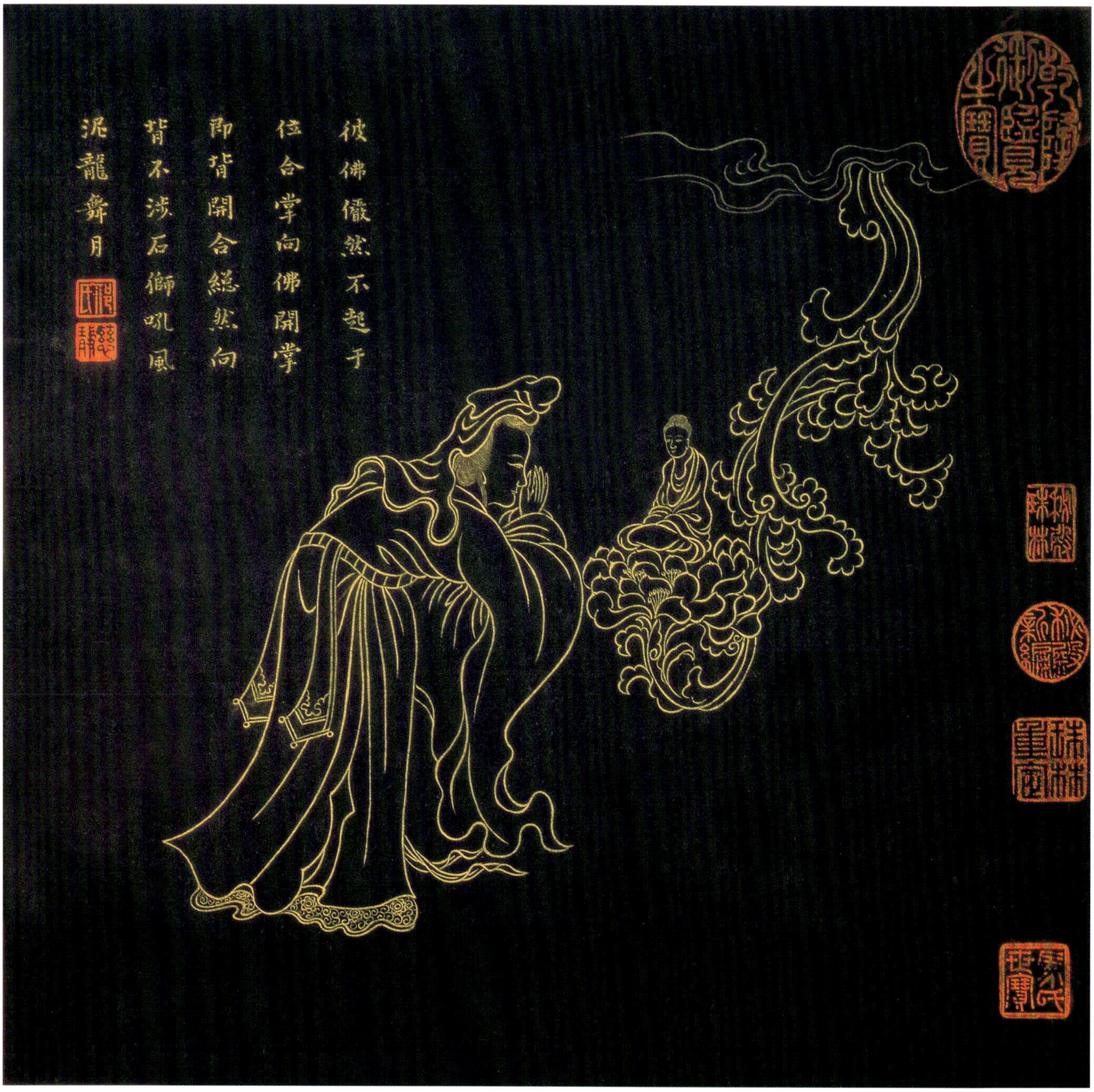

12～1

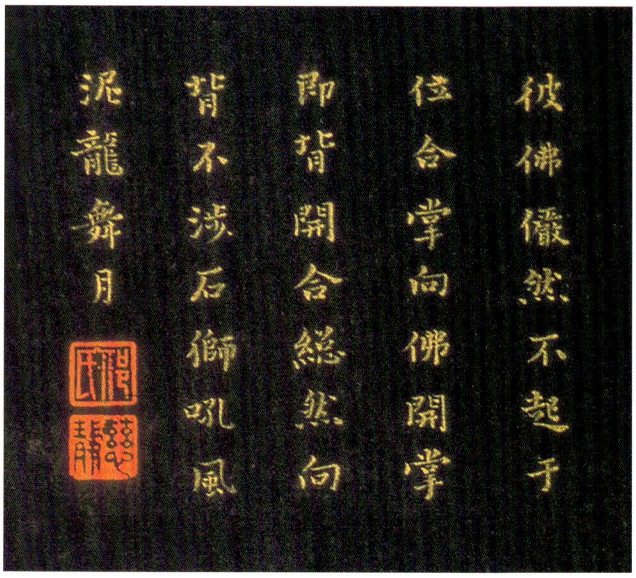

12 明 邢慈靜 觀世音菩薩三十二應身
十六世紀後半

Thirty-two Manifestations of Kuan-yin

Hsing Tz'u-ching, Ming Dynasty, 2nd half of 16th c.

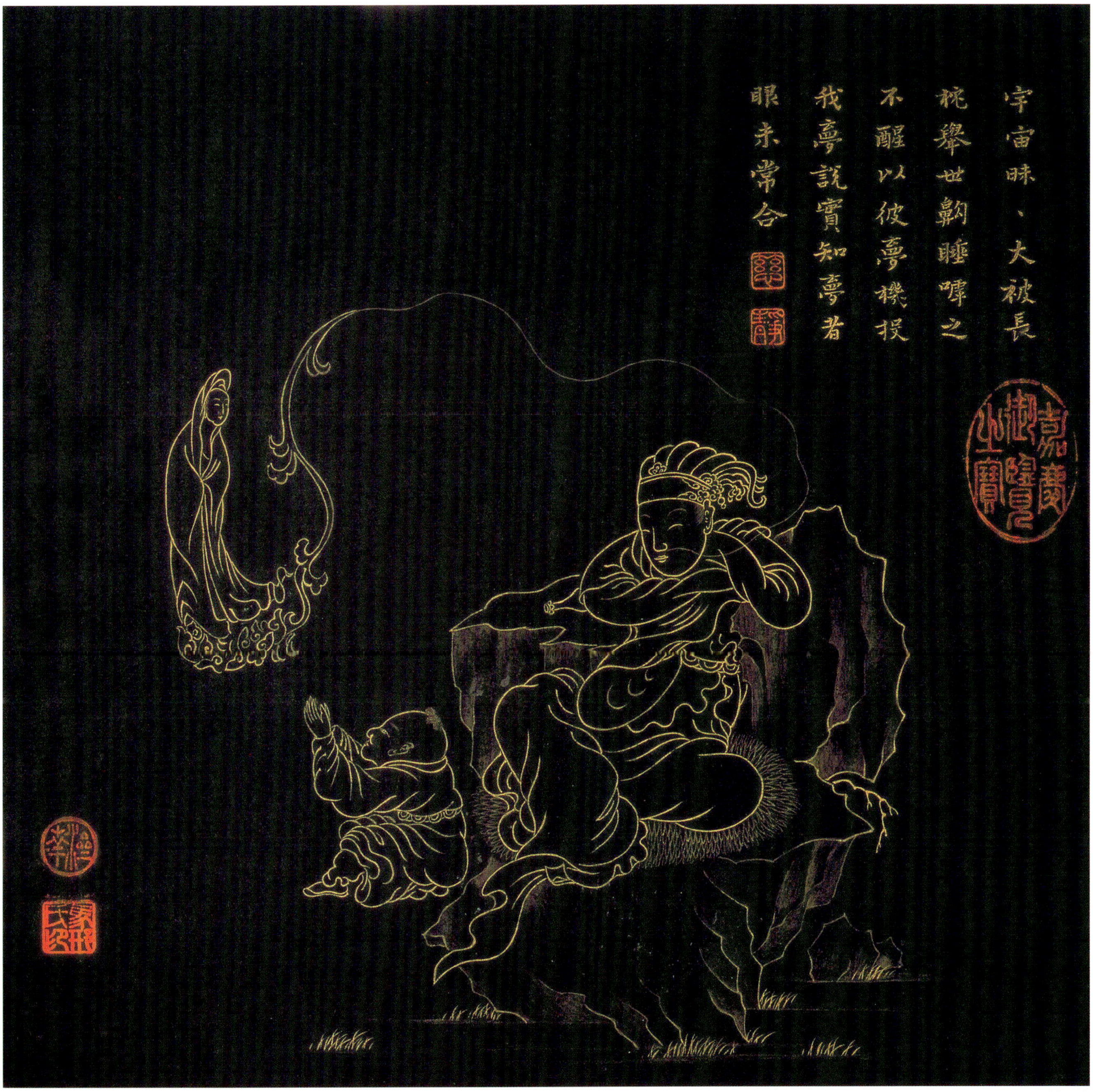
宇宙昧、大被長
枕舉世齁睡嘷之
不醒以彼夢機援
我夢說實知夢者
眼未常合

12～2

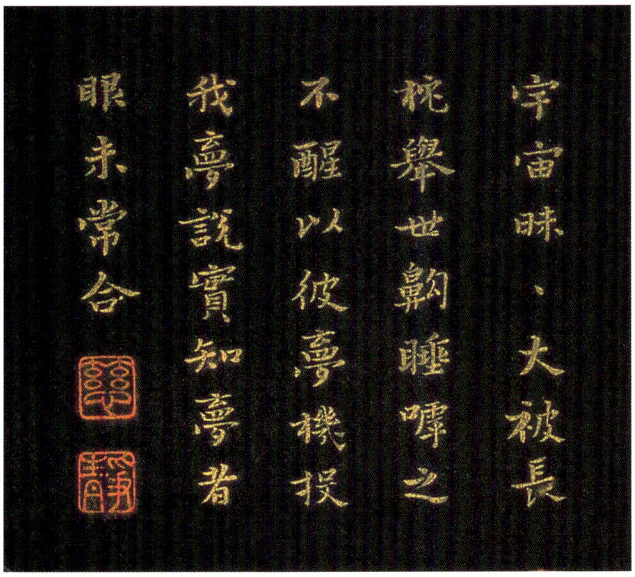
宇宙昧、大被長
枕舉世齁睡嘷之
不醒以彼夢機援
我夢說實知夢者
眼未常合

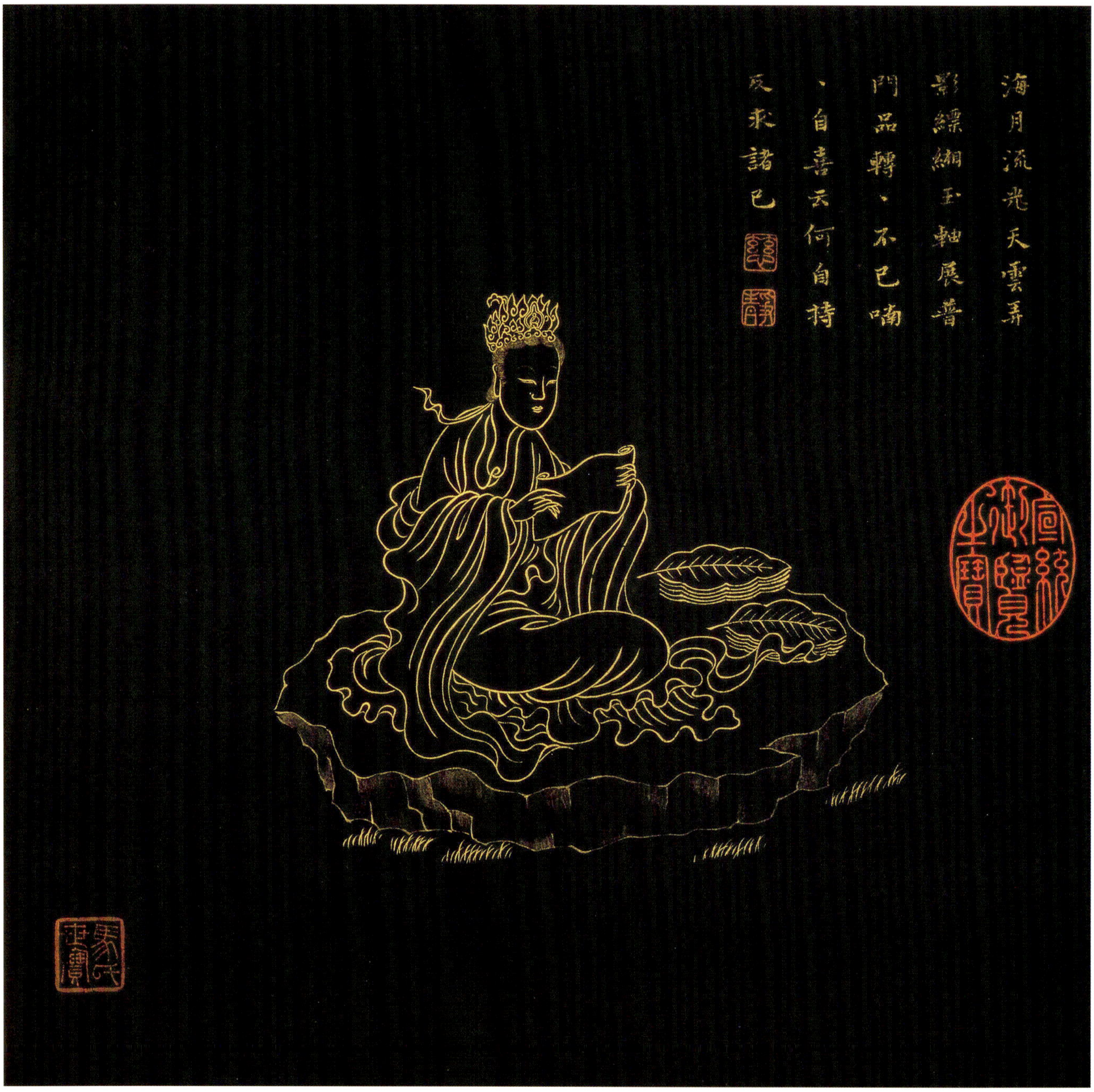
海月流光天雲弄
影縹緗玉軸展普
門品轉、不已喃
、自喜云何自持
反求諸已

12～3

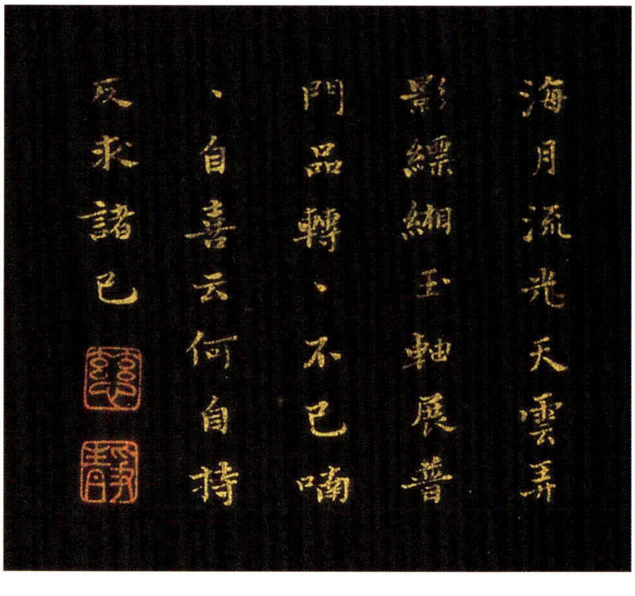
海月流光天雲弄
影縹緗玉軸展普
門品轉、不已喃
、自喜云何自持
反求諸已

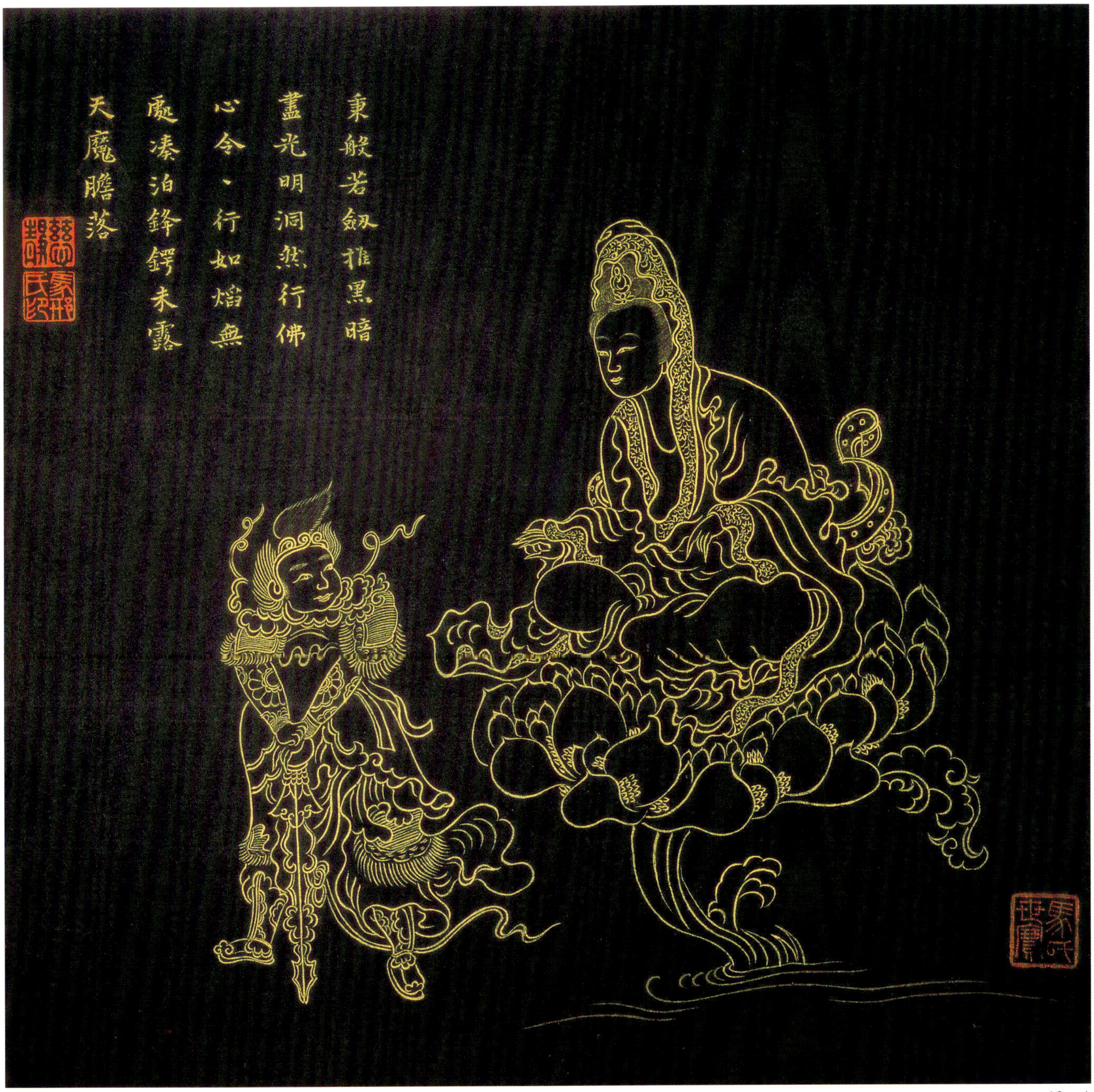
秉般若劍摧黑暗
盡光明洞然行佛
心令、行如焰無
處湊泊鋒鍔未露
天魔膽落

12～4

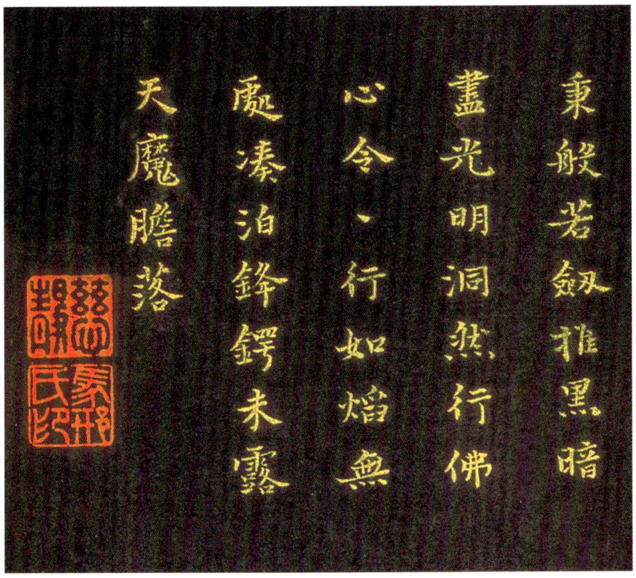
秉般若劍摧黑暗
盡光明洞然行佛
心令、行如焰無
處湊泊鋒鍔未露
天魔膽落

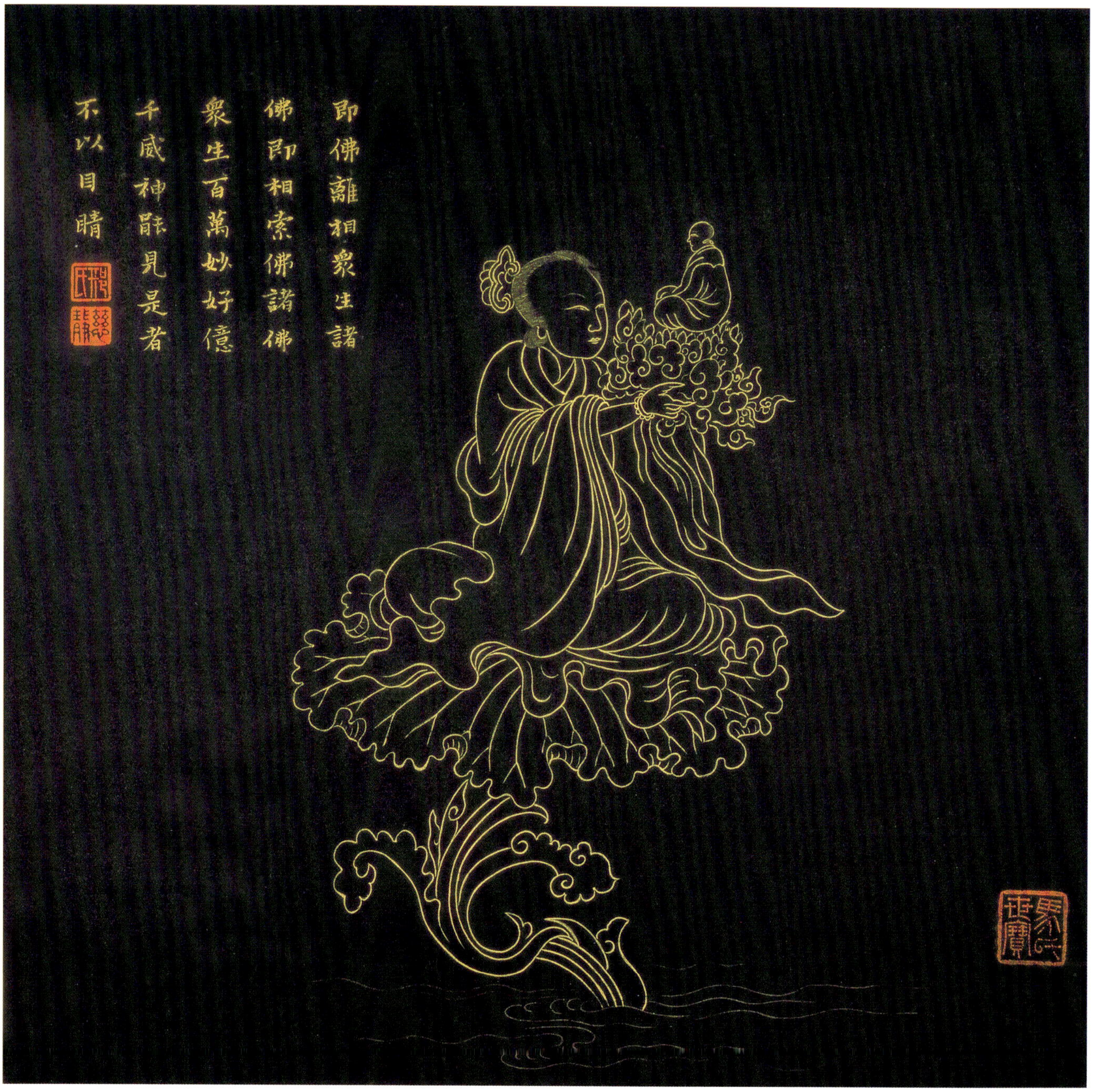
即佛離相衆生諸
佛即相索佛諸佛
衆生百萬妙好億
千威神能見是者
不以目睛

12～5

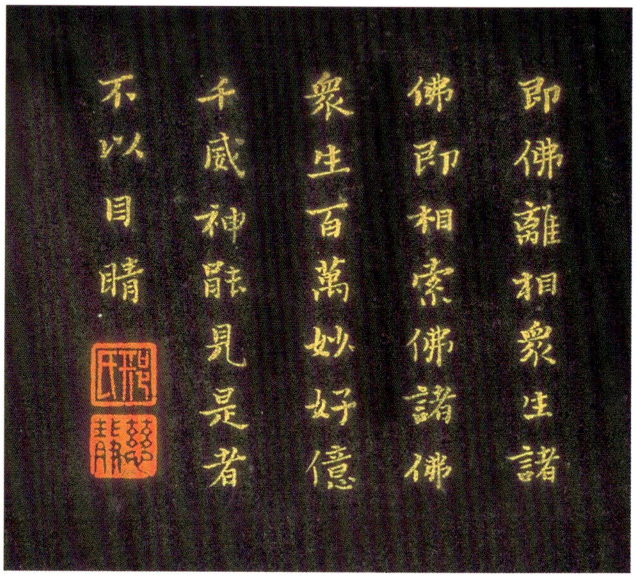
即佛離相衆生諸
佛即相索佛諸佛
衆生百萬妙好億
千威神能見是者
不以目睛

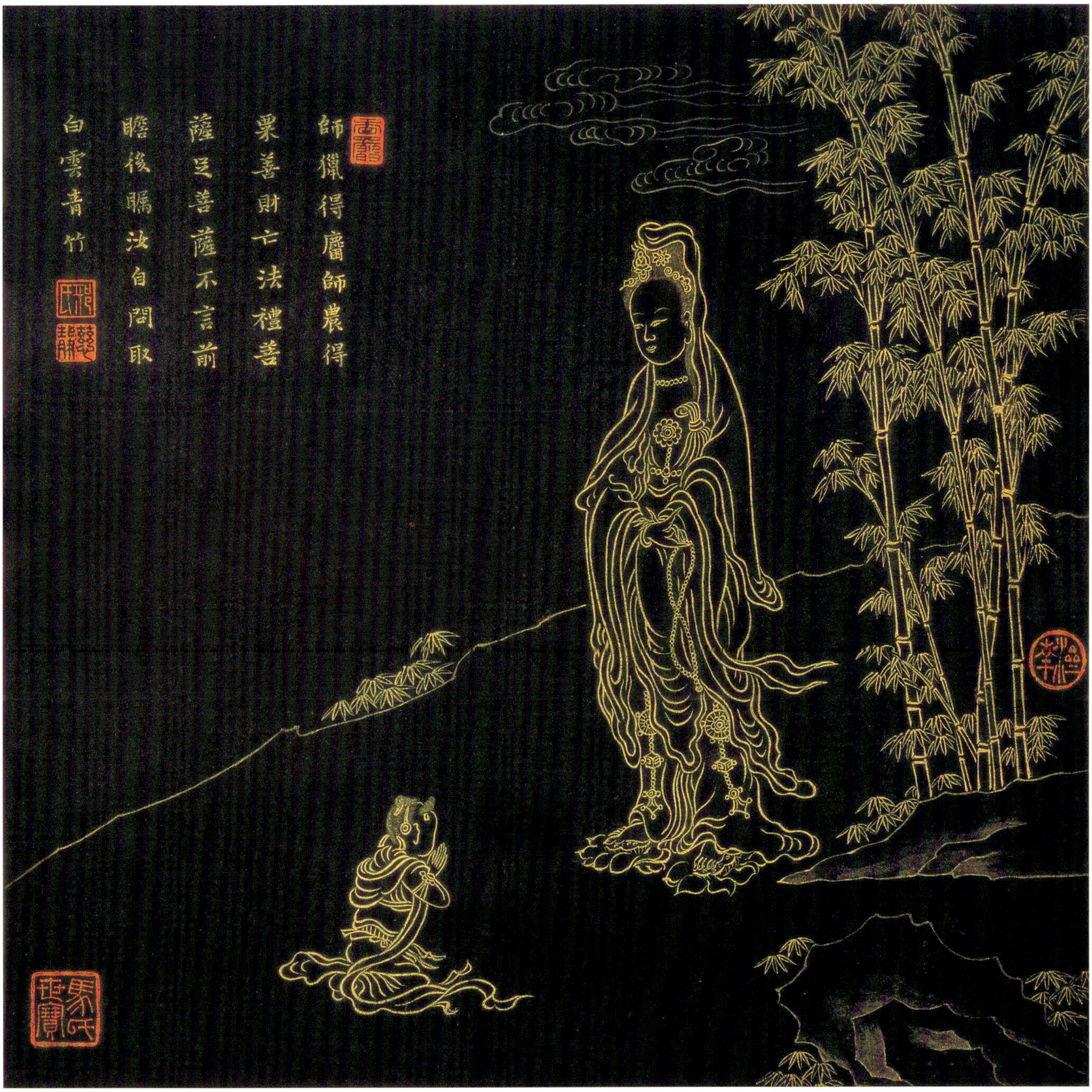
師獵得嚕師農得
衆善財亡法禮善
薩旦善薩不言前
瞻後矚汝自問取
白雲青竹

12～6

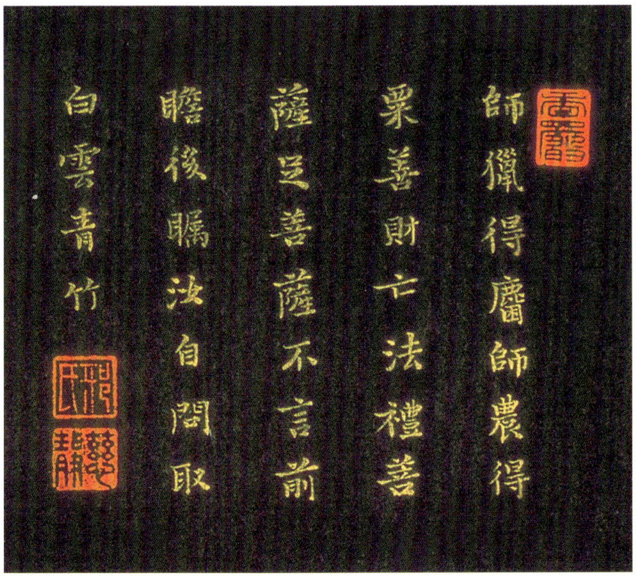
師獵得嚕師農得
衆善財亡法禮善
薩旦善薩不言前
瞻後矚汝自問取
白雲青竹

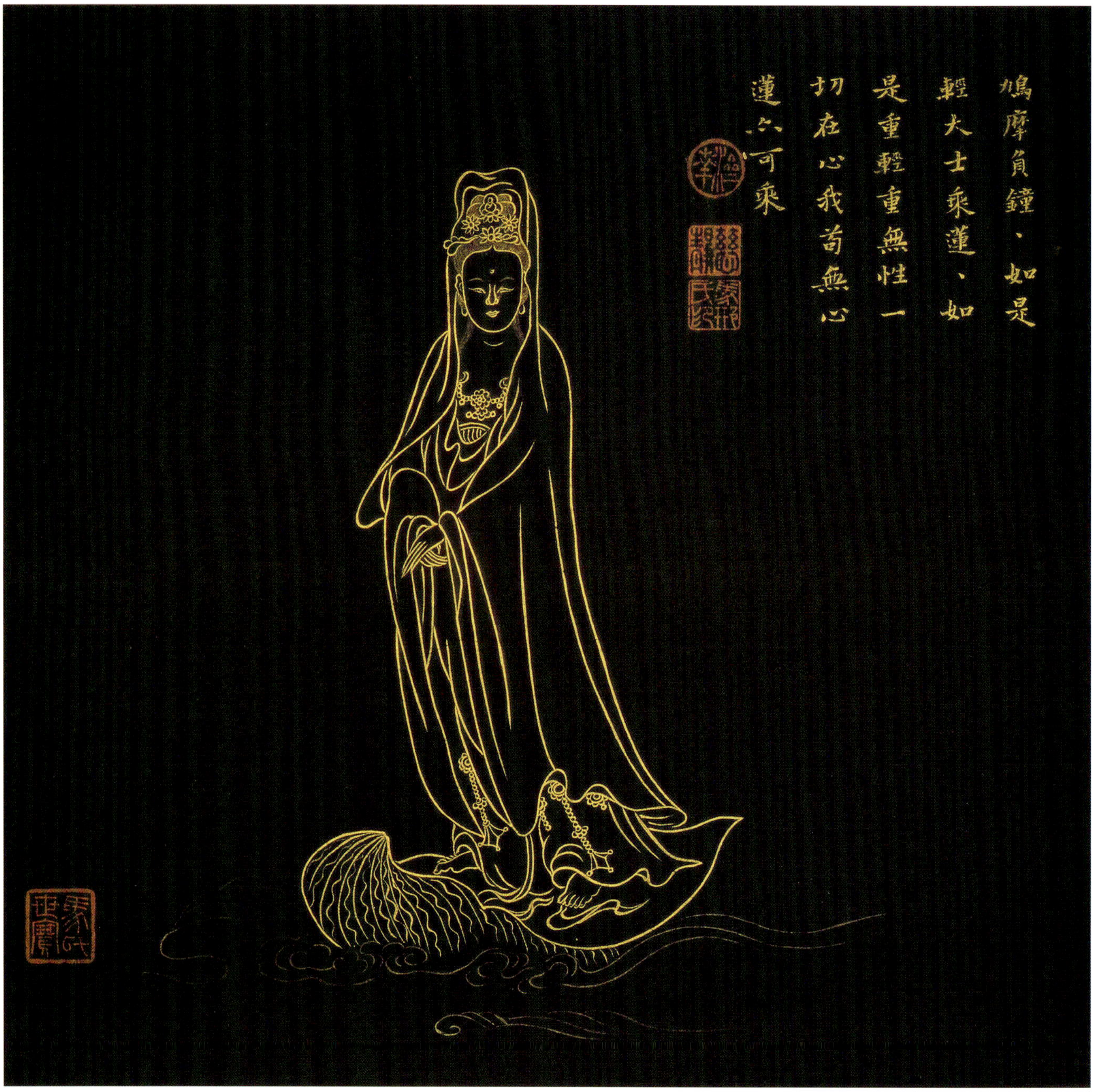
鳩摩負鐘、如是
輕大士乘蓮、如
是重輕重無性一
切在心我苟無心
蓮亦可乘

12～7

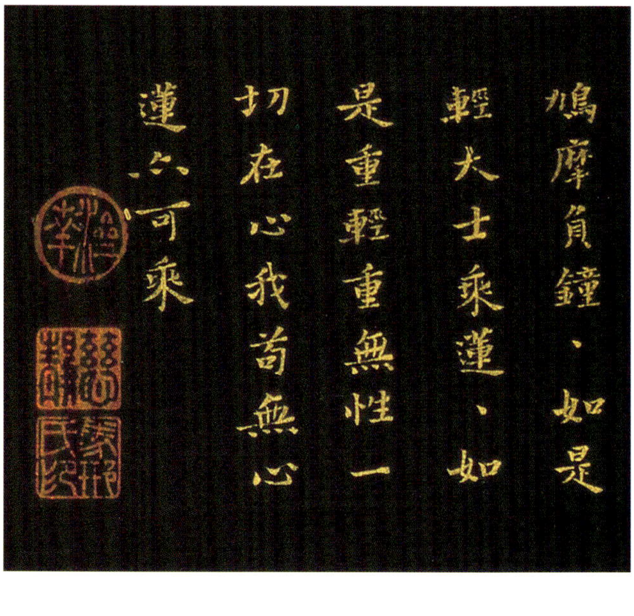
鳩摩負鐘、如是
輕大士乘蓮、如
是重輕重無性一
切在心我苟無心
蓮亦可乘

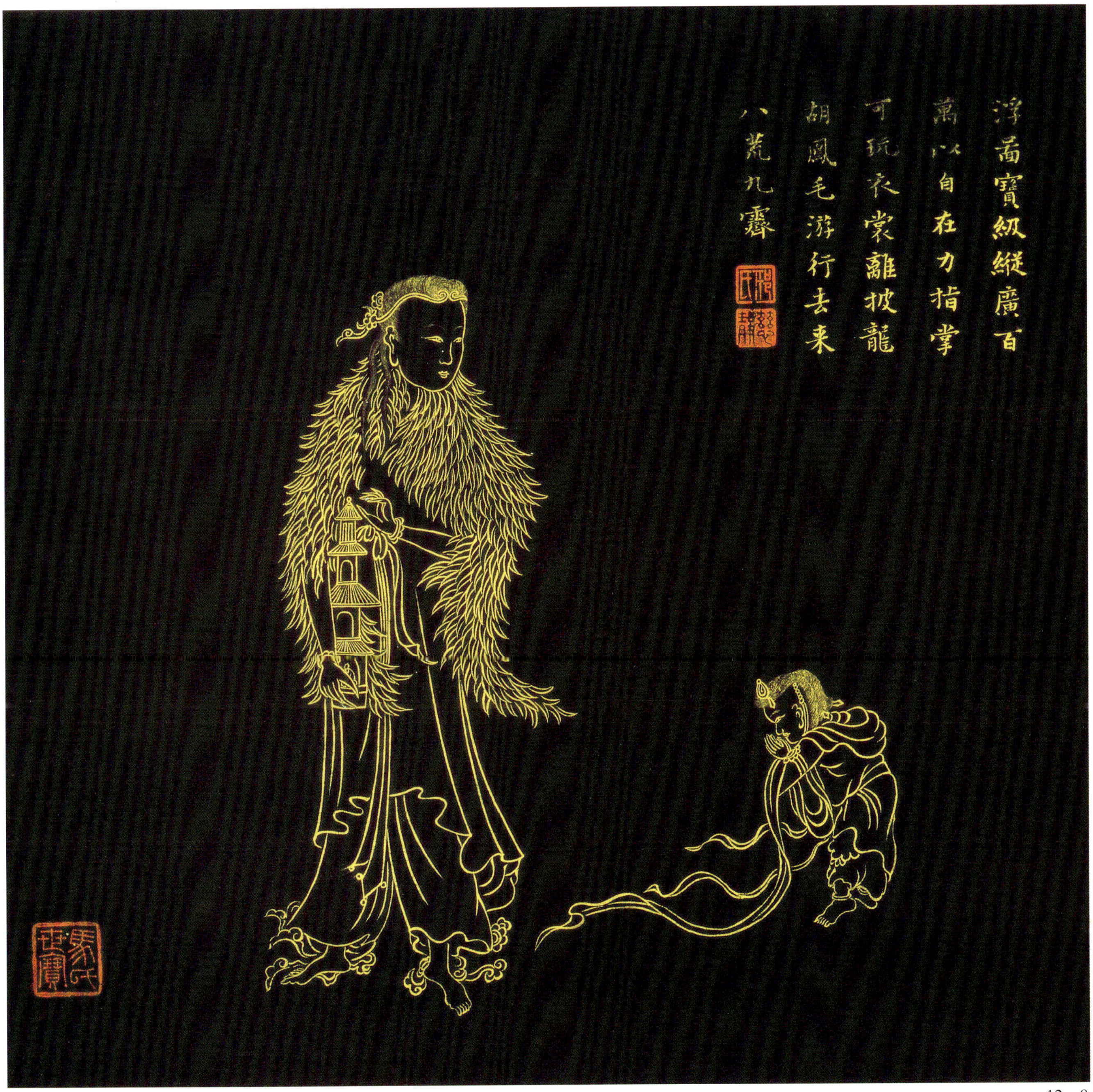
浮啚寶級縱廣百
萬以自在力指掌
可玩衣裳離披龍
胡鳳毛游行去来
八荒九霄

12～8

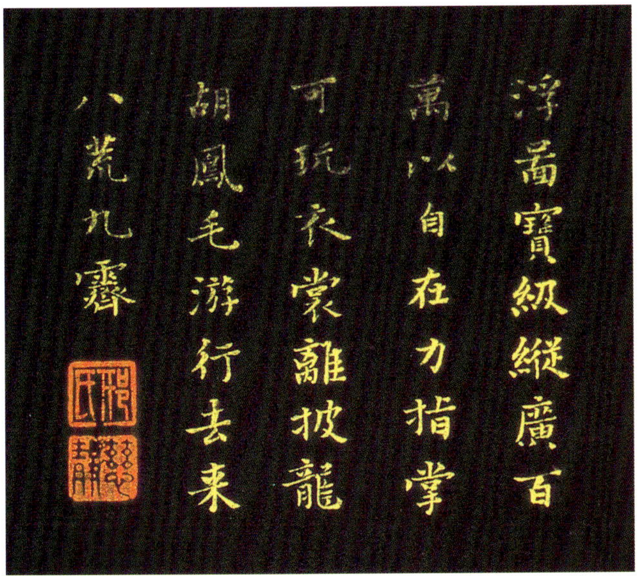
浮啚寶級縱廣百
萬以自在力指掌
可玩衣裳離披龍
胡鳳毛游行去来
八荒九霄

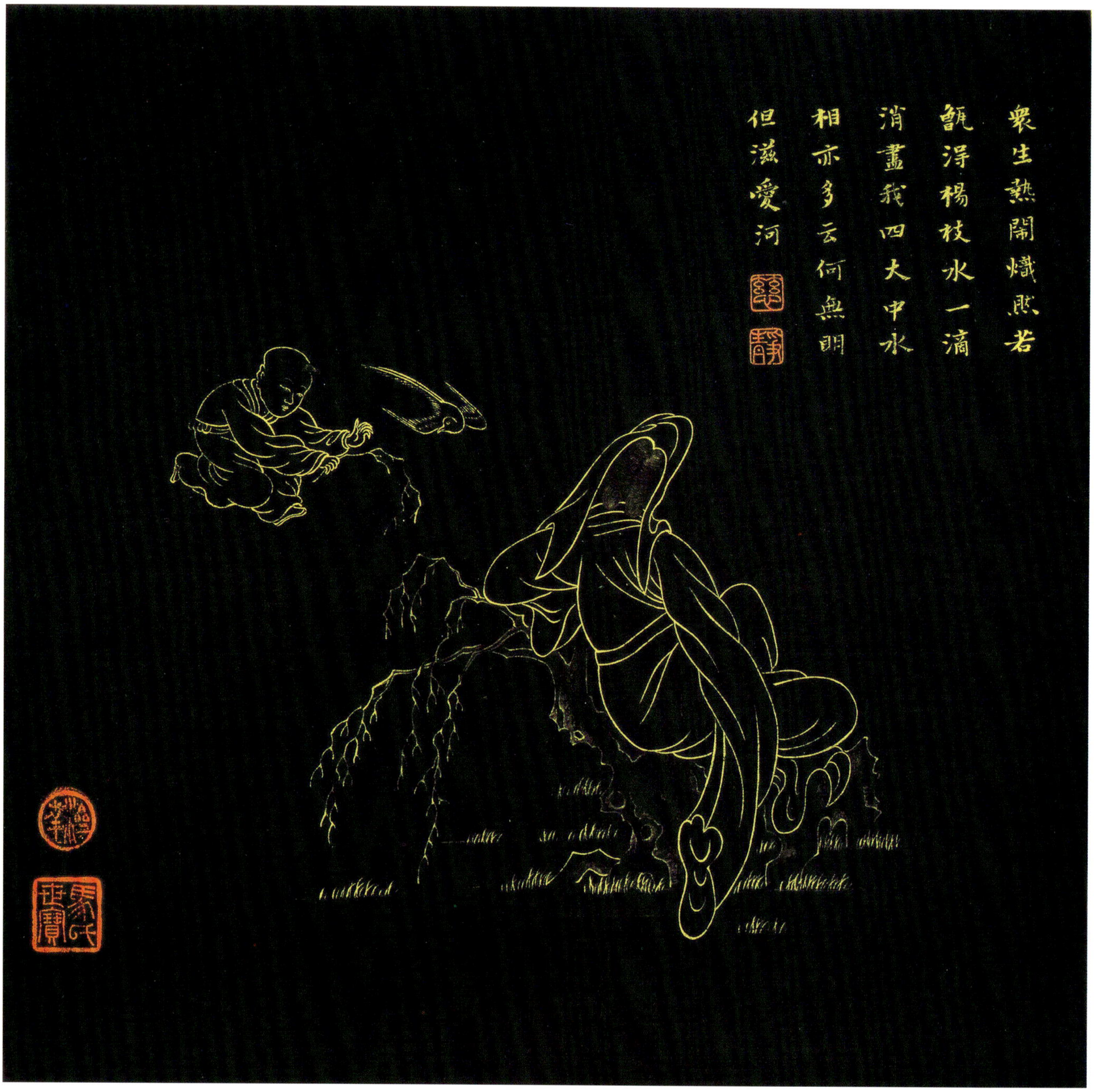
衆生熱鬧熾然若
飢浮楊枝水一滴
消盡我四大中水
相亦多云何無明
但滋愛河

12～9

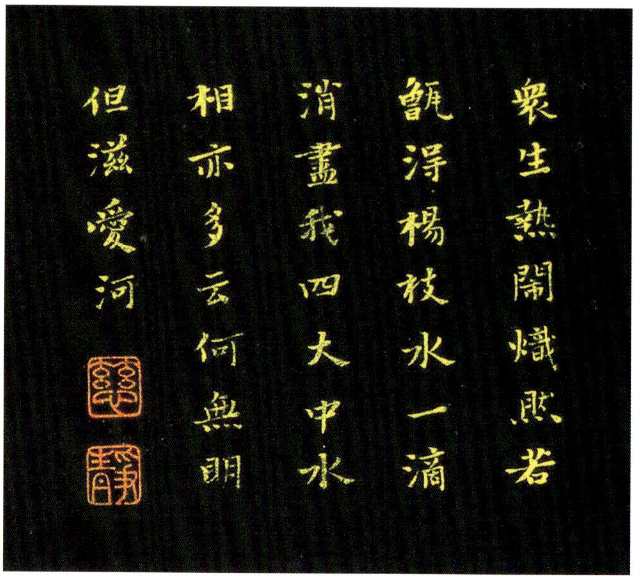
衆生熱鬧熾然若
飢浮楊枝水一滴
消盡我四大中水
相亦多云何無明
但滋愛河

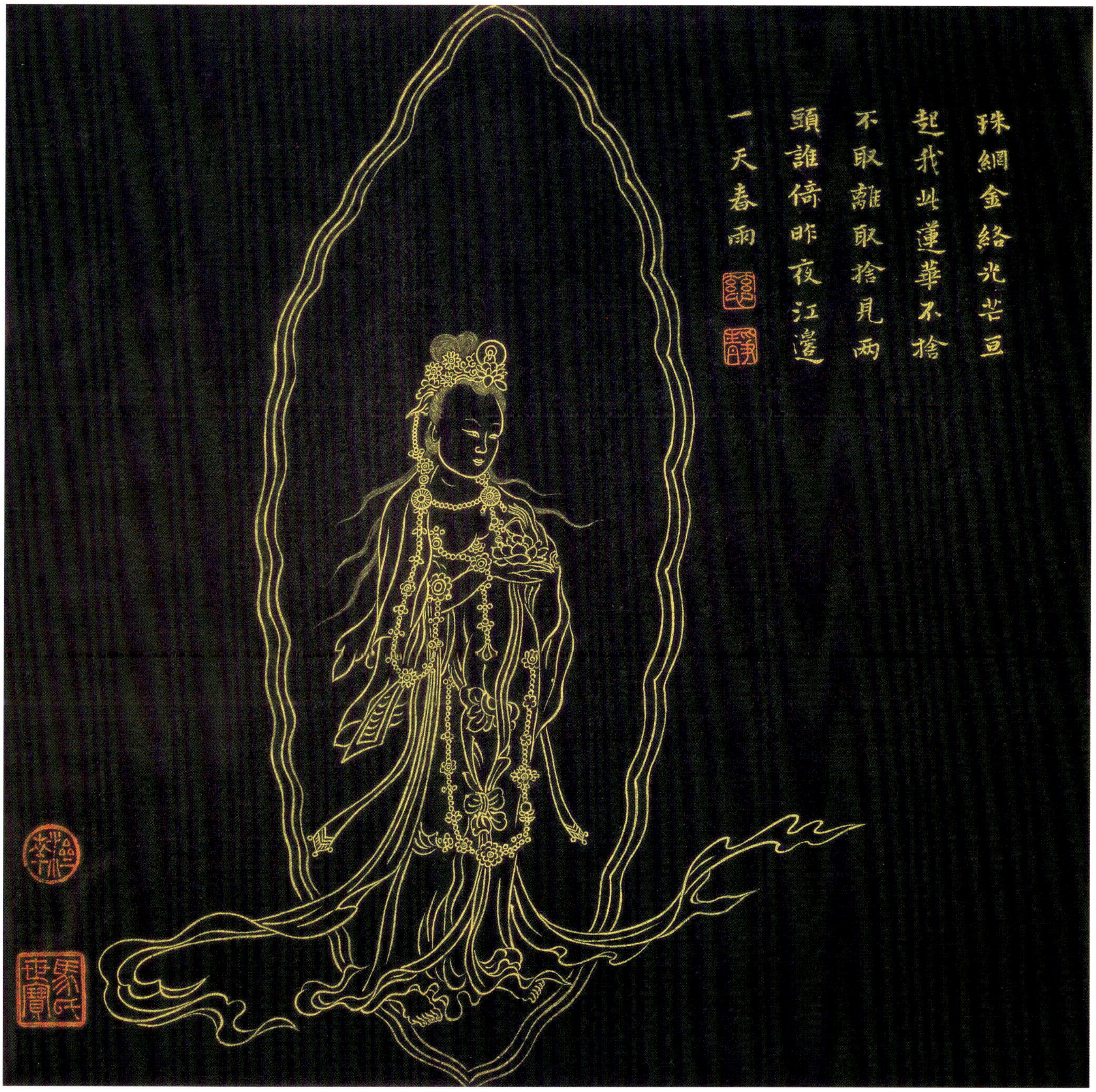
珠網金絡光芒亘
起我此蓮華不捨
不取離取捨見兩
頭誰倚昨夜江邊
一天春雨

12～10

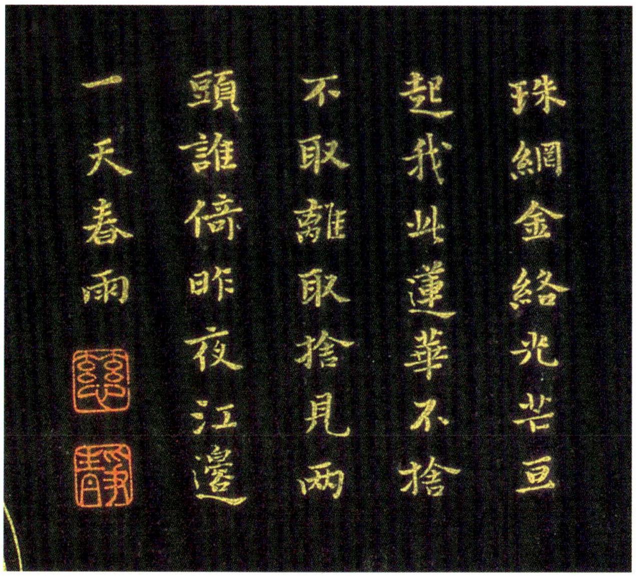
珠網金絡光芒亘
起我此蓮華不捨
不取離取捨見兩
頭誰倚昨夜江邊
一天春雨

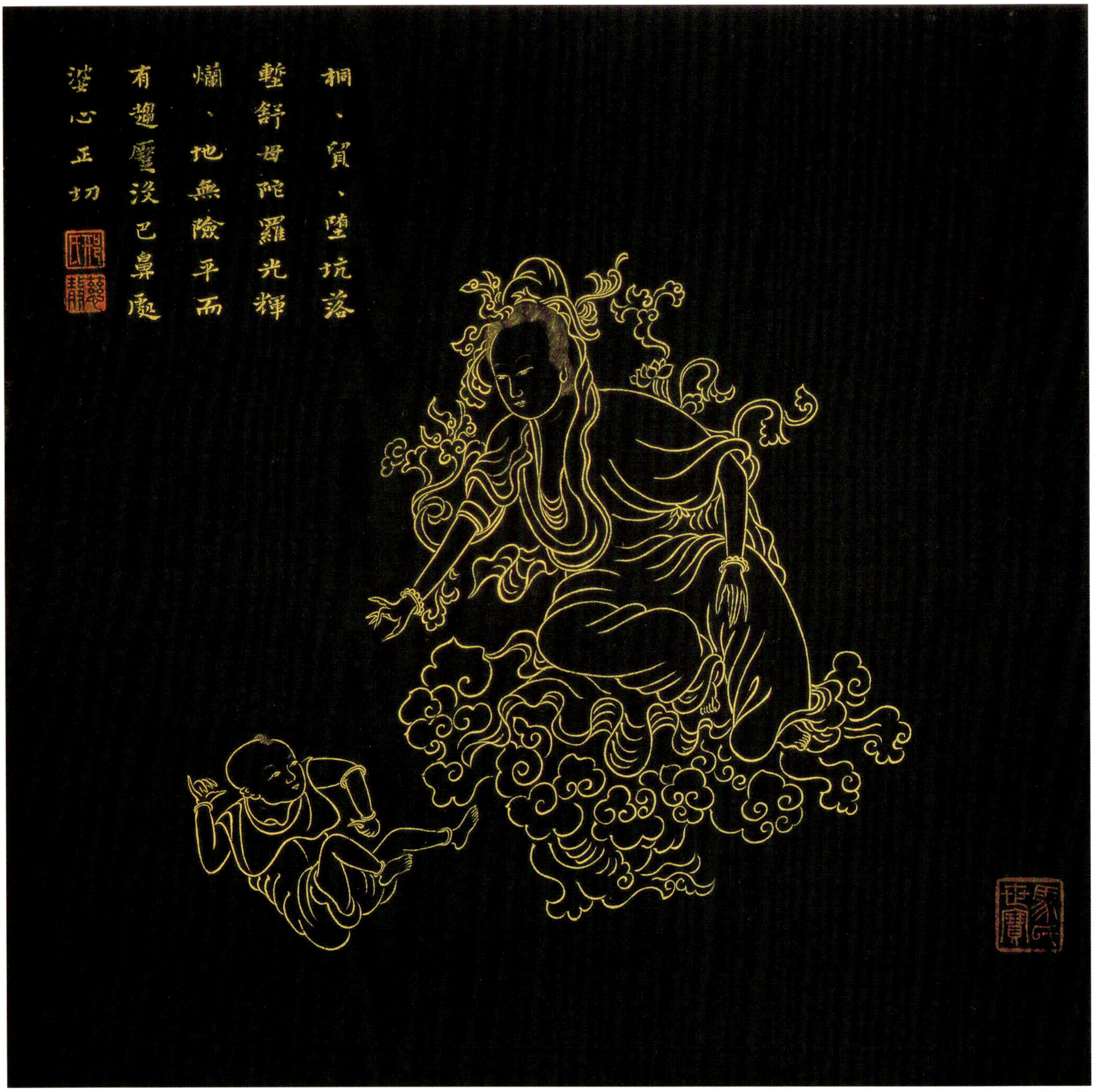
桐、貿、墮坑落
塹舒母陀羅光輝
爛、地無險平而
有邊靨沒巳鼻處
婆心正切

12～11

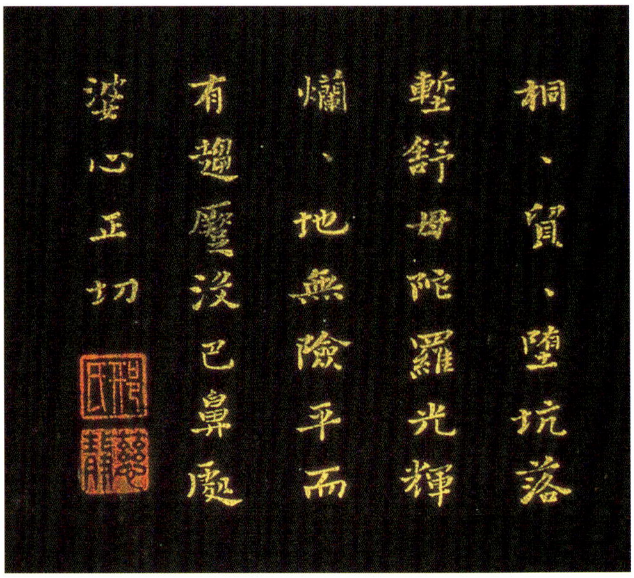
桐、貿、墮坑落
塹舒母陀羅光輝
爛、地無險平而
有邊靨沒巳鼻處
婆心正切

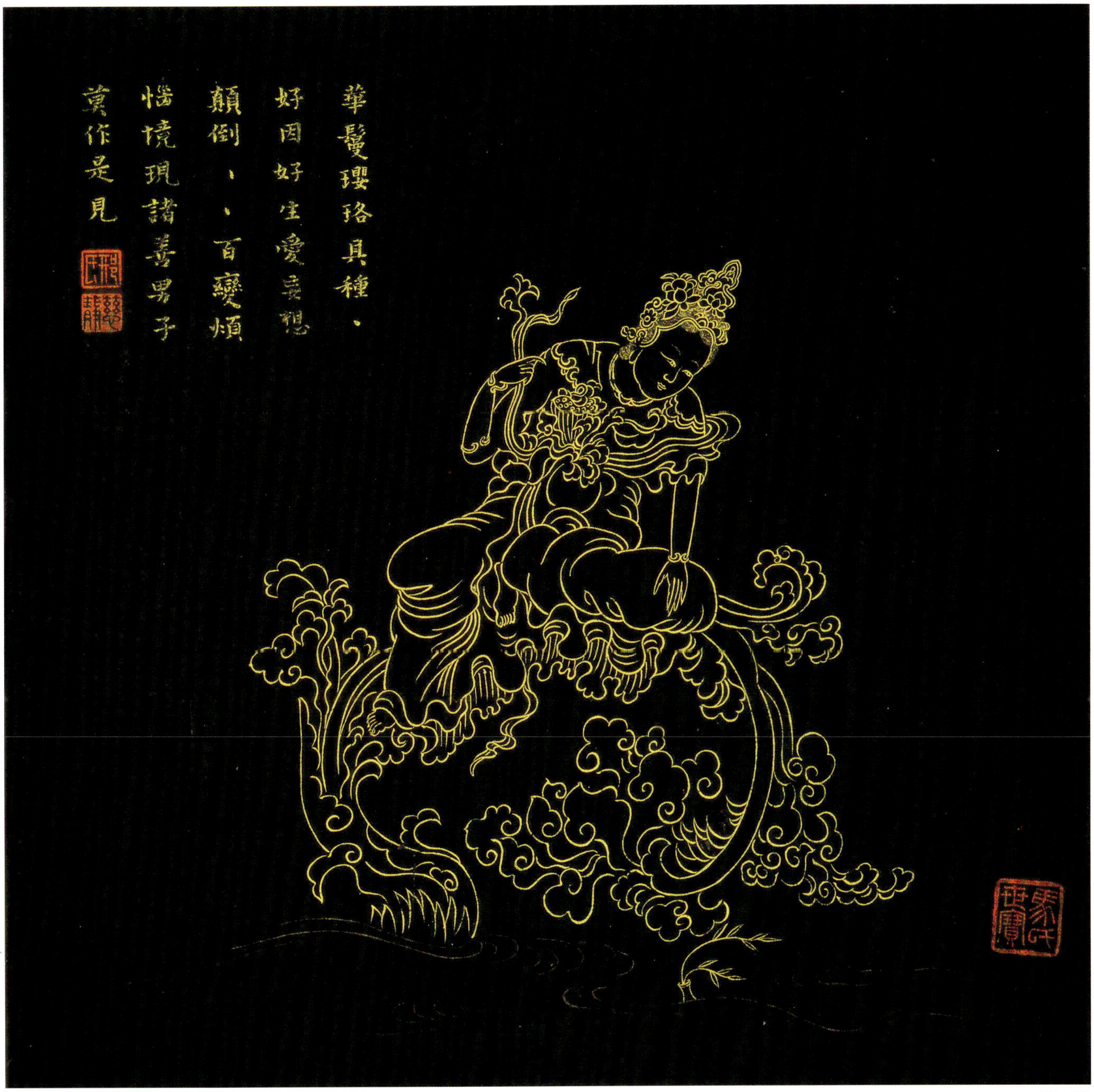
華鬘瓔珞具種、
好因好生愛妄想
顛倒、、百變煩
惱境現諸善男子
莫作是見

12～12

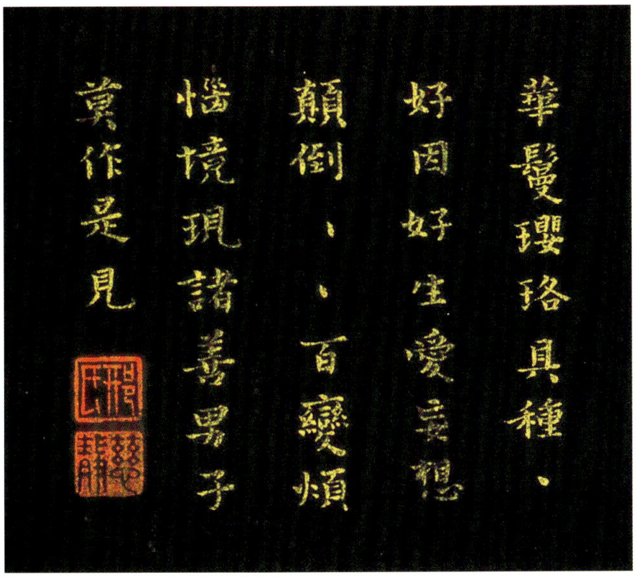
華鬘瓔珞具種、
好因好生愛妄想
顛倒、、百變煩
惱境現諸善男子
莫作是見

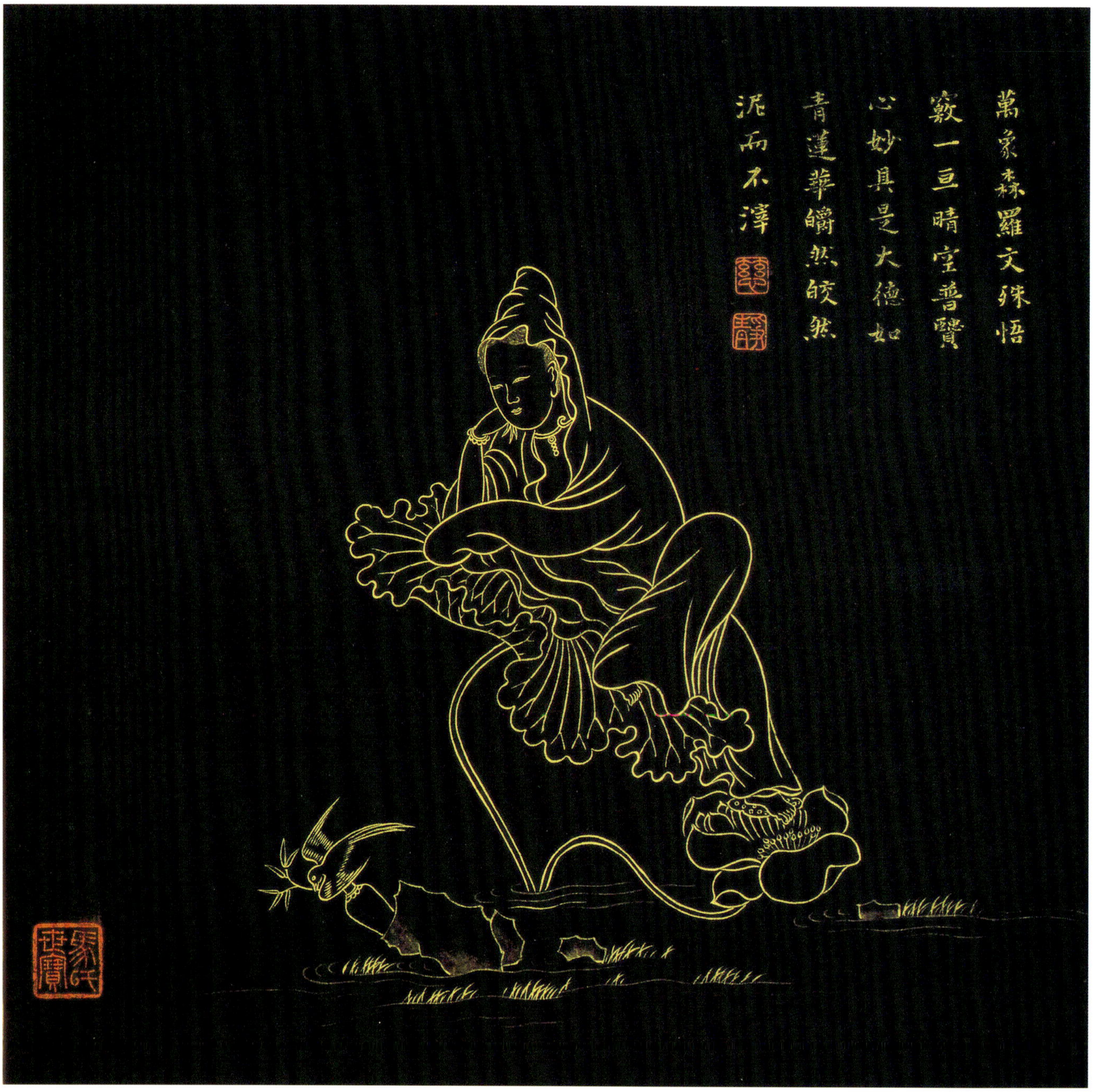
萬象森羅文殊悟
竅一亘晴空普賢
心妙具是大德如
青蓮華皭然皎然
泥而不滓

12～13

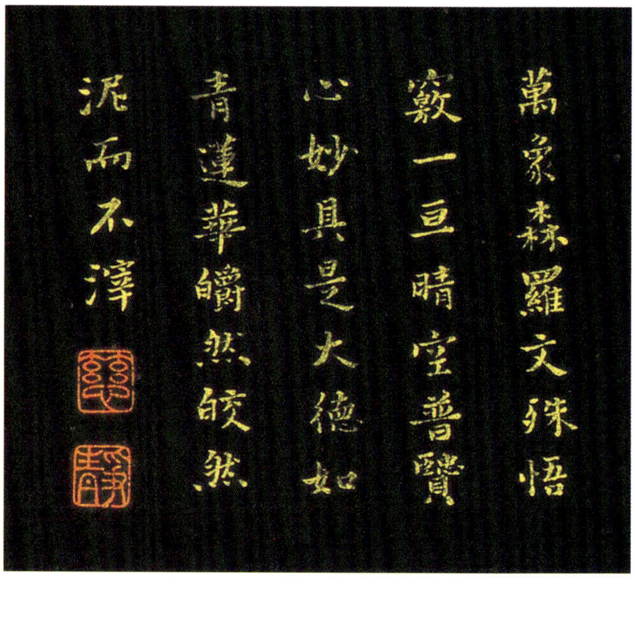
萬象森羅文殊悟
竅一亘晴空普賢
心妙具是大德如
青蓮華皭然皎然
泥而不滓

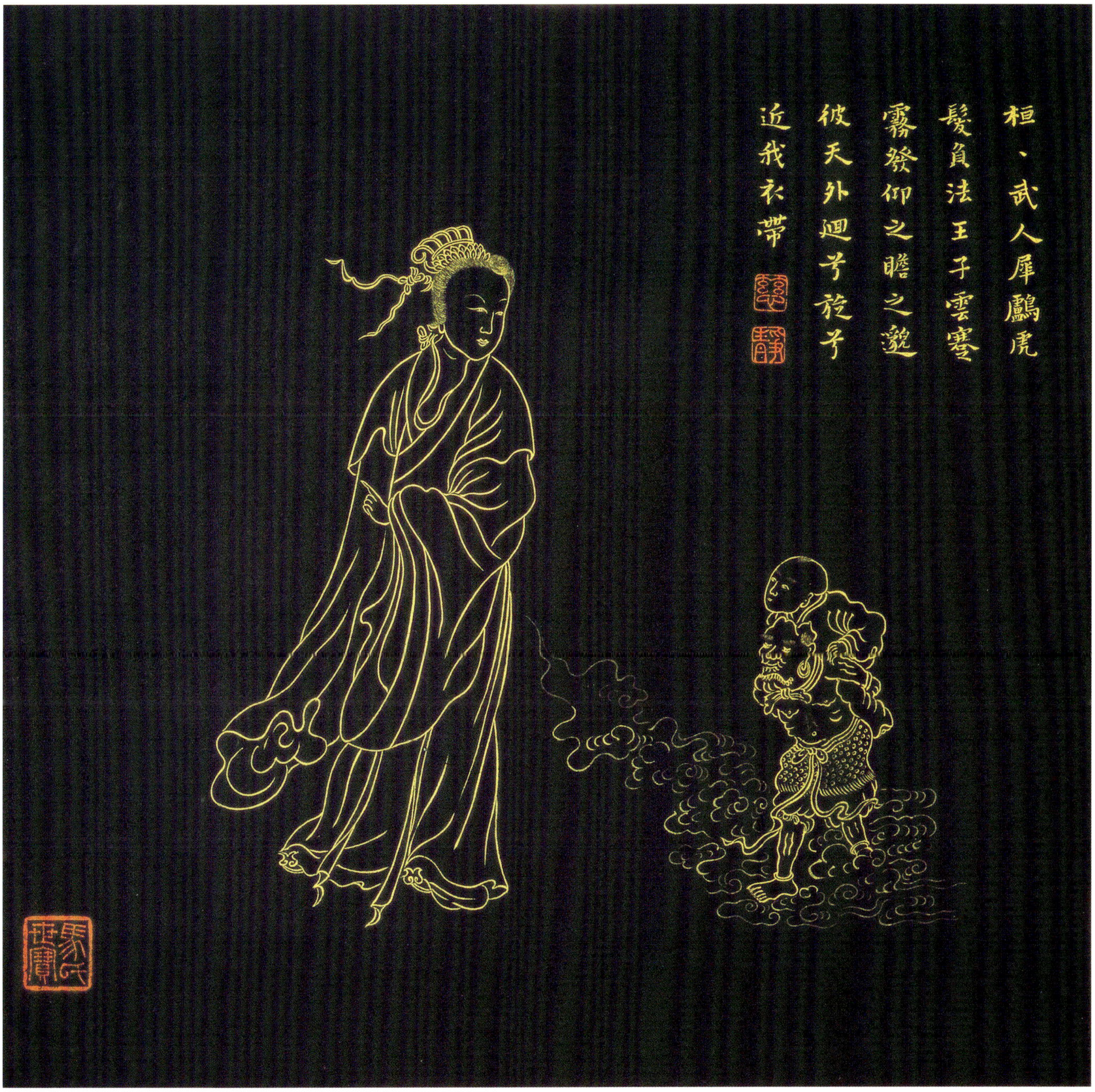
桓、武人犀鸓虎
髮負法王子雲騫
霧發仰之瞻之邈
彼天外迴兮旋兮
近我衣帶

12～14

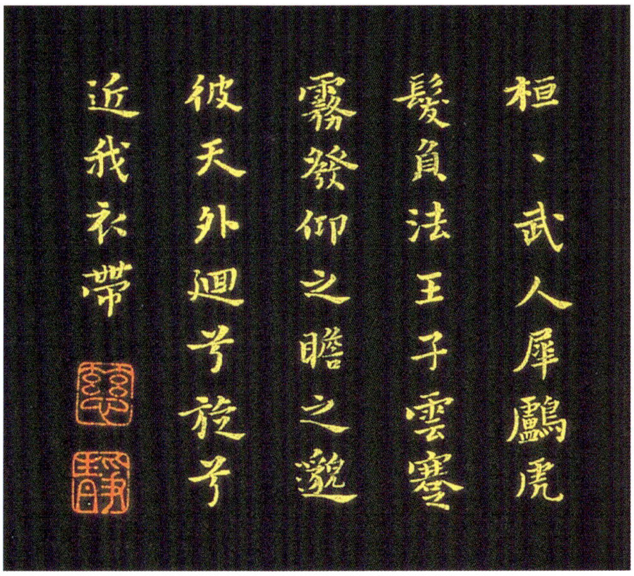
桓、武人犀鸓虎
髮負法王子雲騫
霧發仰之瞻之邈
彼天外迴兮旋兮
近我衣帶

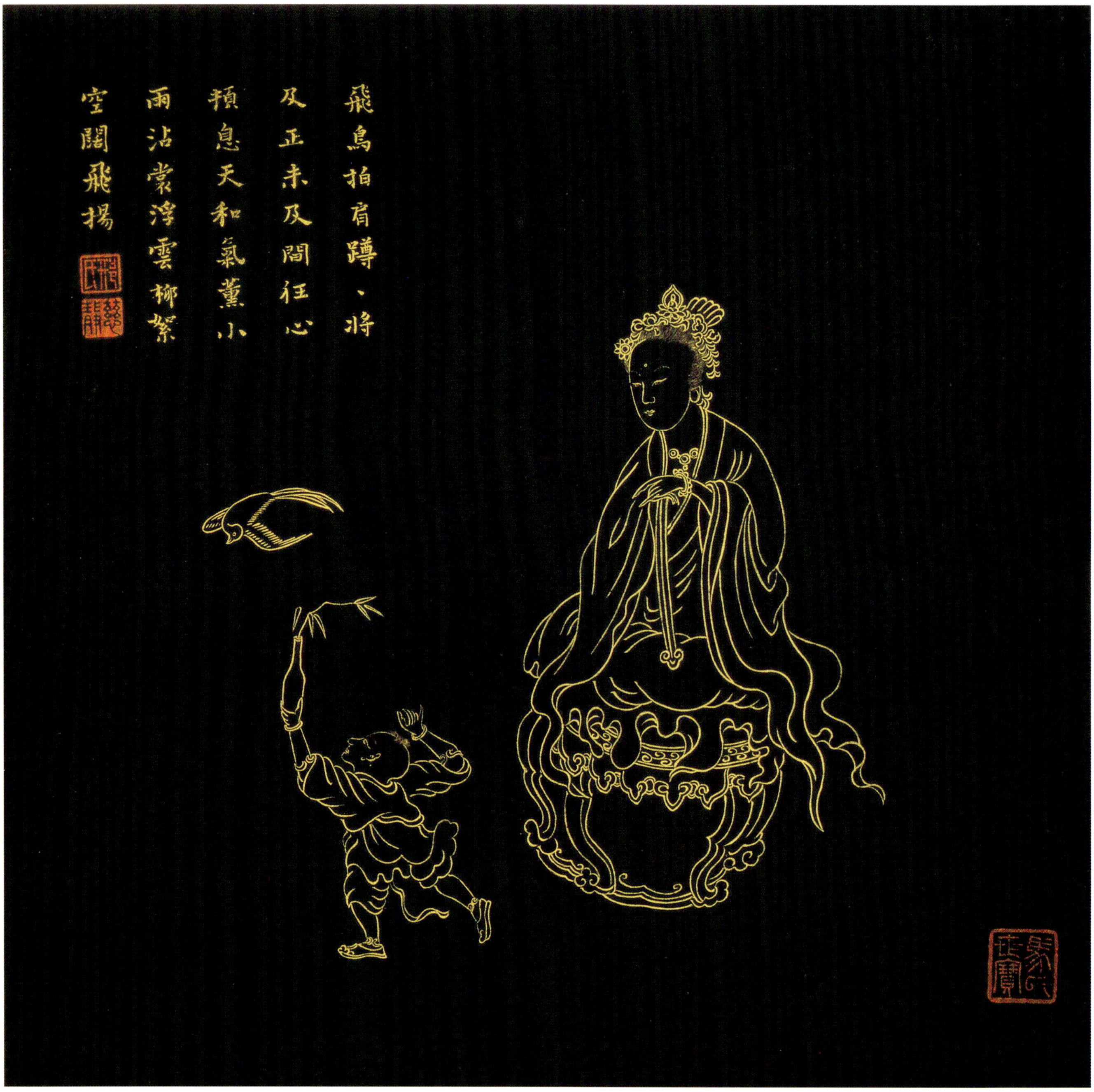
飛鳥拍肩蹲、將
及正未及閒任心
預息天和氣薰小
雨沾裳浮雲柳絮
空闊飛揚

12～15

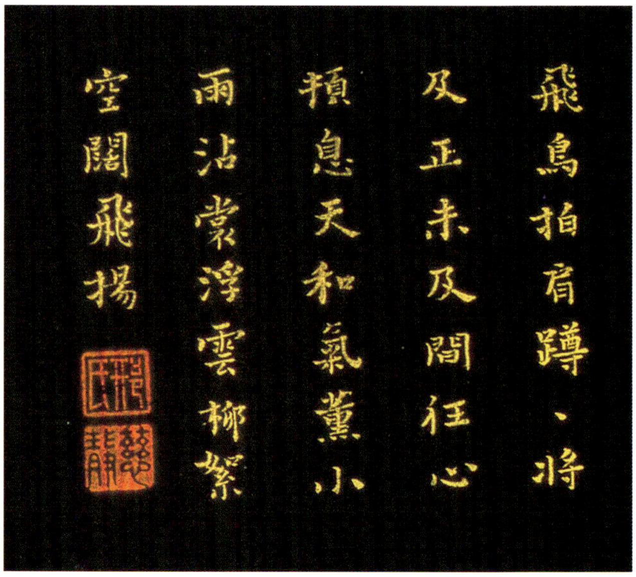
飛鳥拍肩蹲、將
及正未及閒任心
預息天和氣薰小
雨沾裳浮雲柳絮
空闊飛揚

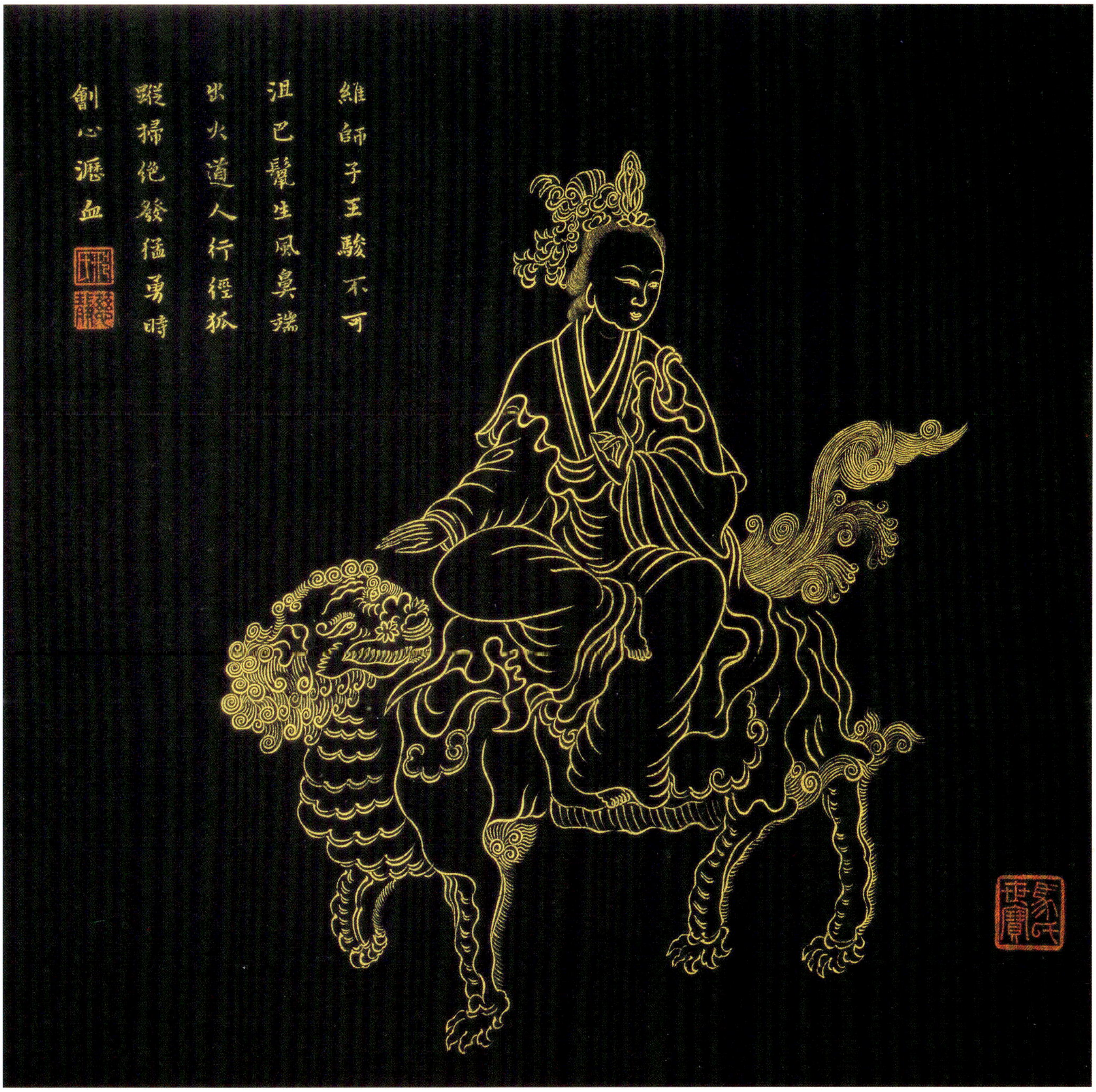
維師子王駿不可
沮已鬣生風鼻端
出火道人行經狐
蹤掃絕發猛勇時
劊心瀝血

12～16

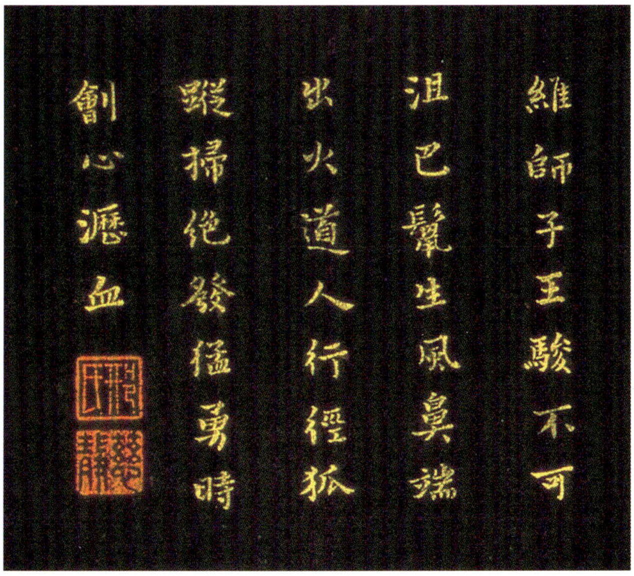
維師子王駿不可
沮已鬣生風鼻端
出火道人行經狐
蹤掃絕發猛勇時
劊心瀝血

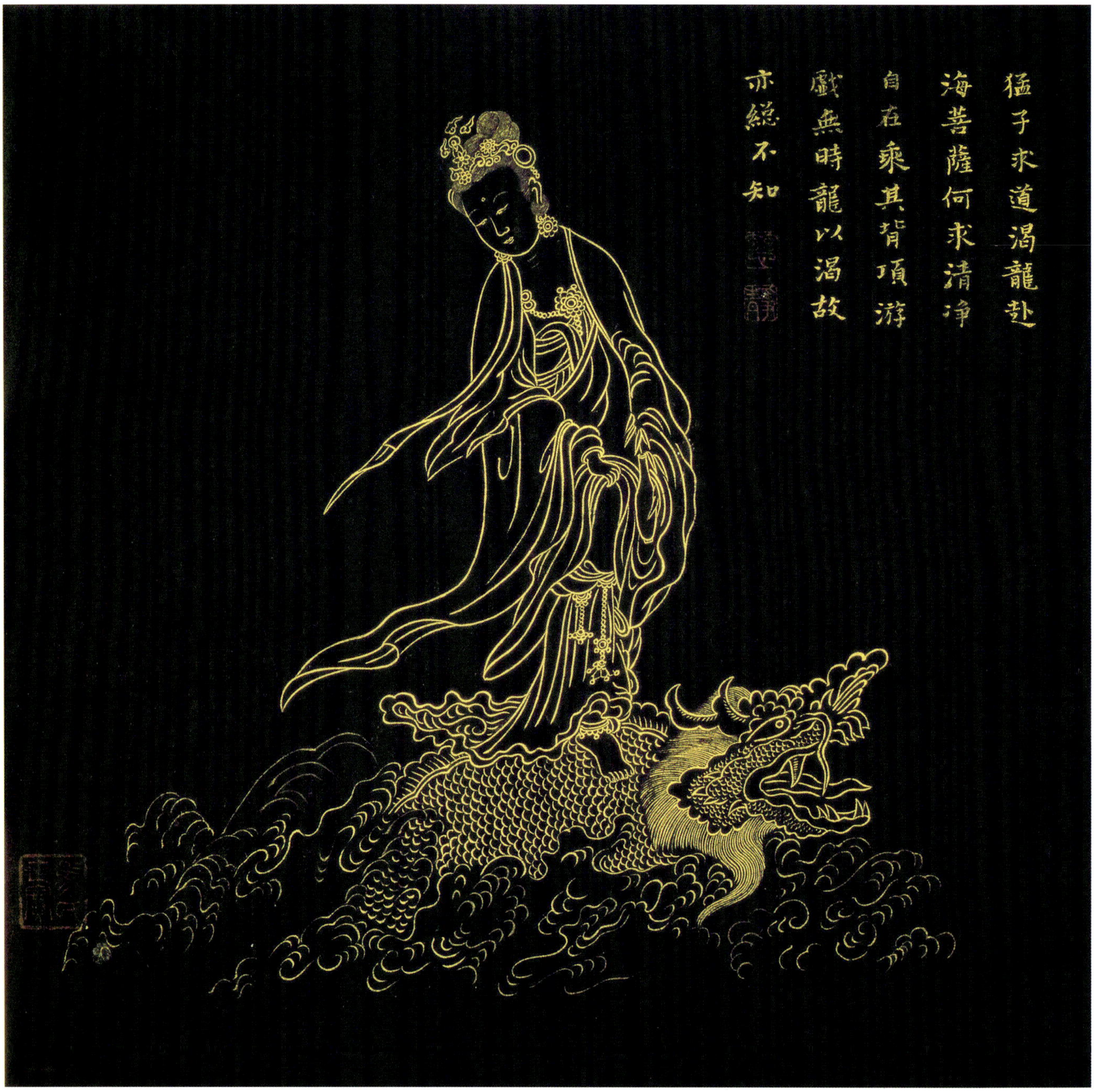
猛子求道渴龍赴
海菩薩何求清淨
自在乘其背頂游
戲無時龍以渴故
亦總不知

12～17

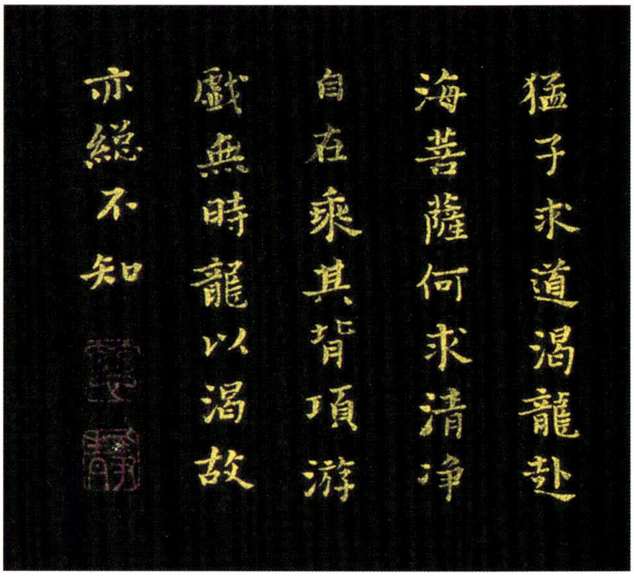
猛子求道渴龍赴
海菩薩何求清淨
自在乘其背頂游
戲無時龍以渴故
亦總不知

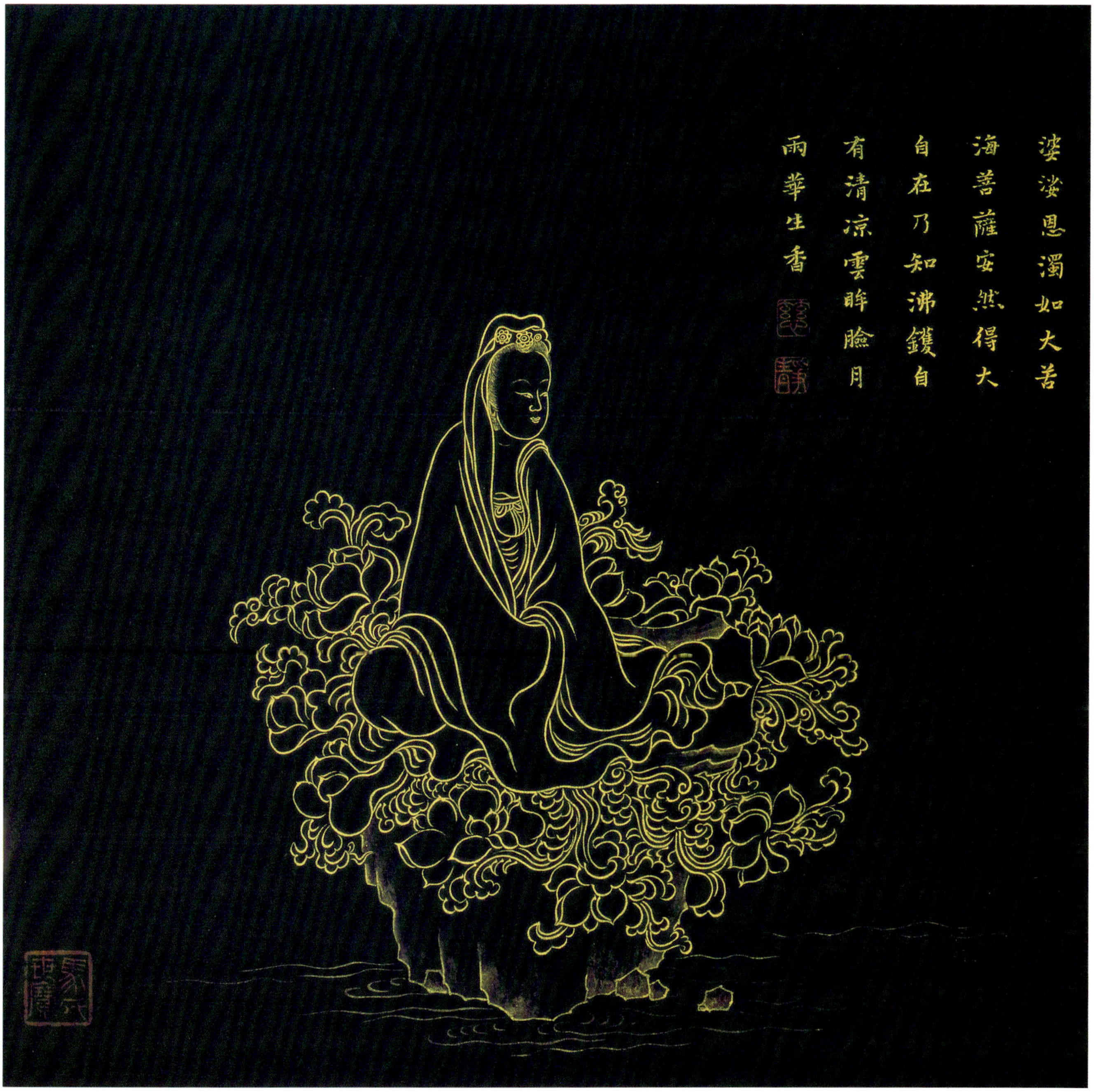
婆娑恩濁如大菩
海菩薩安然得大
自在乃知沸鑊自
有清涼雲眸臉月
雨華生香

12～18

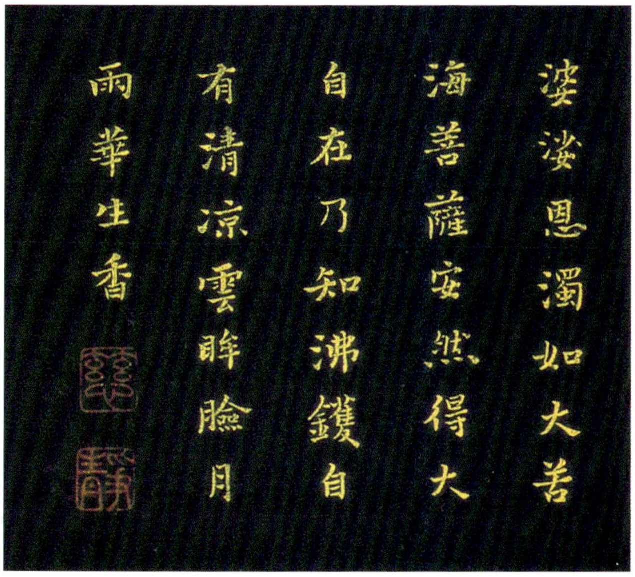
婆娑恩濁如大菩
海菩薩安然得大
自在乃知沸鑊自
有清涼雲眸臉月
雨華生香

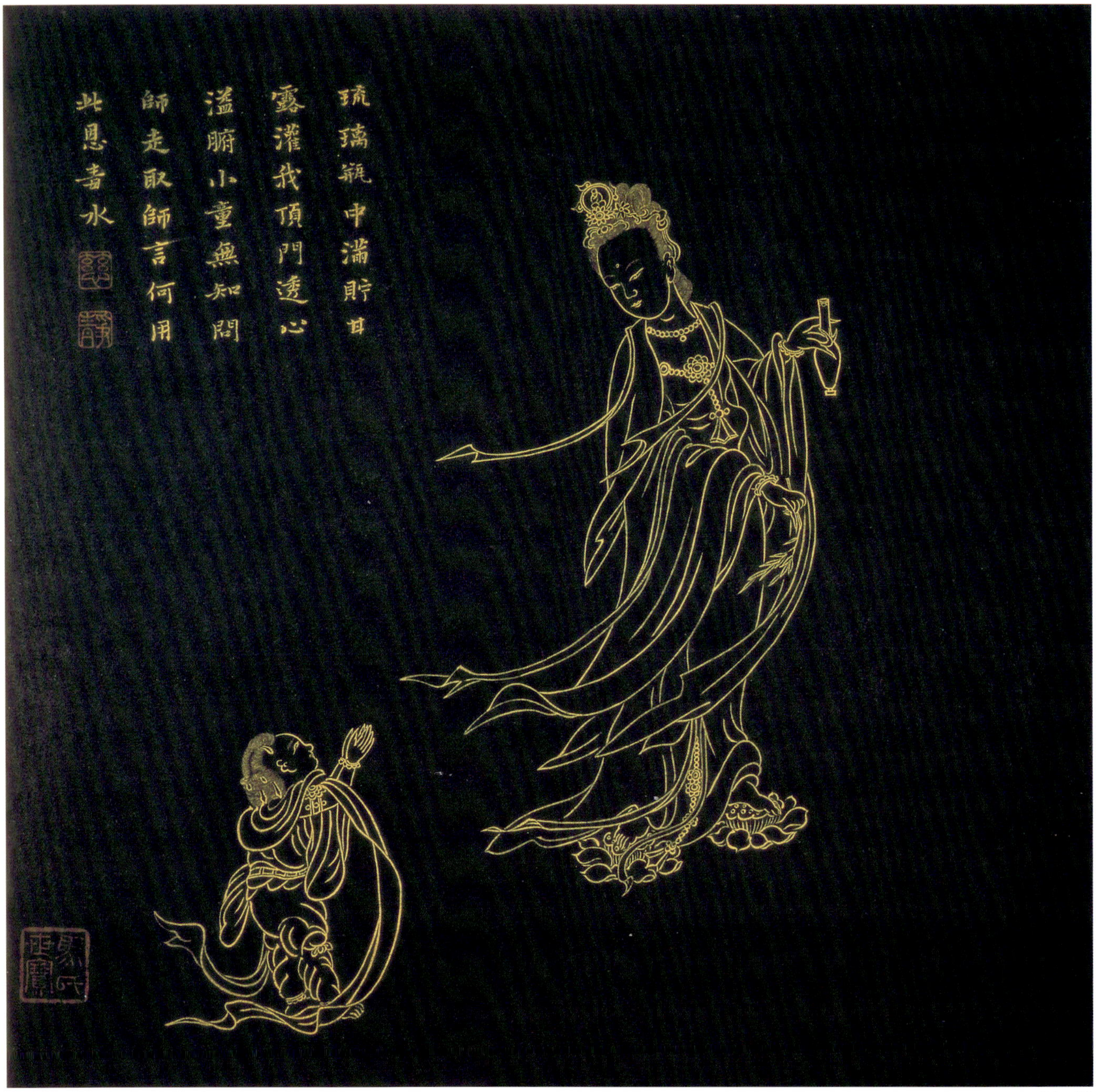
琉璃瓶中滿貯甘
露灌我頂門透心
溢腑小童無知問
師走取師言何用
此恩毒水

12～19

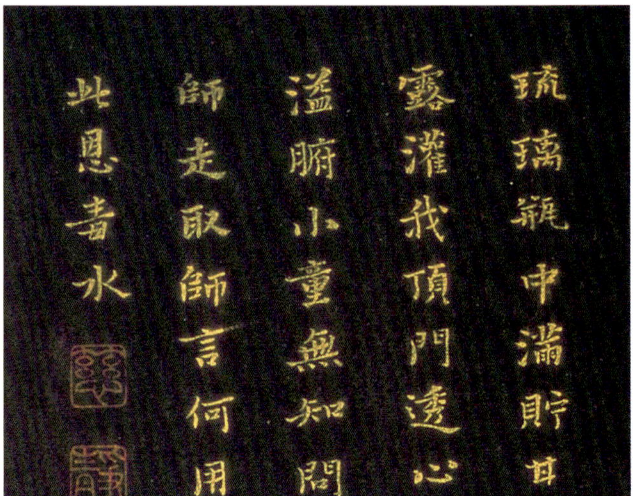
琉璃瓶中滿貯甘
露灌我頂門透心
溢腑小童無知問
師走取師言何用
此恩毒水

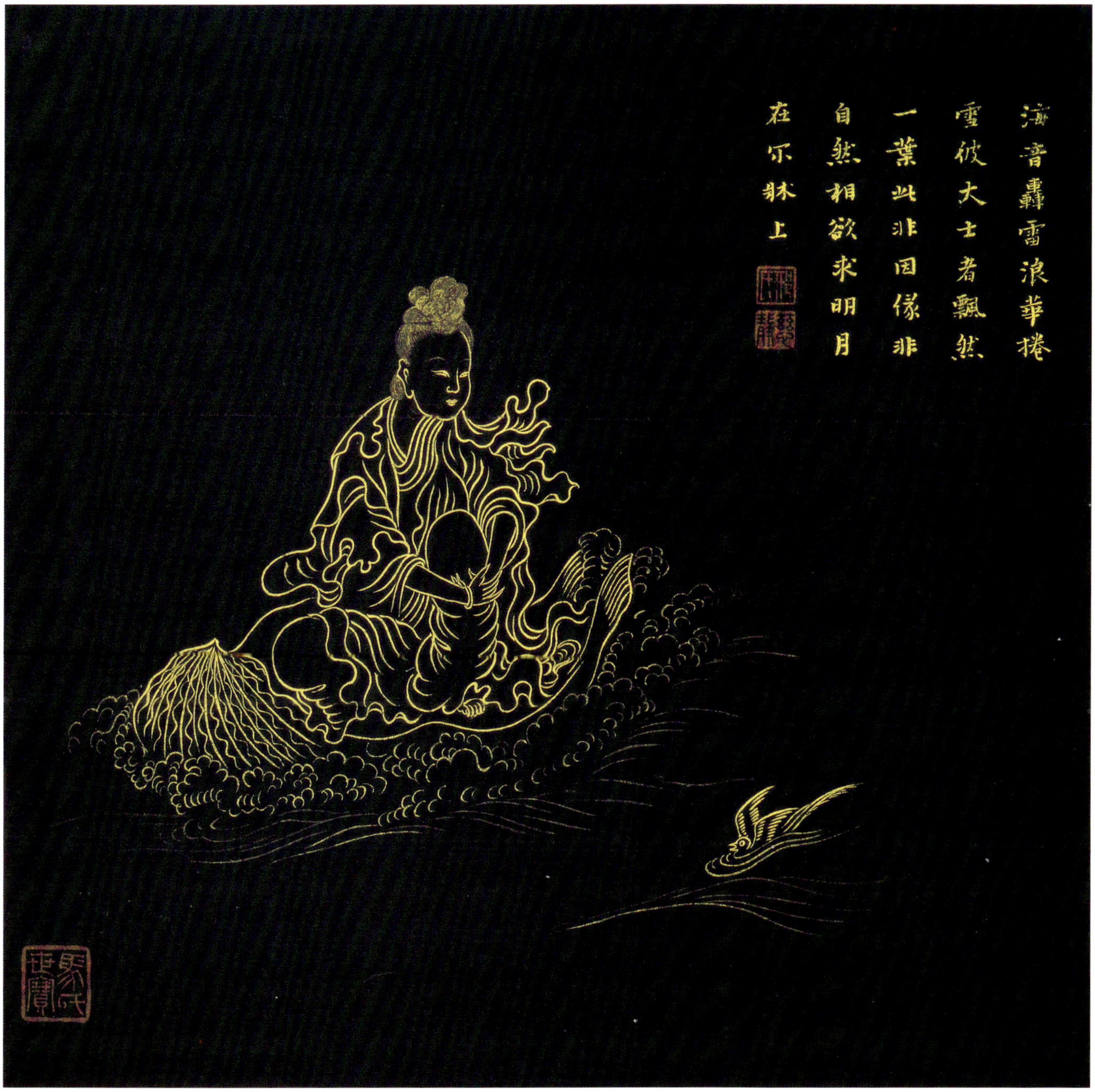
海音轟雷浪華捲
雪彼大士者飄然
一葉此非因緣非
自然相欲求明月
在尔牀上

12～20

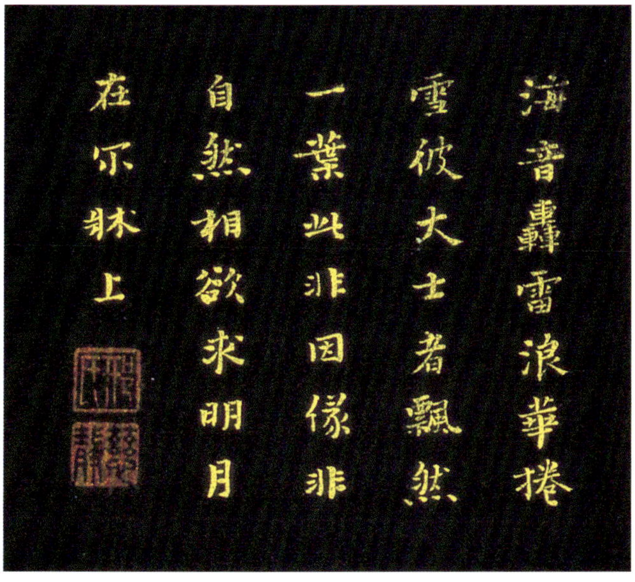
海音轟雷浪華捲
雪彼大士者飄然
一葉此非因緣非
自然相欲求明月
在尔牀上

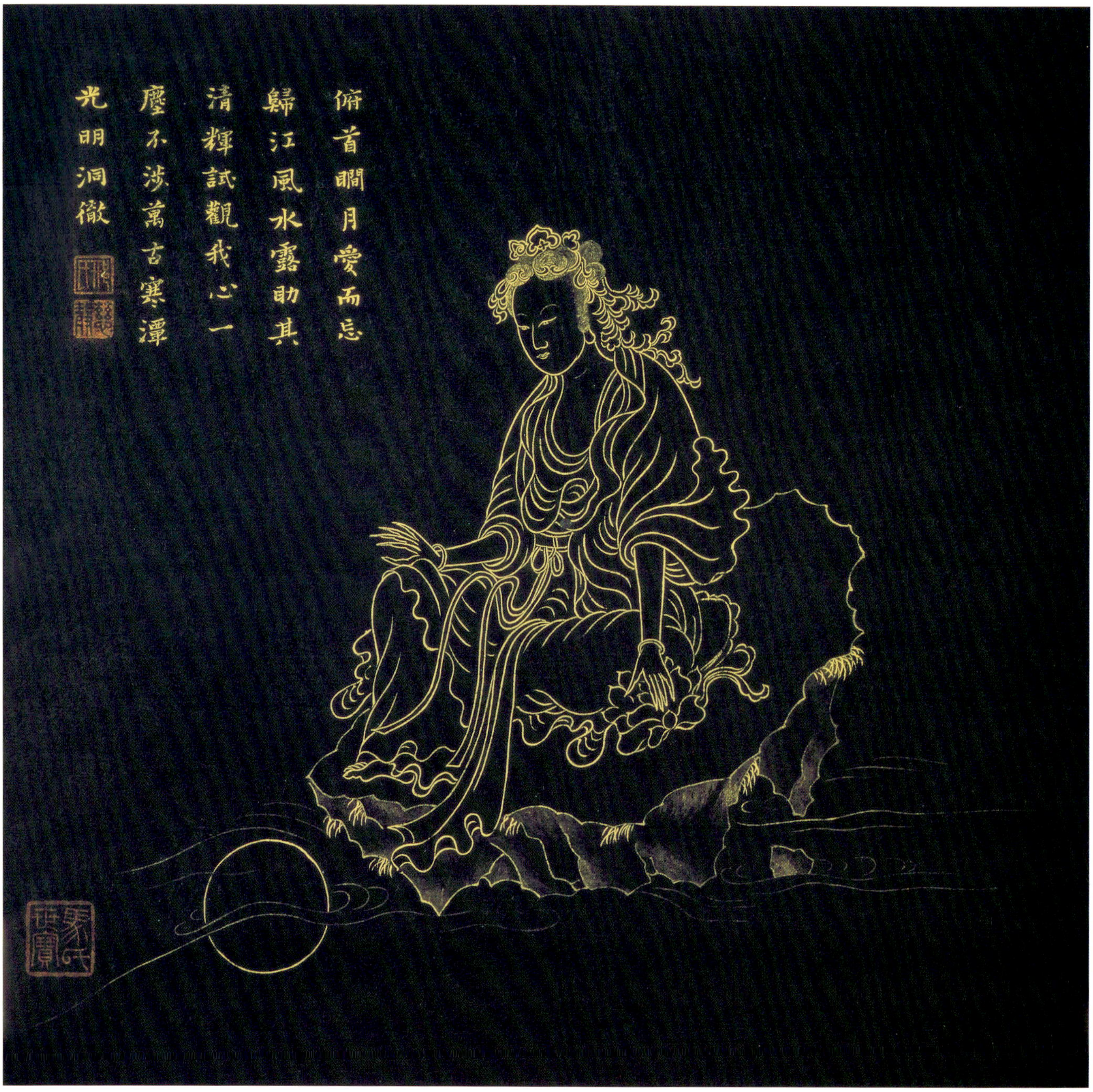
俯首瞷月愛而忘
歸江風水露助其
清輝試觀我心一
塵不涉萬古寒潭
光明洞徹

12～21

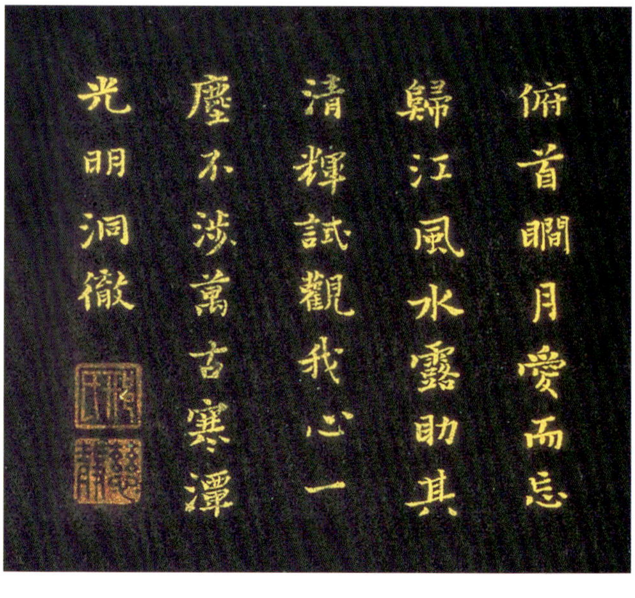
俯首瞷月愛而忘
歸江風水露助其
清輝試觀我心一
塵不涉萬古寒潭
光明洞徹

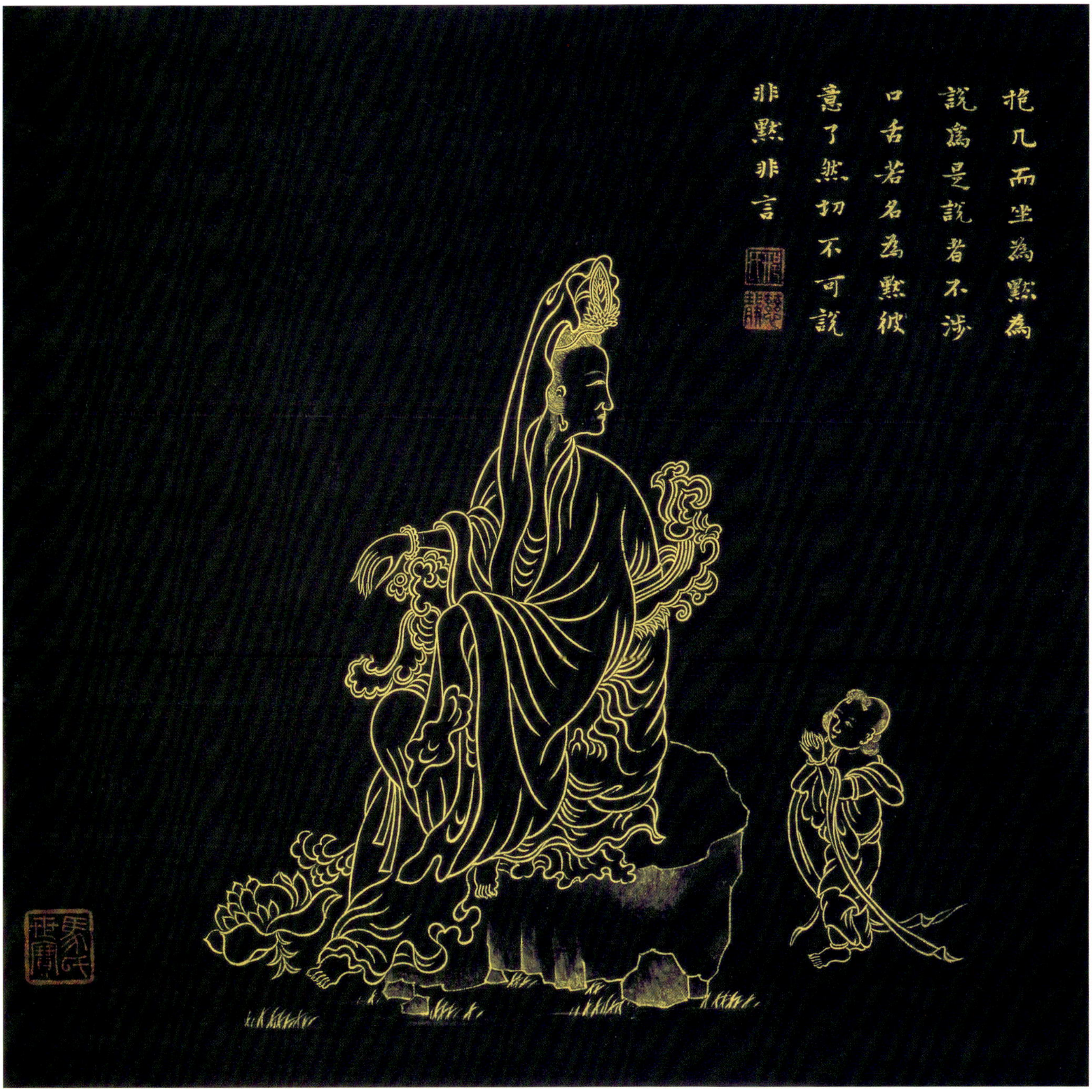
抱几而坐為默為
說為是說者不涉
口舌若名為默彼
意了然切不可說
非默非言

12～22

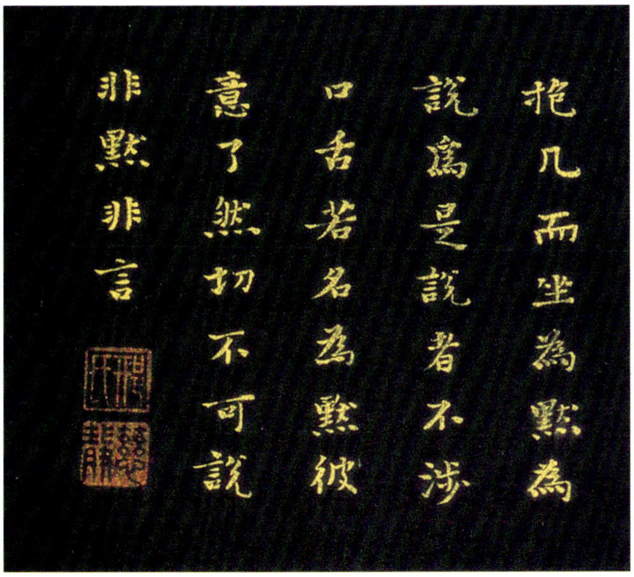
抱几而坐為默為
說為是說者不涉
口舌若名為默彼
意了然切不可說
非默非言

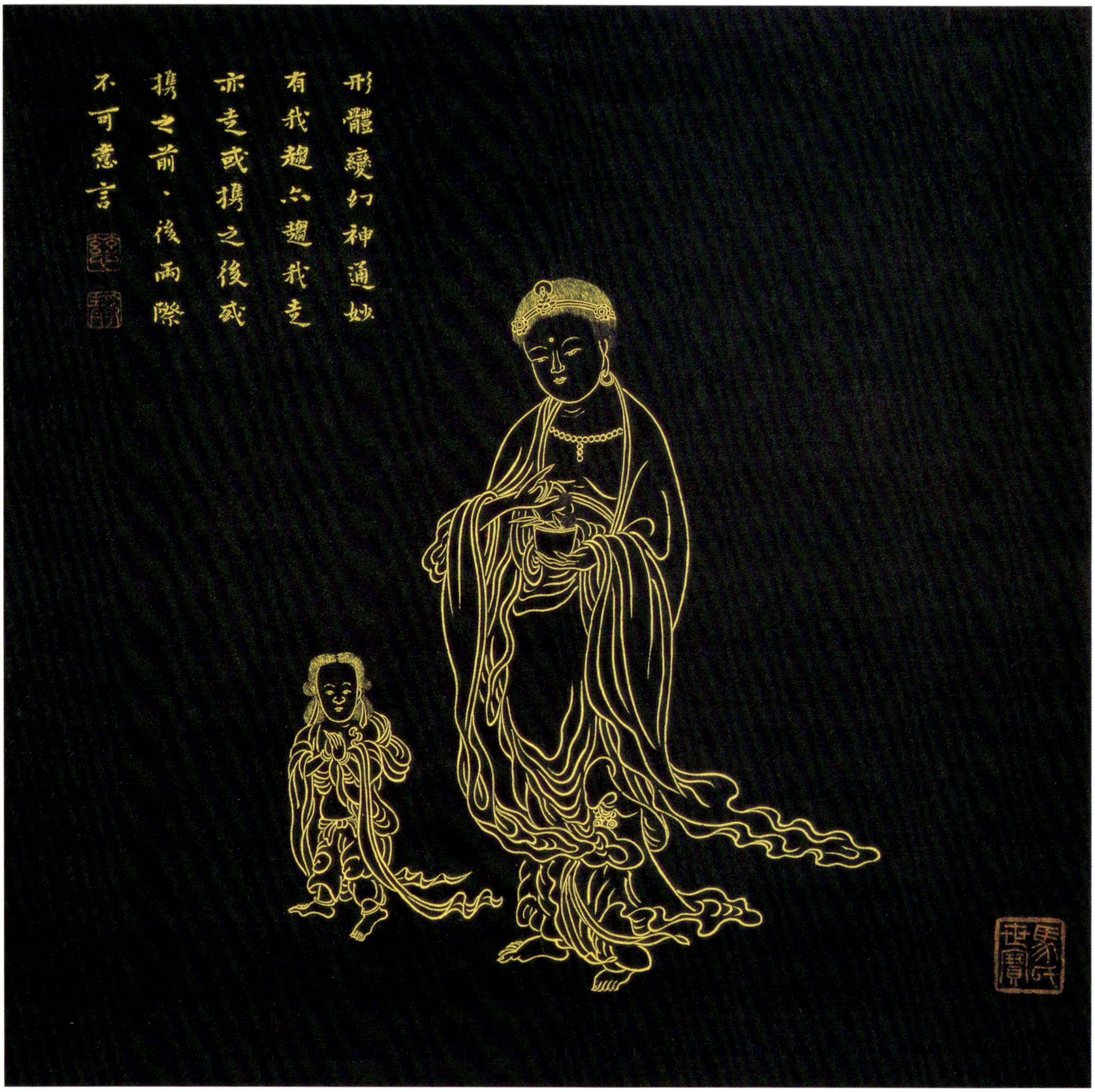
形體變幻神通妙
有我趨亦趨我走
亦走或攜之後或
攜之前、後兩際
不可意言

12～23

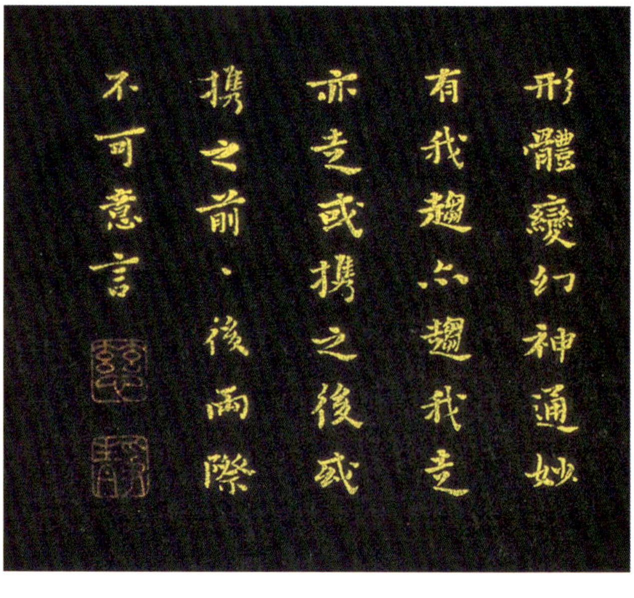
形體變幻神通妙
有我趨亦趨我走
亦走或攜之後或
攜之前、後兩際
不可意言

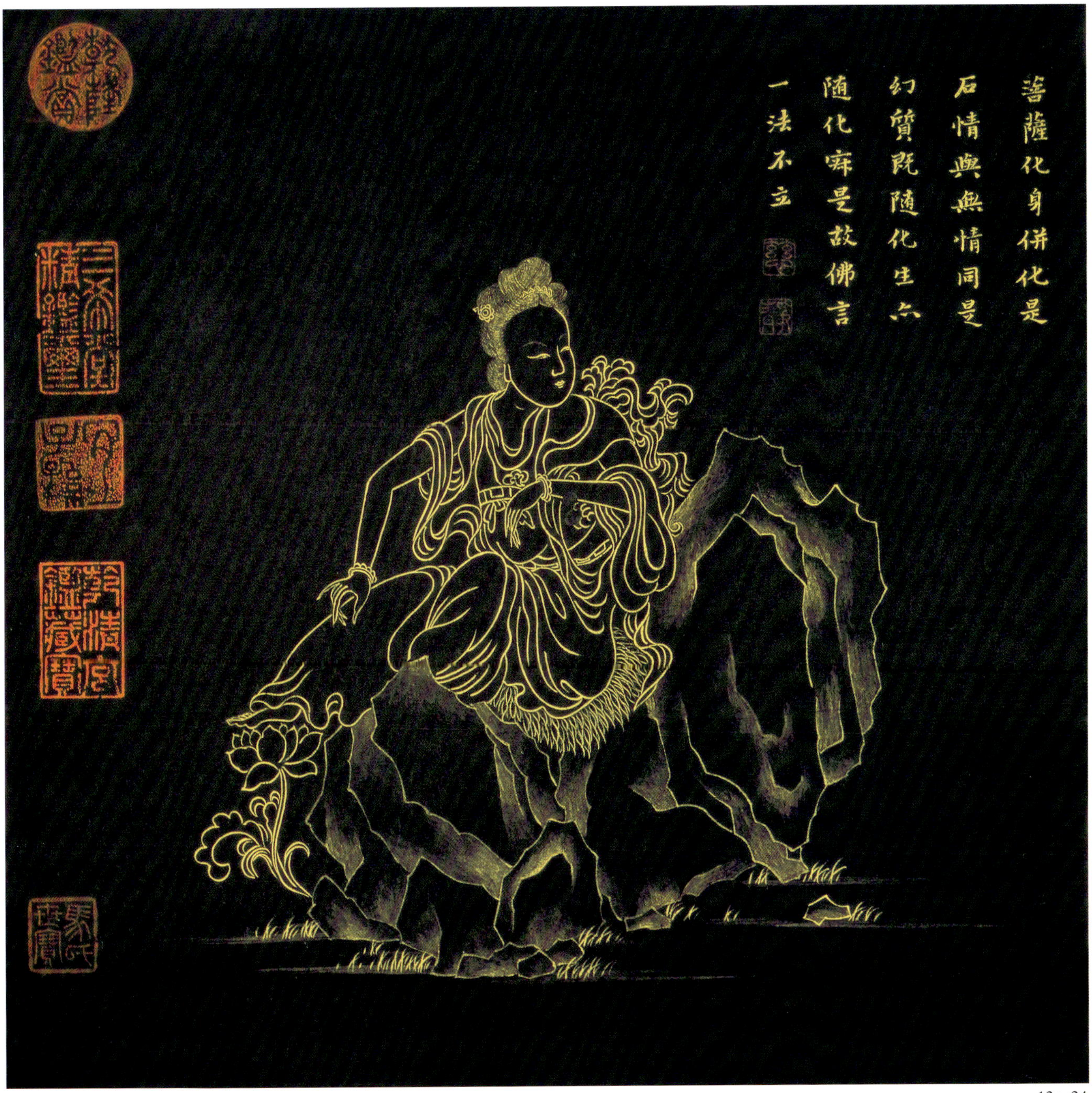
菩薩化身併化是
石情與無情同是
幻質既隨化生六
隨化寂是故佛言
一法不立

12～24

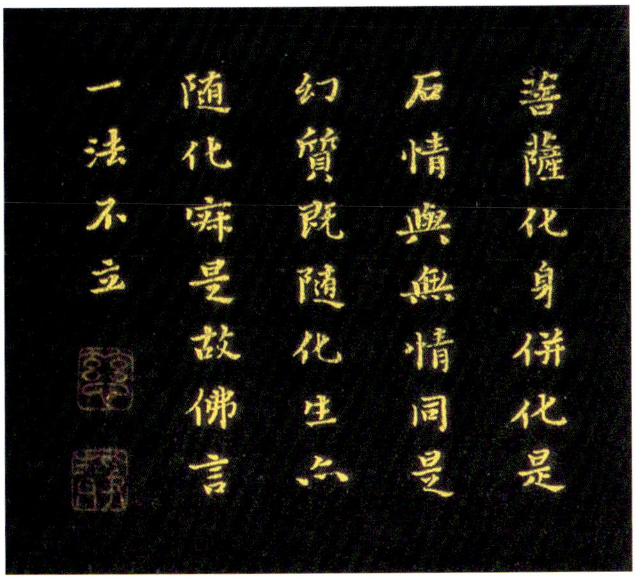
菩薩化身併化是
石情與無情同是
幻質既隨化生六
隨化寂是故佛言
一法不立

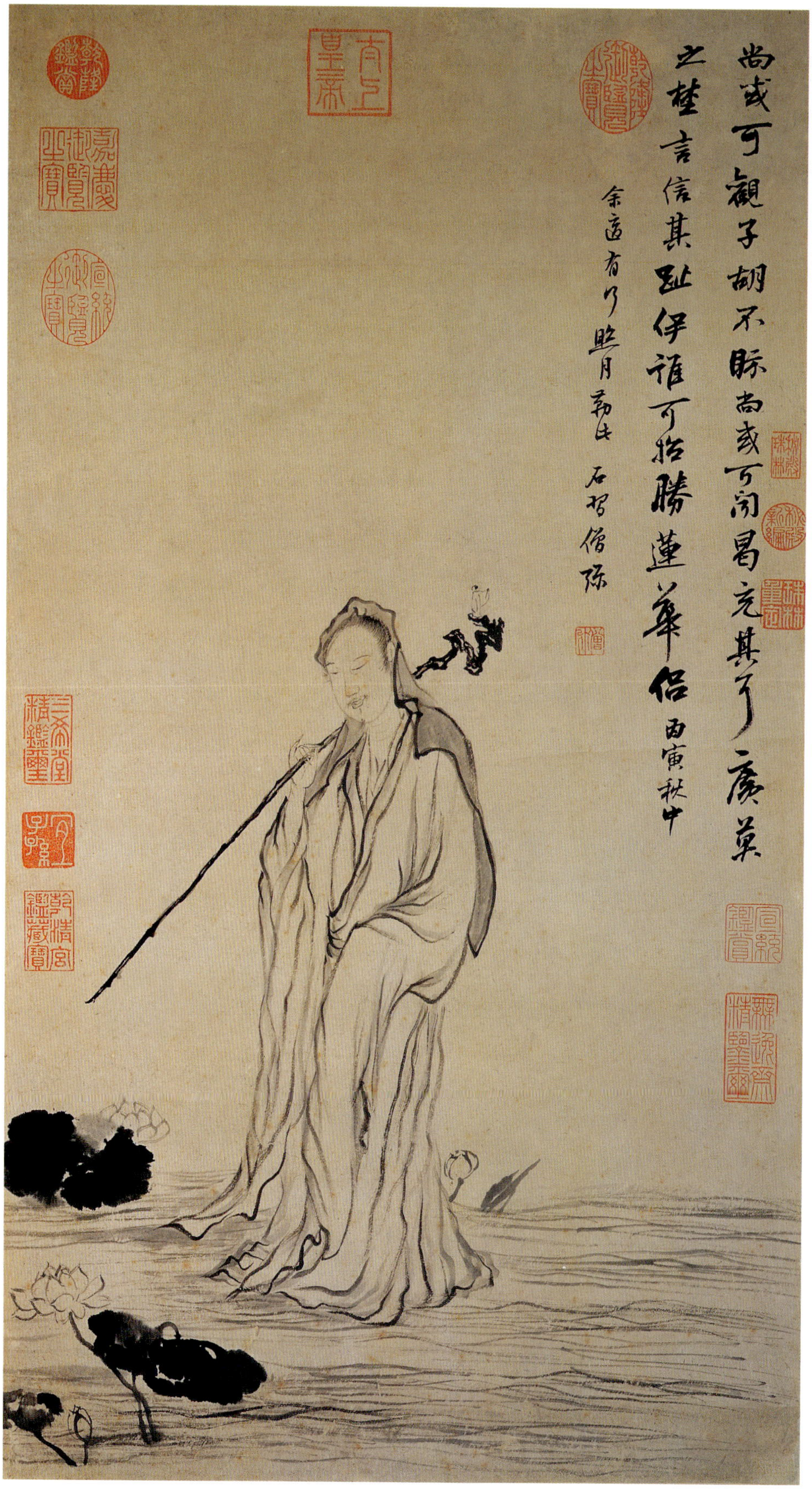

13 明 邵彌 蓮華大士像
丙寅（1626）

Kuan-yin of the Lotuses

Shao Mi, Ming Dynasty, dated 1626

局部
Detail

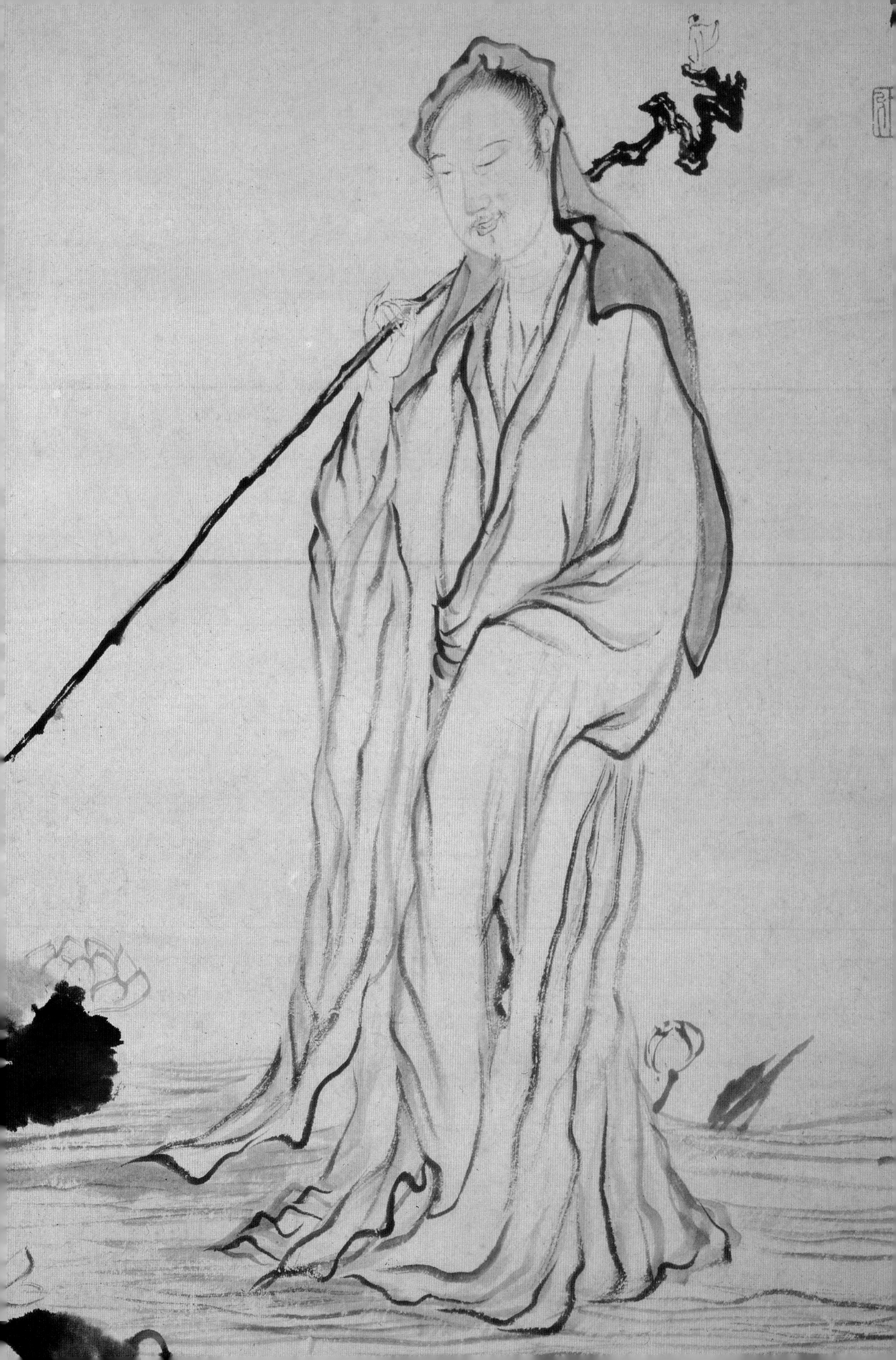

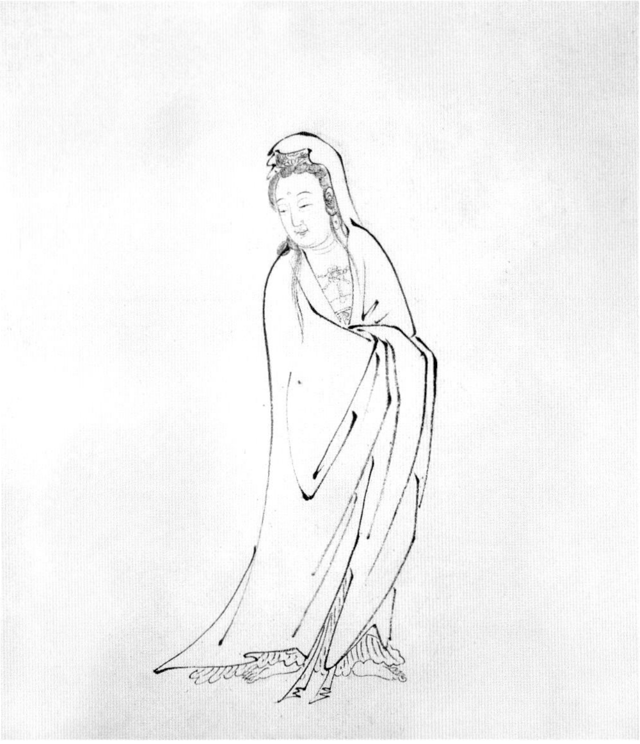
14～1

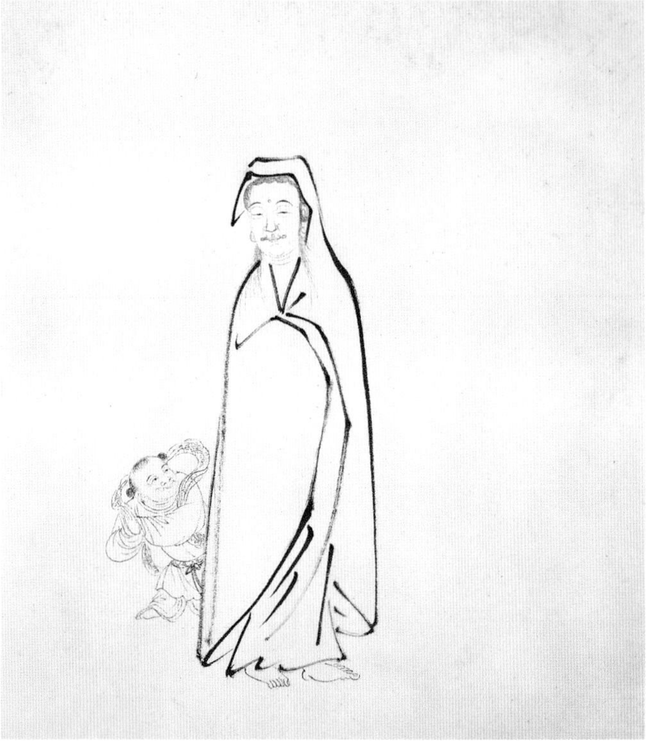
14～2

14 明　丁雲鵬　大士像
戊午（1618）

Kuan-yin

Ting Yün-p'eng, Ming Dynasty, dated 1618

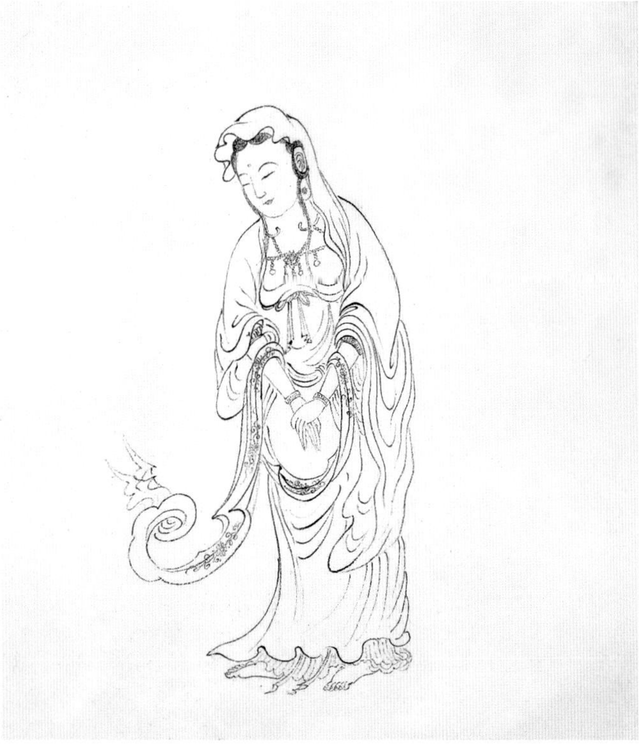
14～5

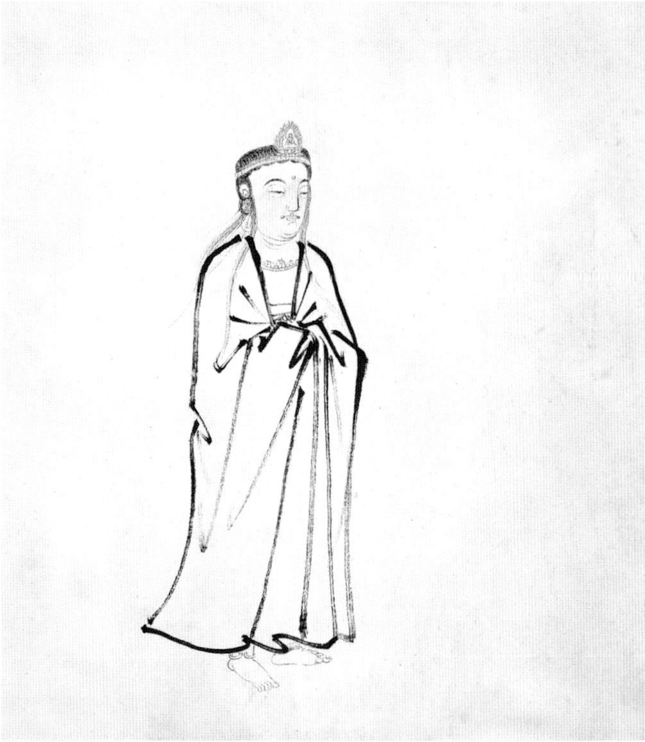
14～6

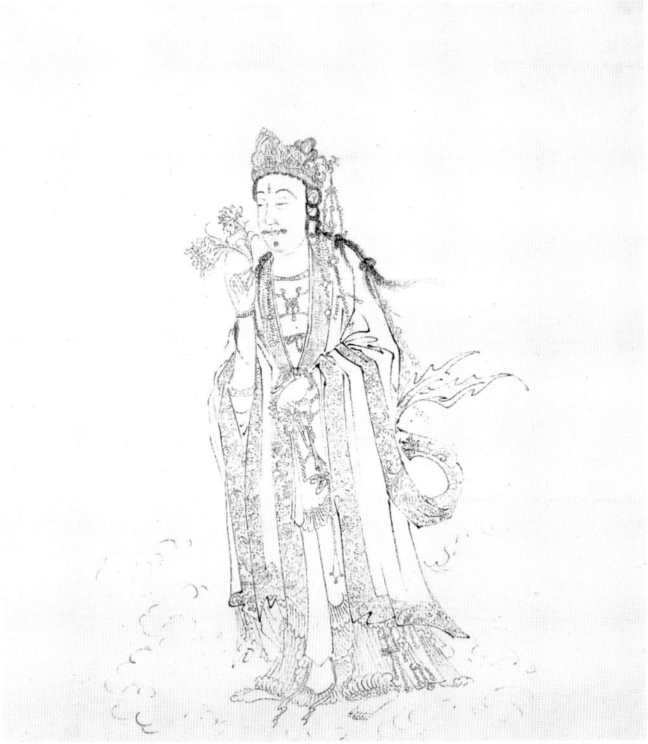

14～3

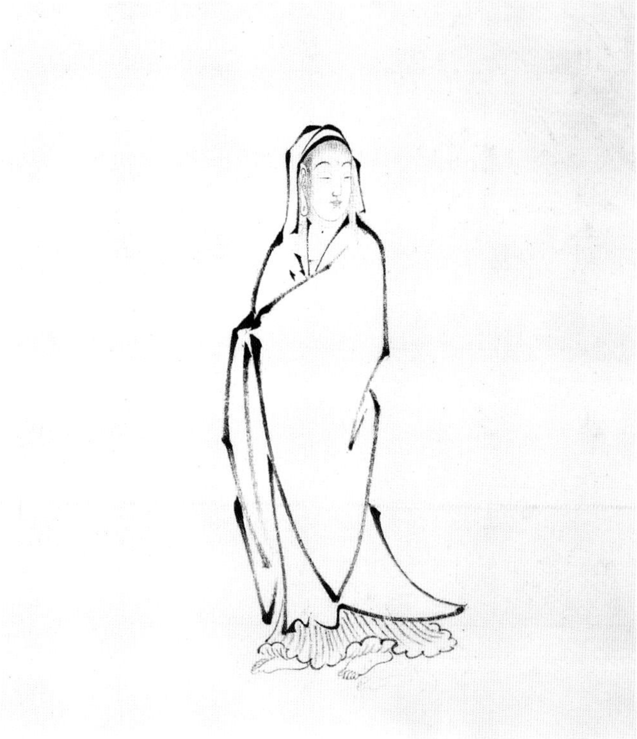

14～4

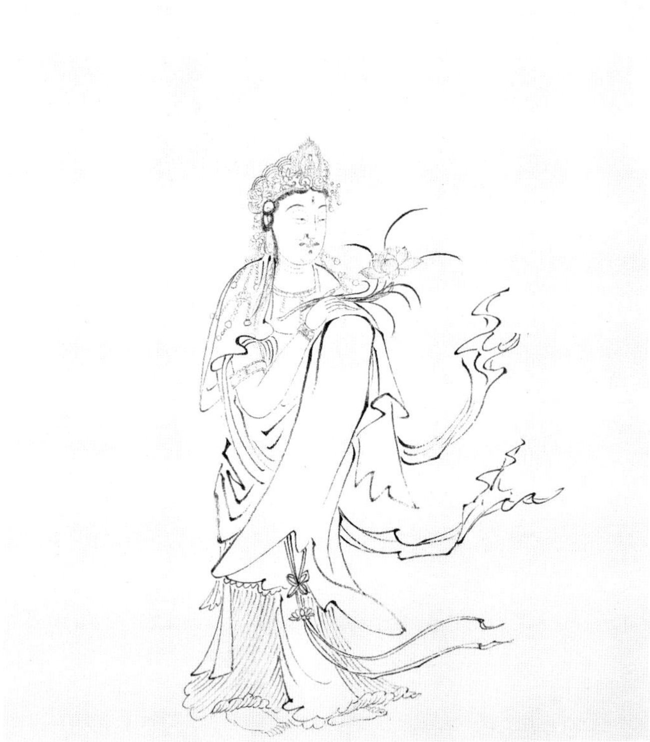

14～7

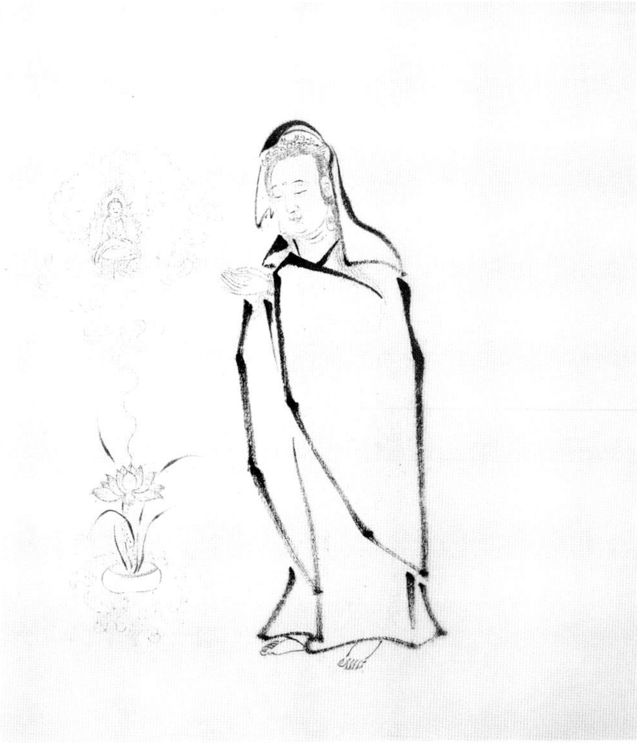

14～8

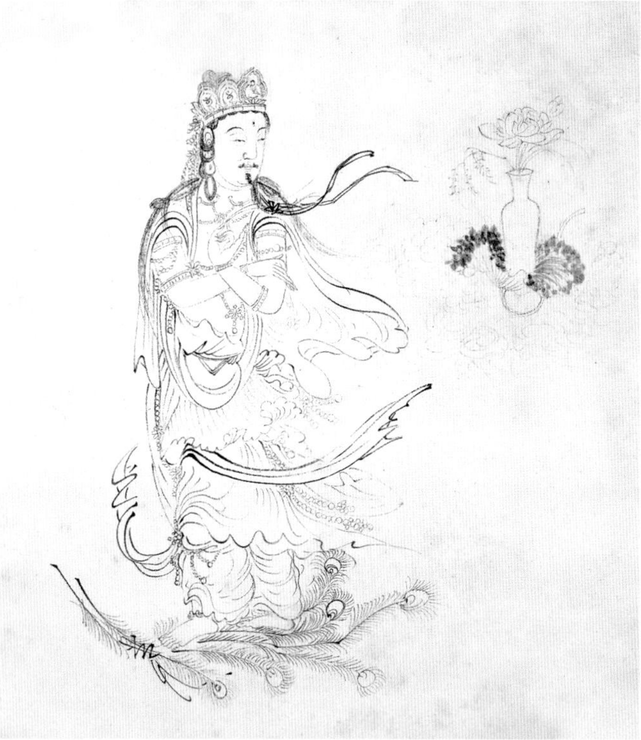

14～9

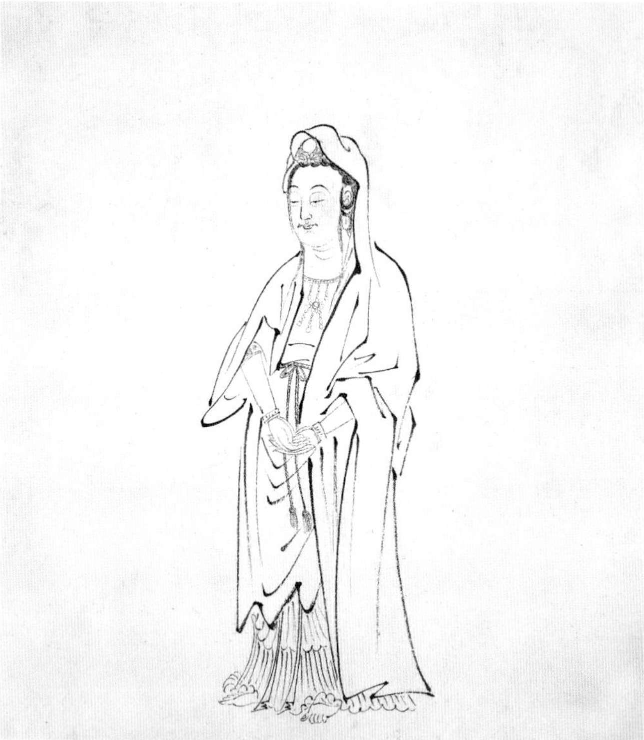

14～10

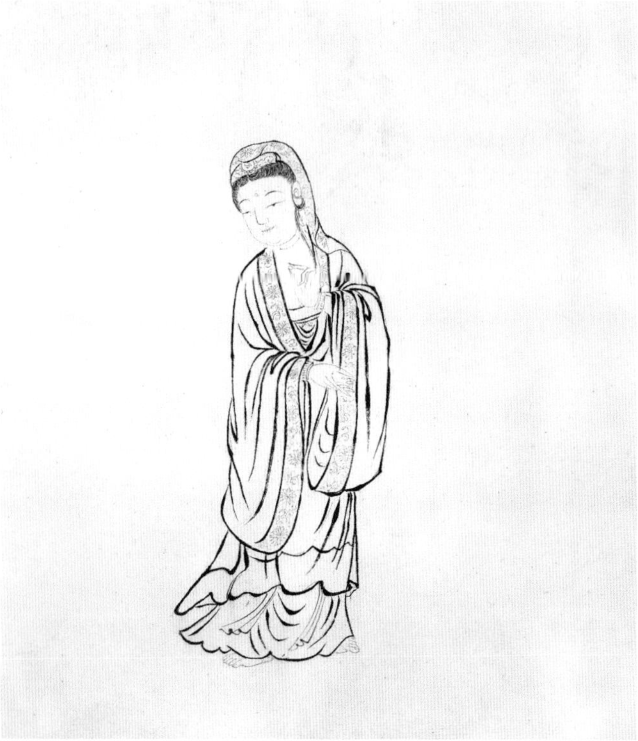

14～13

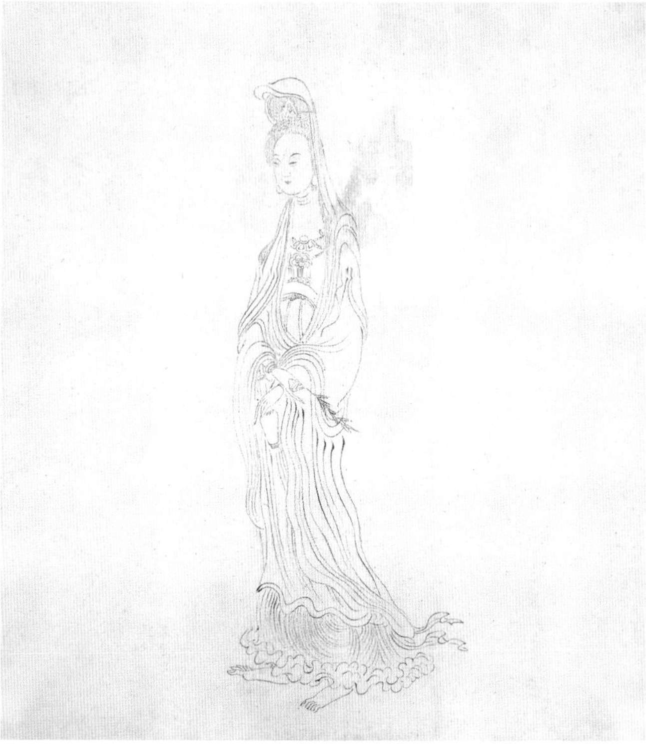

14～14

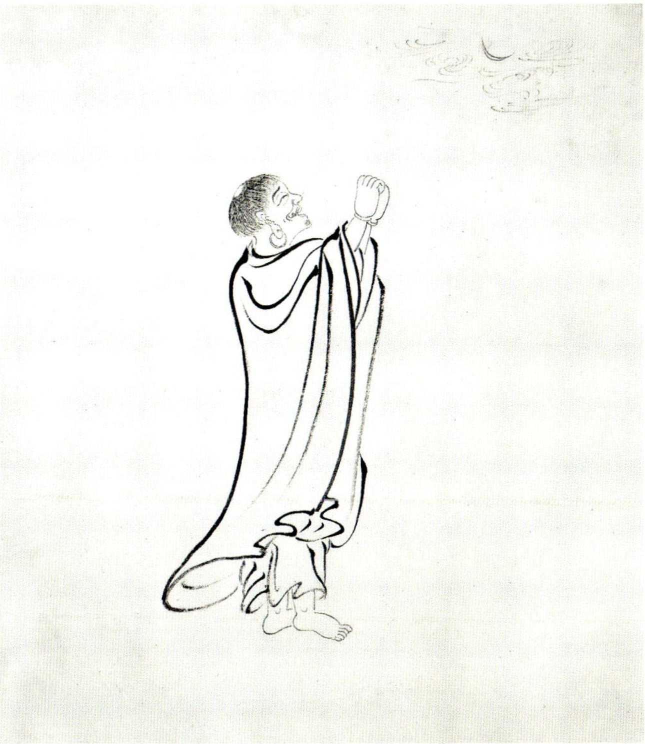

14～11

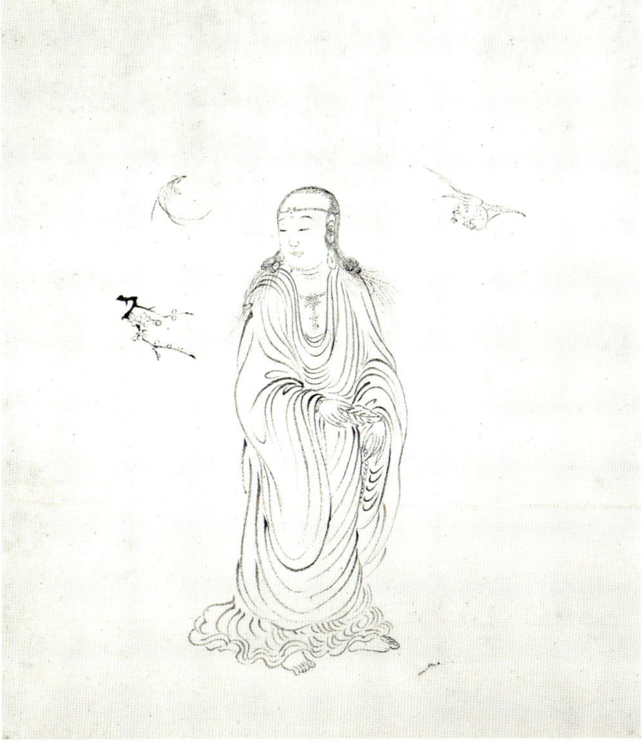

14～12

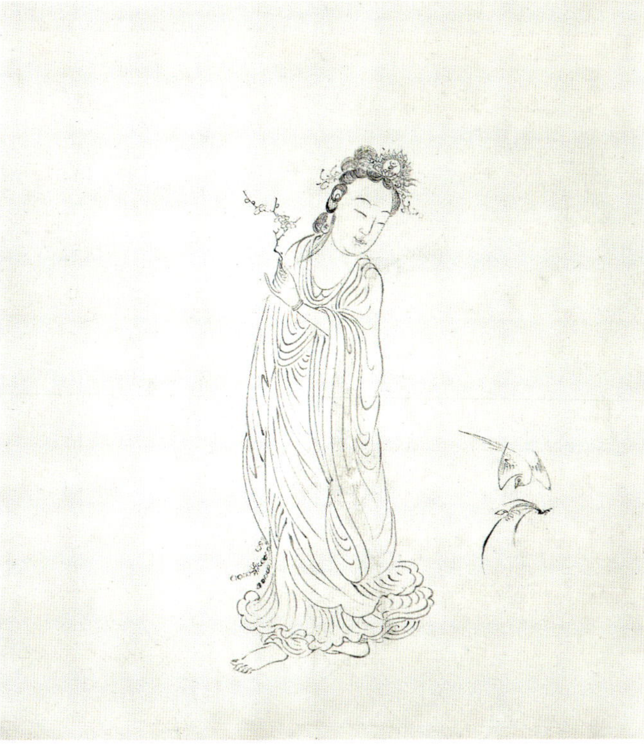

14～15

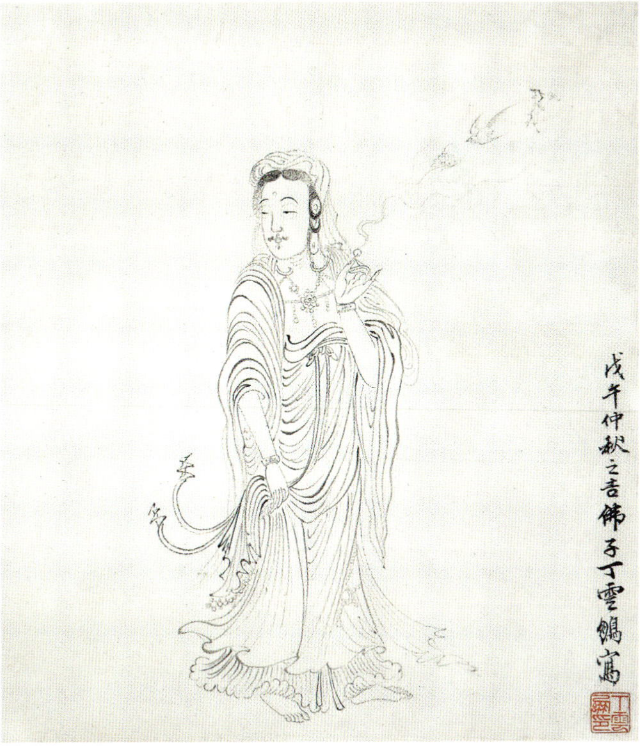

14～16

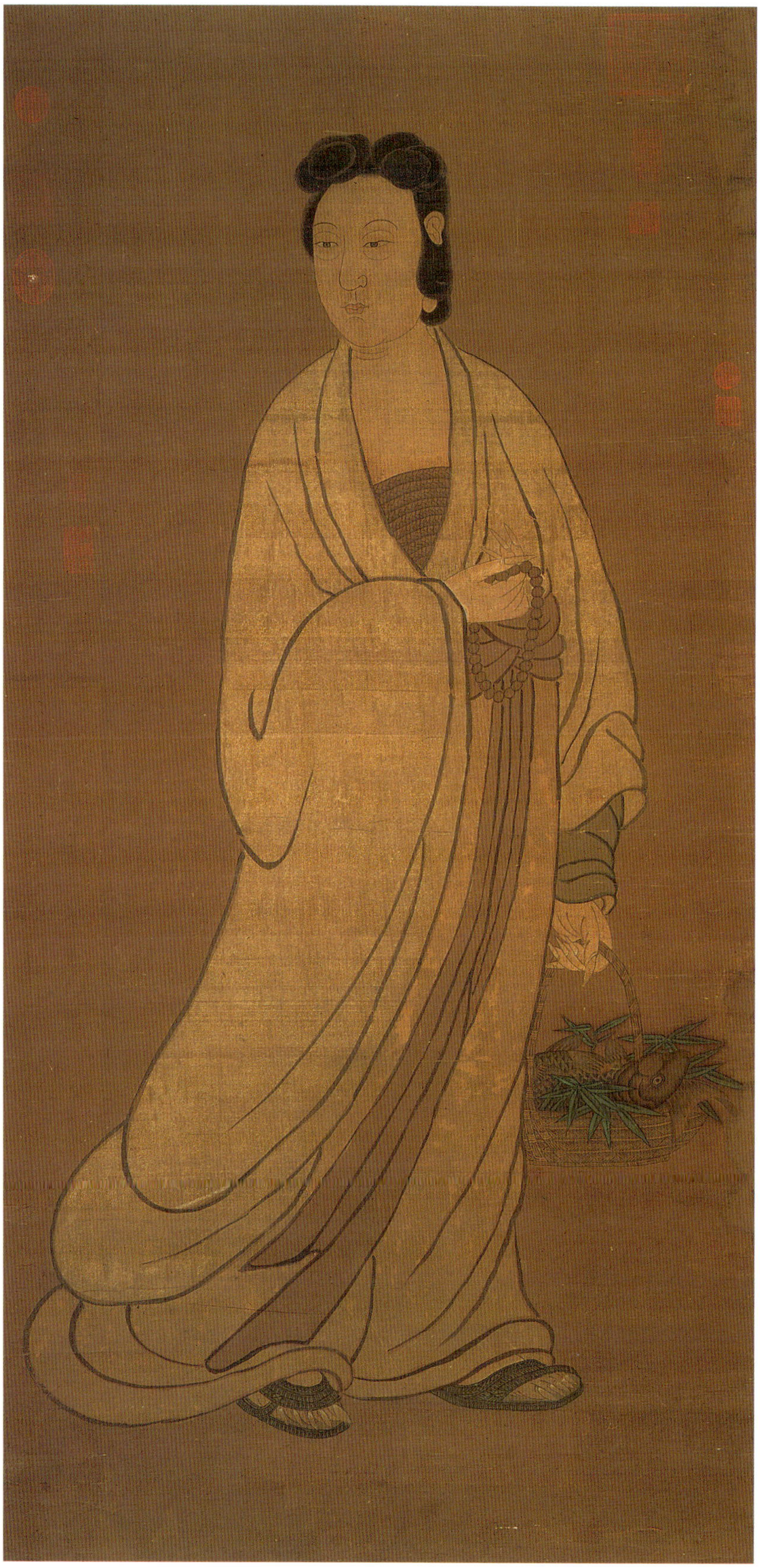

15〔傳〕元 趙孟頫魚 籃大士像
明代（1368-1644）

Kuan-yin of the Fish Basket

Attrib. to Chao Meng-fu (1254-1322), Yüan Dynasty

Ming Dynasty (1368-1644)

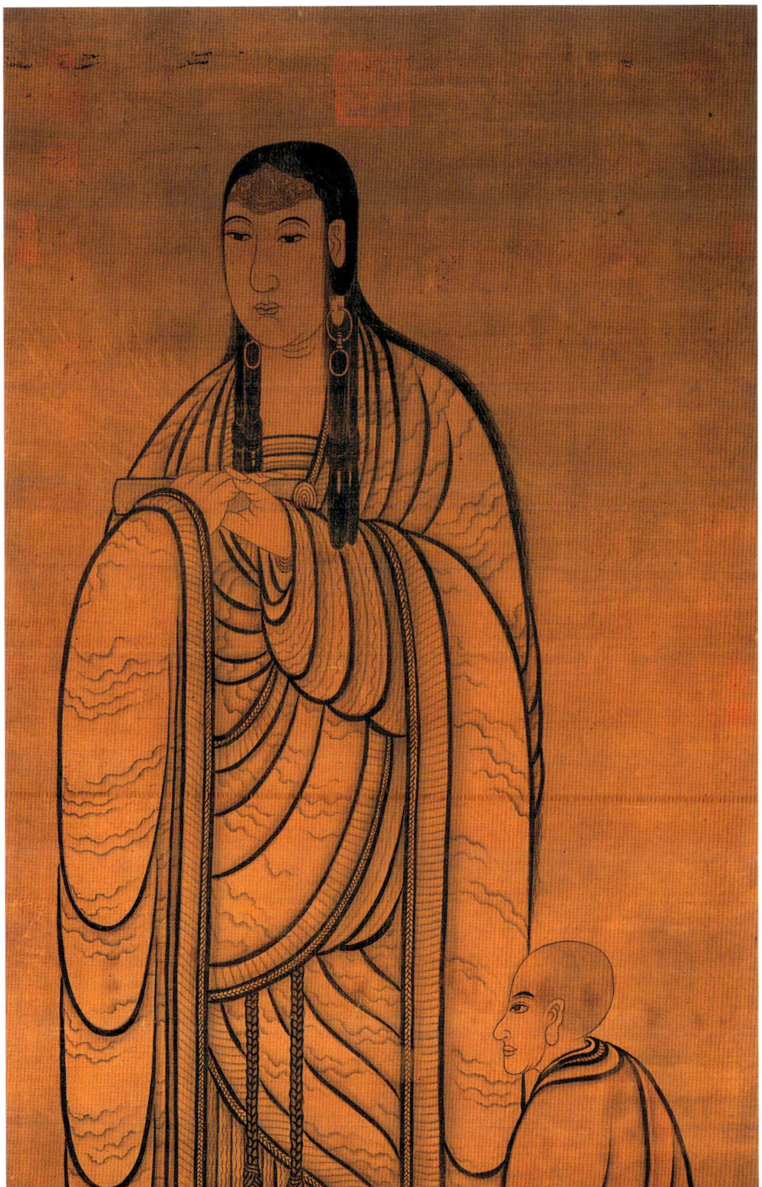

16 明 吳彬 畫魚籃觀音
約 1601-1603

Kuan-yin of the Fish Basket

Wu Pin (fl. 1568-1627), Ming Dynasty, ca. 1601-1603

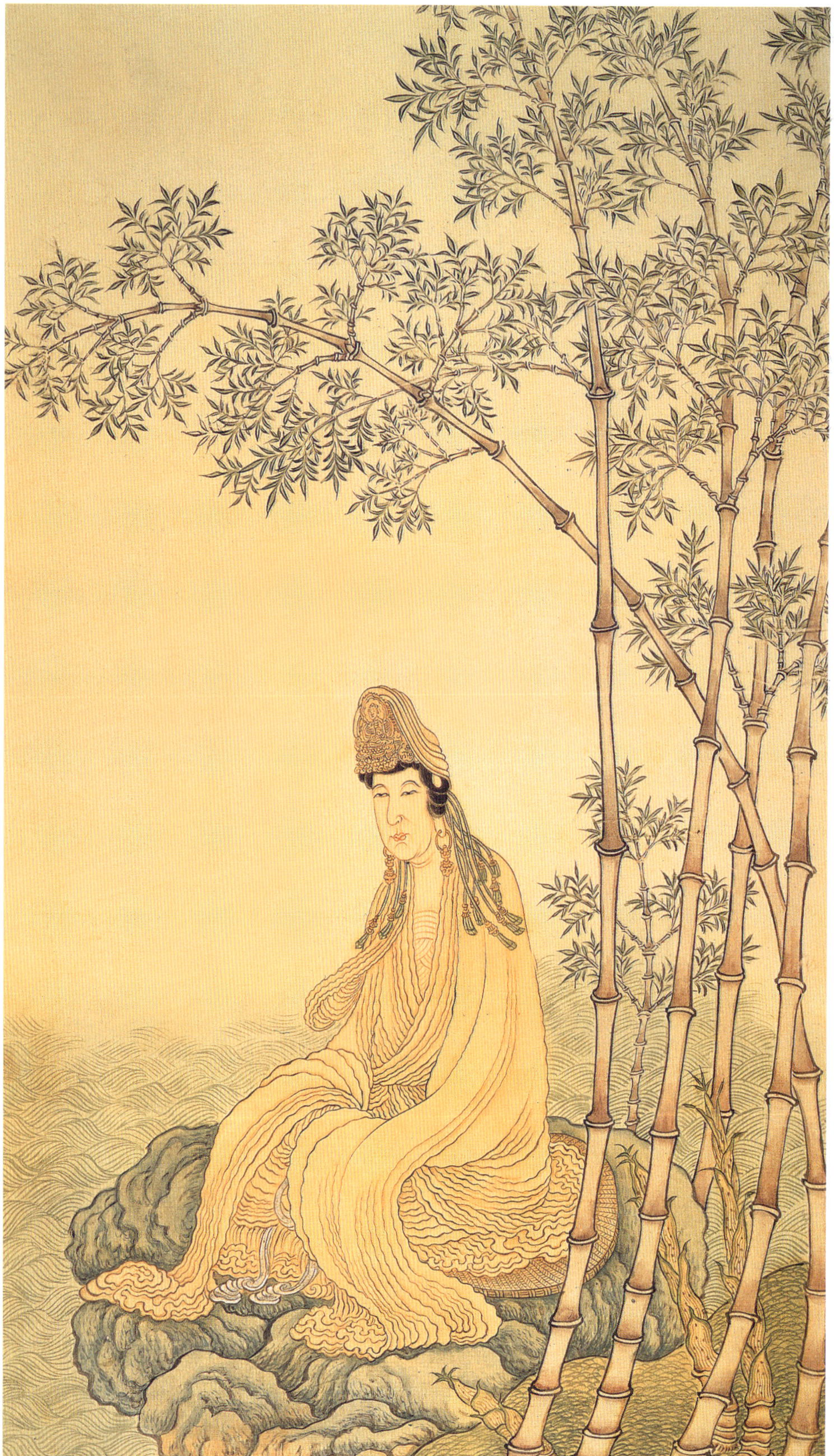

17 明 吳彬 大士像
約 1610-1620

Kuan-yin

Wu Pin (fl. 1568-1627), Ming Dynasty, ca. 1610-1620

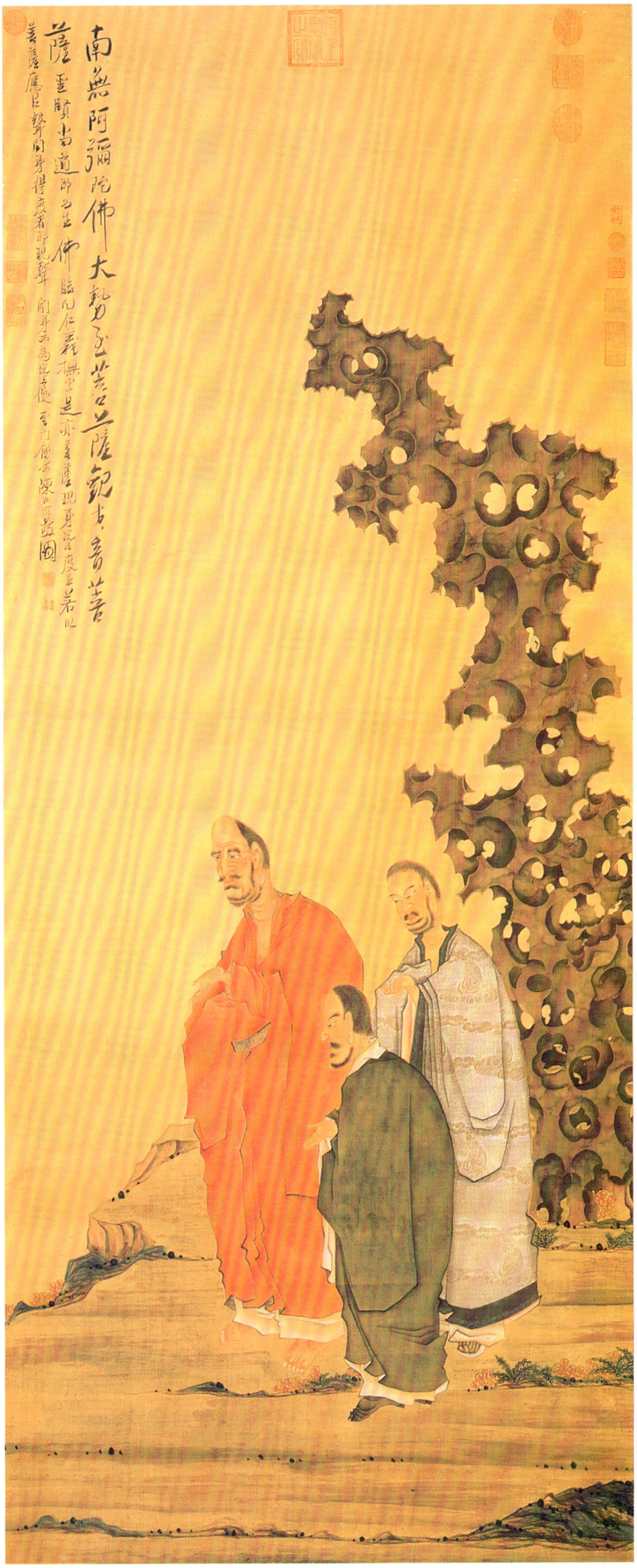

18 明 陳洪綬 蓮池應化圖
約 1646-1652

The Amitābha Triad

Ch'en Hung-shou (1599-1652), Ming Dynasty, ca. 1646-1652

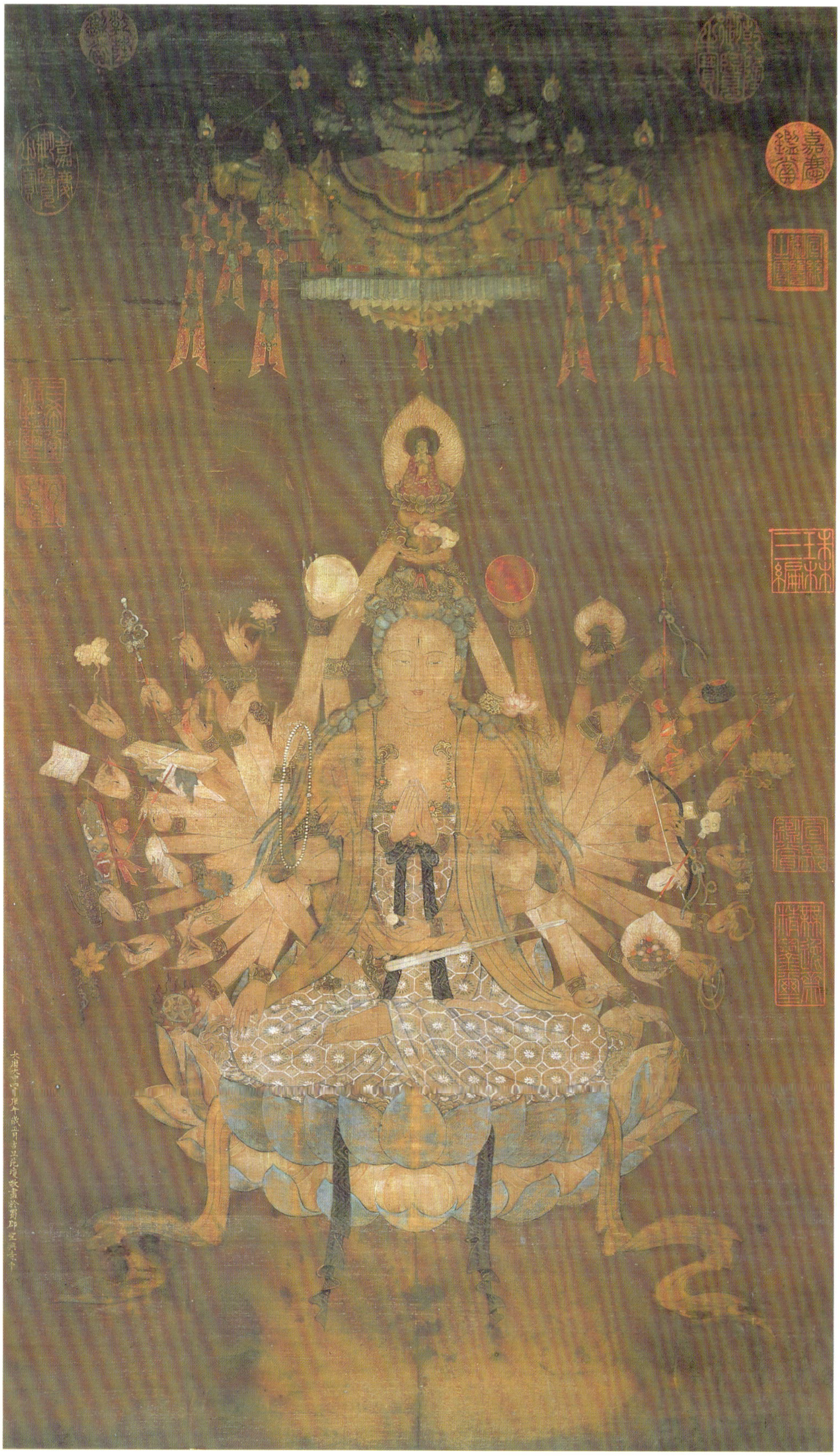

19〔傳〕唐 范瓊 大悲觀音像
明代（1368-1644）

Kuan-yin of Great Compassion

Attrib. to Fan Ch'iung (fl. 846-879), T'ang Dynasty

Ming Dynasty (1368-1644)

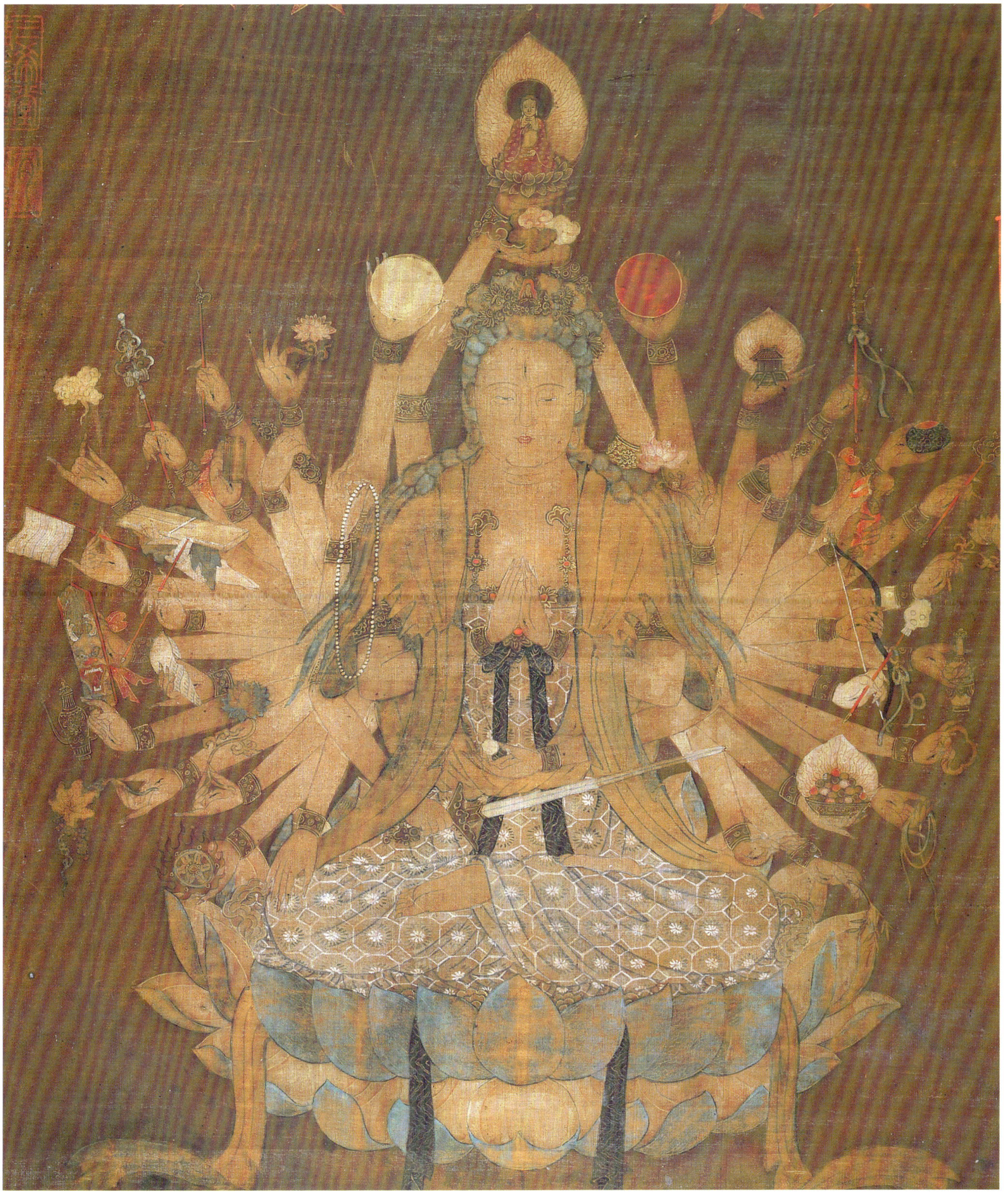

局部

Detail

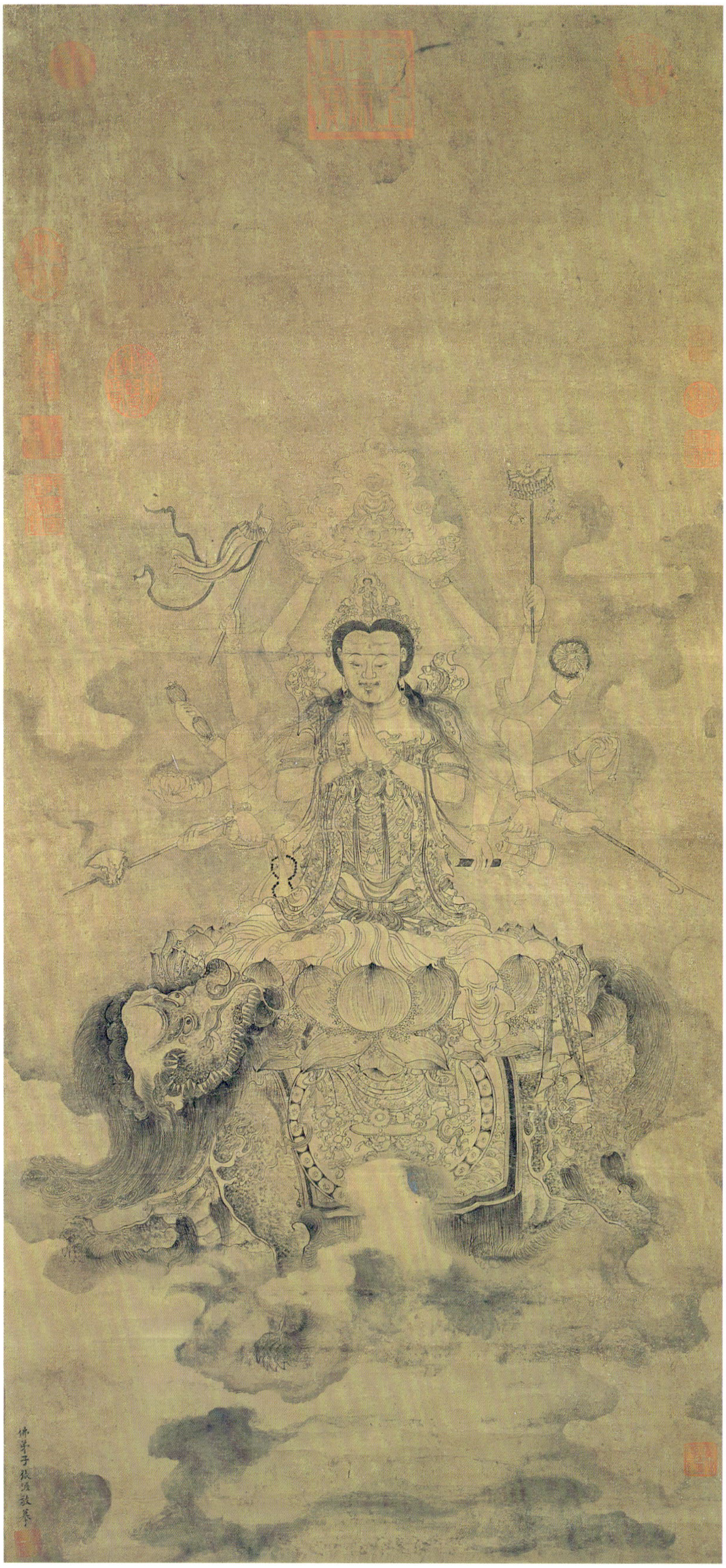

20〔傳〕元 張渥 十六臂大士像
明代（1368-1644）

Sixteen-armed Kuan-yin

Attrib. to Chang Wo (fl. mid-14th c.), Yüan Dynasty

Ming Dynasty (1368-1644)

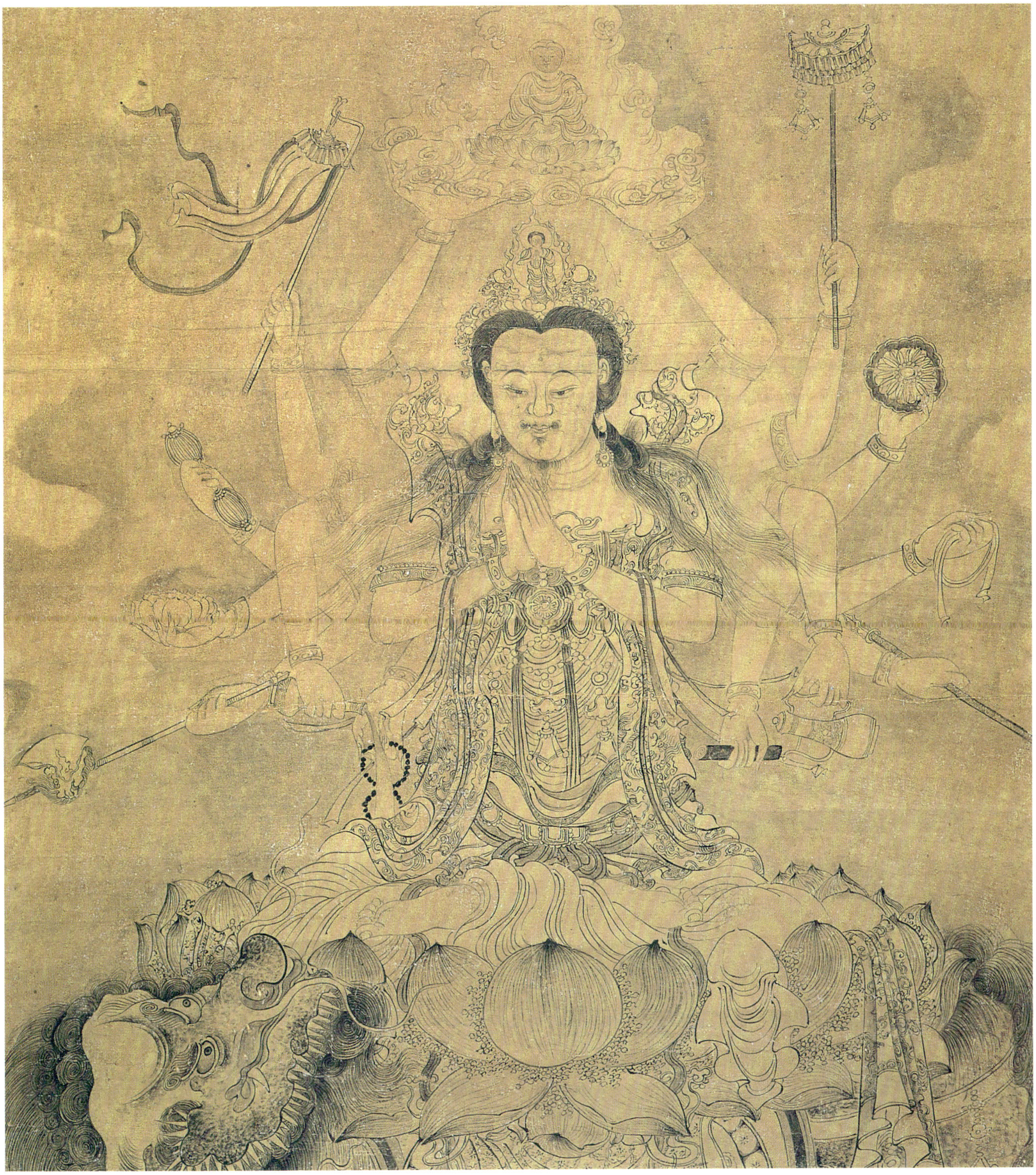

局部
Detail

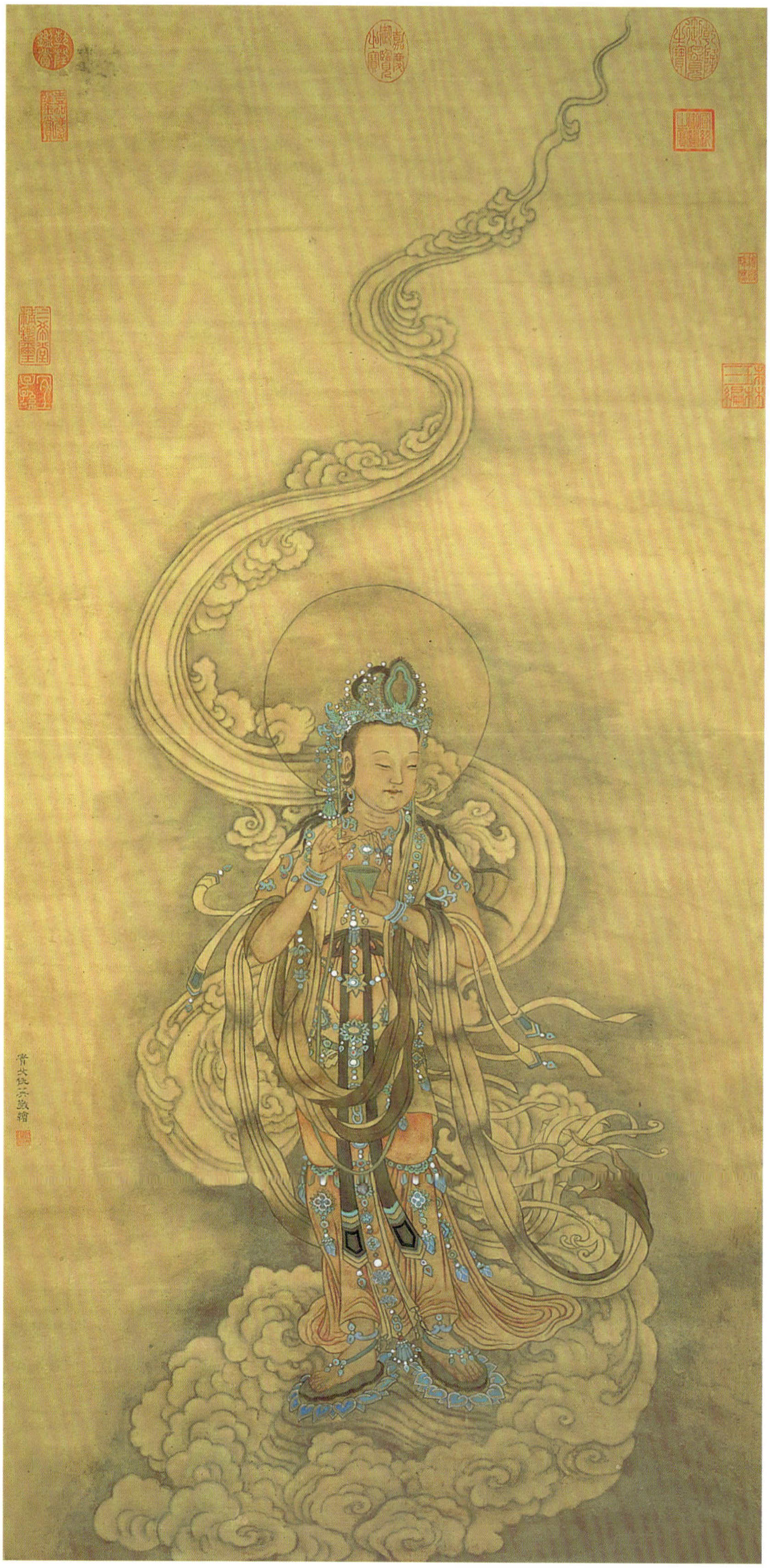

21〔傳〕明 仇英 觀世音菩薩
明代（1368-1644）

Kuan-yin

Attrib. to Ch'iu Ying (ca. 1494-1552), Ming Dynasty

Ming Dynasty (1368-1644)

局部
Detail

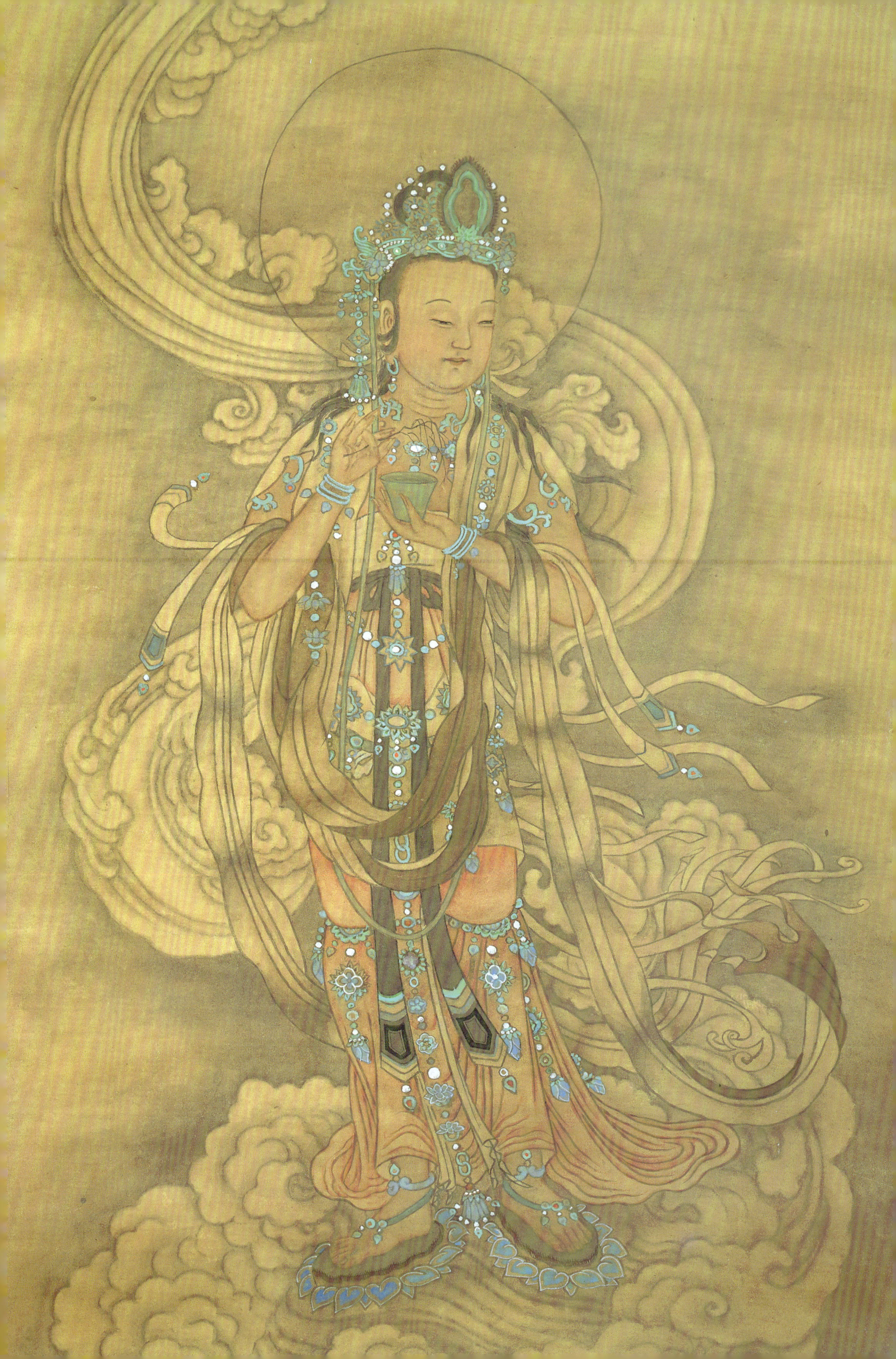

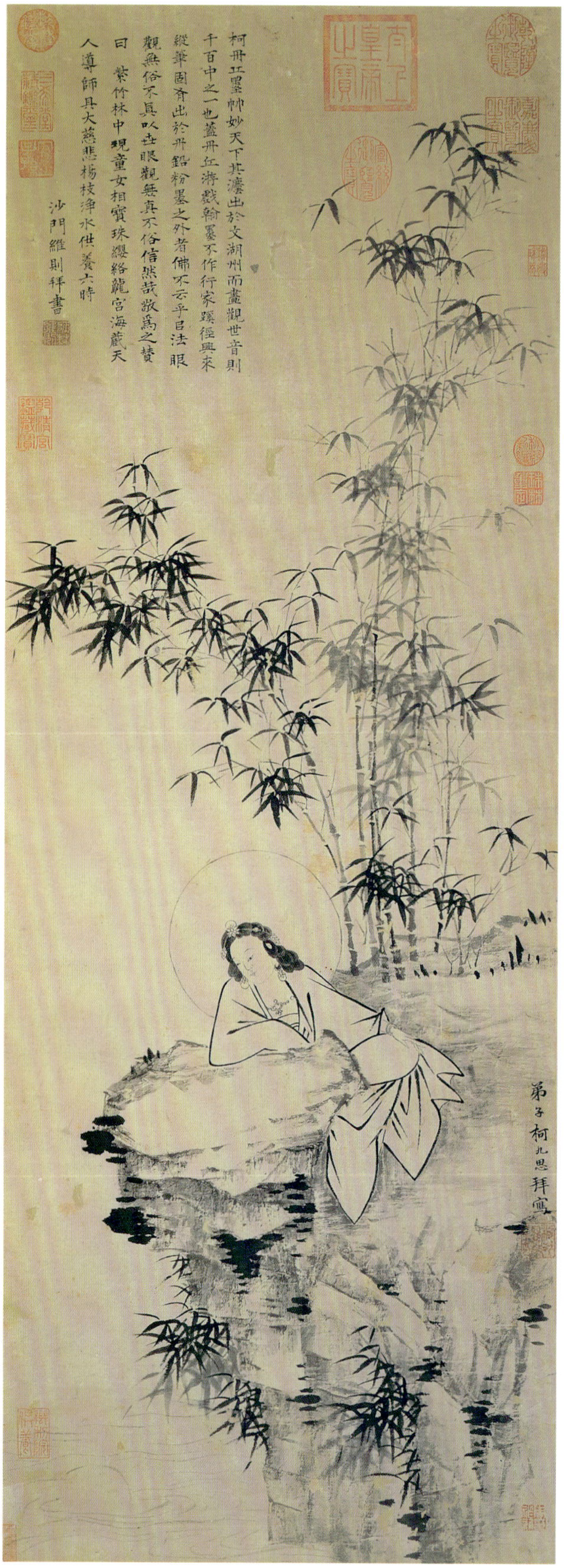

22〔傳〕元 柯九思 畫大士

明代（1368-1644）

Kuan-yin

Attrib. to Ko Ch'iu-ssu (1312-1365), Yüan Dynasty

Ming Dynasty (1368-1644)

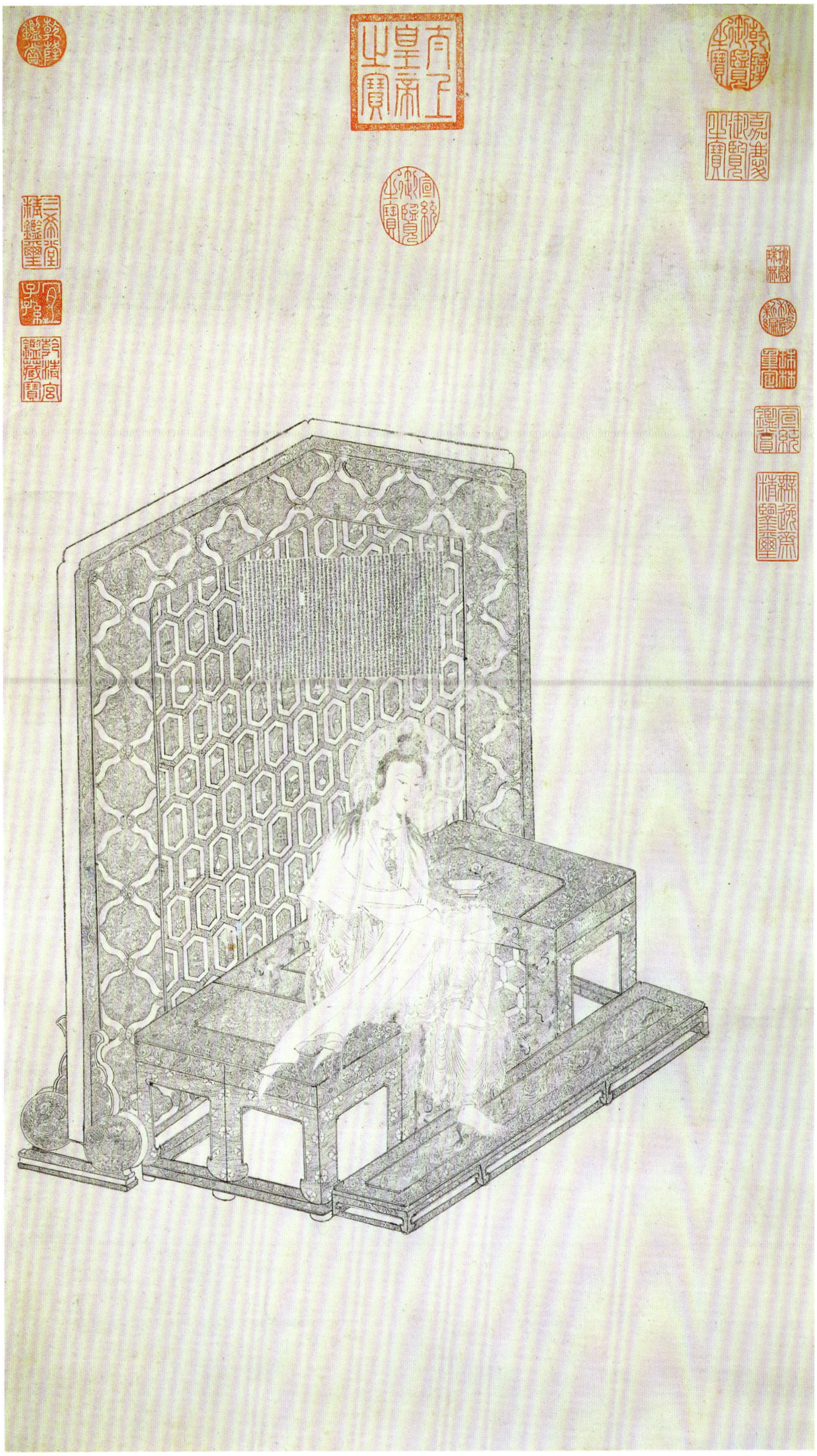

23〔傳〕宋人 白描大士像

明代 十六—十七世紀

Kuan-yin in the Outline Manner

Attrib. to an Anonymous Artist, Sung Dynasty (960-1279)

Ming Dynasty, 16th-17th c.

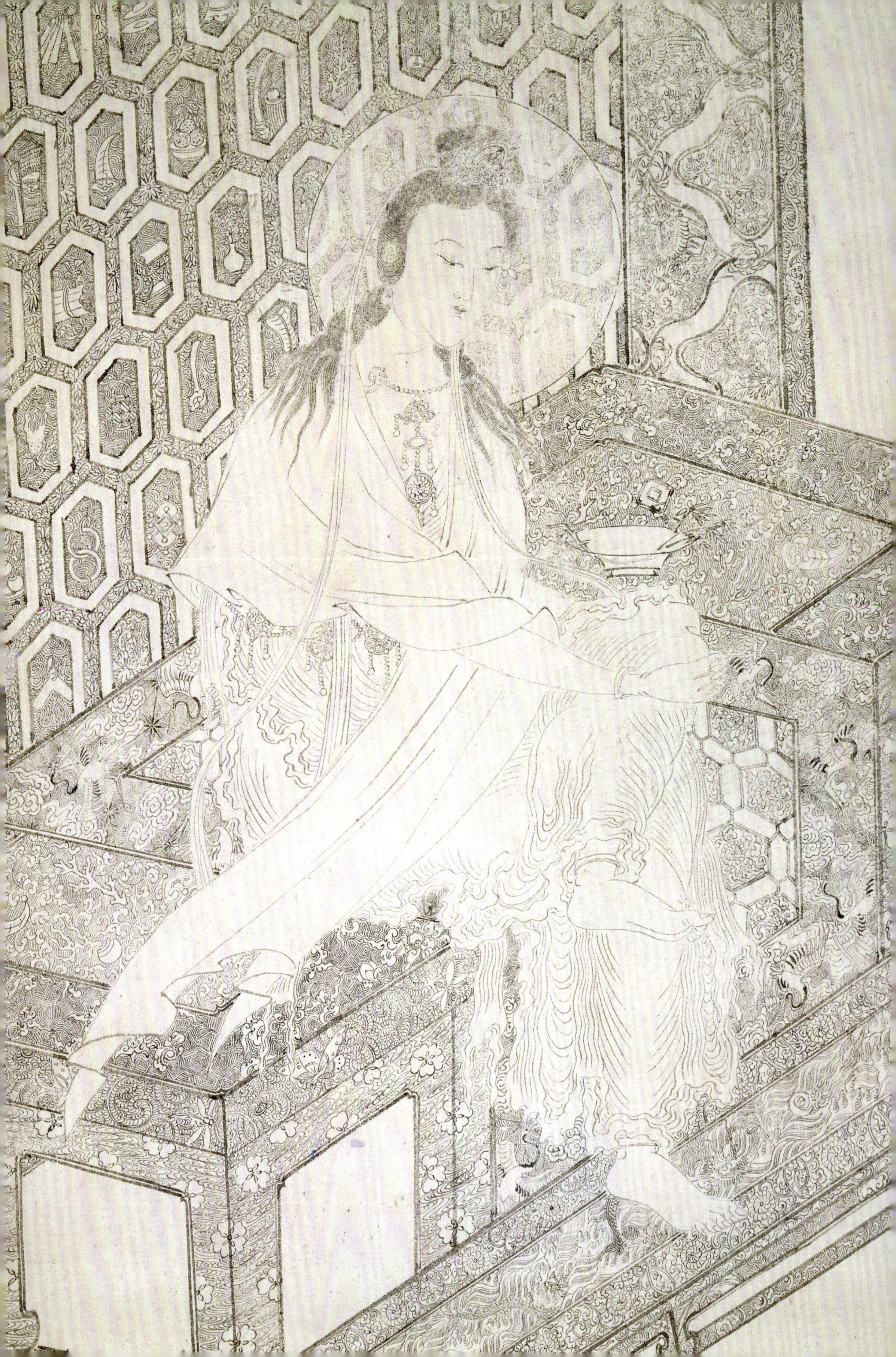

局部

Detail

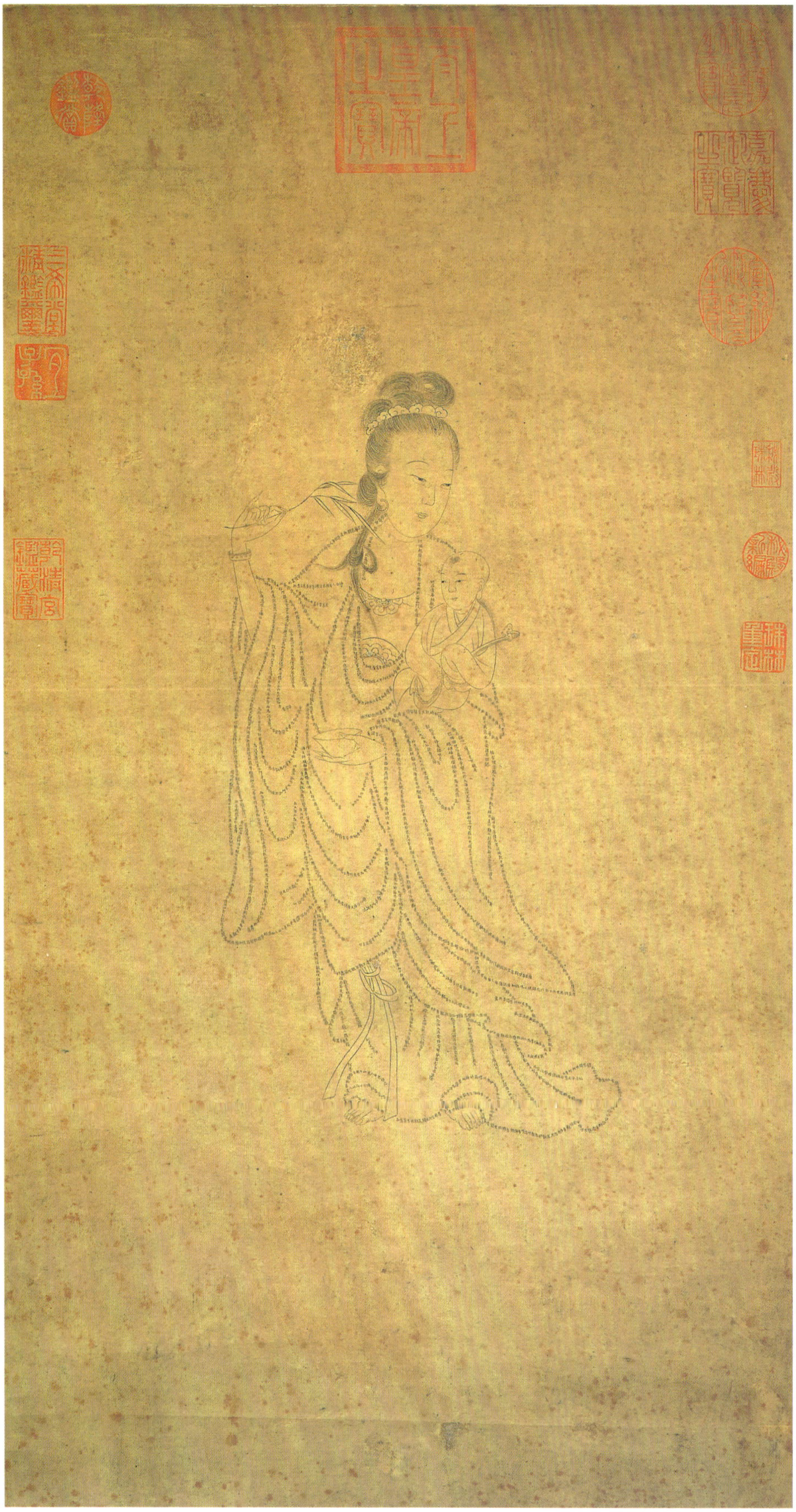

24 明人 觀世音菩薩普門品經像
明代 十六—十七世紀
Kuan-yin Bestowing Children
Anonymous, Ming Dynasty (1368-1644), 16th-17th c.

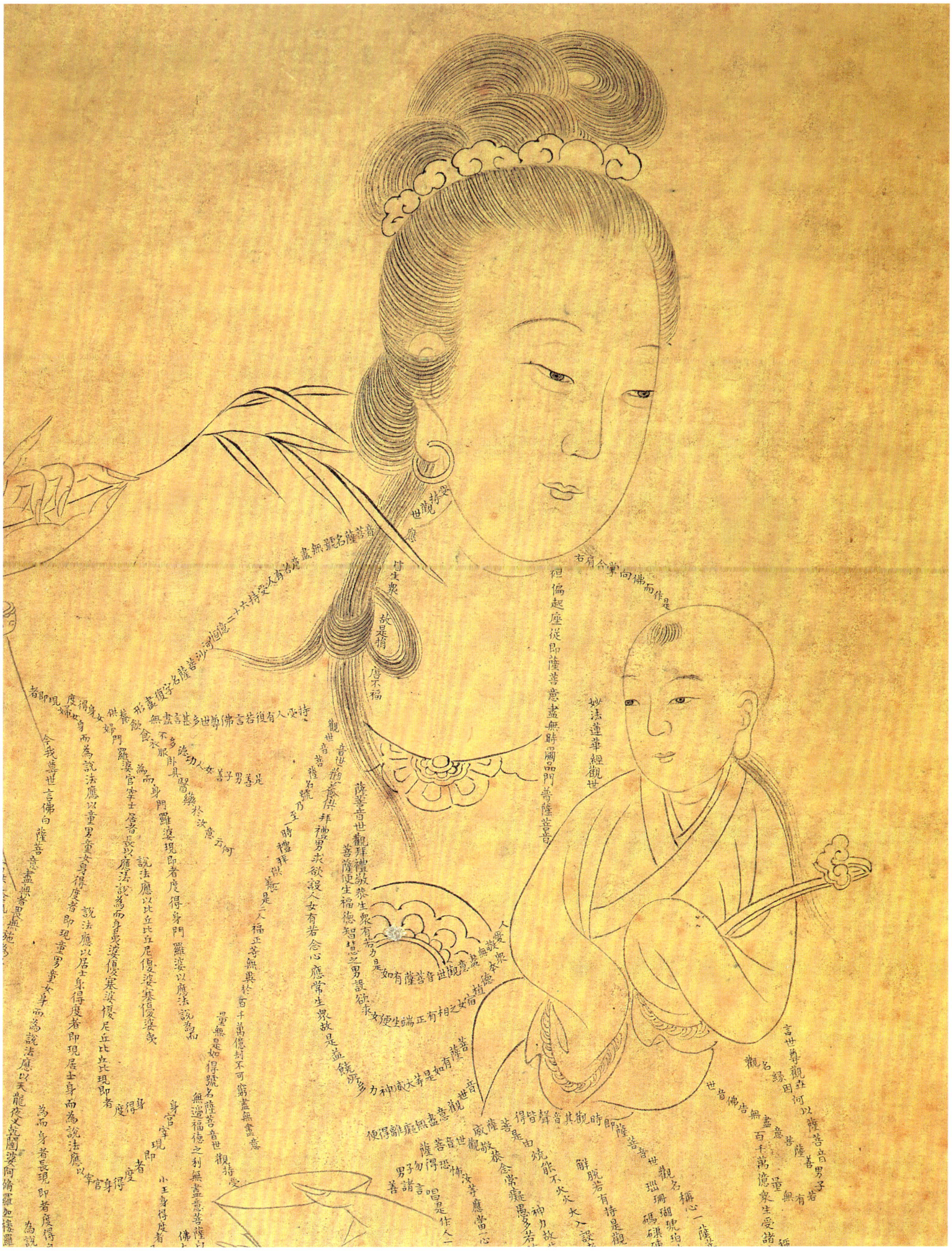

局部

Detail

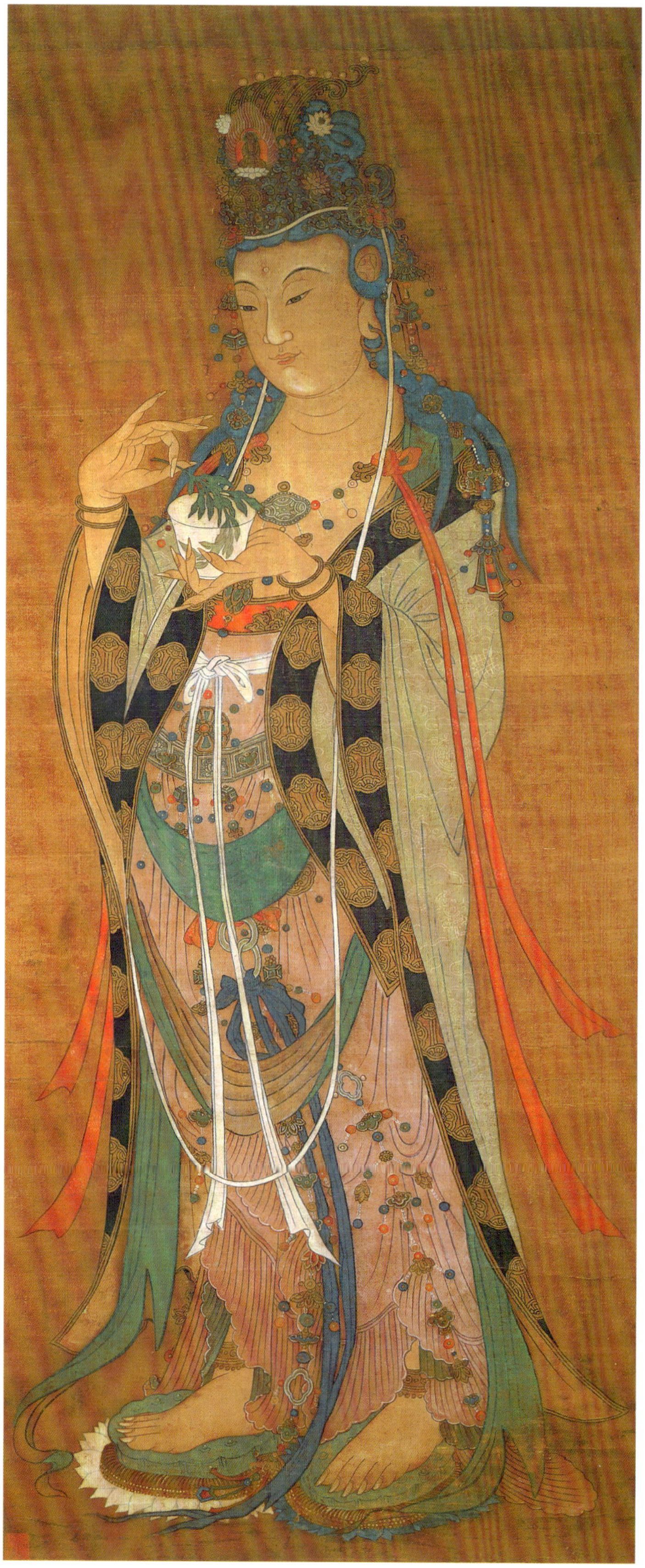

25〔傳〕宋人 觀音大士
明清之際 十七—十八世紀

Kuan-yin

Attrib. to an Anonymous Artist, Sung Dynasty (960-1279)

Late Ming to Early Ch'ing Dynasty, 17th-18th c.

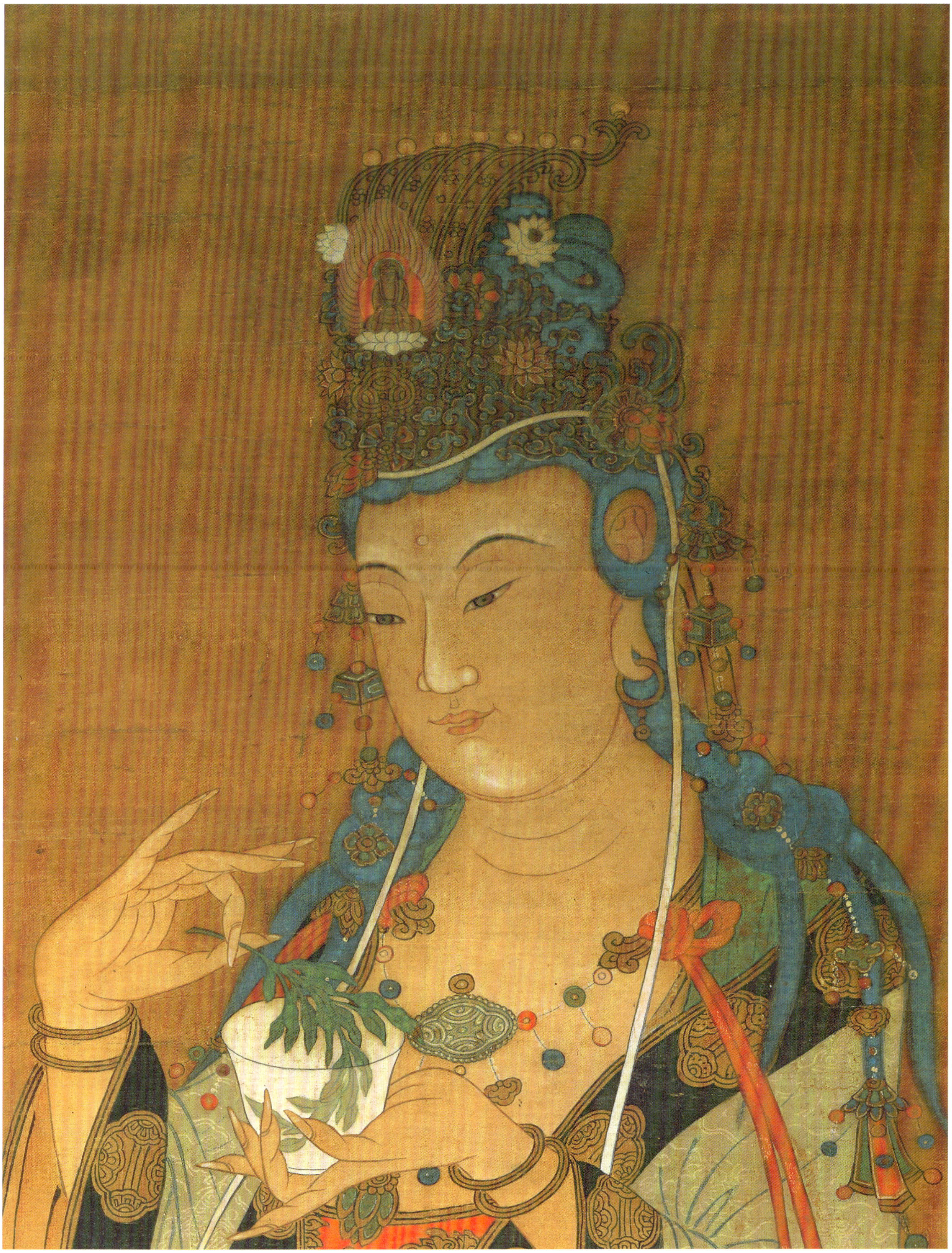

局部

Detail

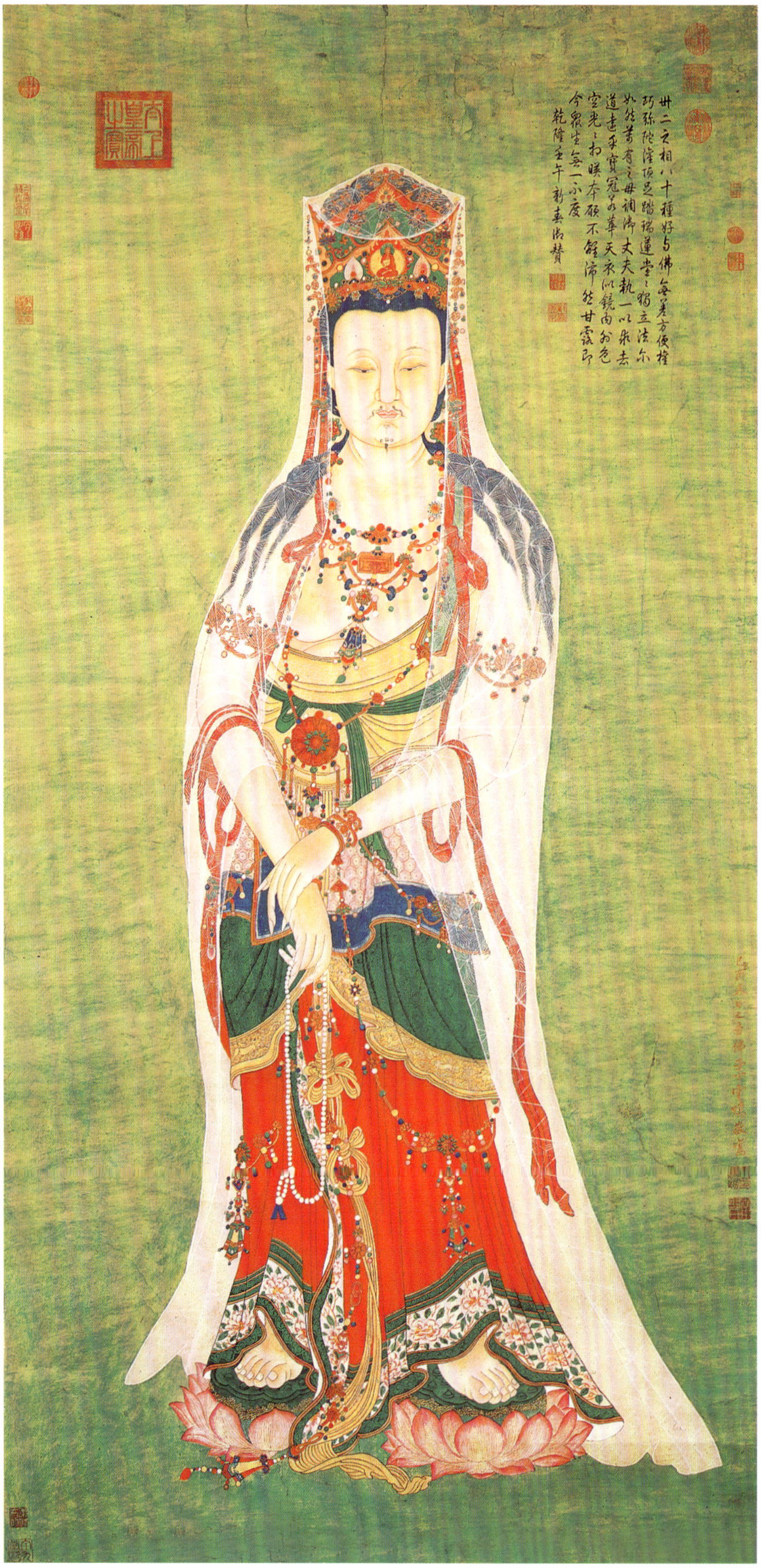

26〔傳〕明 丁雲鵬 畫莊嚴大士瑞像
明清之際 十七—十八世紀

Solemn Kuan-yin

Attrib. to Ting Yün-p'eng (1547-after 1628), Ming Dynasty

Late Ming to Early Ch'ing Dynasty, 17th-18th c.

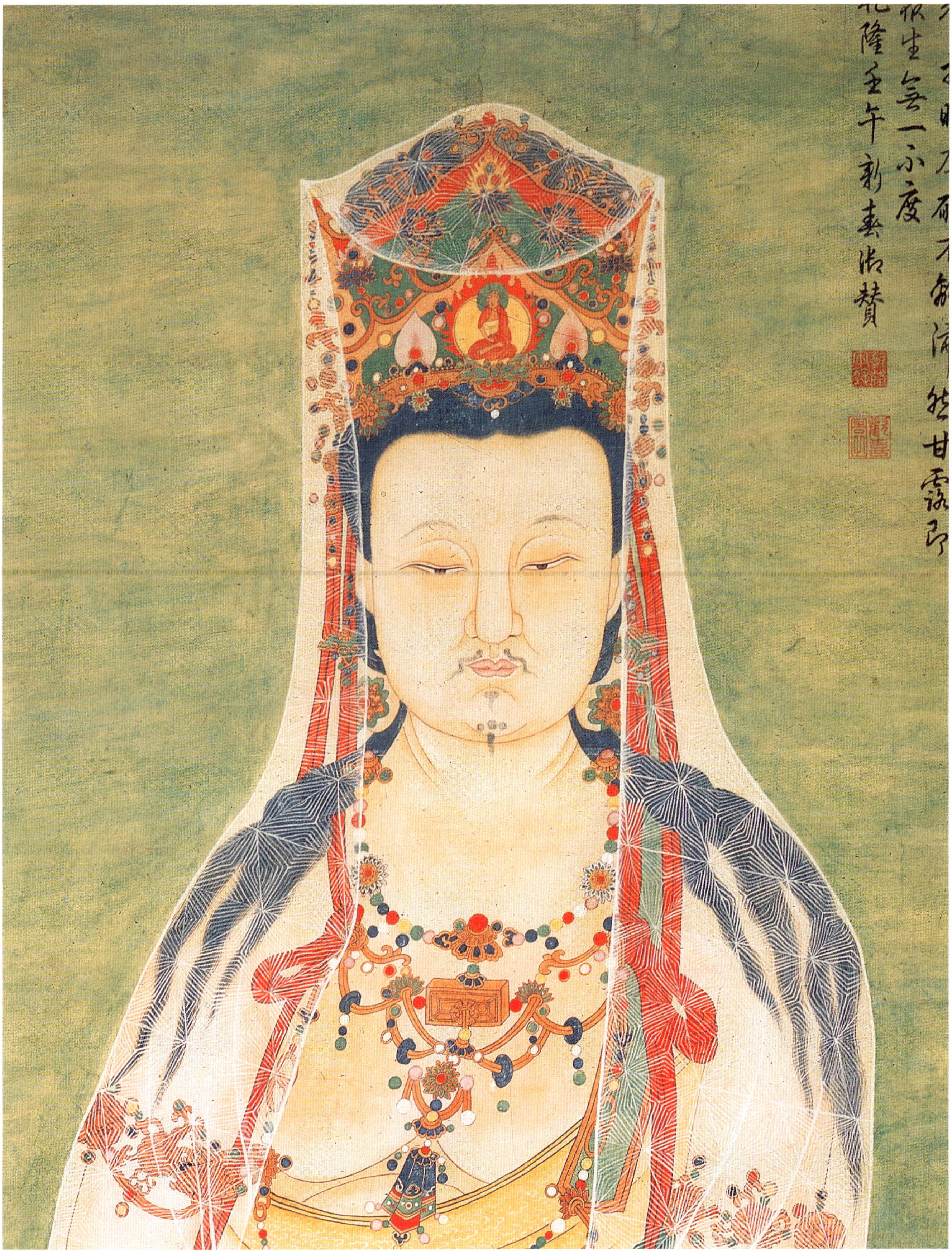

局部

Detail

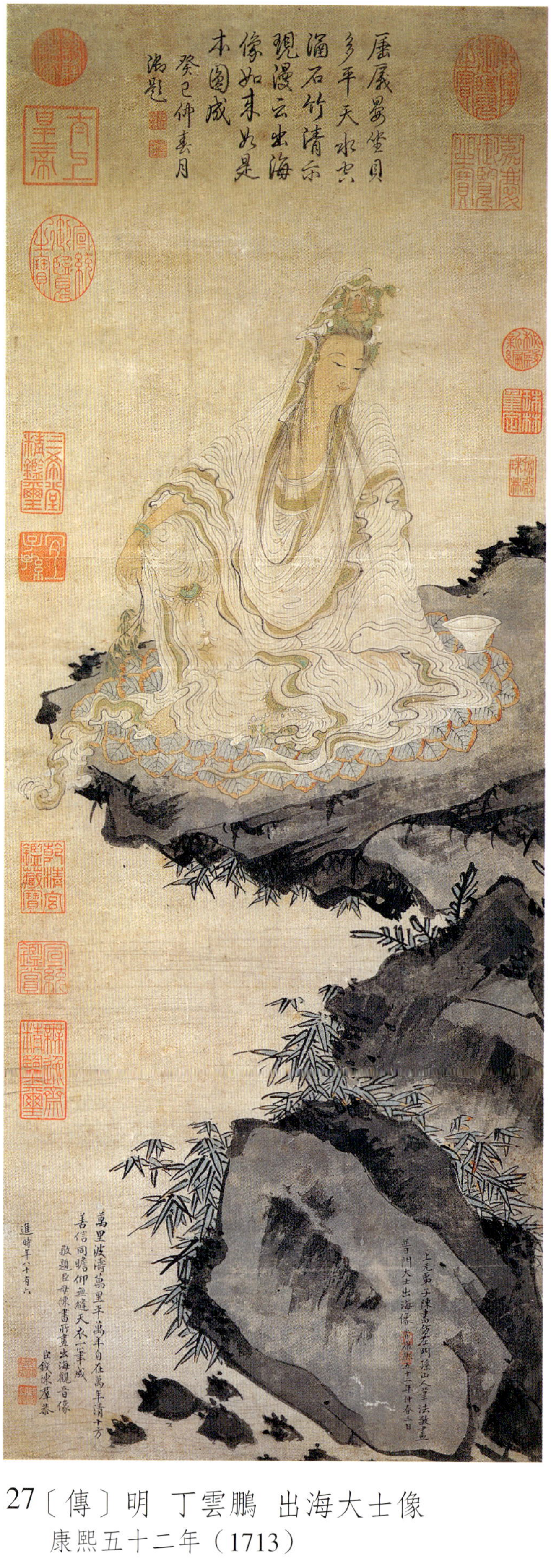

27〔傳〕明 丁雲鵬 出海大士像
康熙五十二年（1713）

Kuan-yin by the Sea

Ch'en Shu, Ch'ing Dynasty, dated 1713

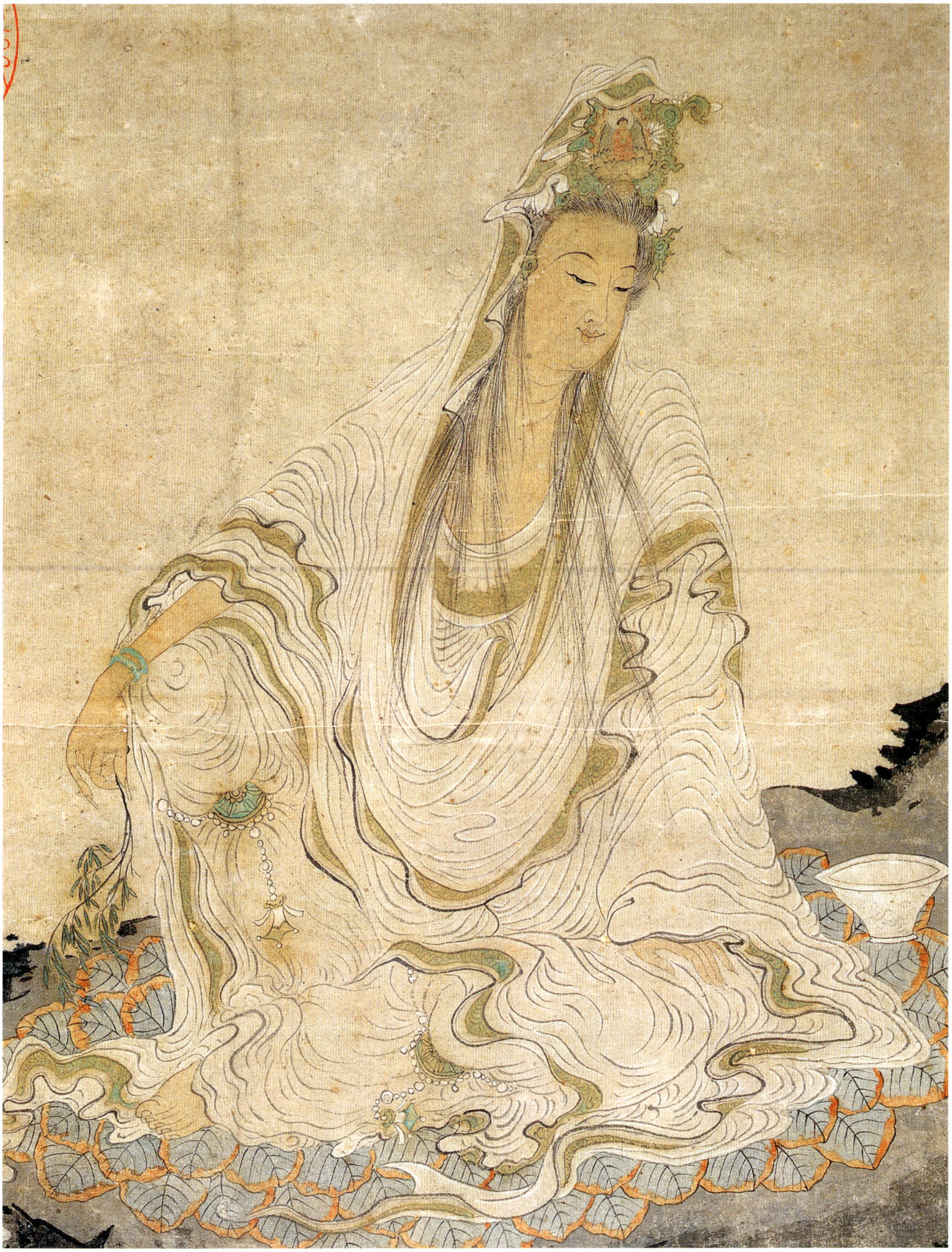

局部

Detail

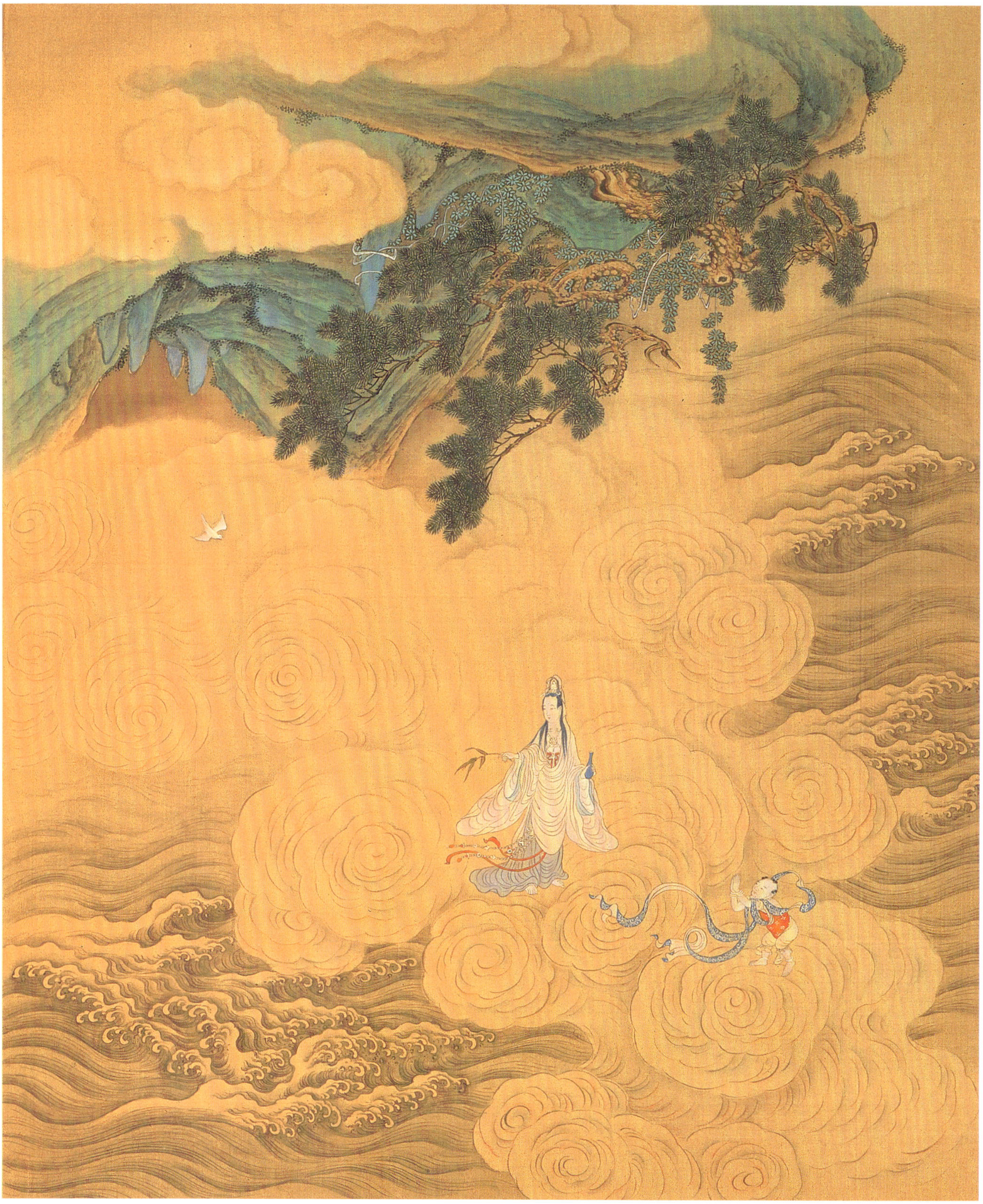

28 清人 畫海洞潮音
清代（1644-1911）

Kuan-yin of the Tidal Cave

Anonymous, Ch'ing Dynasty (1644-1911)

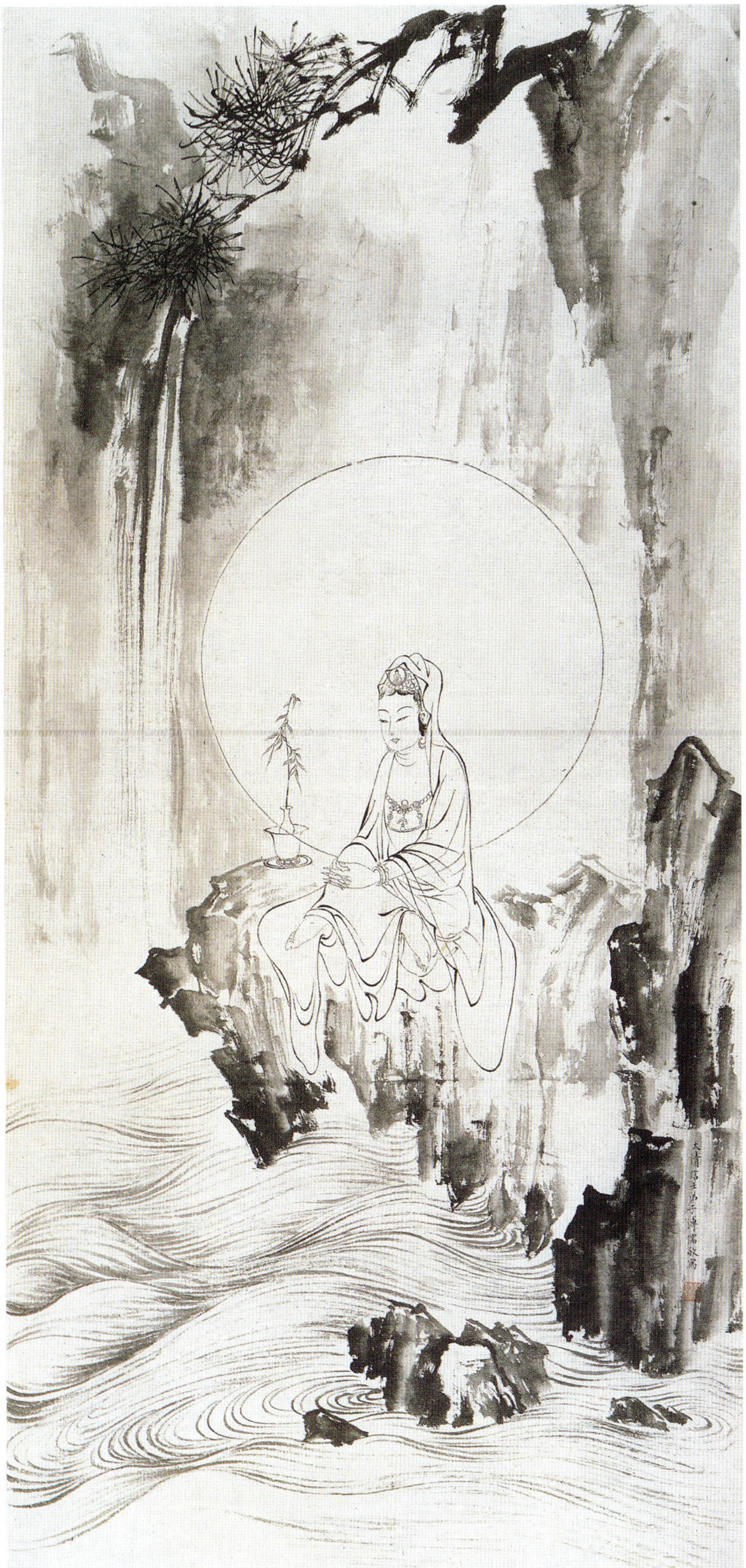

29 民國 溥儒 觀音
二十世紀

Kuan-yin

P'u-ju (1896-1963), Republican Period

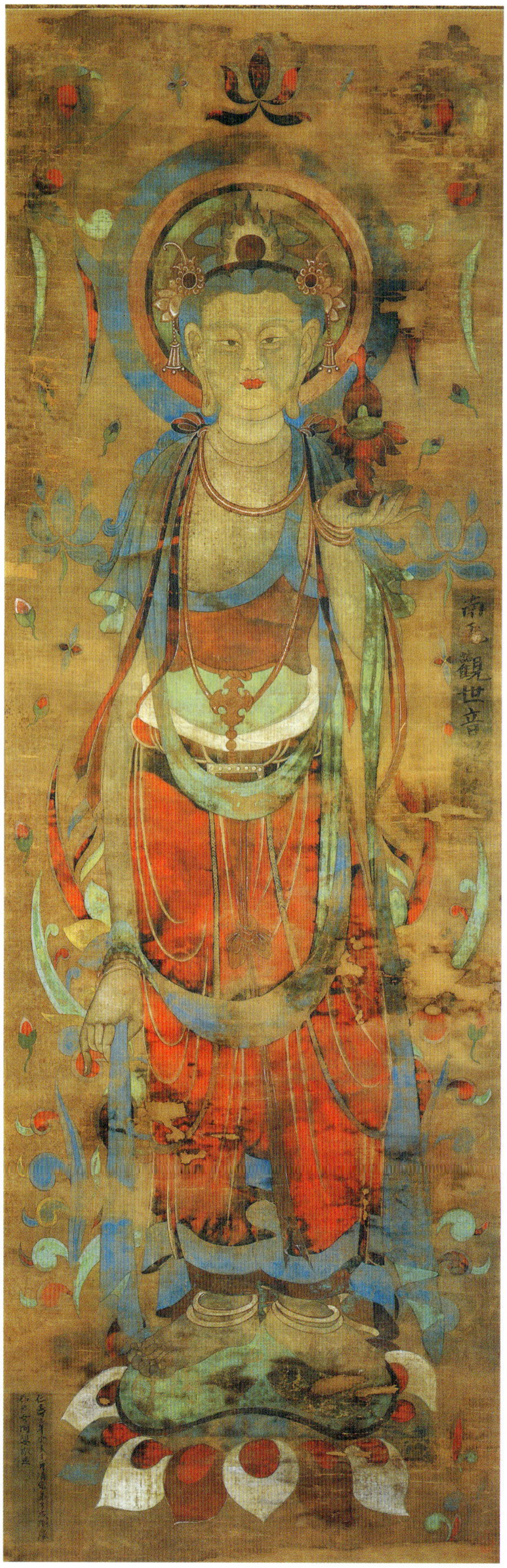

30〔傳〕隋人 成陀羅造觀世音菩薩像
民國 二十世紀

Kuan-yin

Attrib. to an Anonymous Artist, Sui Dynasty (581-618)

Republican Period, 20th c.

六合清寧　七政順序　雨暘時若　萬物阜豐
億兆康和　九幽融朗　均躋壽域　溥種福田
上善攸臻　障礙消釋　家崇忠孝　人樂慈良
官清政平　訟簡刑措　化行俗美　泰道咸亨
凡厥有生　俱成佛果　宣德七年四月初七日

妙法蓮華經觀世音菩薩普門品
尒時無盡意菩薩即從座起偏袒右肩
合掌向佛而作是言世尊觀世音菩薩
以何因緣名觀世音佛告無盡意菩薩
善男子若有無量百千萬億衆生受諸

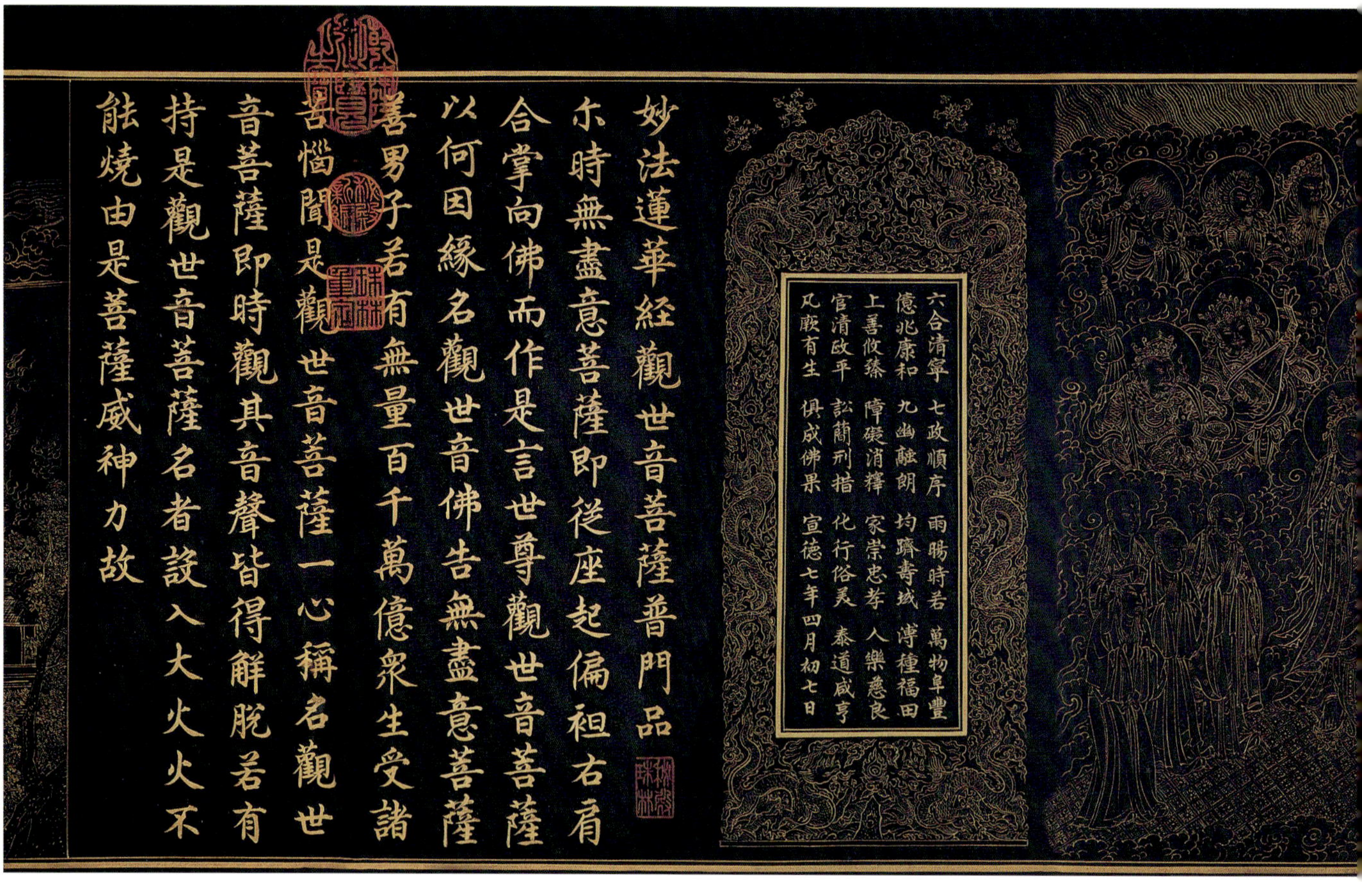

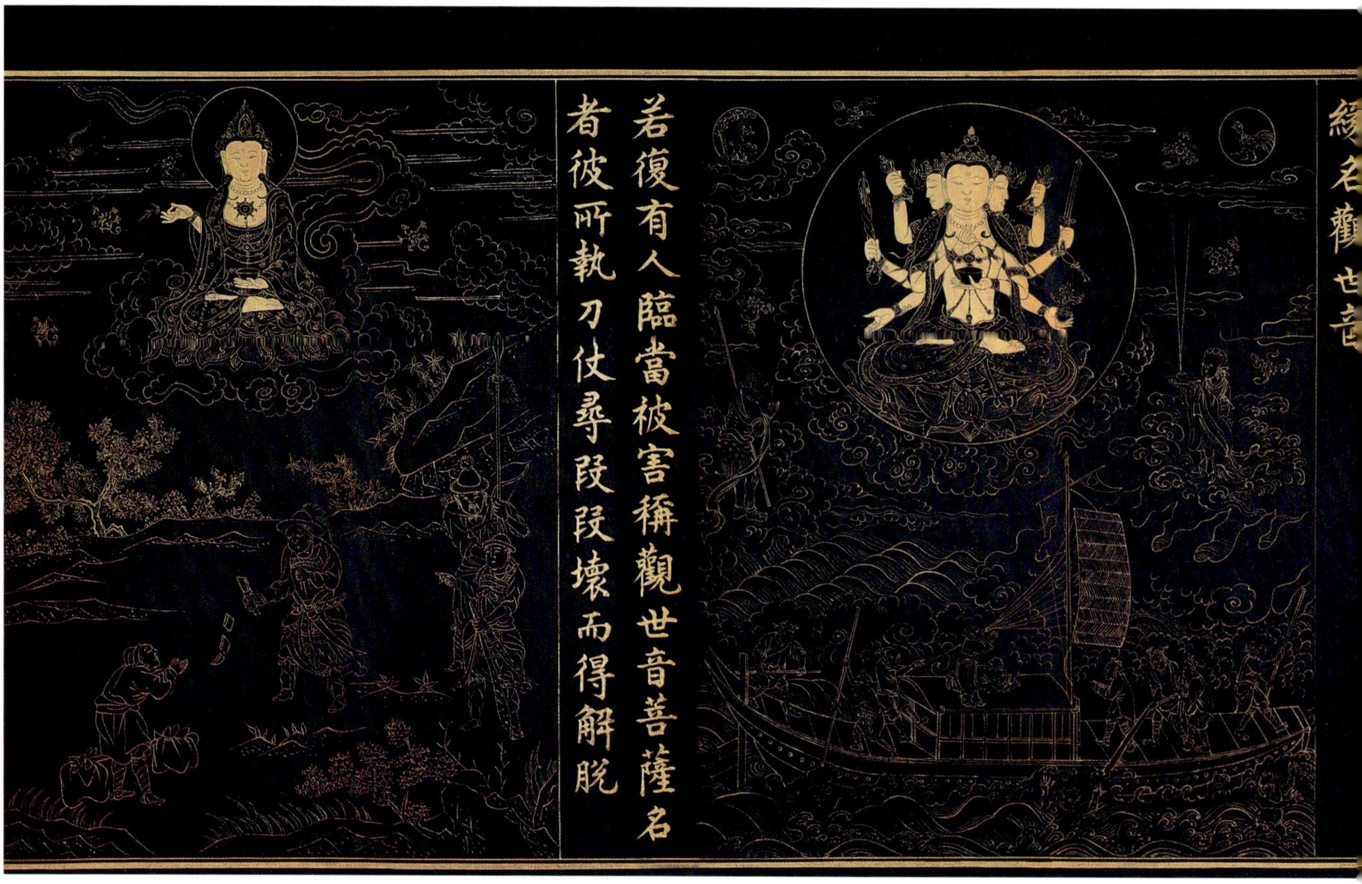

31 明人 書妙法蓮華經觀世音菩薩普門品
宣德七年（1432）

"The Kuan-yin Chapter" from the *Lotus Sūtra*

Anonymous, Ming Dynasty, dated 1432

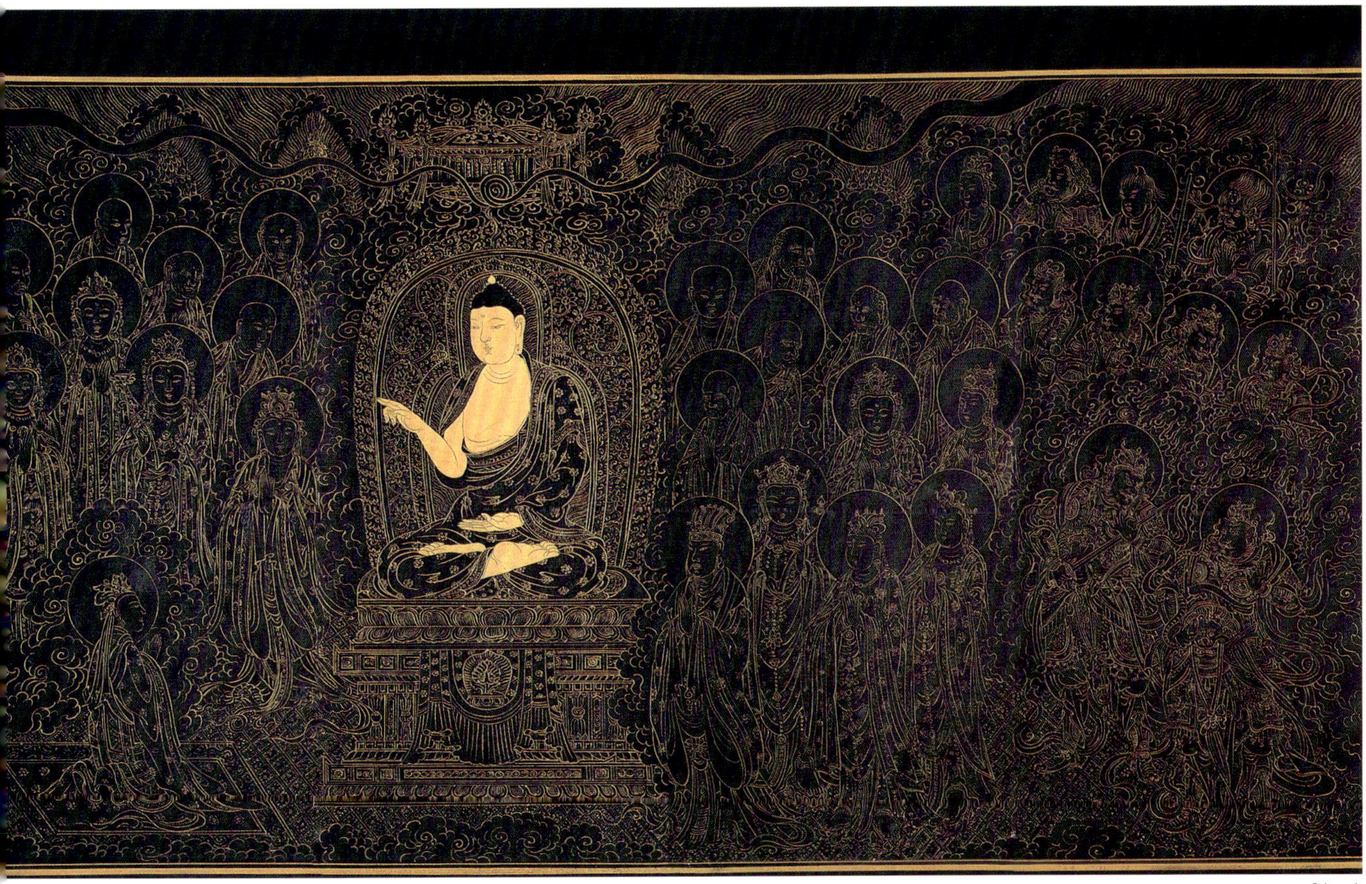

31～1

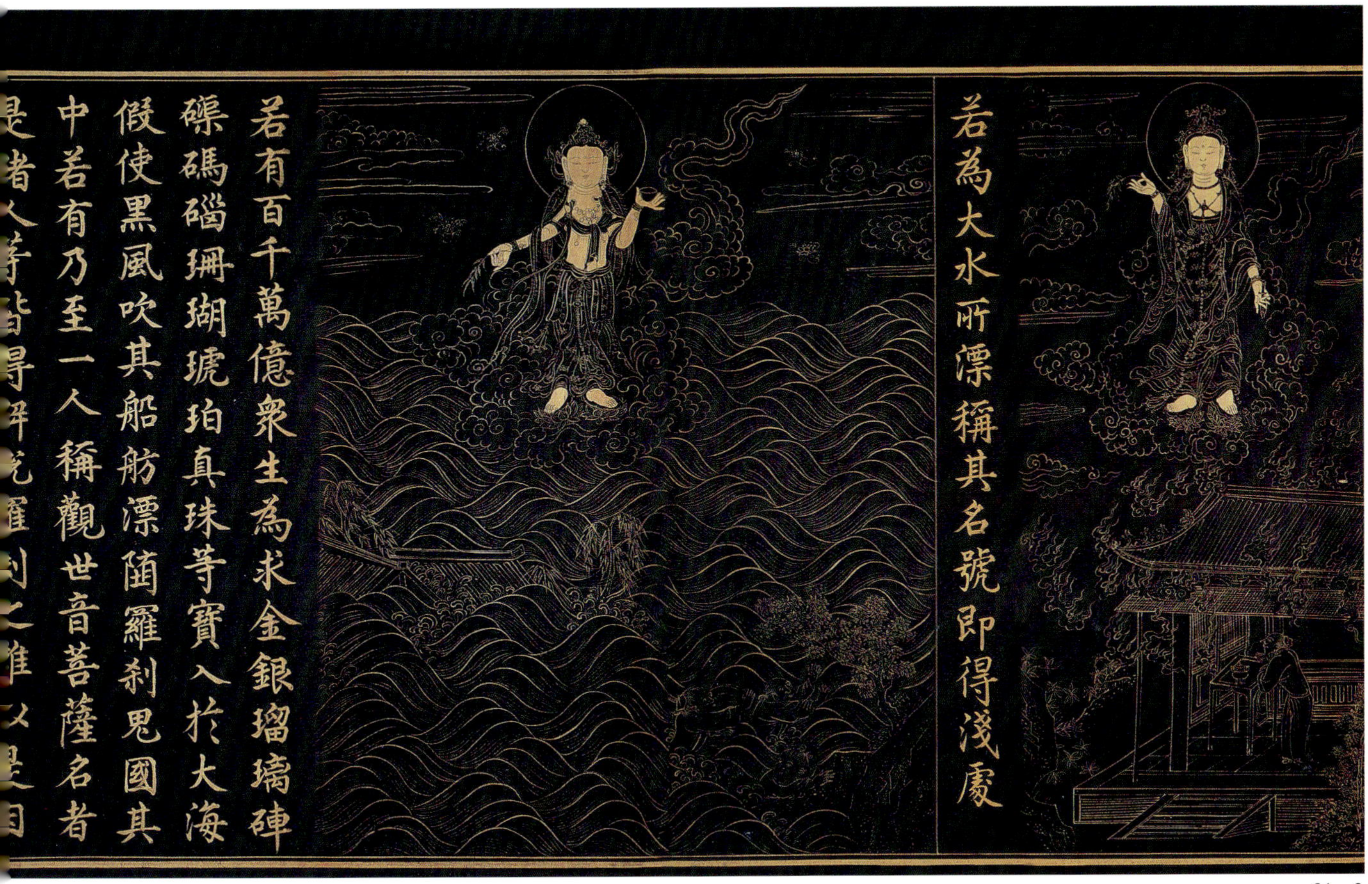
若為大水所漂稱其名號即得淺處
若有百千萬億衆生為求金銀瑠璃硨
磲碼碯珊瑚琥珀真珠等寶入於大海
假使黑風吹其船舫漂墮羅刹鬼國其
中若有乃至一人稱觀世音菩薩名者
是諸人等皆得解脫羅刹之難以是因

31～2

若三千大千國土滿中怨賊有一商主
将諸商人齎持重寳経過險路其中一
人作是唱言諸善男子勿得恐怖汝等
應當一心稱觀世音菩薩名號是菩薩
能以無畏施於衆生汝等若稱名者於
此怨賊當得解脱衆商人聞俱發聲言
南無觀世音菩薩稱其名故即得解脱

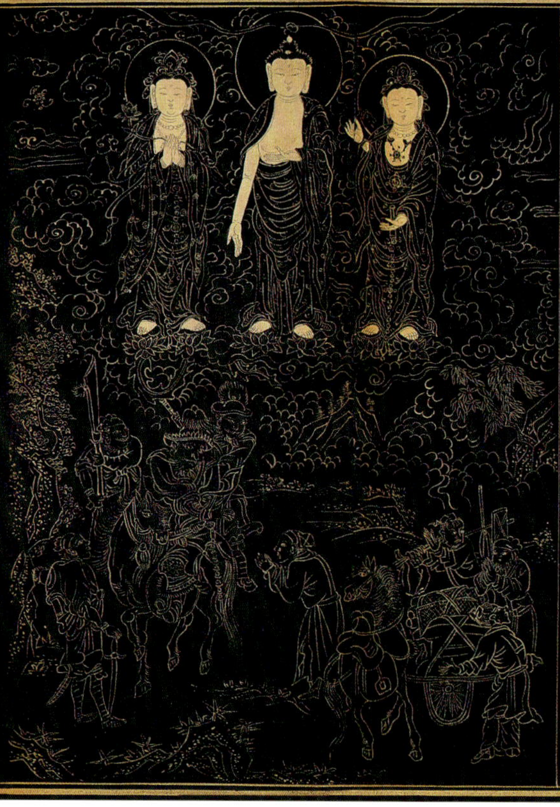

無盡意觀世音菩薩摩訶薩威神之力
巍巍如是若有衆生多於婬欲常念恭
敬觀世音菩薩便得離欲若多瞋恚常
念恭敬觀世音菩薩便得離瞋若多愚
癡常念恭敬觀世音菩薩便得離癡無

醫藥於汝意云何是善男子善女人功
德多不無盡意言甚多世尊佛言若復
有人受持觀世音菩薩名號乃至一時
禮拜供養是二人福正等無異於百千
萬億劫不可窮盡無盡意受持觀世音
菩薩名號得如是無量無邊福德之利
無盡意菩薩白佛言世尊觀世音菩薩
云何遊此娑婆世界云何而為衆生說
法方便之力其事云何佛告無盡意菩
薩善男子若有國土衆生應以佛身得
度者觀世音菩薩即現佛身而為說法

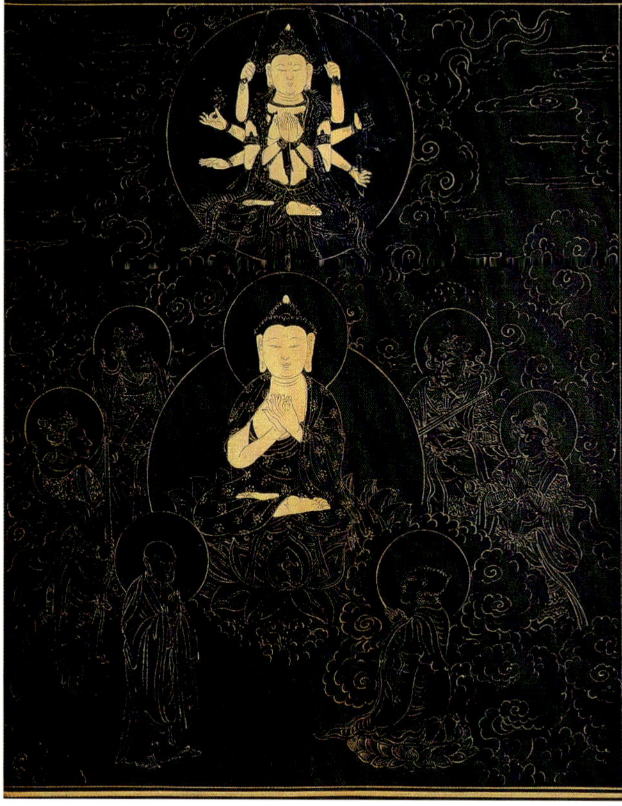

若三千大千國土滿中夜叉羅剎欲來
惱人聞其稱觀世音菩薩名者是諸惡
鬼尚不能以惡眼視之況復加害

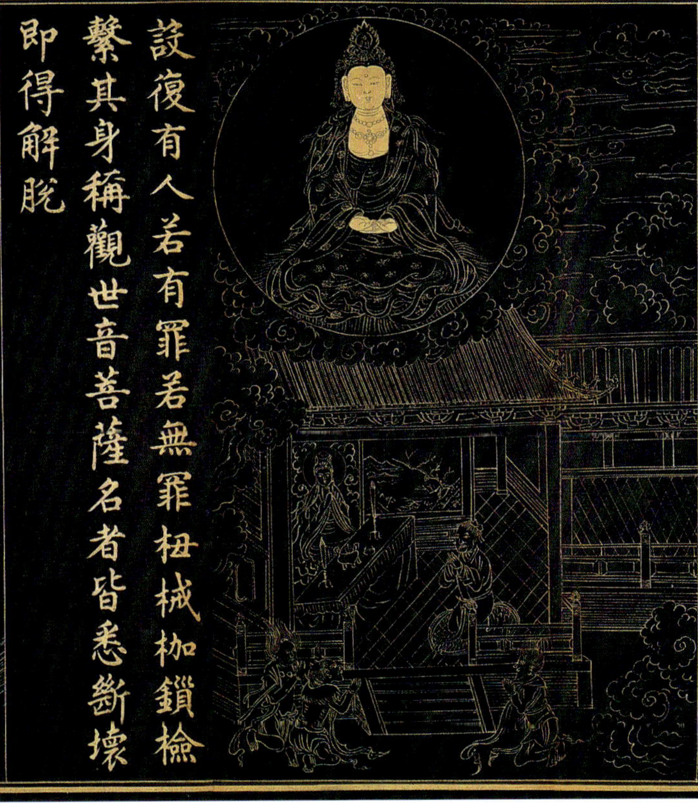

設復有人若有罪若無罪杻械枷鎖檢
繫其身稱觀世音菩薩名者皆悉斷壞
即得解脫

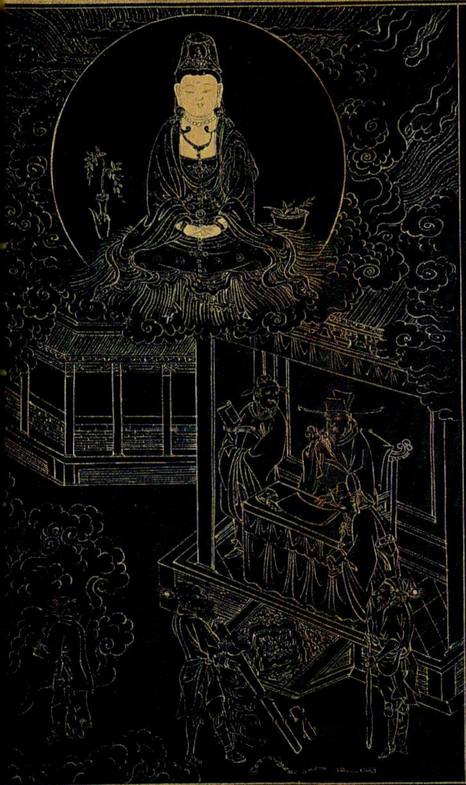

31～3

盡意觀世音菩薩有如是等大威神力
多所饒益是故衆生常應心念若有女
人設欲求男禮拜供養觀世音菩薩便
生福德智慧之男設欲求女便生端正
有相之女宿植德本衆人愛敬無盡意
觀世音菩薩有如是力若有衆生恭敬
禮拜觀世音菩薩福不唐捐

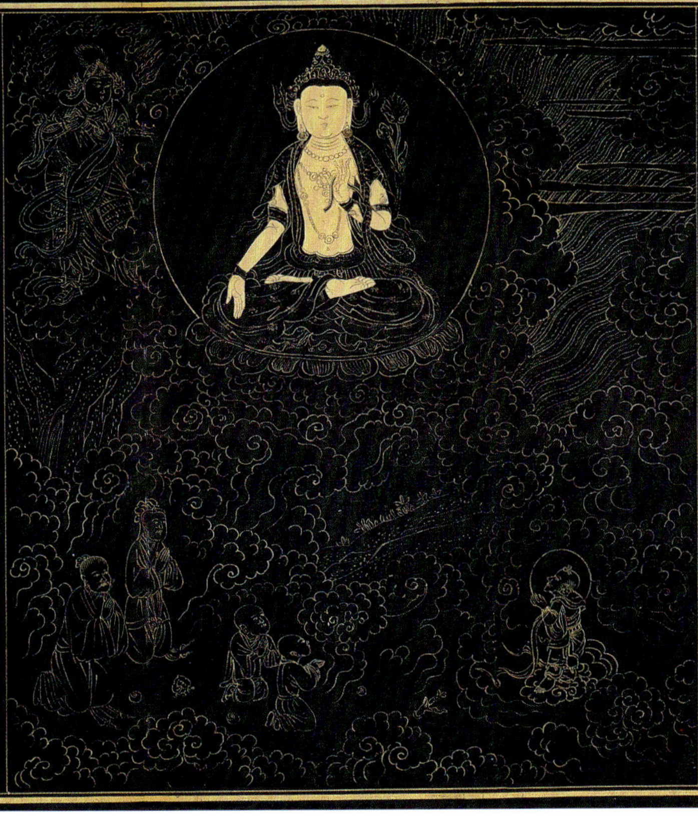

是故衆生皆應受持觀世音菩薩名號
無盡意若有人受持六十二億恒河沙
菩薩名字復盡形供養飲食衣服臥具

31～4

應以梵王身得度者即現梵王身而為說法

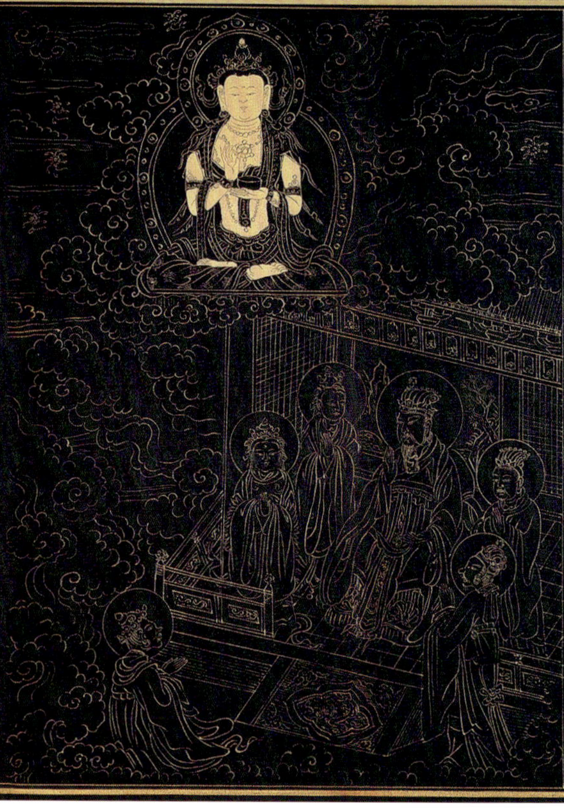

應以帝釋身得度者即現帝釋身而為說法

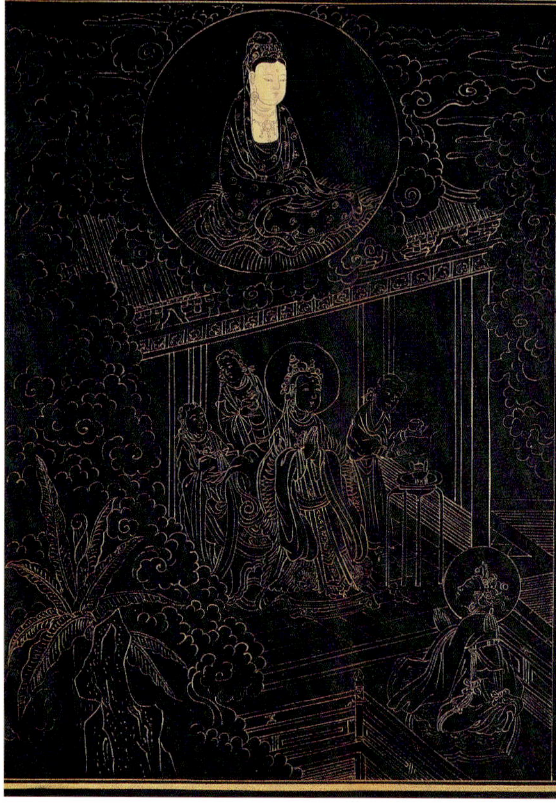

應以天大將軍身得度者即現天大將軍身而為說法

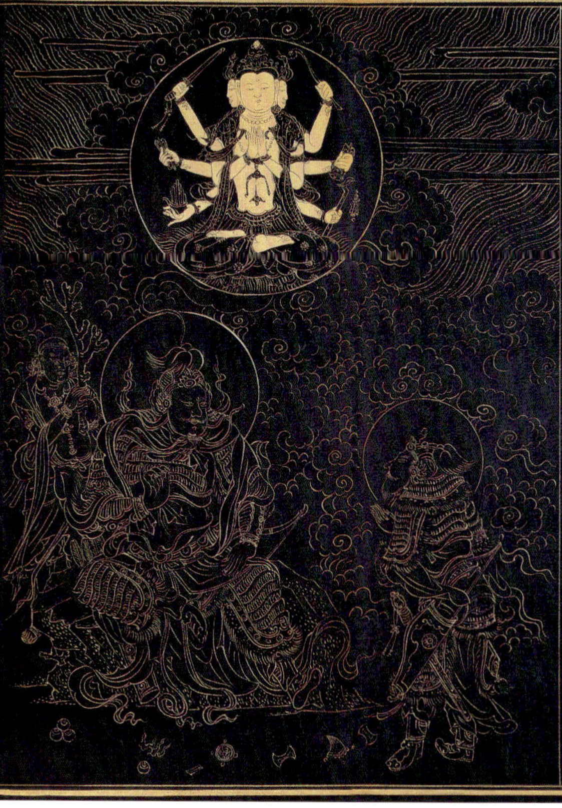

應以毗沙門身得度者即現毗沙門身而為說法

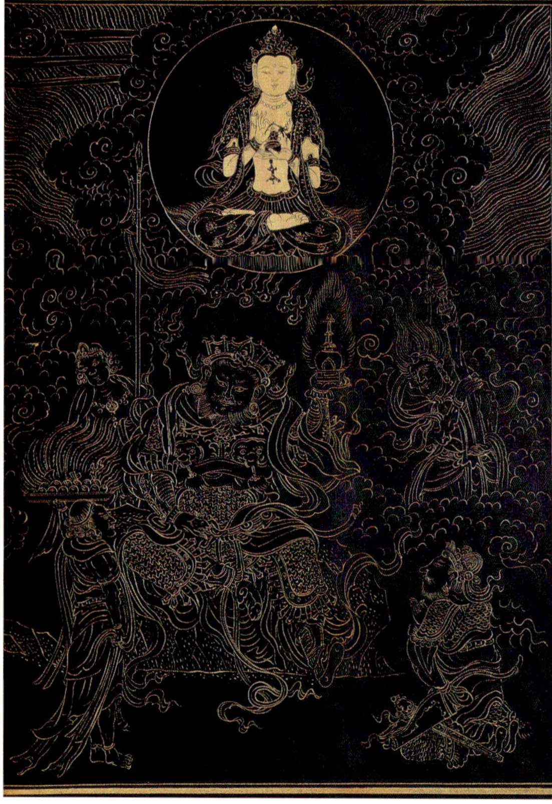

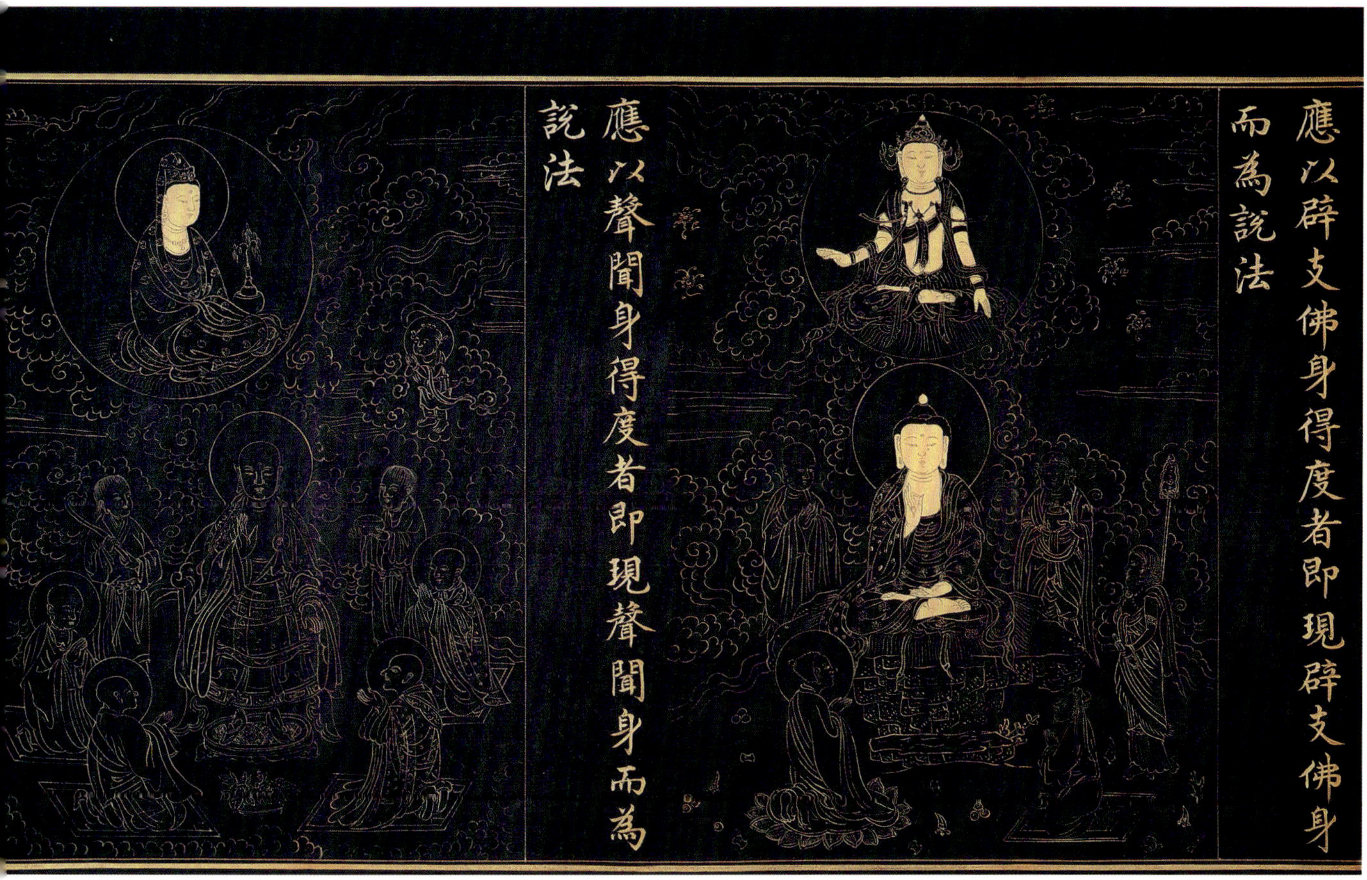
應以辟支佛身得度者即現辟支佛身
而為說法
應以聲聞身得度者即現聲聞身而為
說法

31～5

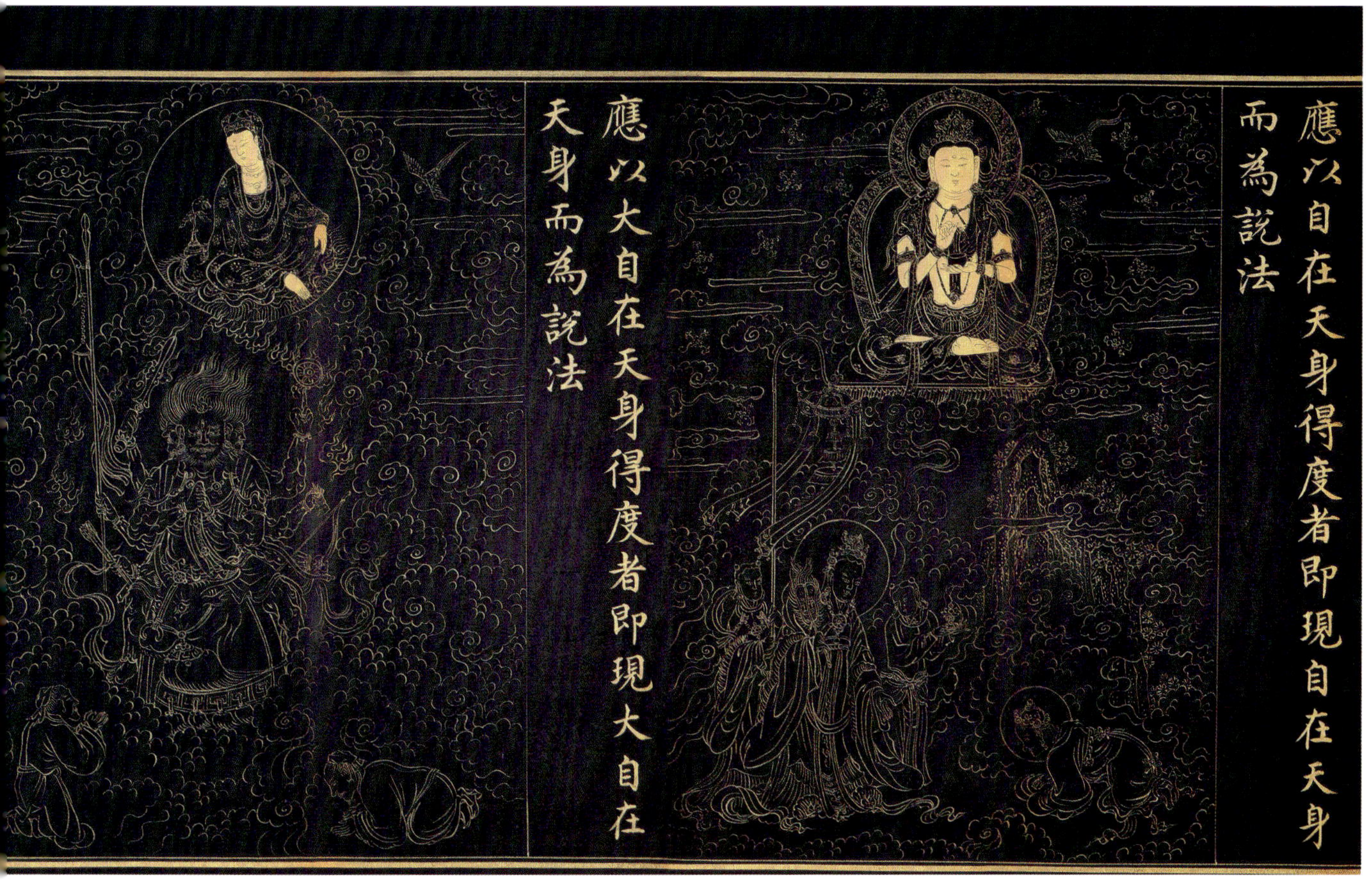
應以自在天身得度者即現自在天身
而為說法
應以大自在天身得度者即現大自在
天身而為說法

31～6

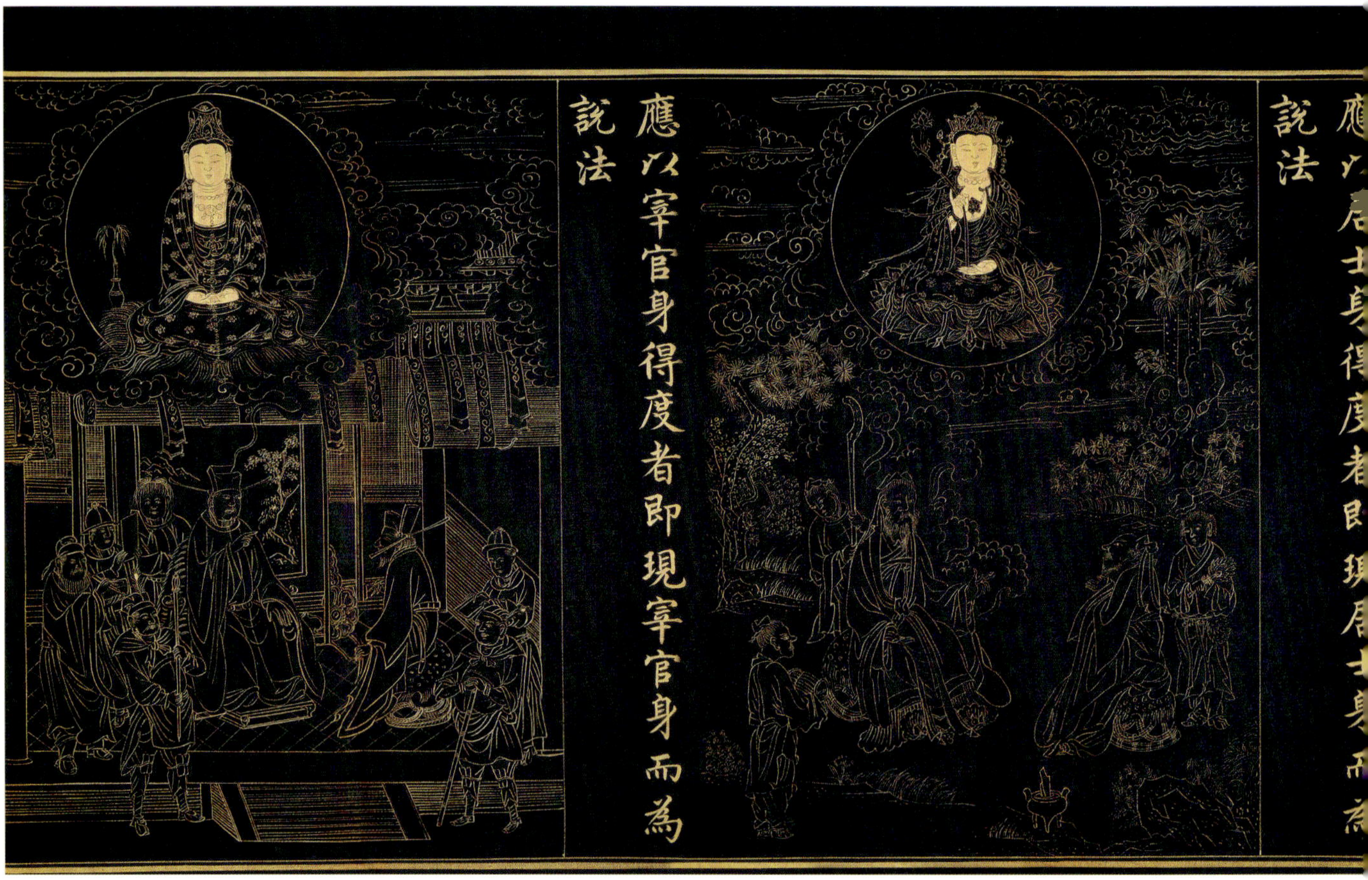
應以居士身得度者即現居士身而為
說法
應以宰官身得度者即現宰官身而為
說法

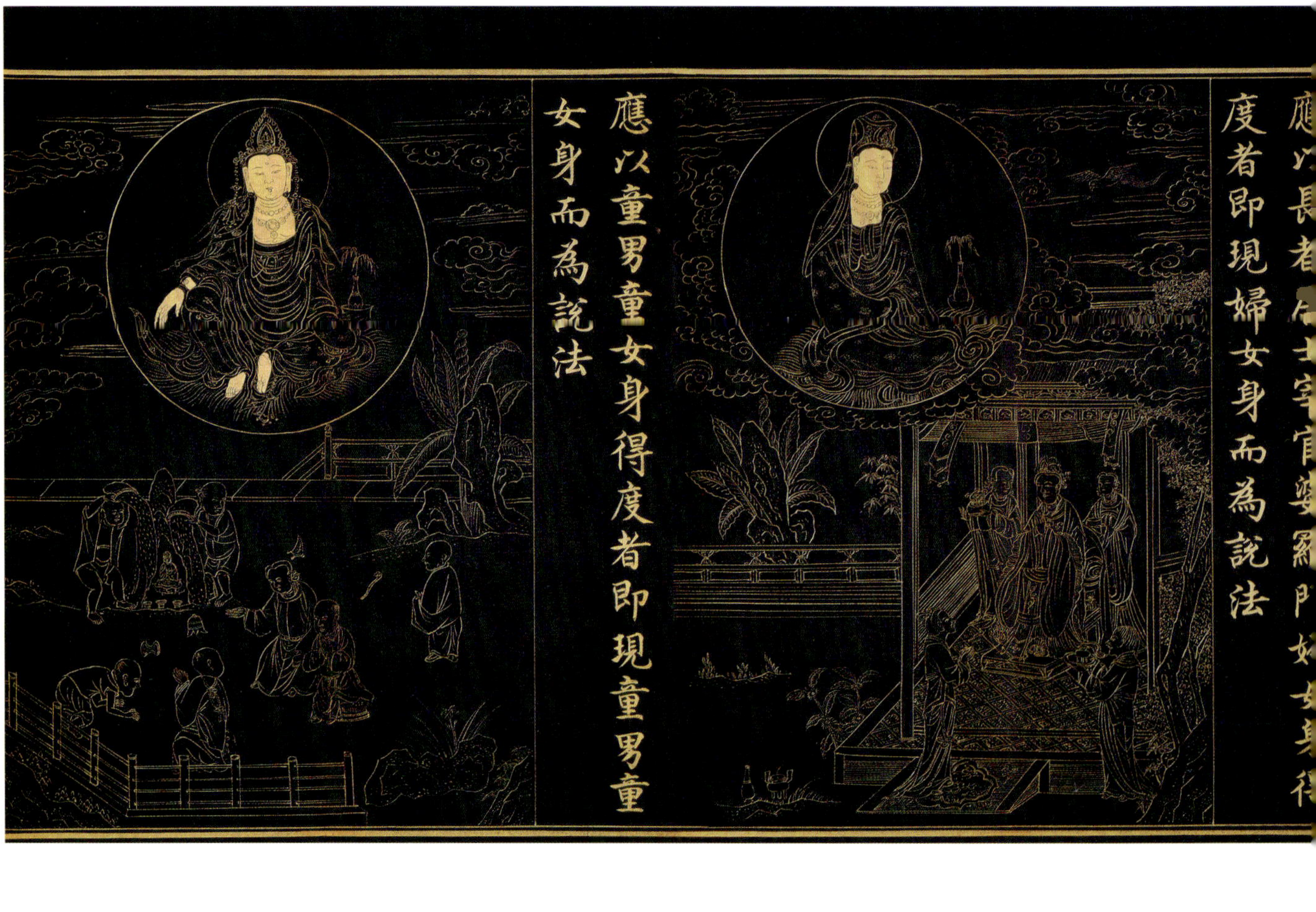
應以長者居士宰官婆羅門婦女身得
度者即現婦女身而為說法
應以童男童女身得度者即現童男童
女身而為說法

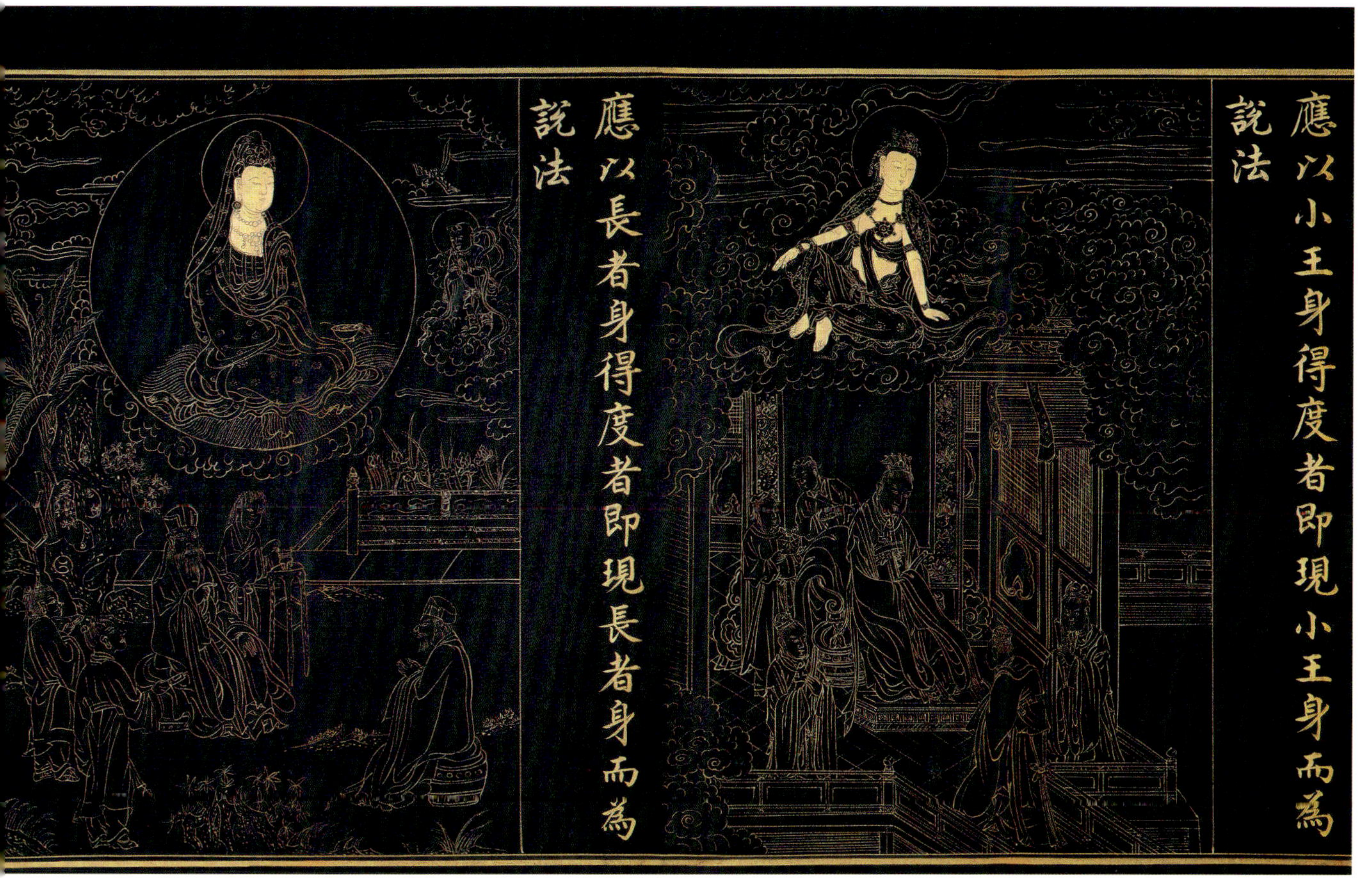
應以小王身得度者即現小王身而爲說法
應以長者身得度者即現長者身而爲說法

31～7

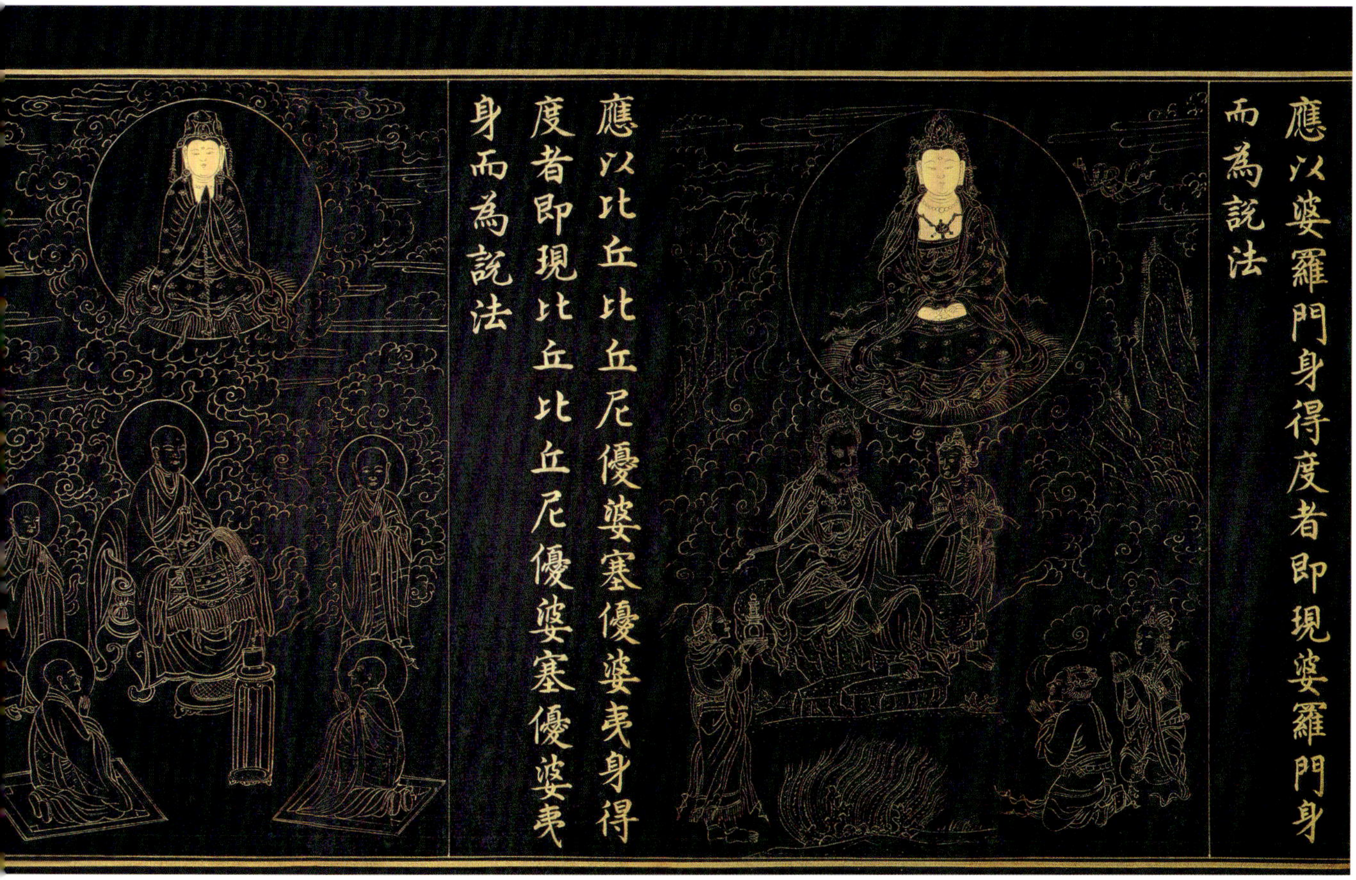
應以婆羅門身得度者即現婆羅門身而爲說法
應以比丘比丘尼優婆塞優婆夷身得度者即現比丘比丘尼優婆塞優婆夷身而爲說法

31～8

無盡意是觀世音菩薩成就如是功德
以種種形遊諸國土度脫衆生是故汝
等應當一心供養觀世音菩薩是觀世
音菩薩摩訶薩於怖畏急難之中能施
無畏是故此娑婆世界皆號之為施無
畏者無盡意菩薩白佛言世尊我今當
供養觀世音菩薩即解頸衆寶珠瓔珞
價直百千兩金而以與之作是言仁者
受此法施珍寶瓔珞時觀世音菩薩不
肯受之無盡意復白觀世音菩薩言仁
者愍我等故受此瓔珞尒時佛告觀世
音菩薩當愍此無盡意菩薩及四衆天
龍夜叉乾闥婆阿脩羅迦樓羅緊那羅
摩睺羅伽人非人等故受是瓔珞即時
觀世音菩薩愍諸四衆及於天龍人非
人等受其瓔珞分作二分一分奉釋迦
牟尼佛一分奉多寶佛塔

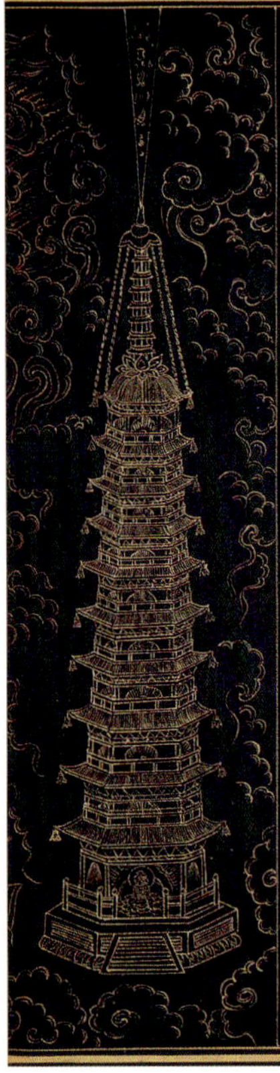

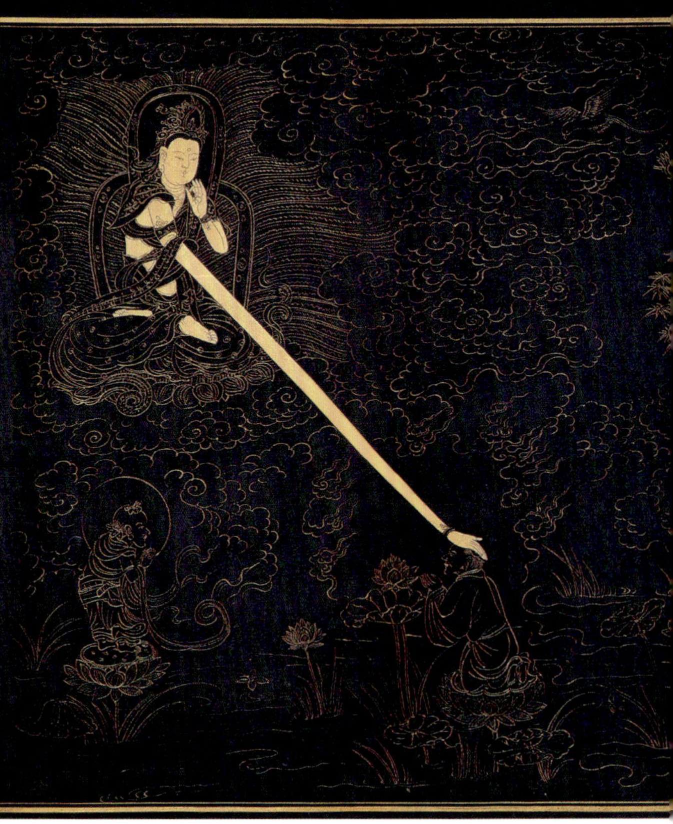

或漂流巨海　龍魚諸鬼難
念彼觀音力　波浪不能沒

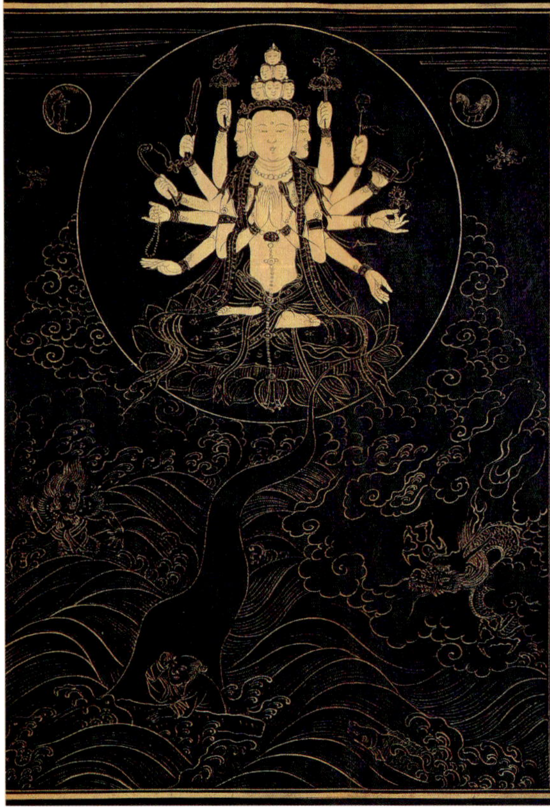

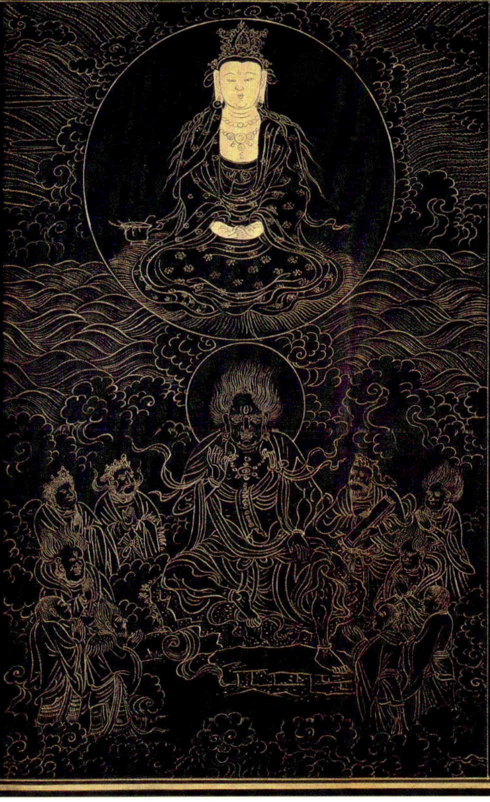

應以天龍夜叉乾闥婆阿修羅迦樓羅緊那羅摩睺羅伽人非人等身得度者即皆現之而為說法

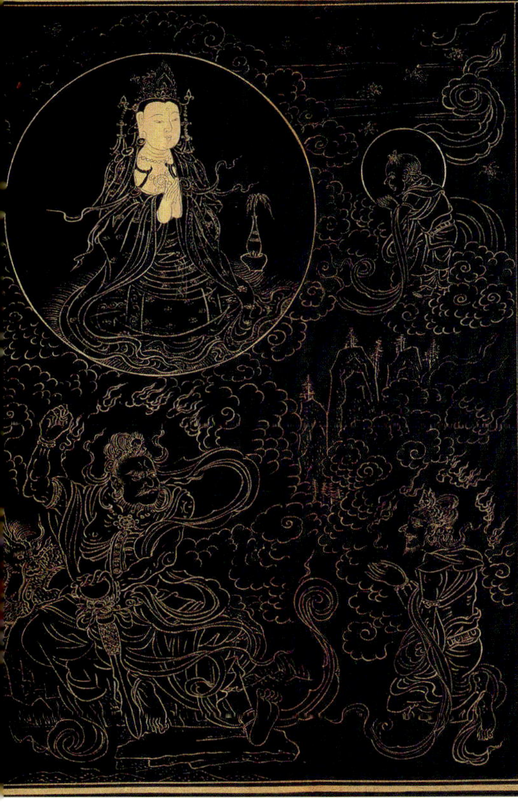

應以執金剛神得度者即現執金剛神而為說法

31～9

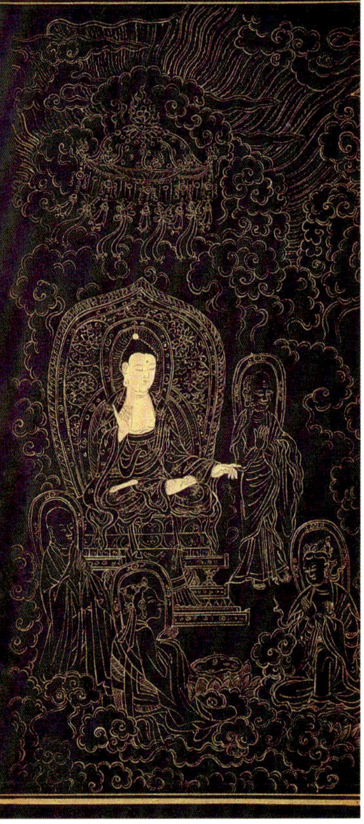

無盡意觀世音菩薩有如是自在神力遊於娑婆世界尒時無盡意菩薩以偈問曰

世尊妙相具　我今重問彼
佛子何因緣　名為觀世音
具足妙相尊　偈答無盡意
汝聽觀音行　善應諸方所
弘誓深如海　歷劫不思議
侍多千億佛　發大清淨願
我為汝略說　聞名及見身
心念不空過　能滅諸有苦
假使興害意　推落大火坑
念彼觀音力　火坑變成池

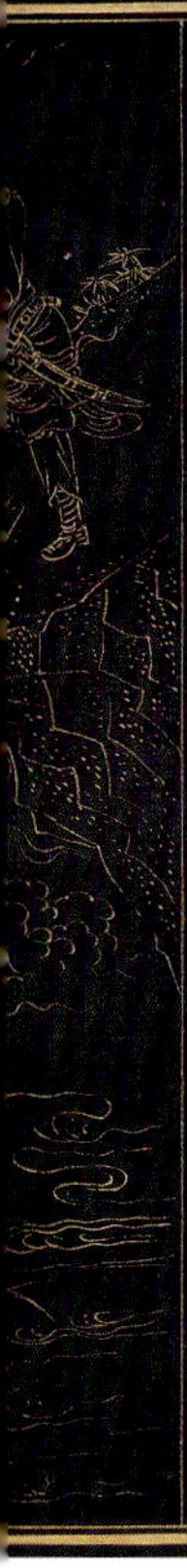

31～10

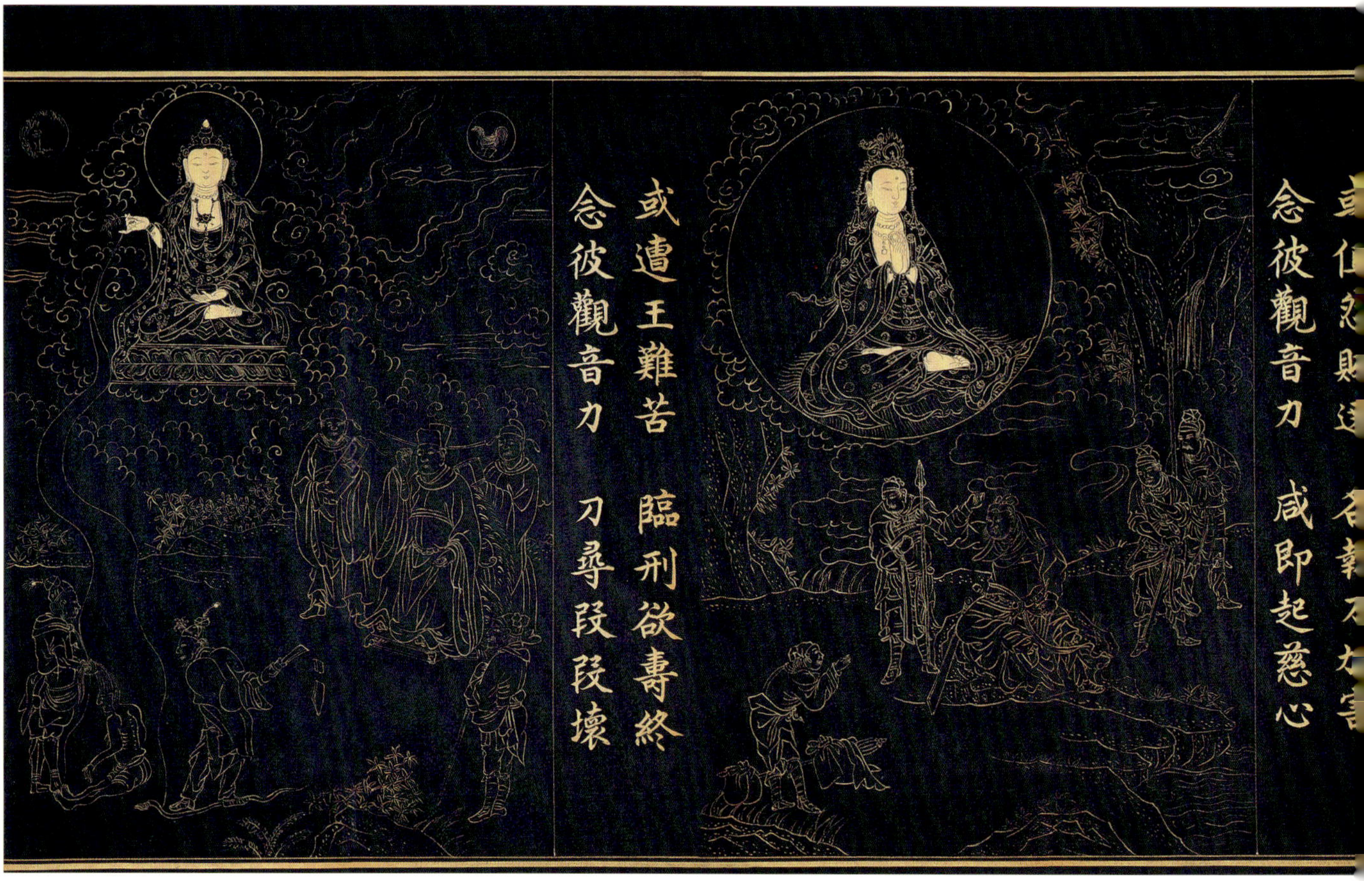
念彼觀音力 咸即起慈心
或遭王難苦 臨刑欲壽終
念彼觀音力 刀尋段段壞

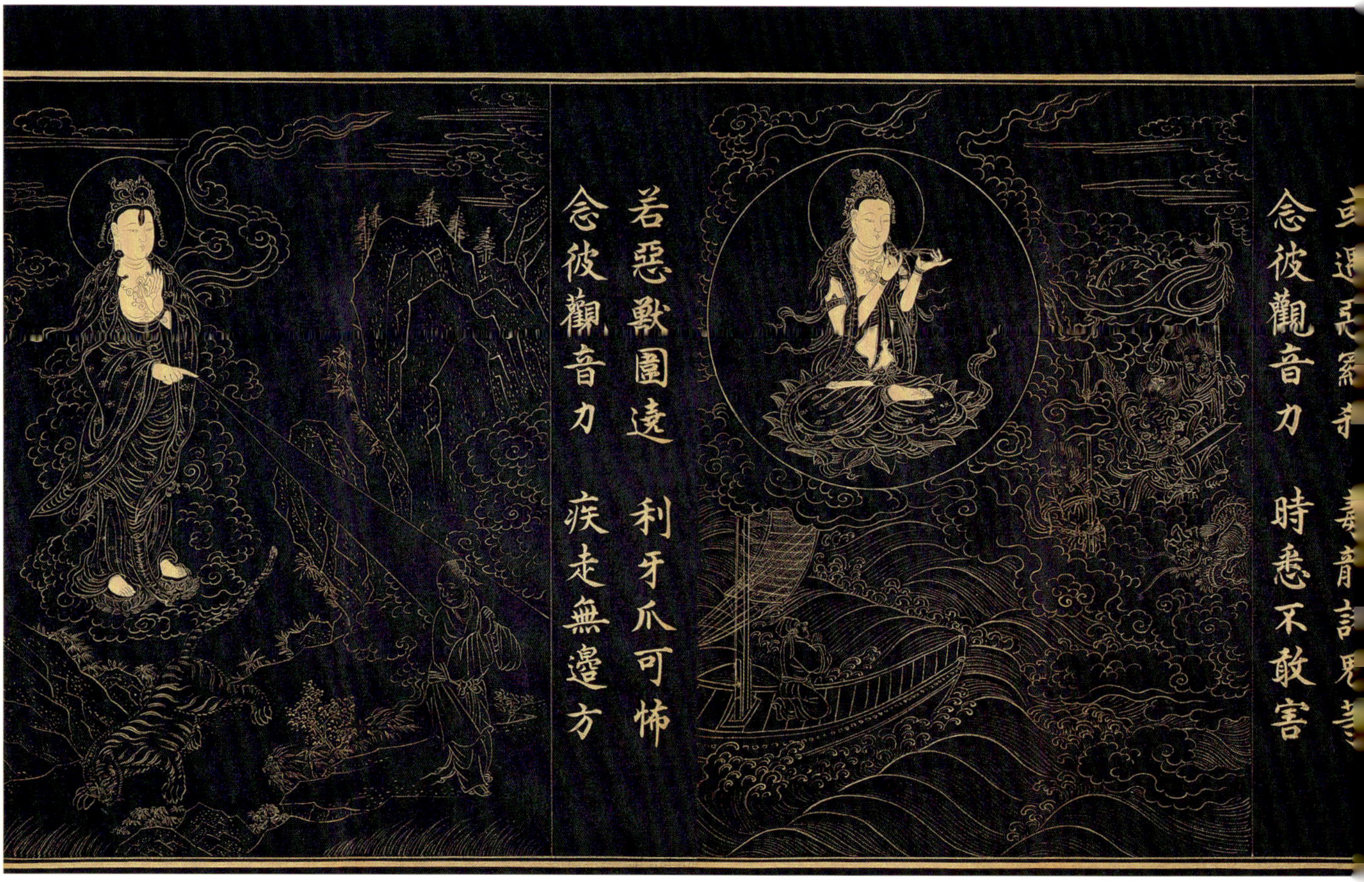
念彼觀音力 時悉不敢害
若惡獸圍遶 利牙爪可怖
念彼觀音力 疾走無邊方

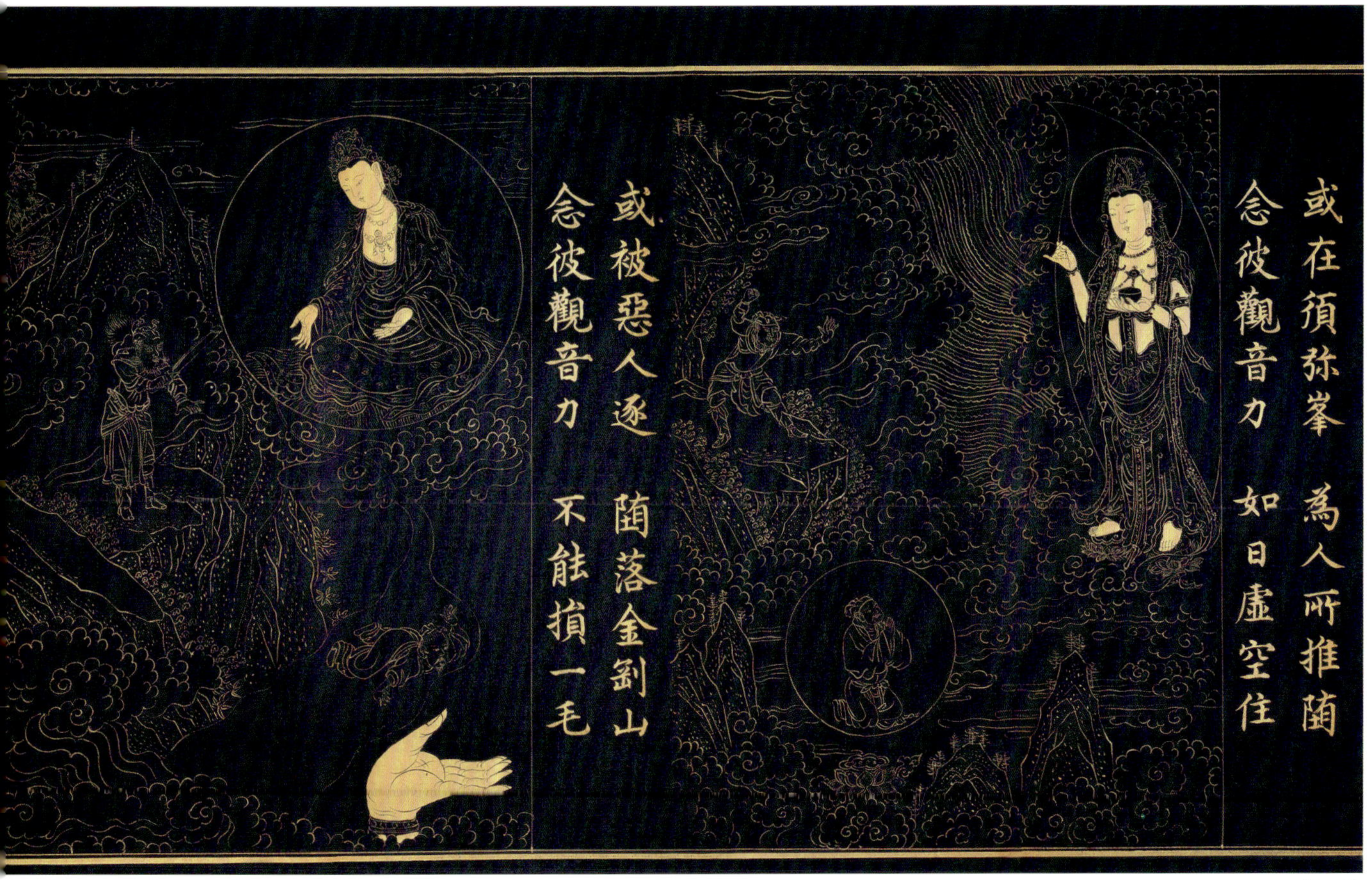
或在須弥峯 爲人所推墮
念彼觀音力 如日虛空住
或被惡人逐 墮落金剛山
念彼觀音力 不能損一毛
31～11

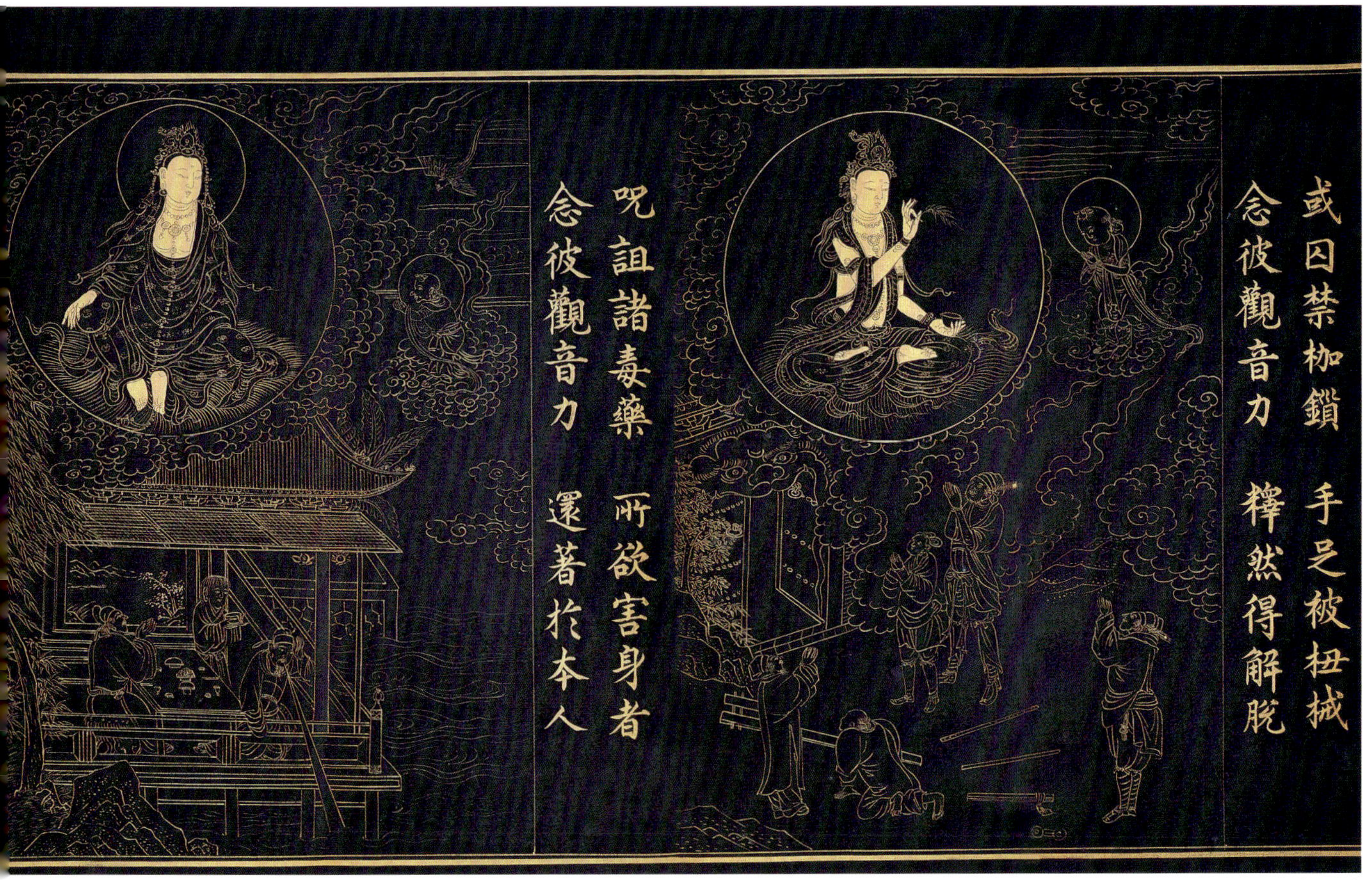
或囚禁枷鎖 手足被杻械
念彼觀音力 釋然得解脫
呪詛諸毒藥 所欲害身者
念彼觀音力 還著於本人
31～12

衆生被困厄 無量苦逼身
觀音妙智力 能救世間苦
具足神通力 廣修智方便
十方諸國土 無刹不現身
種種諸惡趣 地獄鬼畜生
生老病死苦 以漸悉令滅
真觀清淨觀 廣大智慧觀
悲觀及慈觀 常願常瞻仰
無垢清淨光 慧日破諸闇
能伏災風火 普明照世間
悲體戒雷震 慈意妙大雲
澍甘露法雨 滅除煩惱燄
諍訟經官處 怖畏軍陣中
念彼觀音力 衆怨悉退散
妙音觀世音 梵音海潮音
勝彼世間音 是故須常念
念念勿生疑 觀世音淨聖
於苦惱死厄 能為作依怙
具一切功德 慈眼視衆生
福聚海無量 是故應頂禮

無所得故菩提薩埵依般若波羅蜜多
故心無罣礙無罣礙故無有恐怖遠離
顛倒夢想究竟涅槃三世諸佛依般若
波羅蜜多故得阿耨多羅三藐三菩提
故知般若波羅蜜多是大神呪是大明
呪是無上呪是無等等呪能除一切苦
真實不虛故說般若波羅蜜多呪即說
呪曰
揭諦揭諦波羅揭諦波羅僧揭諦菩提
薩婆訶

摩訶般若波羅蜜多心經

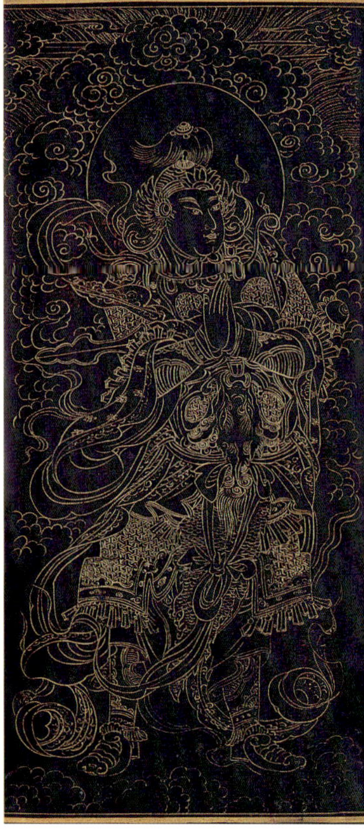

蚖蛇及蝮蠍　氣毒煙火然
念彼觀音力　尋聲自回去

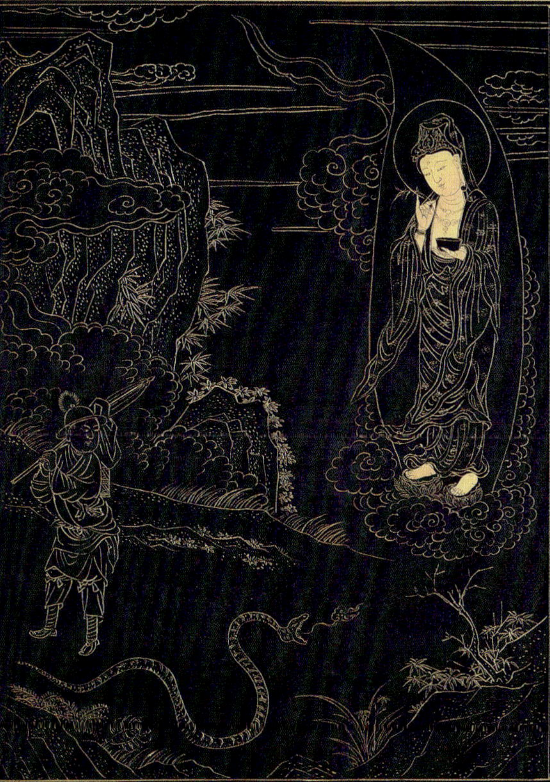

雲雷鼓掣電　降雹澍大雨
念彼觀音力　應時得消散

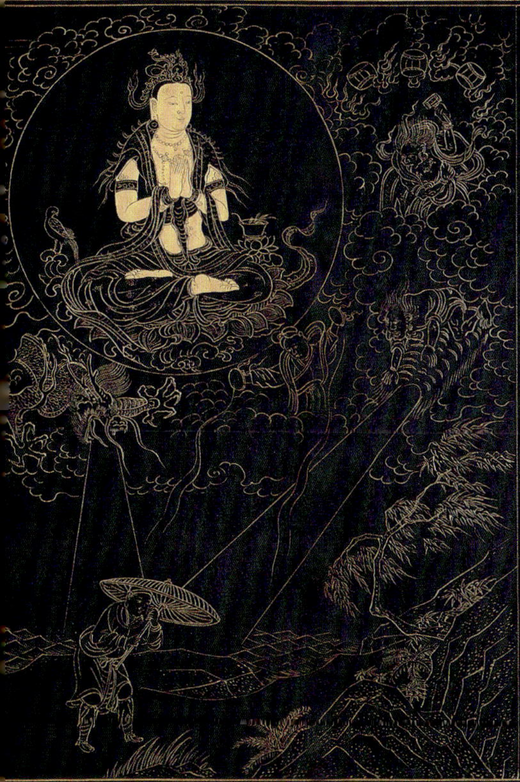

31～13

尒時持地菩薩即從座起前白佛言世
尊若有衆生聞是觀世音菩薩品自在
之業普門示現神通力者當知是人功
德不少佛說是普門品時衆中八萬四
千衆生皆發無等等阿耨多羅三藐三
菩提心

妙法蓮華經觀世音菩薩普門品

摩訶般若波羅蜜多心經

觀自在菩薩行深般若波羅蜜多時照
見五蘊皆空度一切苦厄舍利子色不
異空空不異色色即是空空即是色受
想行識亦復如是舍利子是諸法空相
不生不滅不垢不淨不增不減是故空
中無色無受想行識無眼耳鼻舌身意
無色聲香味觸法無眼界乃至無意識
界無無明亦無無明盡乃至無老死亦
無老死盡無苦集滅道無智亦無得以

31～14

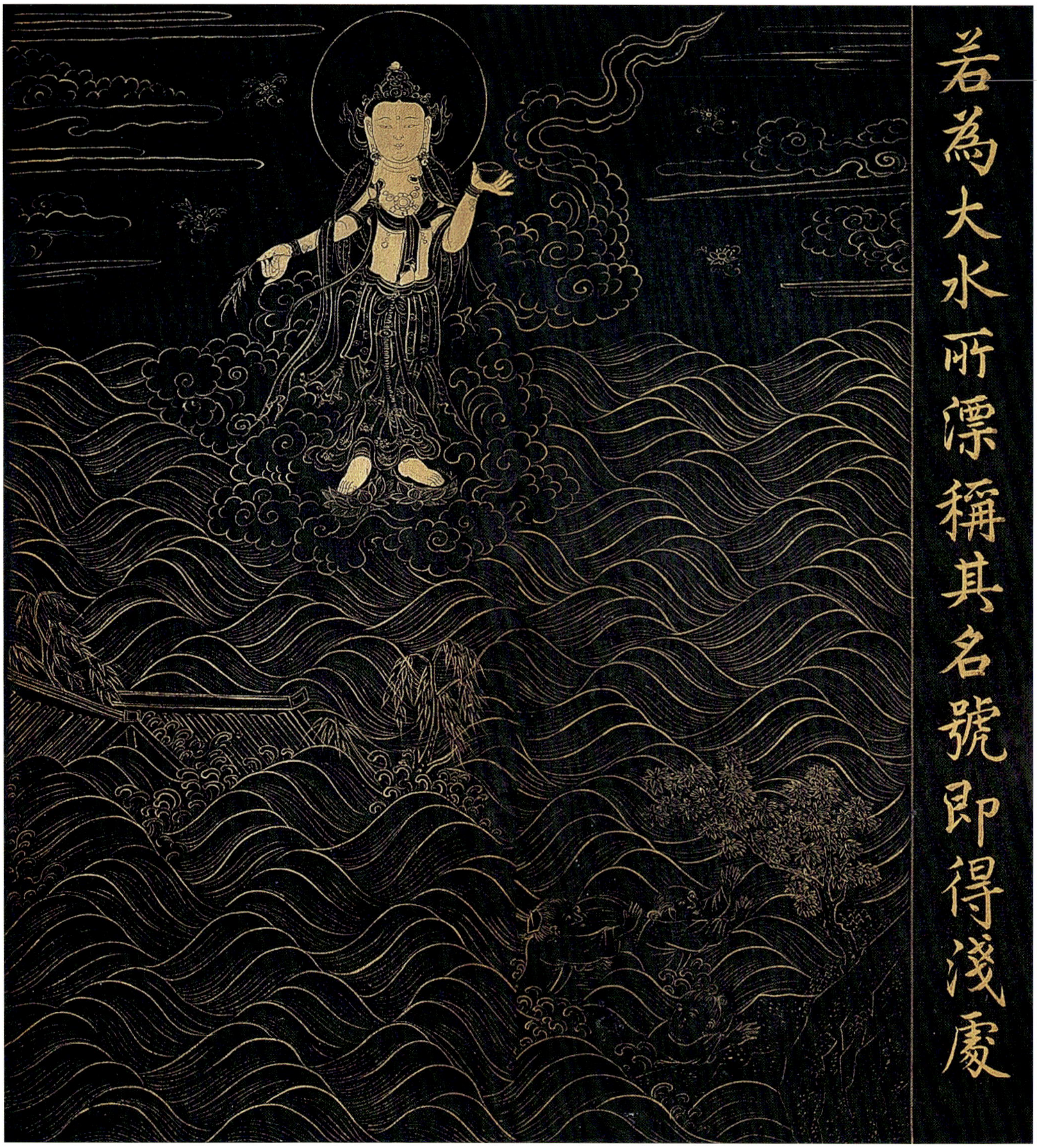

局部
Detail

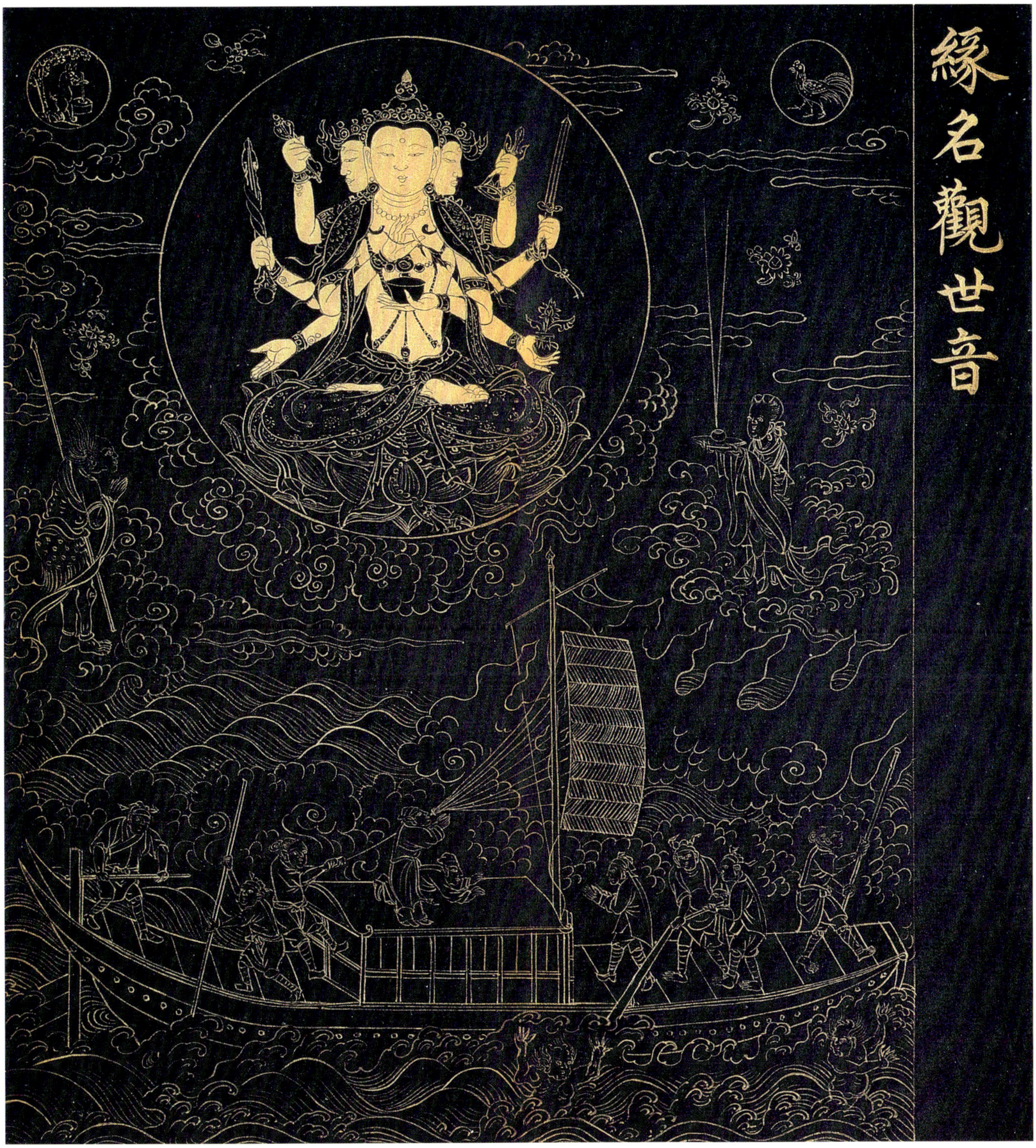

局部

Detail

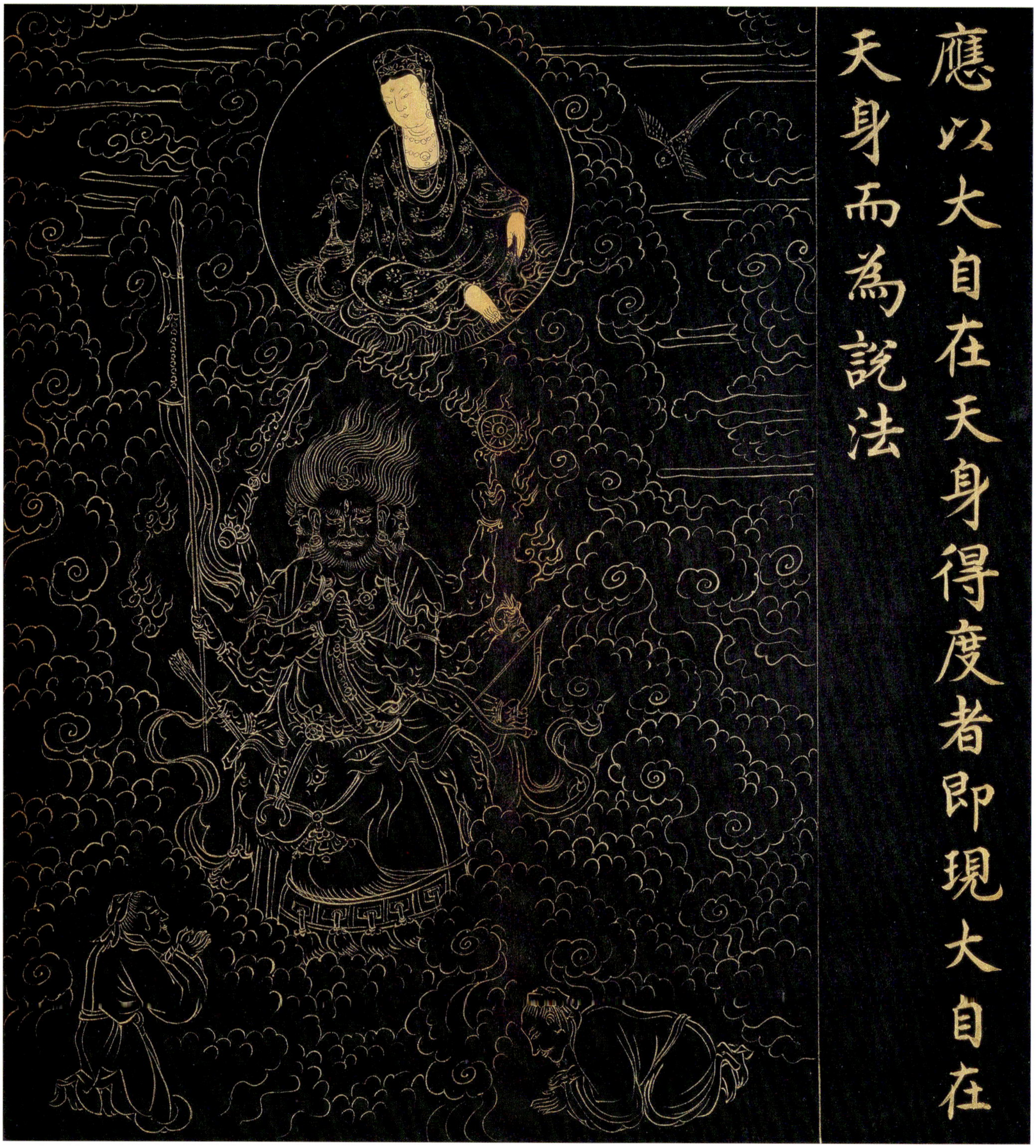

局部
Detail

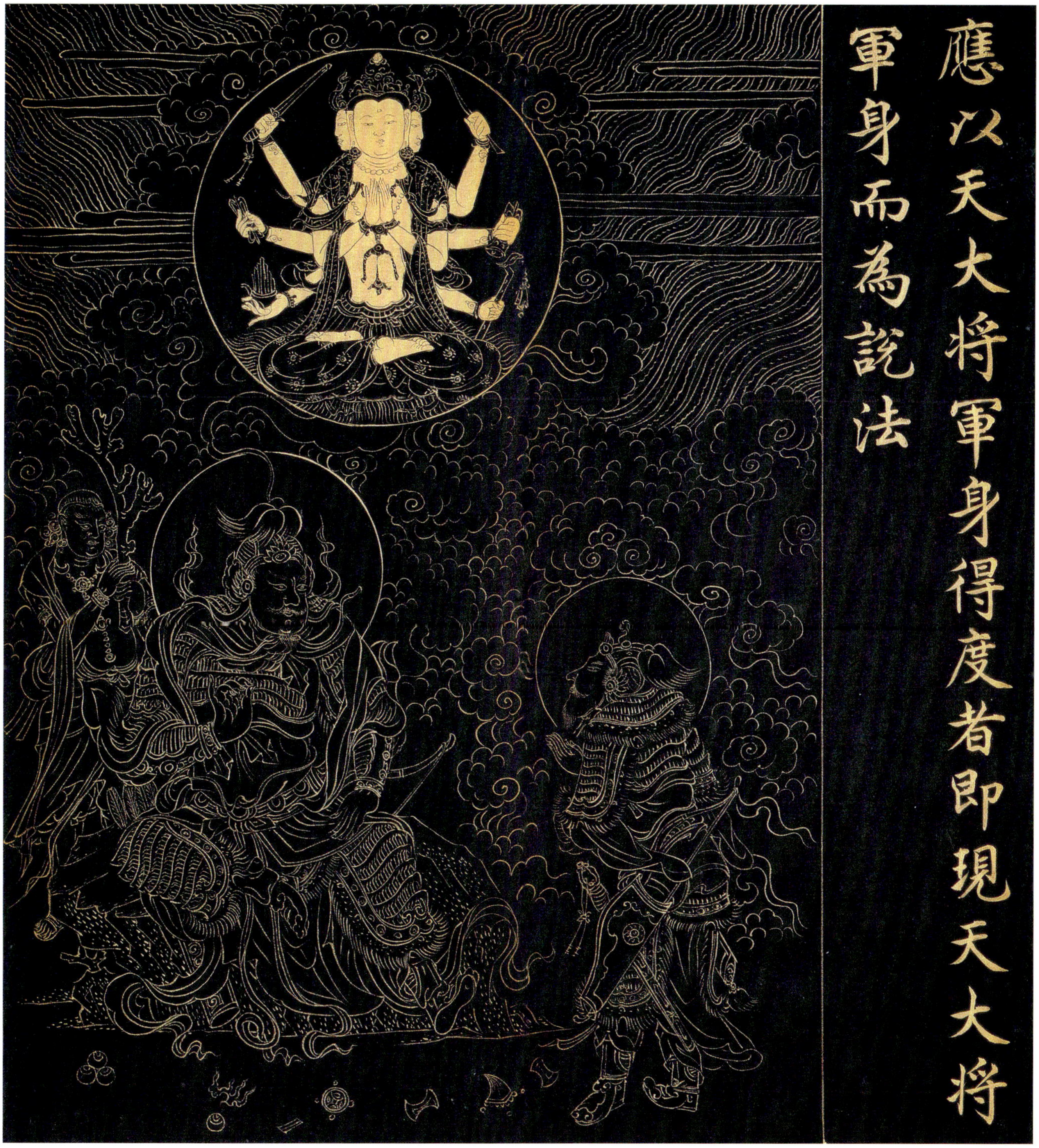

局部
Detail

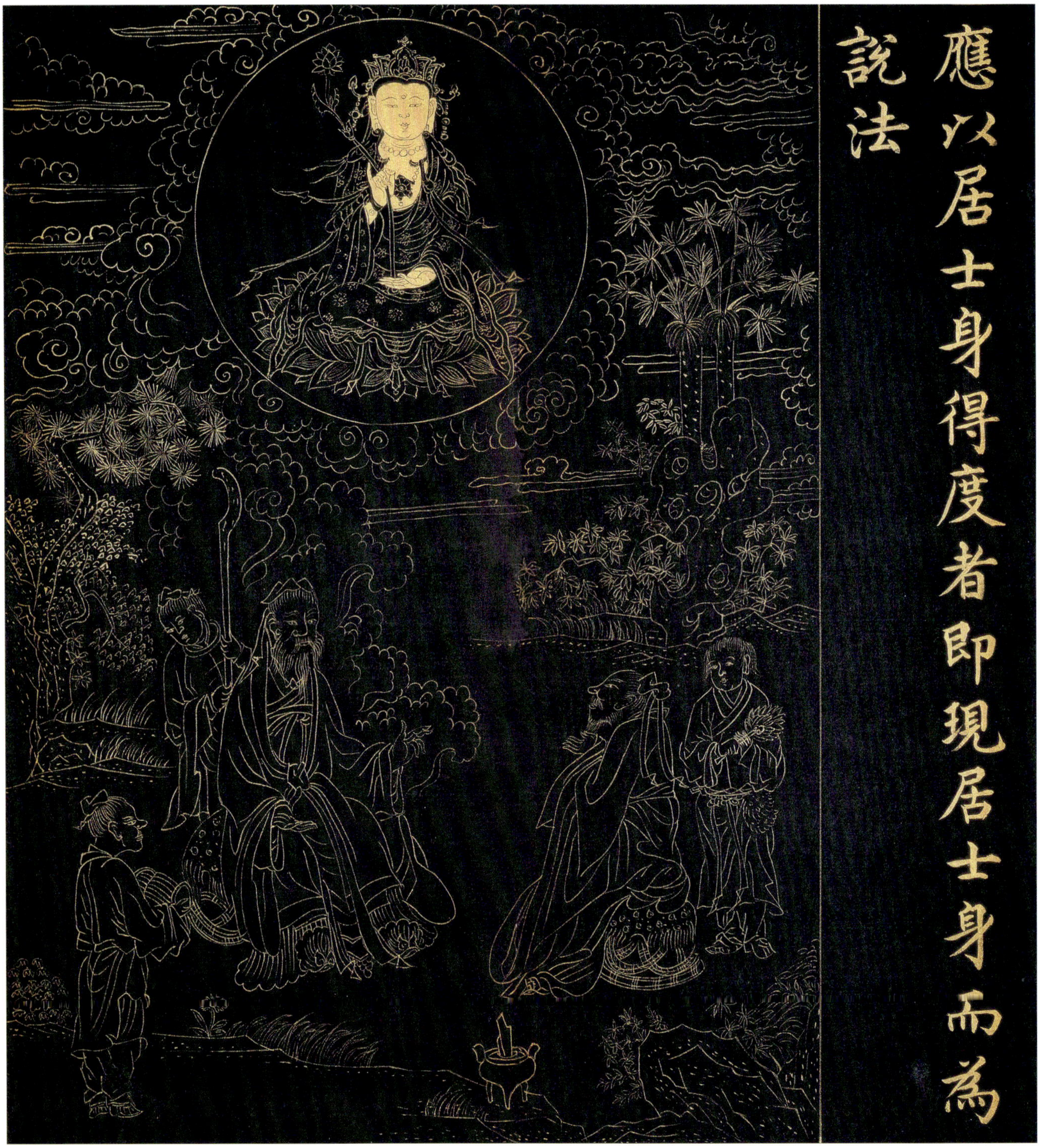

局部

Detail

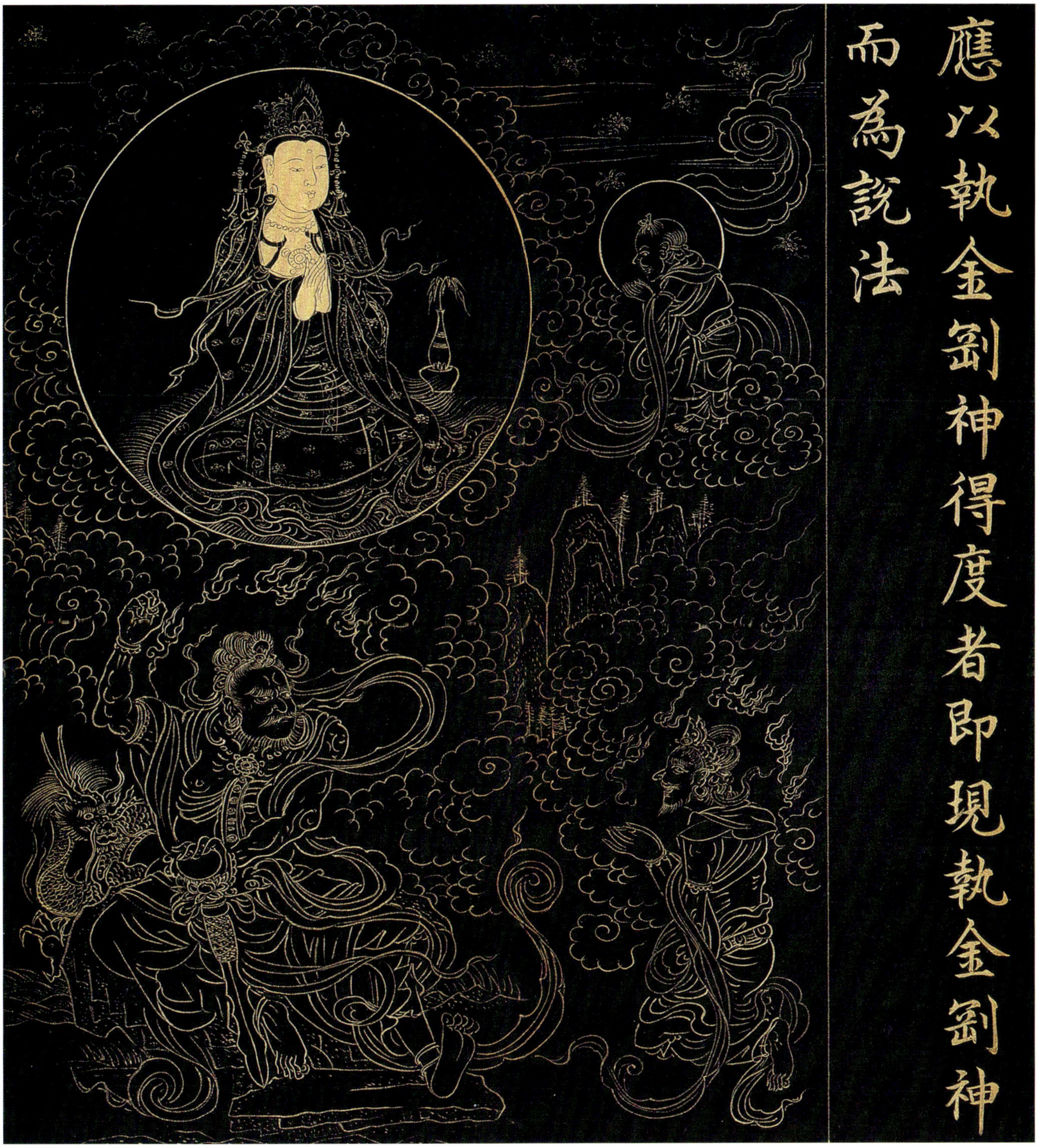

局部
Detail

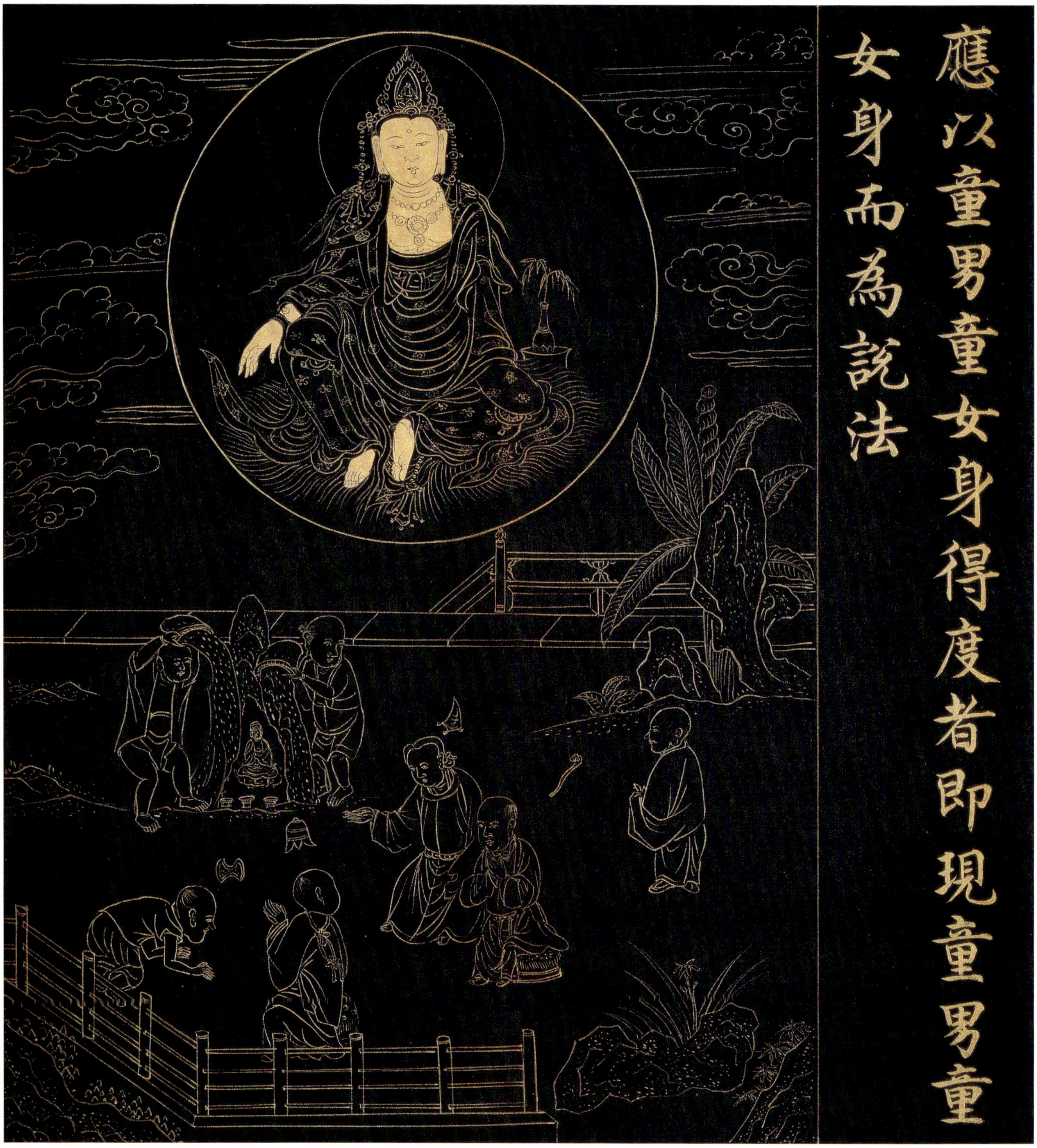

局部

Detail

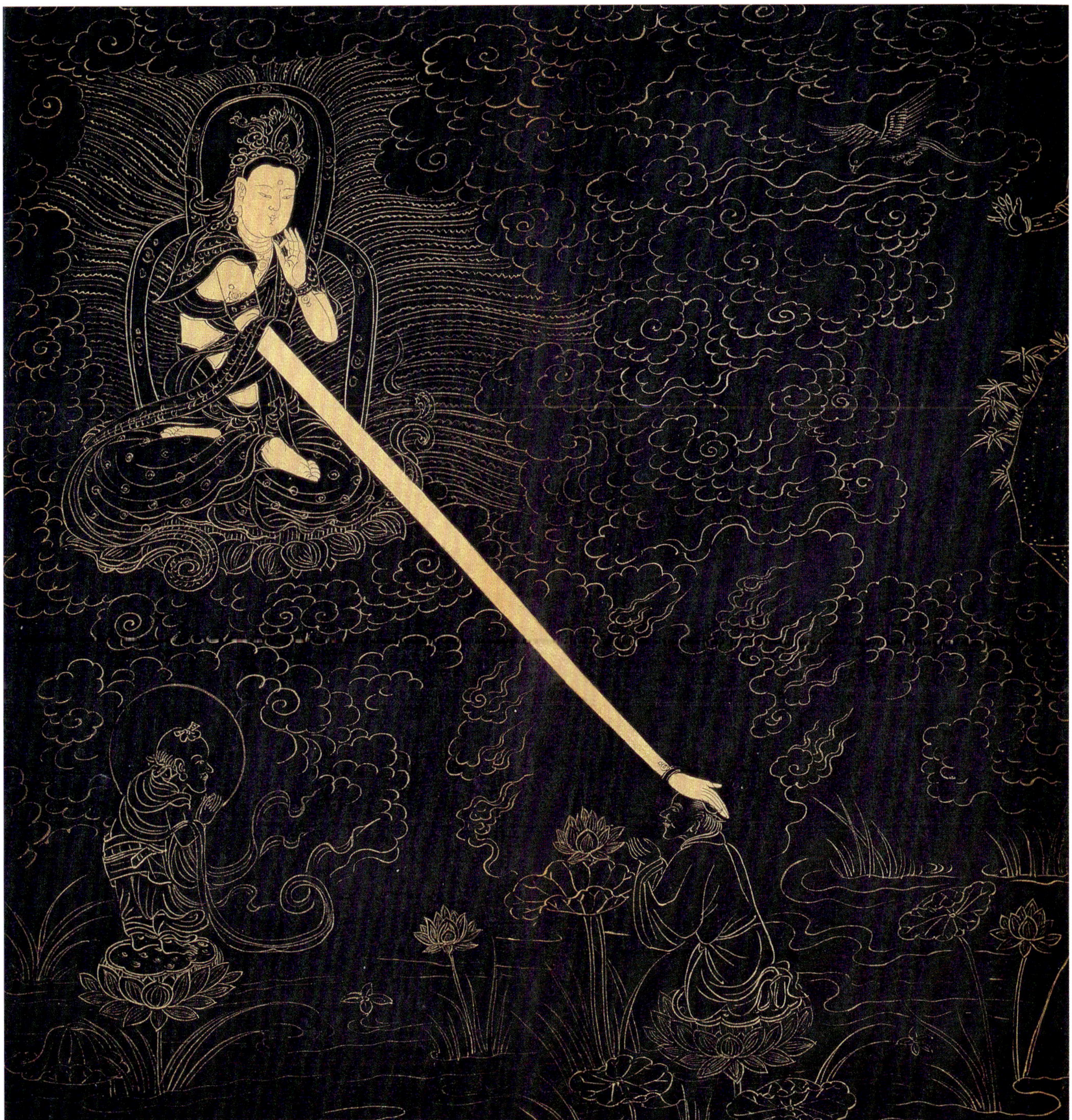

局部

Detail

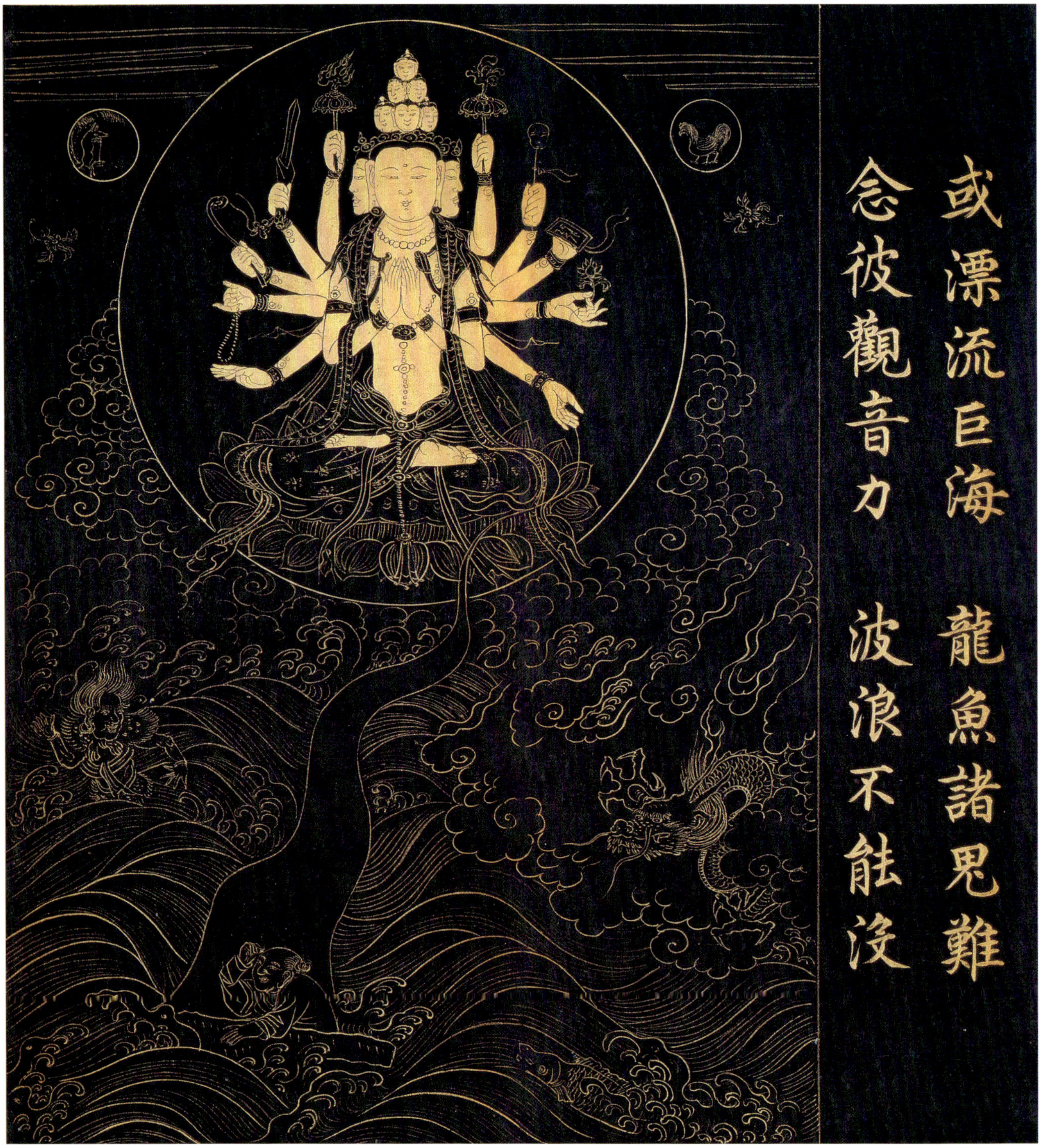

局部
Detail

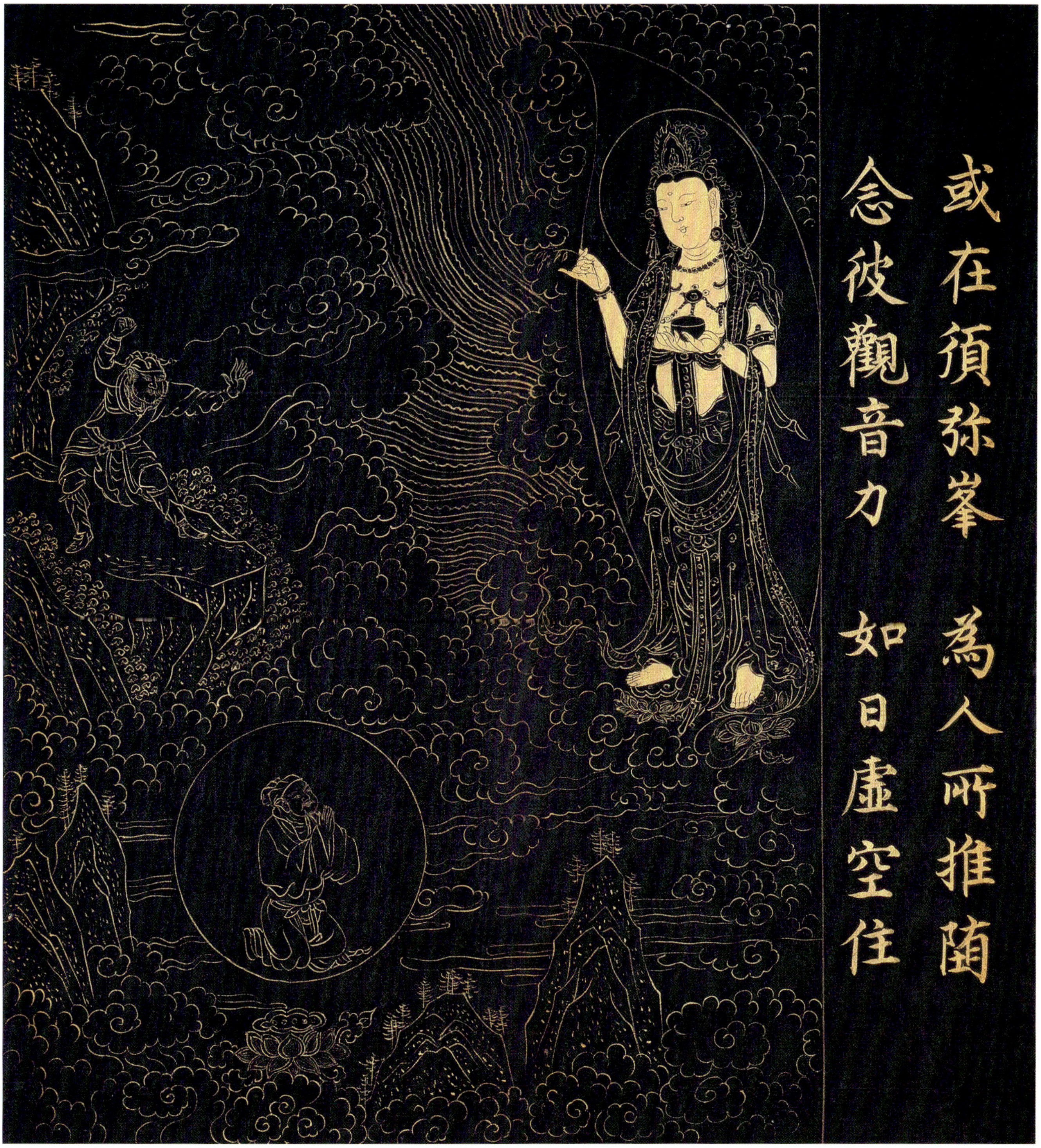

局部
Detail

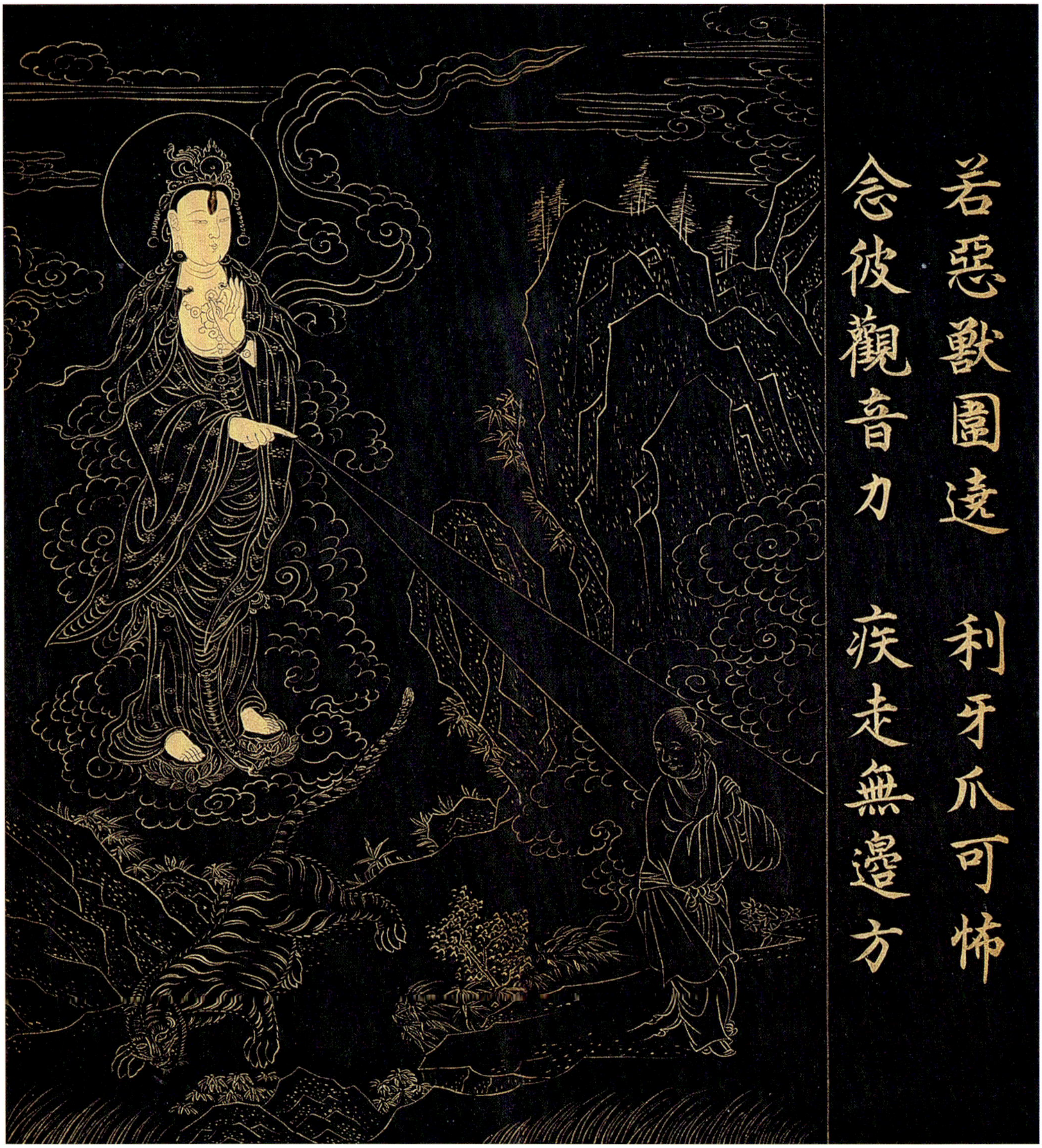

局部

Detail

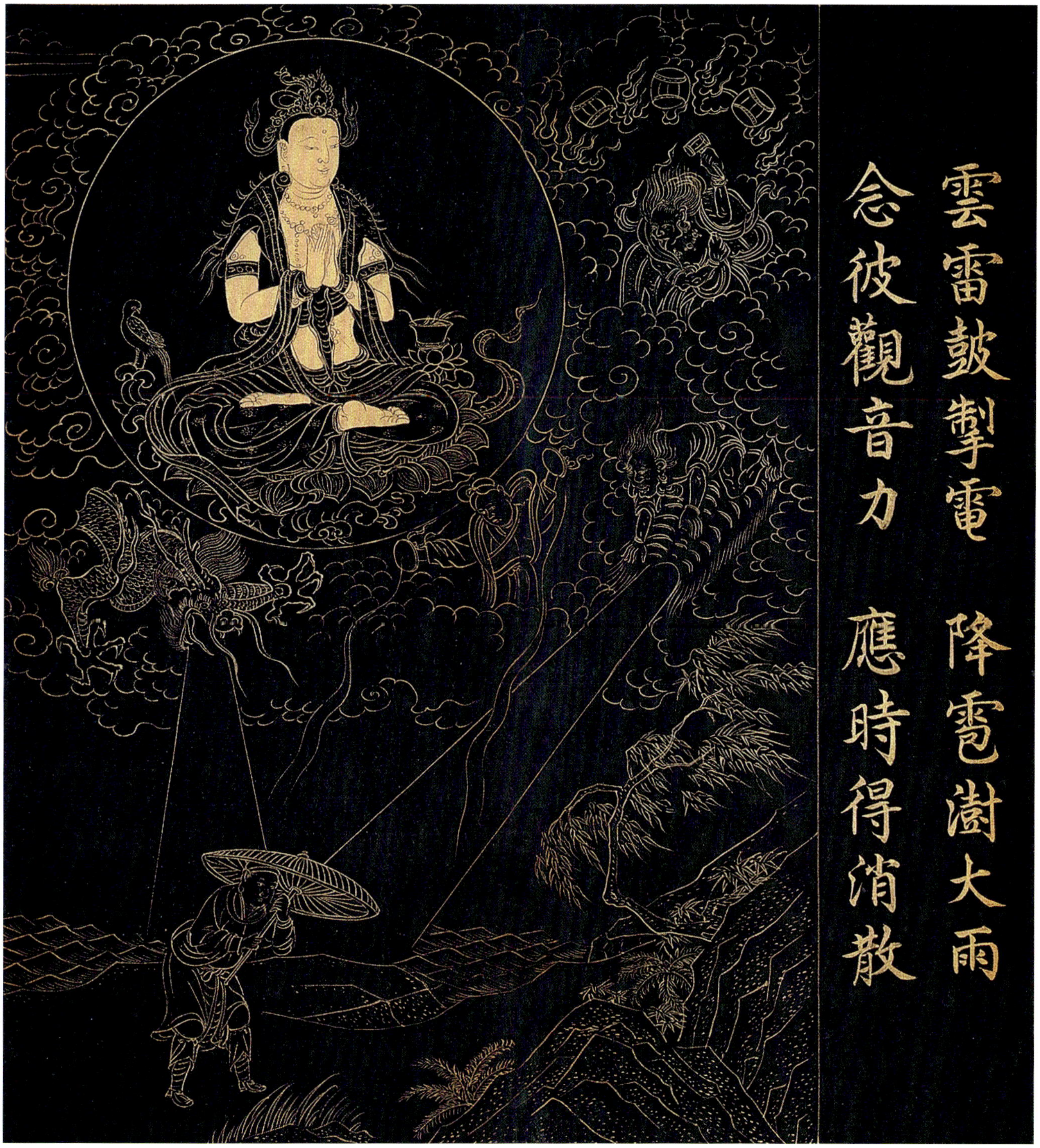

局部
Detail

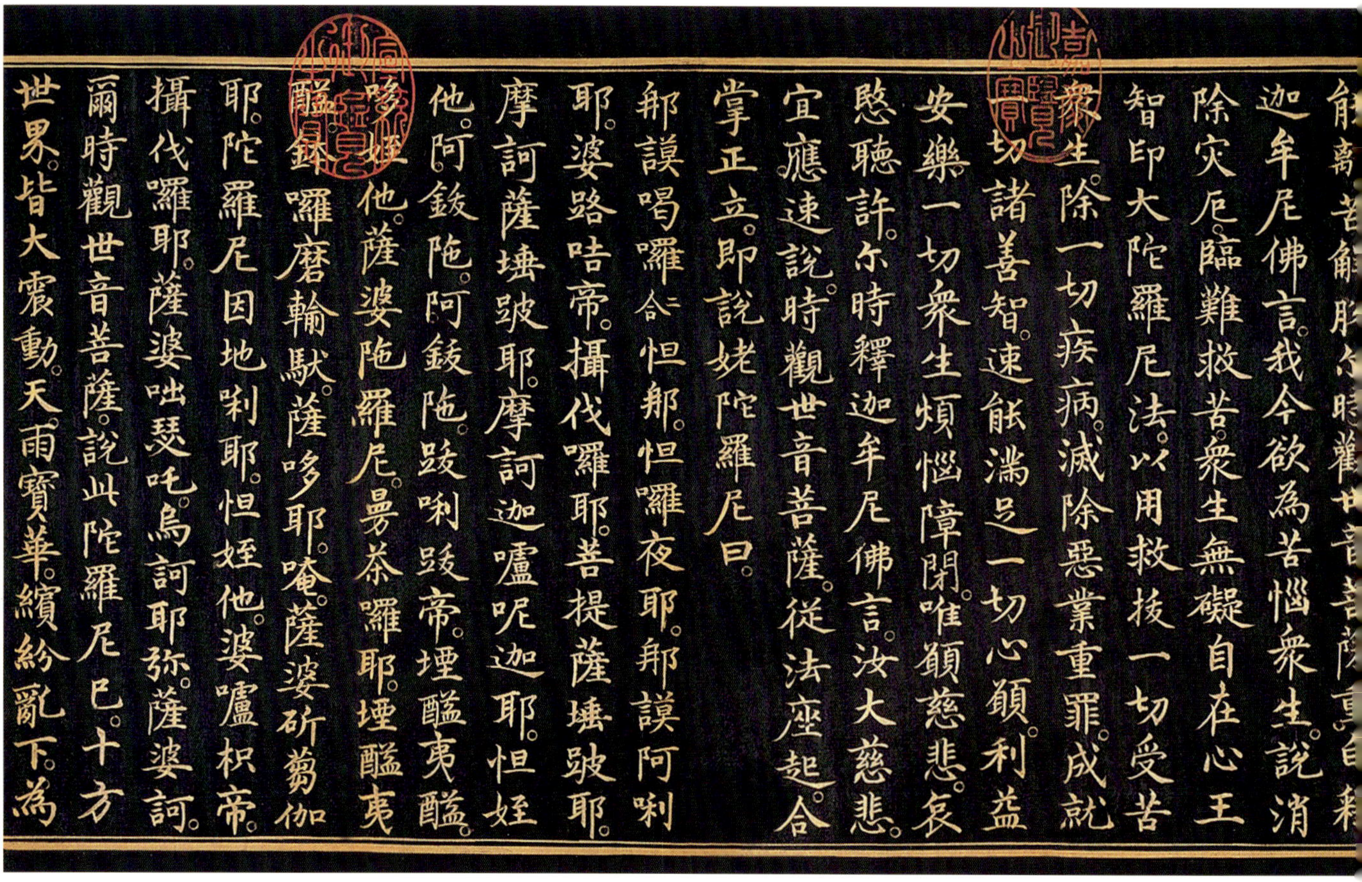

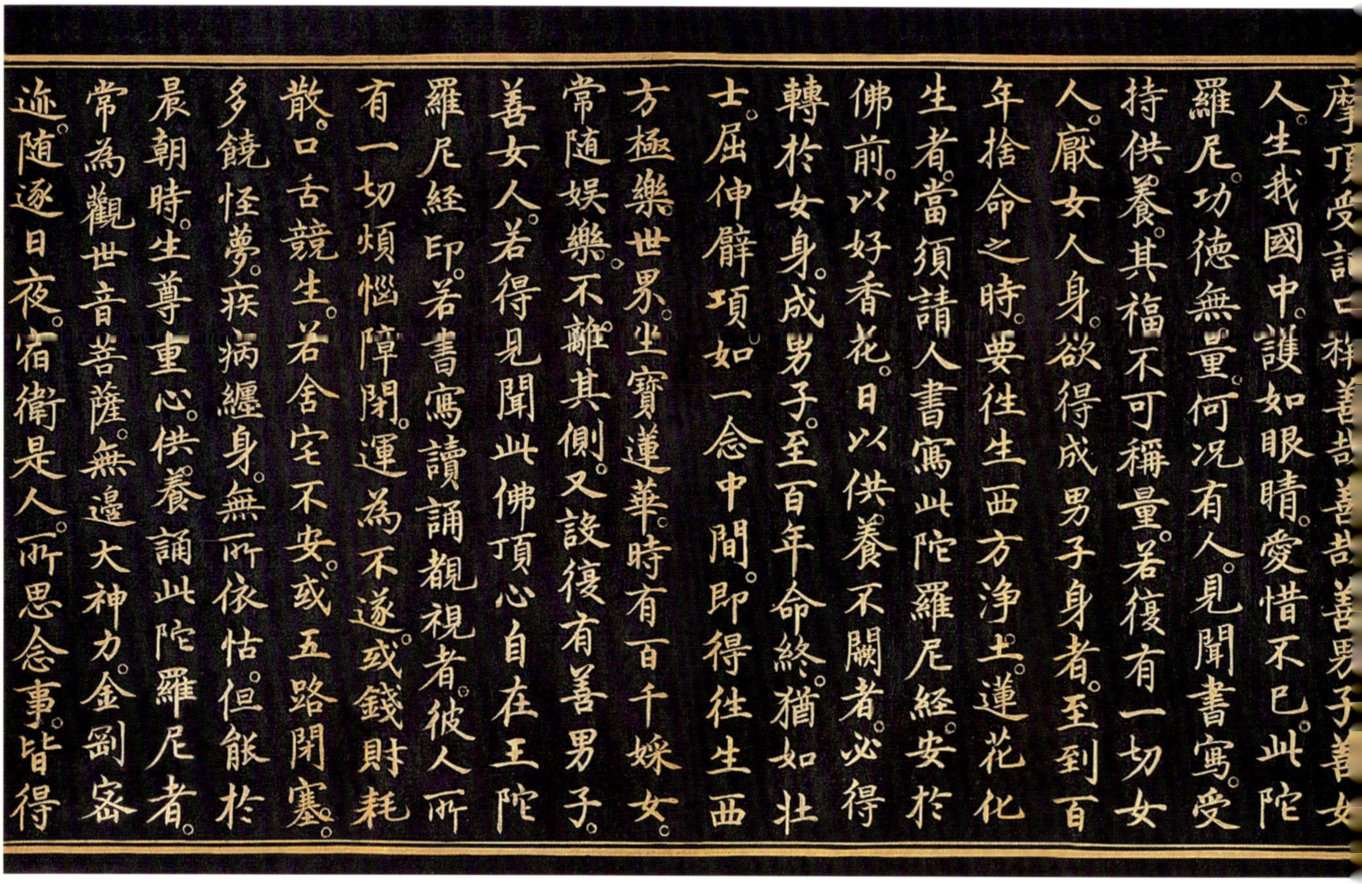

32 明人 書佛頂心觀世音菩薩大陀羅尼經

明代（1368-1644）

Kuan-yin Sūtra

Anonymous, Ming Dynasty (1368-1644)

佛頂心觀世音菩薩大陀羅尼經卷上
尒時觀世音菩薩。而白釋迦牟尼佛言。
是我前身。不可思議福德因緣。欲令利
益一切衆生。起大悲心。能斷一切繫縛。

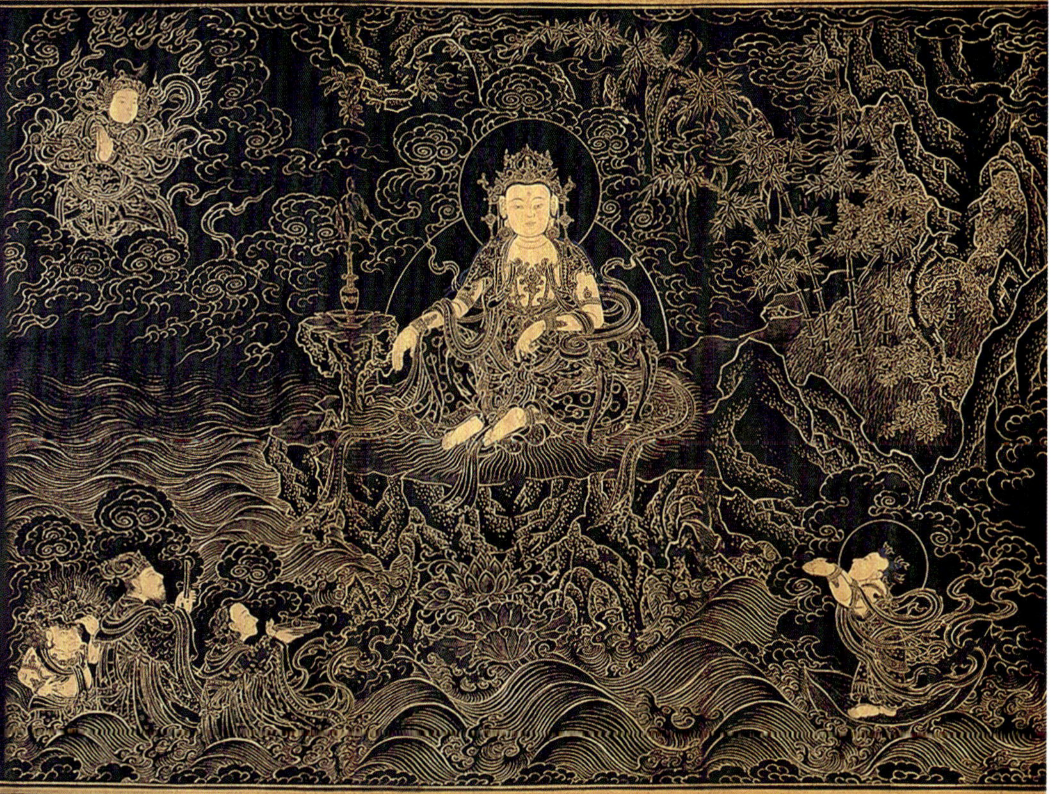

32～1

供養此陀羅尼。名薄伽梵。蓮華手自在
心王印。若有善男子。善女人。得聞此秘
密神妙章句。一厯耳根。身中所有百千
萬罪。悉皆消滅。此陀羅尼經。能滅十惡
五逆。誹謗闡提。非法說法。或於三寶師
主父母前。起憍慢心。或世世造業。殺生
害命。或三朝滿月。嫁女婚男。橫殺衆生。
犯無邊大罪。在於己身。終日冥冥。不知
不覺。天不容。地不載。千佛出世。不通懺
悔處者。如是之人。捨此一報身。當墮落
阿鼻無間地獄中。受其苦楚。一日一夜。
萬死萬生。經八萬大劫。受罪永無出期。
若有慈順男子女人。欲報父母深恩者。
遇見此佛頂心陀羅尼經。文字章句。能
請人書寫。受持讀誦。每日於晨朝向佛
前焼香誦念此陀羅尼經。如是之人。終
不墮於地獄中受罪。乃至到百年命盡。
臨欲終時。心不散亂。見十方聖衆菩薩。
各持花臺幡蓋。猶如日輪。霞光滿室。来

32～2

佛頂心觀世音菩薩療病救產方卷中
又設復若有一切諸女人或身懷六甲
至十月滿足坐草之時忽分解不得被
諸惡鬼神為作障難令此女人苦痛叫
喚悶絕號哭無處投告者即以好硃砂
書此陀羅尼及秘字印密用香水吞之
當時分解產下智慧之男有相之女令
人愛樂又若復胎衣不下致損胎傷殺
不然兒為母死乃至母為兒亡或復母
子俱喪速以硃砂書此頂輪王秘字印
用香水吞之當即便推下亡兒可以速
棄向水中若懷妊婦人不得喫狗肉鱔
魚鳥雀物命之類即月須常念寶月智
嚴光音自在王佛又若復有善男子善
女人或身遭重病經年累月在於床枕
以名藥治之不瘥者可以硃砂書此陀
羅尼及秘字印向佛前用茅香水吞之
其病當即除瘥若諸善男子善女人卒
患心痛不可申說者又以硃砂書此陀
羅尼及秘字印用青木香及好茱萸煎

佛頂心觀世音菩薩救難神驗經卷下
昔罽賓陀國中有疾病時疫流行徧一
國內是人得病者不過一日二日並已
死盡觀世音菩薩便化作一白衣居士
起大悲心巡門廣為救療施此法印令
速請人書寫此陀羅尼經三卷盡心供
養應時消散當即出離外國故知書寫
供養不可窮述又昔波羅柰國中有一
長者家中大富財帛無量唯只有一男
壽年十五忽尔得病百藥求醫不瘥命
在須臾恤惶不已時有一隣並長者來
至宅中問言長者何為不樂長者遂具
說向因緣時長者聞說答言長者但不
至愁惱唯有請人於家中以素帛書此
佛頂心陀羅尼經三卷面向佛前燒香
轉念可得其子疾病退散壽命延長于
時長者一依所言便即請人於宅中抄
寫未了其子疾病當下除瘥感得閻羅
王差一鬼使報言長者此子命限只合
十六歲今已十五唯有一年今遇善知

依願圓滿成就。又若有善男子。善女人。
求一切願者。欲成就一切種智。當獨坐
靜處閉目心念觀世音菩薩。更勿異緣。
誦此陀羅尼經一七遍。無願不果。又得
一切人之所愛樂。不墮一切諸惡之趣。
是人若住若卧。常能見佛。如對目前。無
量俱胝之所積集。諸惡過罪。悉能消滅。
如是之人。常得具足轉輪王之福。若人
以掬香花供養此陀羅尼經者。是人得
大千之福。大悲法藏。彼人世間得大成
就。又若有善男子。善女人。能於晨朝時。
面向佛前燒香誦此陀羅尼經。若滿千
遍。即時見觀世音菩薩。當化現阿難形
相。爲作證明。問言。所須何果報。悉能依
願成就。消除身口意業。得佛三昧灌頂
智力。波羅蜜地。殊勝之力。如滿果遂。

佛頂心觀世音菩薩大陀羅尼經卷上

32～3

湯相和吞之。一切疾患。無不除瘥。又諸
善男子。善女人。若至父母兄弟親眷。到
臨命終時。恓惶之次。速取西方一掬淨
土。書此陀羅尼。燒作灰。和其淨土作泥。
置於此人心頭上。可以着衣裳蓋覆。如
是之人。於一念中間。承此陀羅尼威力。
便生西方極樂世界。面見阿弥陀佛。不
住中陰之身。四十九日。此陀羅尼。若人
貧困飢渴。復思衣念食。無人救接者。但
能志心供養。日以香花。冥心啓告念佛。
必得財帛衣食。悉能滿足。又若復有人。
得遇善知識。故誘勸書此陀羅尼經上
中下三卷。準大藏經中。具述此功德。如
人造十二藏大尊經也。如將紫磨黃金。
鑄成佛像。供養此陀羅尼經威神之力。
亦復如是。又諸善男子。善女人。或東隣
西舍。有飛符注煞。破射雄雌。魍魎鬼神。
橫相惱亂。在人家宅中。伺求人便者。若
遇得此陀羅尼經。於所在供養者。是諸
鬼神。悉皆奔走。不敢侵害。

32～4

一僧身披百衲直至江邊乃謂此婦人
曰。不用啼哭。此非是汝男女。是弟子三
生前中冤家。三度託生。欲殺母不得。為
緣弟子。常持佛頂心陀羅尼經。并供養
不闕。所以殺汝不得。若欲要見汝這冤
家。但隨貧道手看之。道了。以神通力一
指。遂化作夜叉之形。向水中而立。報言。
緣汝曾殺我來。我今欲來報冤。蓋緣汝
有大道心。常持佛頂心陀羅尼經。善神
日夜擁護。所以殺汝不得。我此時。既蒙
觀世音菩薩。與我受記了。從今永不與
汝為冤。道了便沉水中。忽然不見。此女
人雨淚交流。禮拜菩薩。便即歸家。冥心
發願。貨賣衣裳。更請人寫一千卷。倍加
受持。無時暫歇。年至九十七歲。捨命向
秦國變成男子之身。若有善男子。善女
人。能寫此經三卷。於佛室中。以五色雜
綵。作囊盛之。乃至或隨身供養者。是人
若住若臥。危險之處。常有百千那羅延
金剛密迹。大力無邊阿吒鈸拘羅神。身

德不可具述。此官人聞語頂禮懺悔。便
於和尚處請本破。自己料錢。喚人只向
廳前。抄寫一千卷。置道場內。日以香花
供養散施。後勑加改任懷州刺史。故知
此經功德無量。歡喜信受頂戴奉行。

佛頂心觀世音菩薩救難神驗經卷下

佛頂心陀羅尼
唵齒臨

自在王治瘟毒陀羅尼
唵部臨
一氣念二十一遍

朱書此符

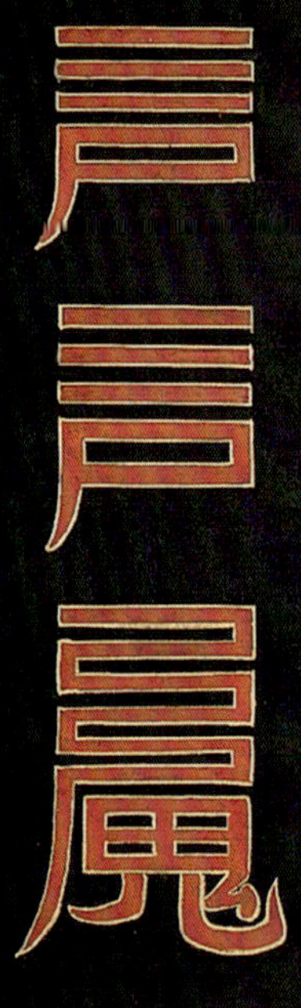

能救産難

秘字印

識故勸令書寫此陀羅尼經得延至九
十故来相報是時長者夫妻歡喜踊躍
無量即開庫藏珠金貨賣更寫一千卷
日以供養不闕當知此經不可稱量具
大神驗又昔曽有一婦人常持此佛頂
心陀羅尼經日以供養不闕乃於三生
之前曽置毒藥殺害他命此寃家不曽
離於前後欲求方便置殺其母遂以託
陰此身向母胎中抱母心肝令慈母至
生産之時分觧不得萬死萬生及至生
産下来端正如法不過兩歲即便身亡
母憶之痛苦切號哭遂即抱此孩兒拋
棄向水中如是三遍託陰此身向母腹
中欲求方便置殺其母至第三遍准前
得生向母胎中百千計較抱母心肝令
其母千生萬死悶絶叫喚准前生下特
地端嚴相貌具足亦不過兩歲又以身
亡母既見之不覺放聲大哭是何惡業
日縁准前抱此孩兒直至江邉已經數

32～5

持劔輪隨逐日夜作衛無難不除無灾
不救無邪不斷又昔有官人擬赴任懐
州縣令爲無錢作上官行理遂於泗洲
普光寺内借取常住錢一百貫文用充
上官其時寺主便以接借即差一小沙
弥相逐至懐州取錢其沙弥當即便與
其官人一時乘船得至一深潭夜宿此
官人忽生惡心便不肯謀還寺家錢令
左右将一布袋盛這和尚拋放水中縁
這和尚自從七歲以来隨師出家常持
此佛頂心陀羅尼經兼以供養不闕自
不曽離手所在之處将行轉念既被此
官人致殺殊不損一毫只覺自己身被
箇人扶在虛空中如行閤室直至懐州
縣中専待此官人到是時此官人不逾
一兩日得上懐州縣令三朝衆見衙退
了乃忽見拋放水中者小和尚在廳中
坐不覺大驚遂乃昇廳同坐乃問和尚
曰不審和尚有何法術此沙弥具說衣

32～6

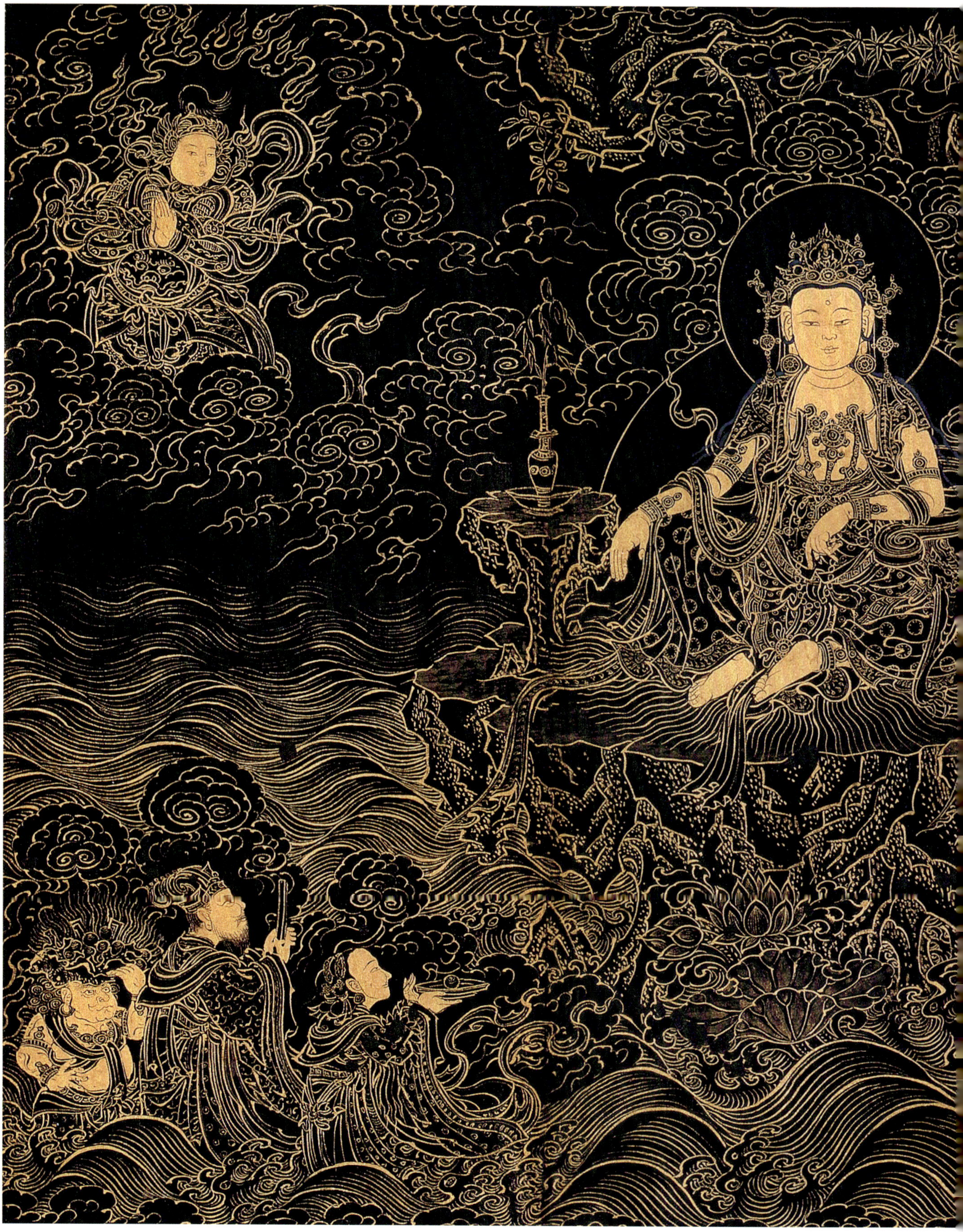

局部

Detail

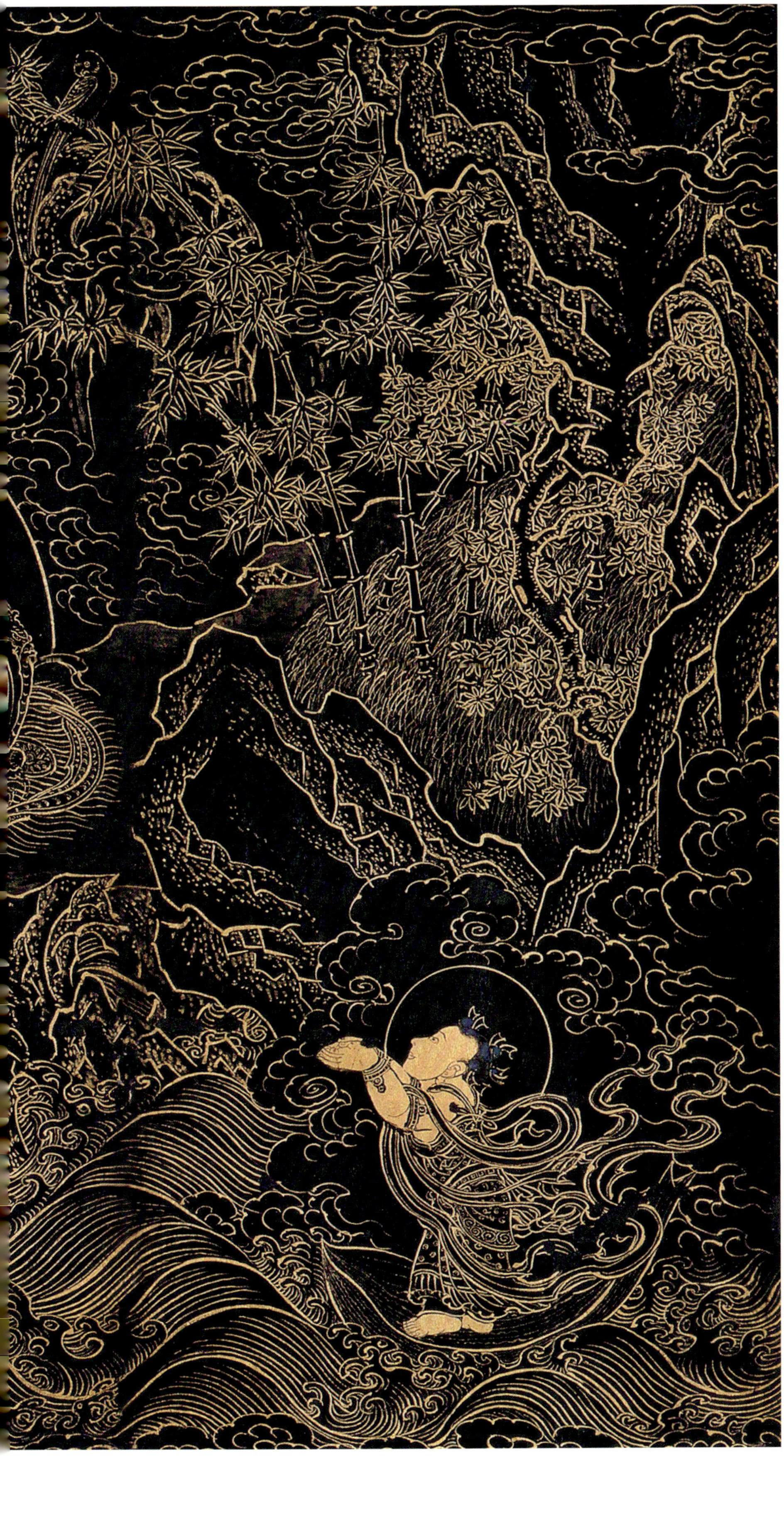

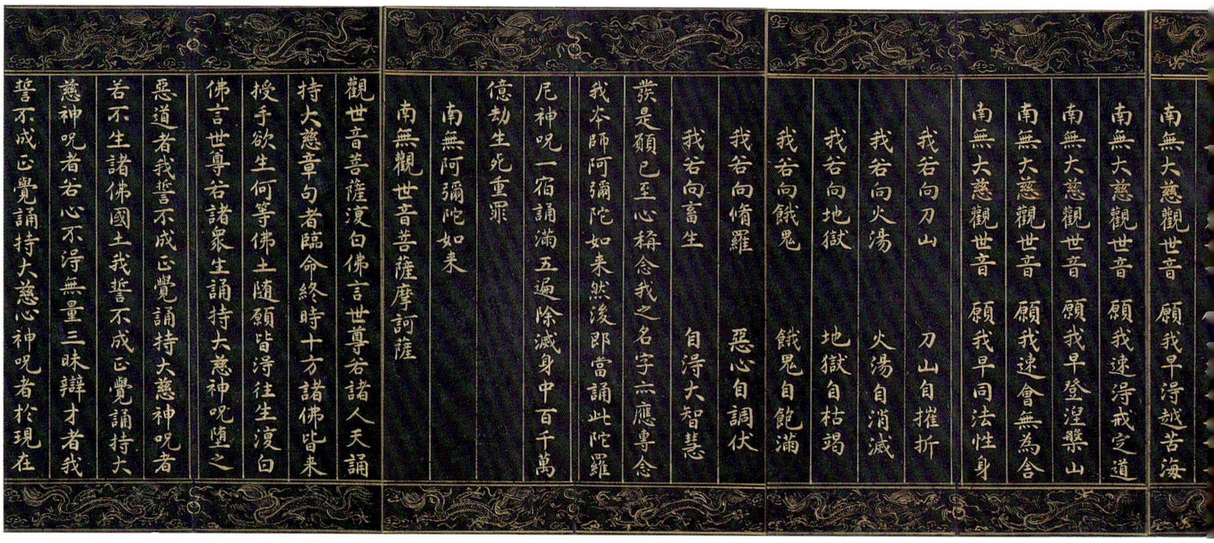

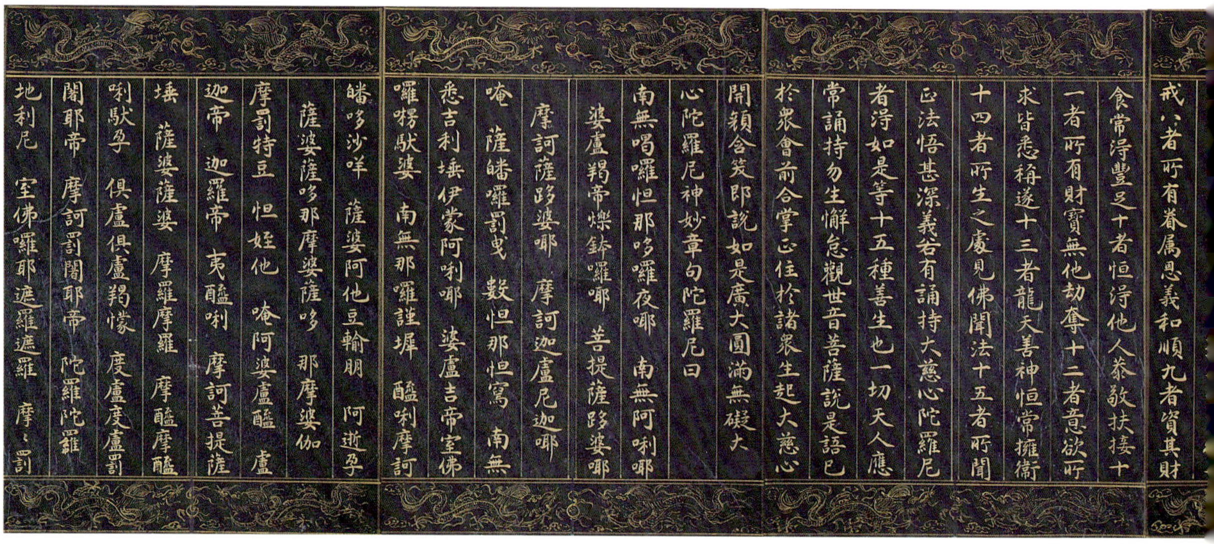

33-1 明人 書千手千眼觀世音菩薩大慈心陀羅尼經 第一冊
明代（1368-1644）

Kuan-yin Sūtra of Great Compassion

Anonymous, Ming Dynasty (1368-1644)

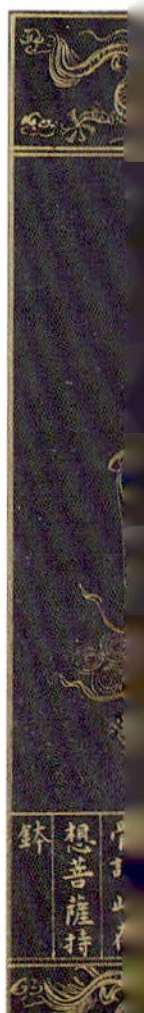

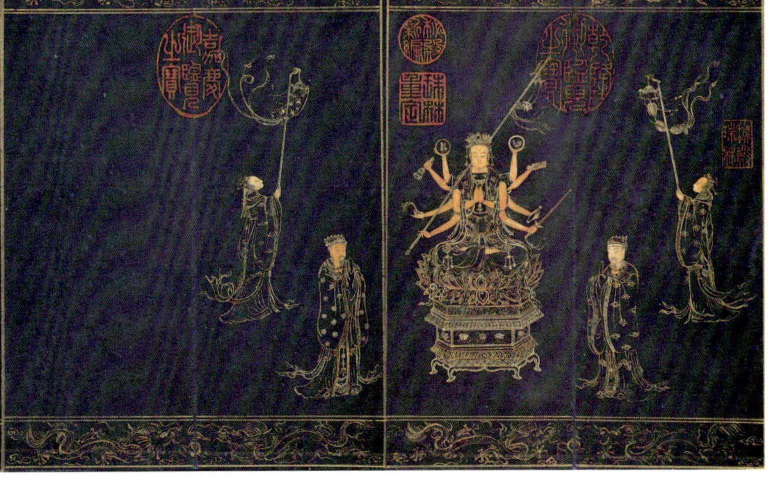

千手千眼觀世音菩薩大慈心陀羅尼

大唐三藏不空譯

稽首觀音大慈主　願力洪深相好身
千臂莊嚴普護持　千眼光明遍觀照
真實語中宣密語　無為心內起慈心
速令滿足諸希求　永使滅除諸罪業
龍天衆聖同慈護　百千三昧頓薰脩
受持身是光明幢　受持心是神通藏
洗滌塵勞願濟海　超證菩提方便門
我今稱誦誓歸依　所願從心悉圓滿
南無大慈觀世音　願我速知一切法
南無大慈觀世音　願我早得智慧眼
南無大慈觀世音　願我速度一切衆

生中一切所求若不果遂者不得名為大慈心陀羅尼也唯除不善除不至誠若諸女人厭賤女身欲得成男子者誦持大慈陀羅尼章句若不轉女身成男子者我誓不成正覺生少疑心者必不得果遂也若諸衆生侵損常住飲食財物千佛出世不通懺悔縱能懺悔亦不除滅今誦大慈神呪即得除滅若侵損食用常住飲食財物要對十方師懺謝然始除滅今誦大慈陀羅尼時十方佛即來為作證明一切罪障悉皆消滅一切十惡五逆謗人謗法破齋破戒破塔壞寺偷僧祇物汙淨梵行如是等一切惡業重罪悉皆滅盡唯除一事於呪生疑者迺至小罪輕業亦不得滅何況重罪雖不即滅重罪猶能遠作菩提之因

復白佛言世尊若諸人天誦持大慈心呪者得十五種善生不受十五種惡死也其惡死者一者不令其人饑餓困苦死二者不為枷禁杖楚死三者不為怨家讎對死四者不為軍陣相殺死五者不為虎狼惡獸殘害死六者不為毒蛇蚖蠍所中死七者不為水火焚漂死八者不為毒藥所中死九者不為蠱毒所害死十者不為狂亂失念死十一者不為山樹崖岸墜落死十二者不為惡人厭魅死十三者不為邪神惡鬼得便死十四者不為惡病纏身死十五者不為非分自害死誦持大慈神呪者不被如是十五種惡死也得十五種善生者一者所生之處常逢善王二者常生善

摩囉　穆帝囇　伊醯移醯　室那室那　阿囉嘇佛囉舍利　罰沙罰嘇　佛羅舍耶　呼嚧呼嚧摩囉　呼嚧呼嚧醯利　娑囉娑囉　悉利悉利　蘇嚧蘇嚧　菩提夜菩提夜　菩馱夜菩馱夜　彌帝利夜　那囉謹墀　地唎瑟尼那　波夜摩那　娑婆訶　悉陁夜　娑婆訶　摩訶悉陁夜　娑婆訶　悉陁喻藝　室皤囉夜　娑婆訶　那羅謹墀　娑婆訶　摩囉那囉　娑婆訶　悉囉僧阿穆佉耶　娑婆訶　娑婆摩訶阿悉陁耶　娑婆訶　者吉囉阿悉陁夜　娑婆訶　波陁摩羯悉哆夜　娑婆訶　那囉謹墀皤伽囉耶　娑婆訶　摩婆利勝羯囉夜　娑婆訶　南無喝囉怛那哆囉夜耶　南無阿唎耶　婆盧吉帝　爍皤囉夜　娑婆訶　唵悉殿都　漫哆囉　䟦馱耶　娑婆訶

南無喝囉怛那哆囉夜耶

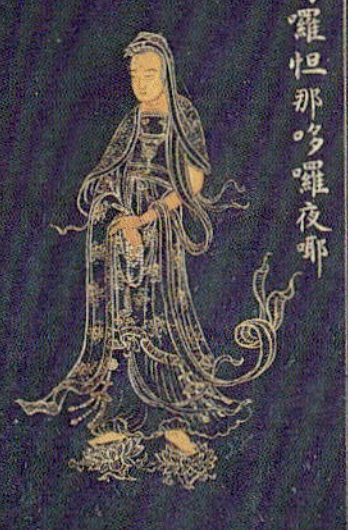

此是觀世音菩薩本身大須慈心用心誦讀勿高聲神性急

南無阿唎耶

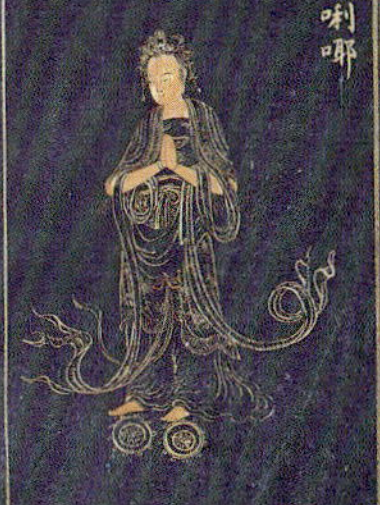

此是如意輪菩薩本身到此須存心

婆盧羯帝爍鉢囉耶

此是持鉢

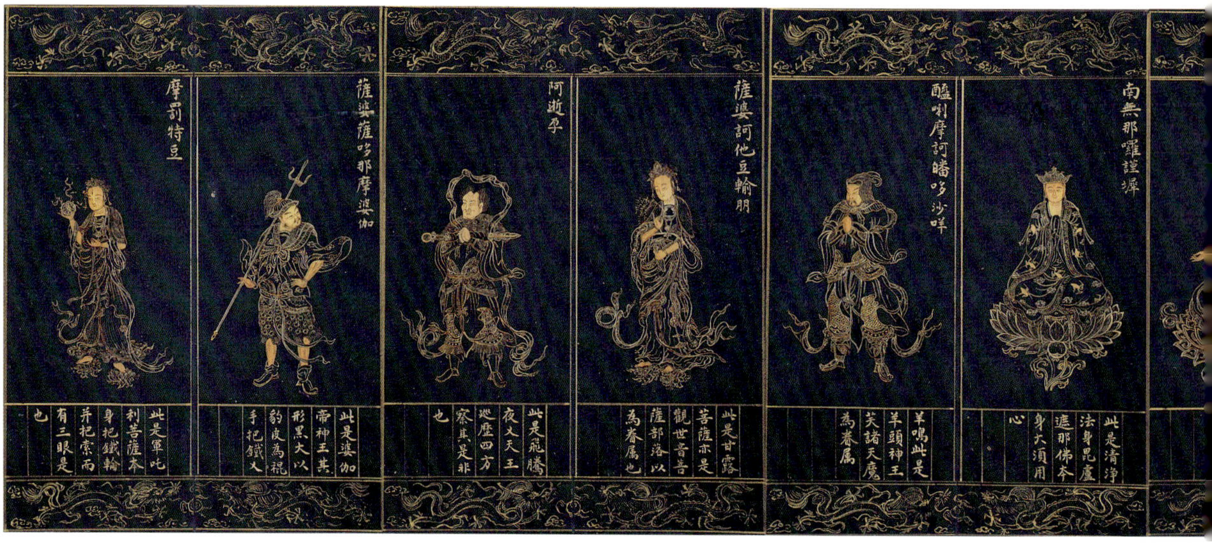

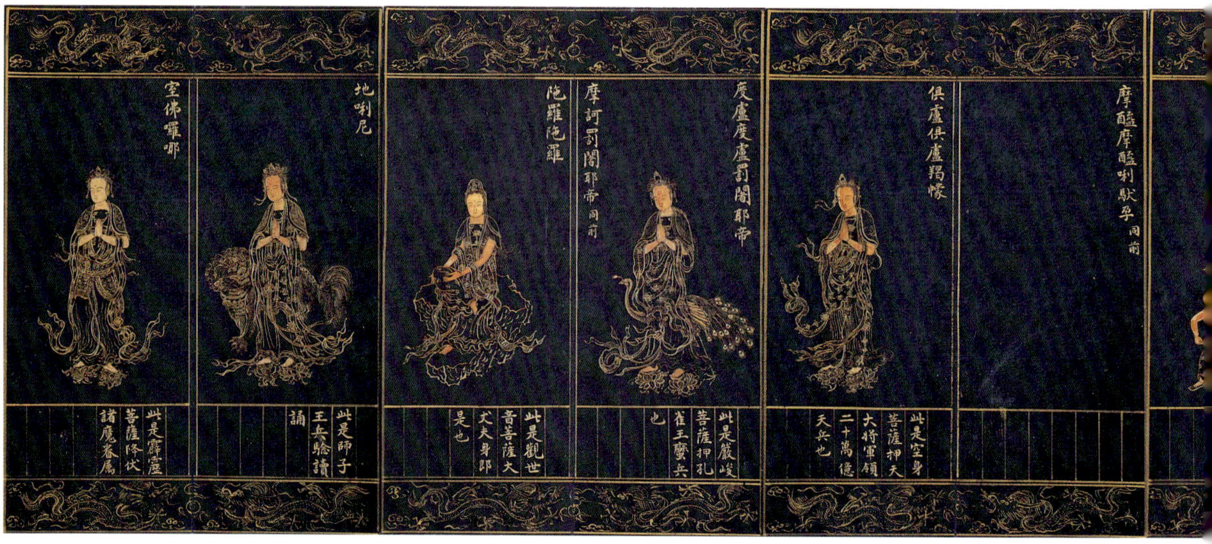

33-2 明人 書千手千眼觀世音菩薩大慈心陀羅尼經　第二冊
明代（1368-1644）

Kuan-yin Sūtra of Great Compassion

Anonymous, Ming Dynasty (1368-1644)

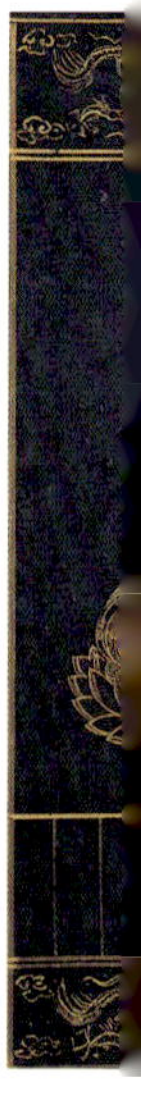

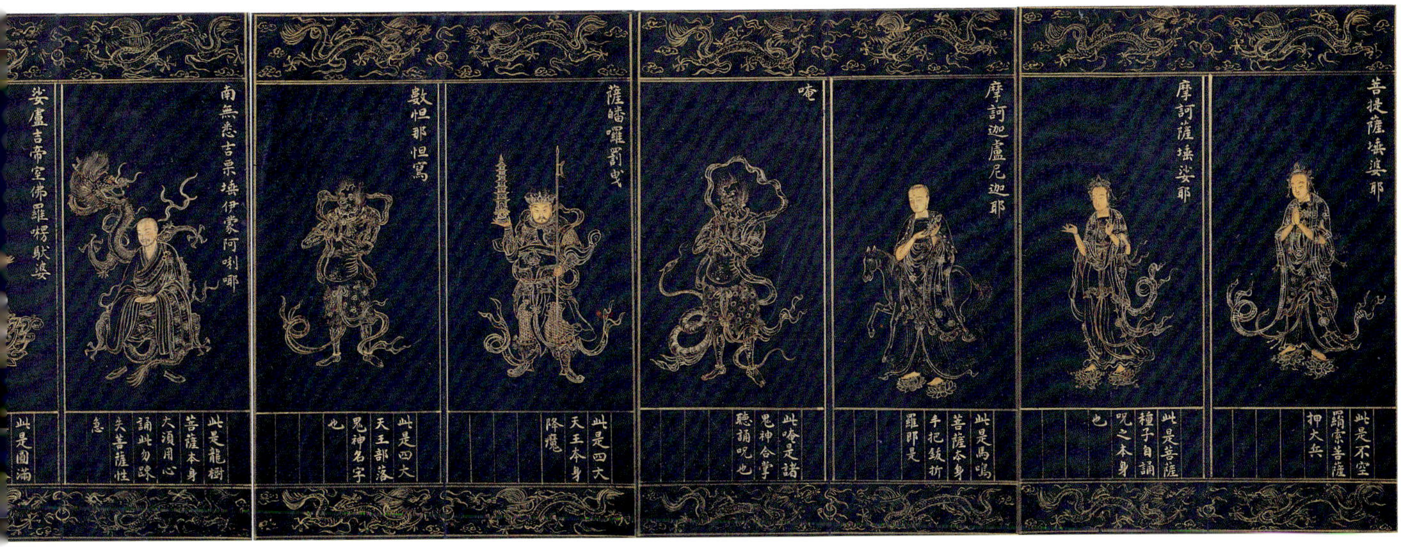

菩提薩埵婆耶
此是不空羂索菩薩押大兵
摩訶薩埵婆耶
此是菩薩種子自誦呪之本身也
摩訶迦盧尼迦耶
此是馬鳴菩薩本身手把鈸折羅耶是
唵
此唵是諸鬼神合掌聽誦呪也
薩皤囉罰曳
此是四大天王本身降魔
數怛那怛寫
此是四大天王部落鬼神名字也
南無悉吉栗埵伊蒙阿唎耶
此是龍樹菩薩本身大須用心誦此勿踈失菩薩性急
婆盧吉帝室佛羅楞馱婆
此是圓滿

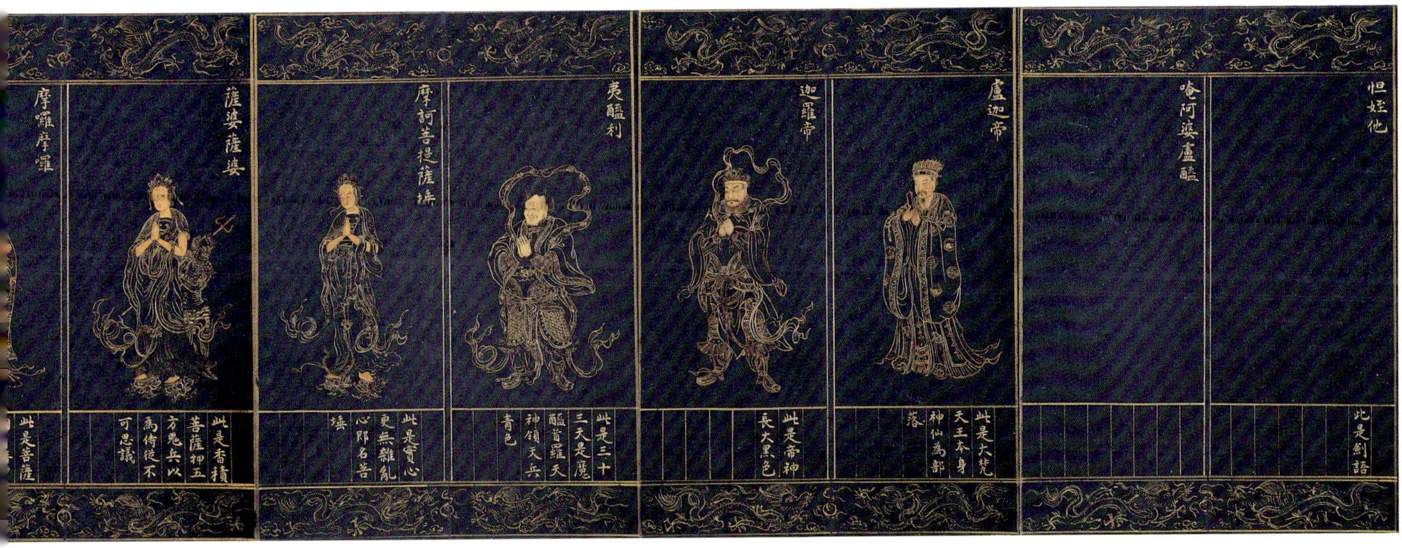

怛姪他
此是劍語
唵阿婆盧醯
盧迦帝
此是大梵天王本身神仙為部落
迦羅帝
此是帝神長大黑色
夷醯唎
此是三十三天是魔醯首羅天神領天兵青色
摩訶菩提薩埵
此是寶心更無雜亂心即名菩埵
薩婆薩婆
此是香積菩薩押五方鬼兵以為侍從不可思議
摩囉摩囉
此是菩薩

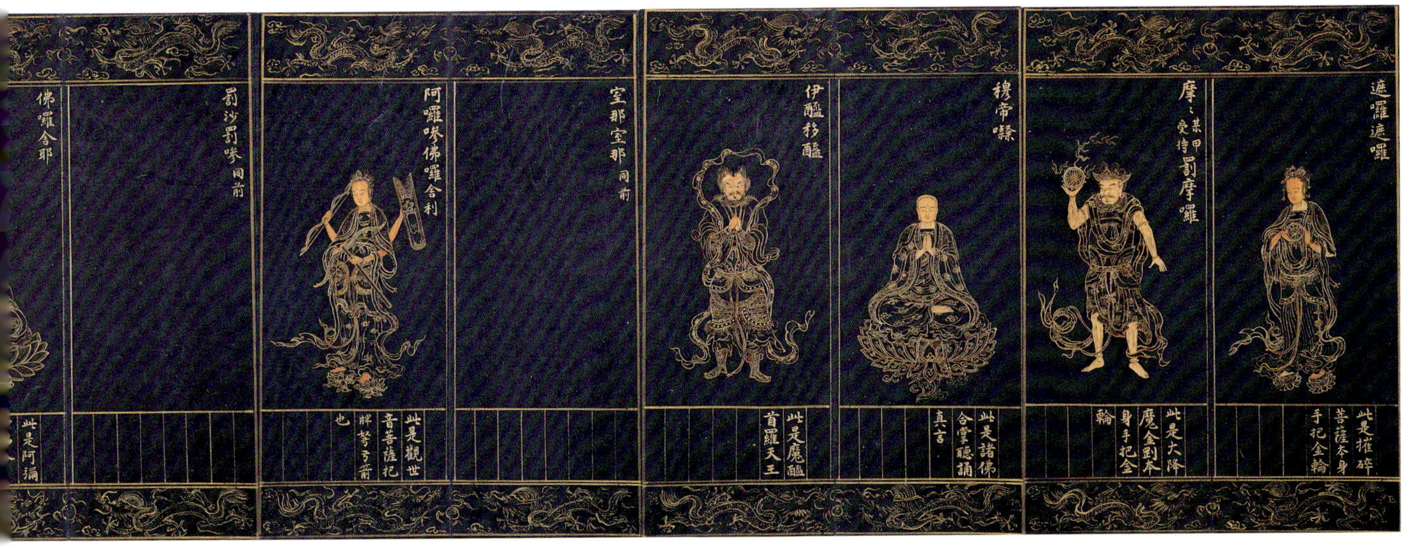

遮囉遮囉
此是摧碎菩薩本身手把金輪
摩摩某甲受持罰摩囉
此是大降魔金剛本身手把金輪
穆帝曬
此是諸佛合掌聽誦真言
伊醯移醯
此是魔醯首羅天王
室那室那 同前
阿囉嘇佛囉舍利
此是觀世音菩薩把睥弩弓箭也
罰沙罰嘇 同前
佛囉舍耶
此是阿彌

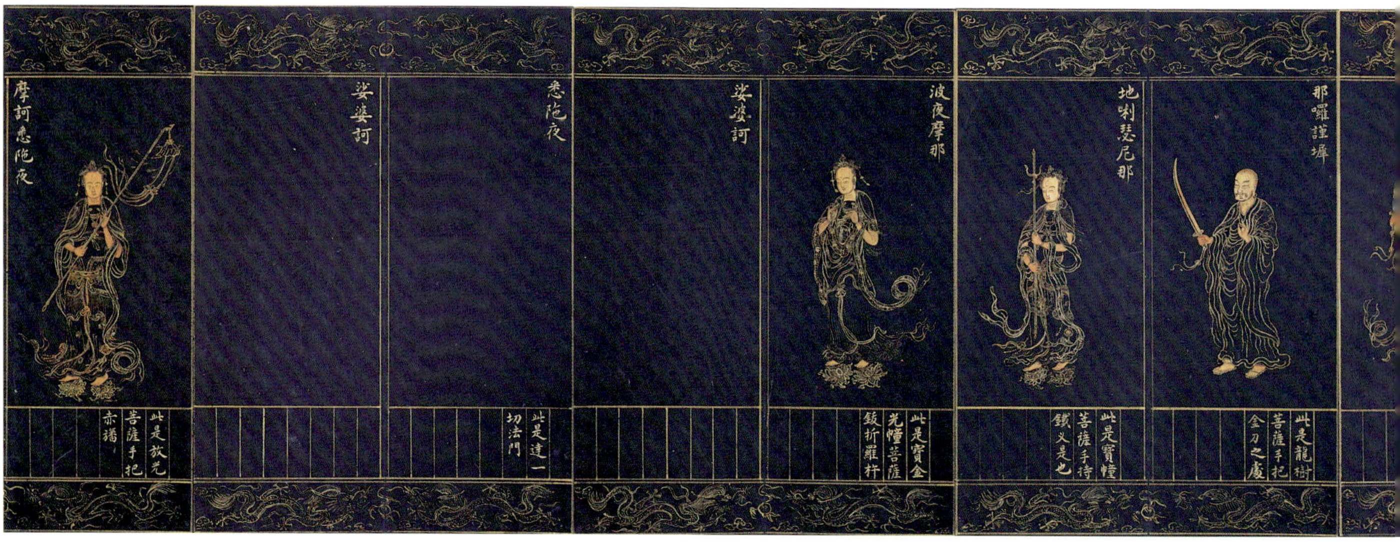

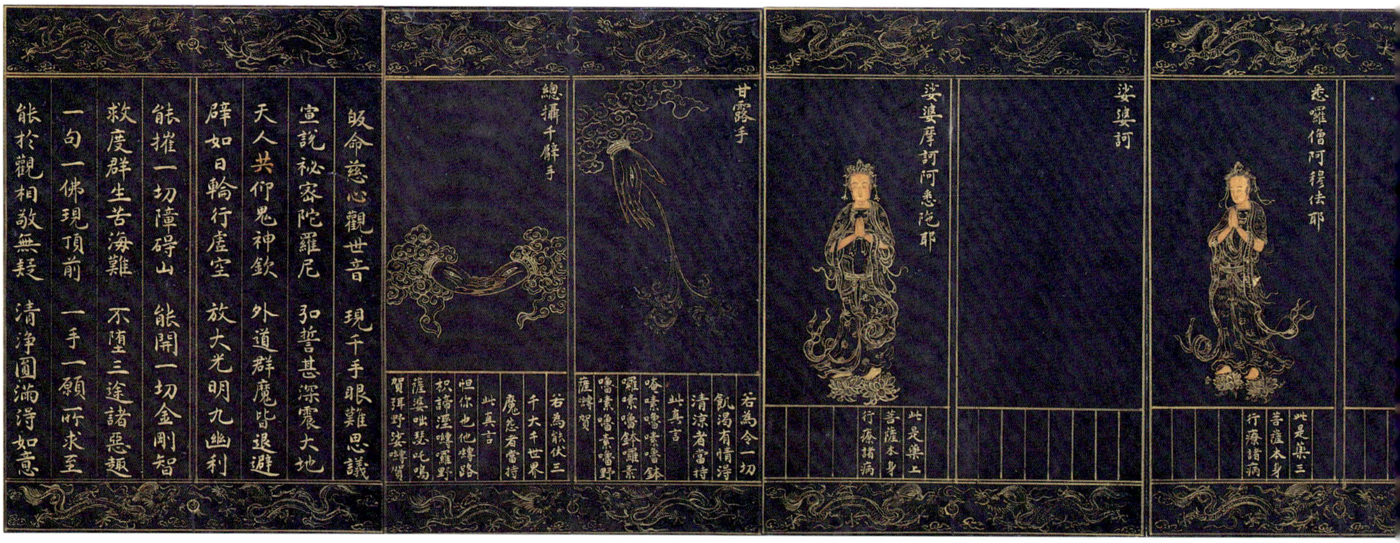

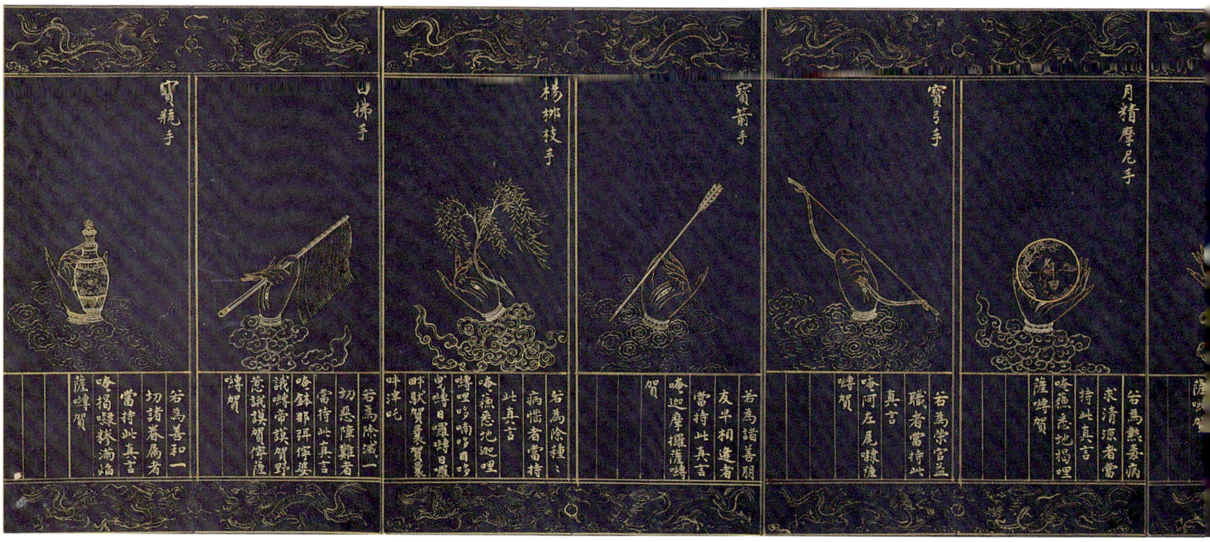

33-3 明人 書千手千眼觀世音菩薩大慈心陀羅尼經 第三冊
明代（1368-1644）

Kuan-yin Sūtra of Great Compassion

Anonymous, Ming Dynasty (1368-1644)

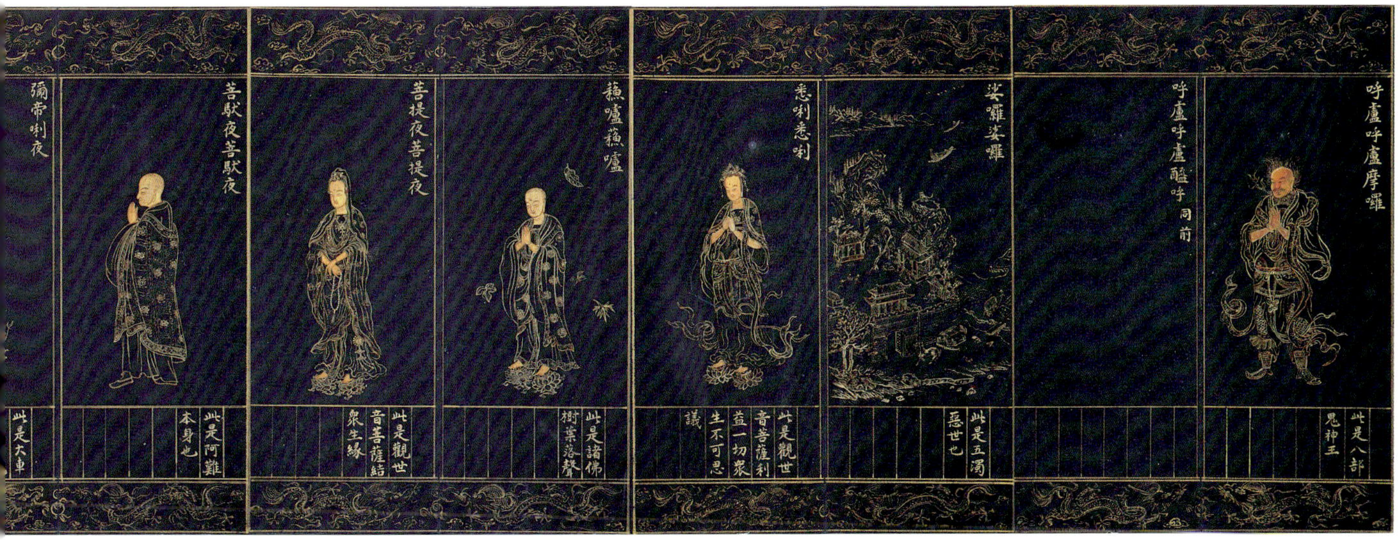
呼盧呼盧摩囉
此是八部鬼神王
呼盧呼盧醯呼 同前
娑囉娑囉
此是五濁惡世也
悉唎悉唎
此是觀世音菩薩利益一切衆生不可思議
蘇嚧蘇嚧
此是諸佛樹葉落聲
菩提夜菩提夜
此是觀世音菩薩結衆生緣
菩馱夜菩馱夜
此是阿難本身也
彌帝唎夜
此是大車

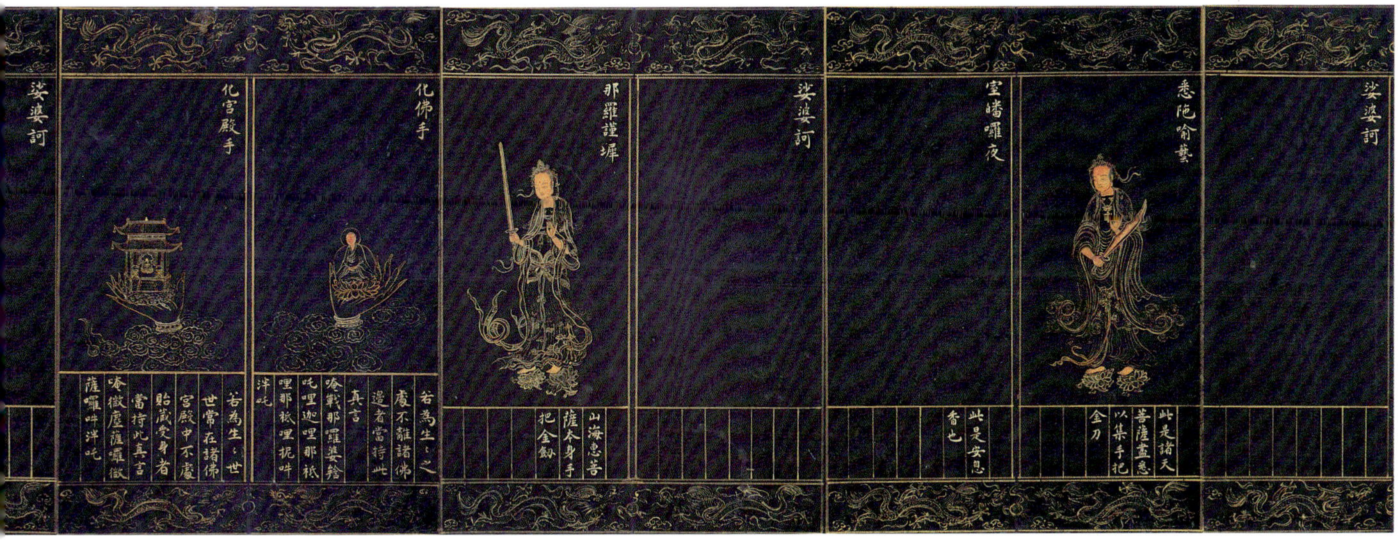
娑婆訶
悉陁喻藝
此是諸天菩薩盡悉以集手把金刀
室皤囉夜
此是安息香也
娑婆訶
那羅謹墀
山海惠菩薩本身手把金鉢
化佛手
若為生生之處不離諸佛邊者當持此真言
唵戰那囉婆𤚥吒唎迦唎那祇唎那祇唎抳吽泮吒
化宮殿手
若為生生世世常在諸佛宮殿中不處胎藏受身者當持此真言
唵微薩囉微薩囉吽泮吒
娑婆訶

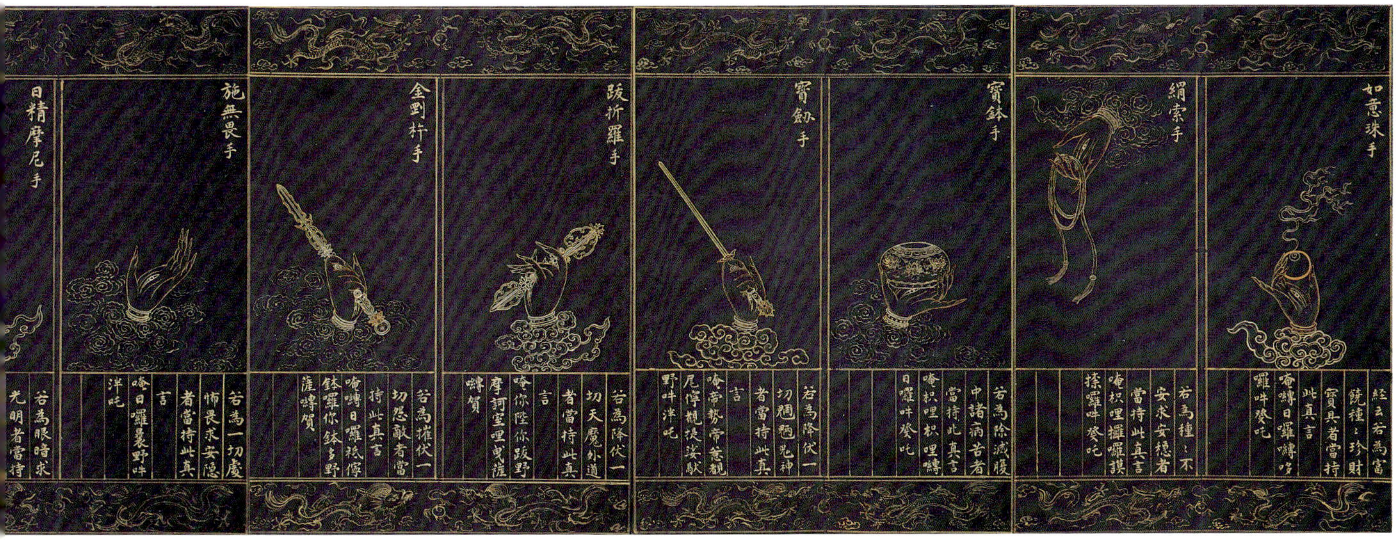
如意珠手
經云若為富饒種種珍財寶具者當持此真言
唵嚩日囉嚩哆囉吽發吒
羂索手
若為種種不安求安穩者當持此真言
唵枳哩攞囉謨捺囉吽發吒
寶鉢手
若為除滅腹中諸病苦者當持此真言
唵枳哩枳哩嚩日囉吽發吒
寶劍手
若為降伏一切魍魎鬼神者當持此真言
唵帝勢帝惹覩尼儞覩提娑馱野吽泮吒
跋折羅手
若為降伏一切天魔外道者當持此真言
唵你陛你跛野摩訶室哩曳薩嚩賀
金剛杵手
若為摧伏一切怨敵者當持此真言
唵嚩日囉祇儞鉢囉你鉢多野薩嚩賀
施無畏手
若為一切處怖畏求安隱者當持此真言
唵日囉曩野吽泮吒
日精摩尼手
若為眼暗求光明者當持

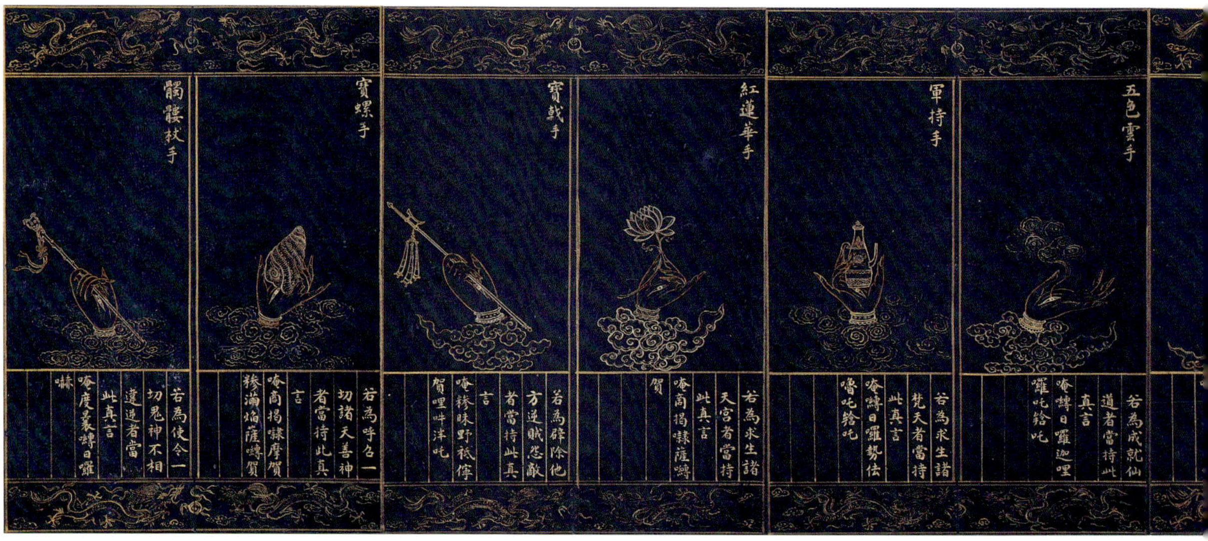

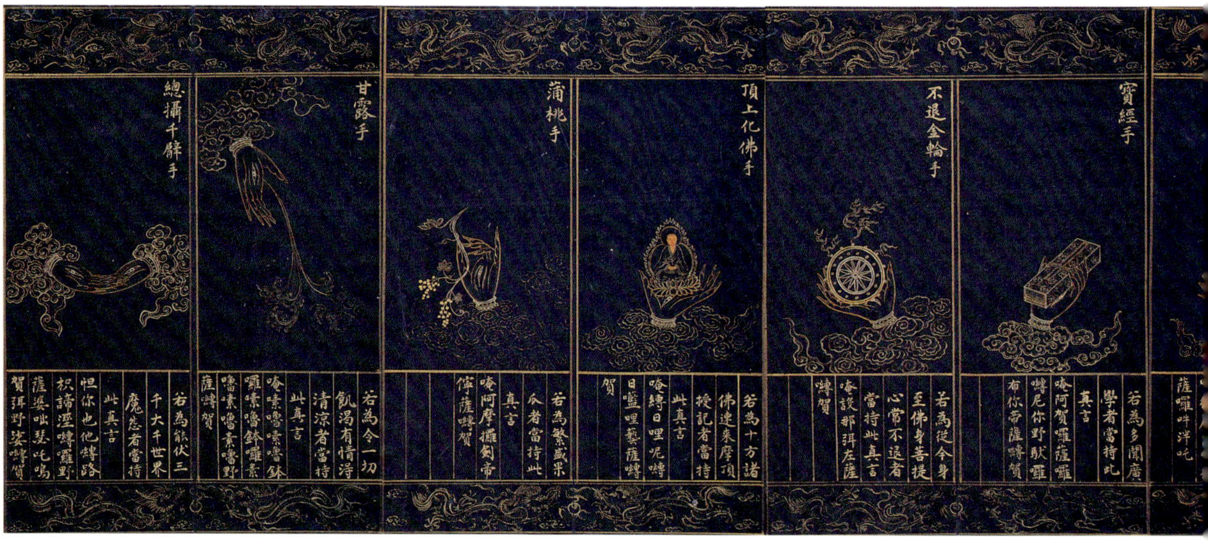

33-4 明人 書千手千眼觀世音菩薩大慈心陀羅尼經　第四冊
明代（1368-1644）

Kuan-yin Sūtra of Great Compassion

Anonymous, Ming Dynasty (1368-1644)

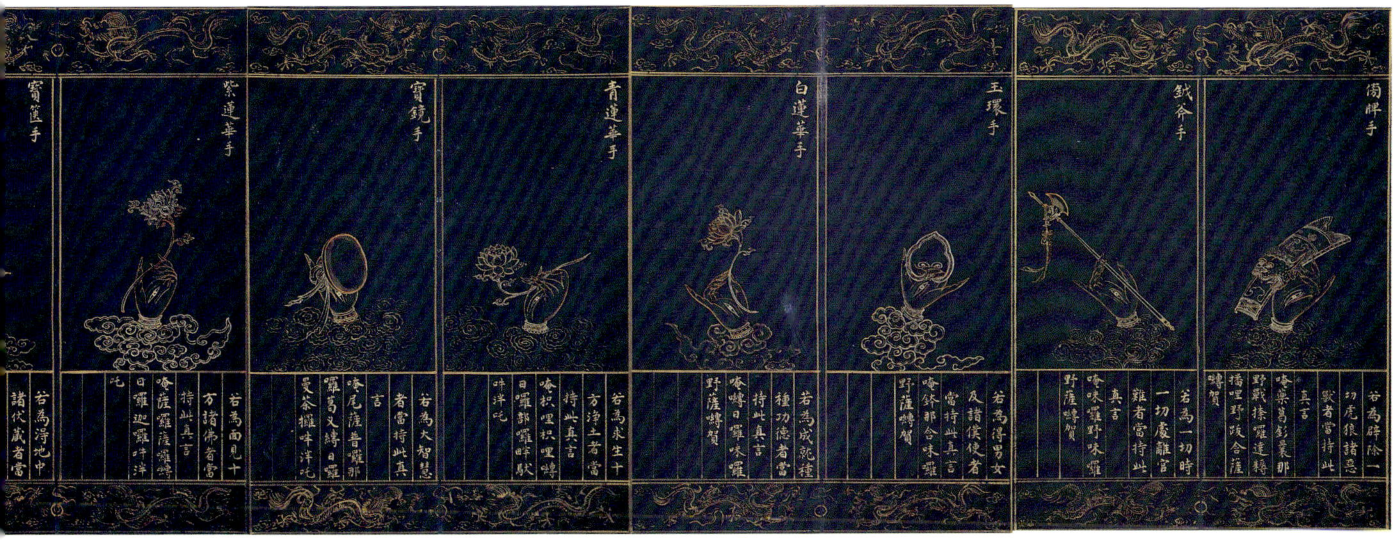
傍牌手
鉞斧手
玉環手
白蓮華手
青蓮華手
寶鏡手
紫蓮華手
寶篋手

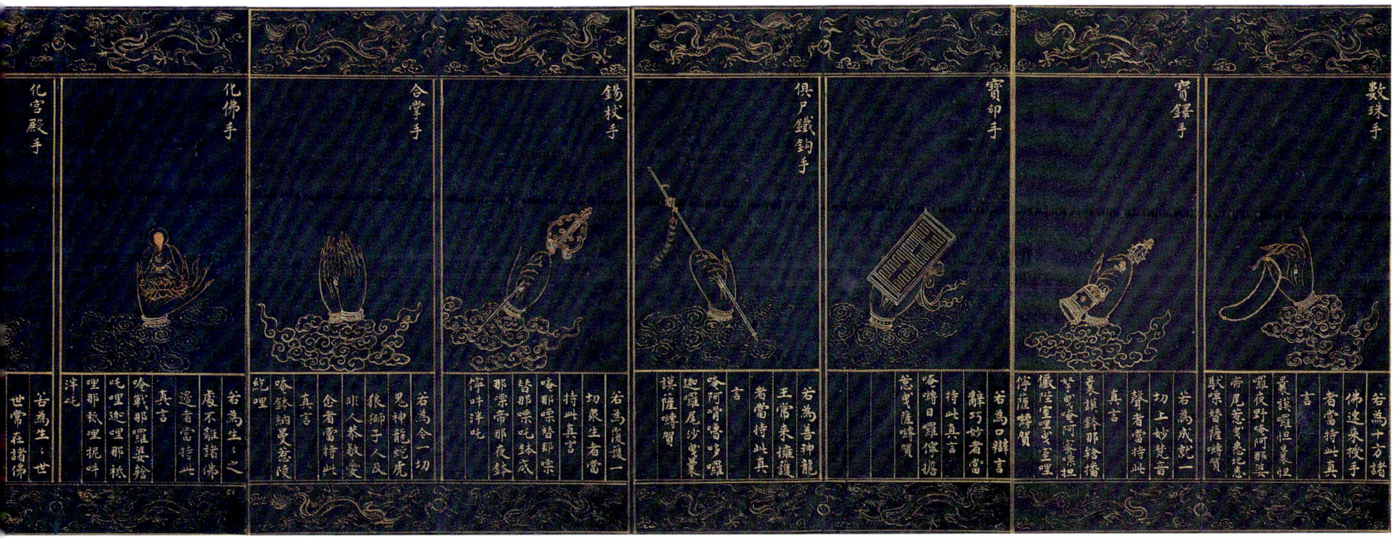
數珠手
寶鐸手
寶印手
俱尸鐵鉤手
錫杖手
合掌手
化佛手
化宮殿手

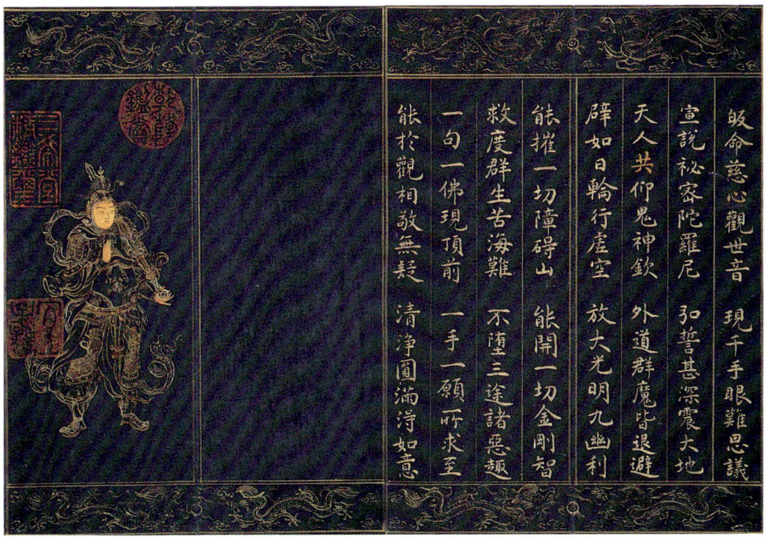
皈命慈心觀世音　現千手眼難思議
宣說祕密陀羅尼　弘誓甚深震大地
天人共仰鬼神欽　外道群魔皆退避
辟如日輪行虛空　放大光明九幽利
能摧一切障碍山　能開一切金剛智
救度群生苦海難　不墮三途諸惡趣
一句一佛現頂前　一手一願所求至
能於觀相敬無疑　清淨圓滿得如意

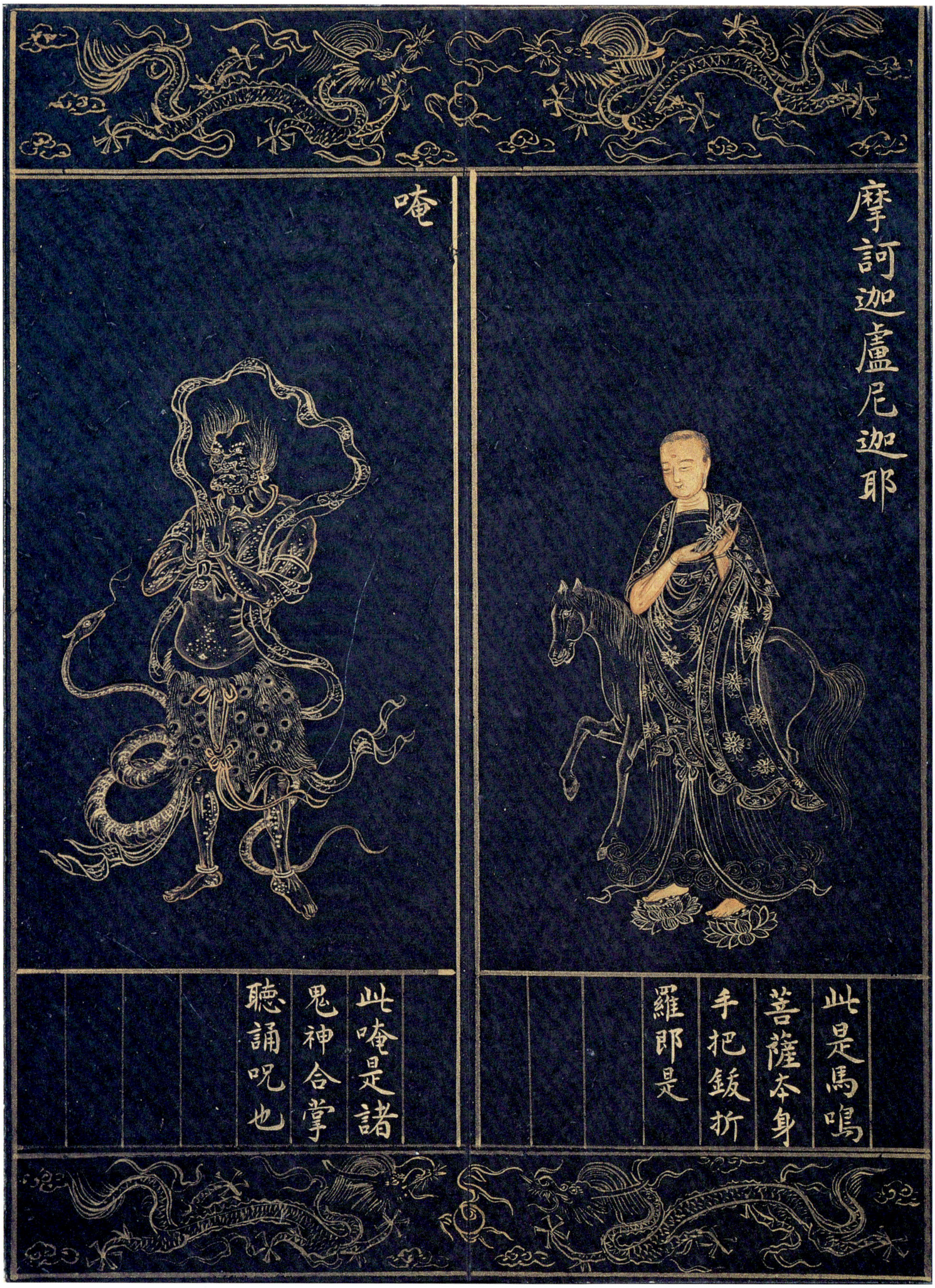

33-2 局部

Detail

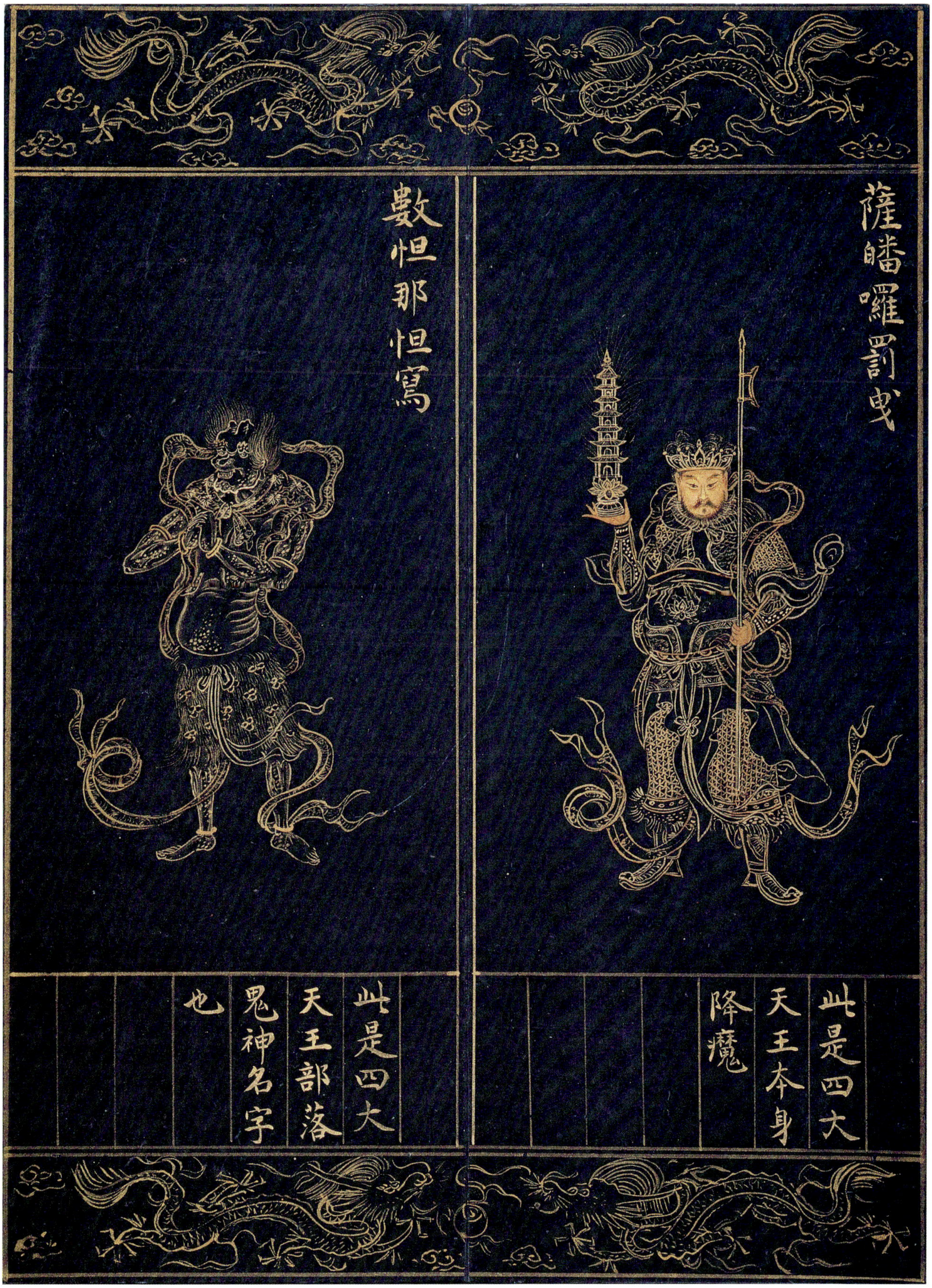

33-2 局部

Detail

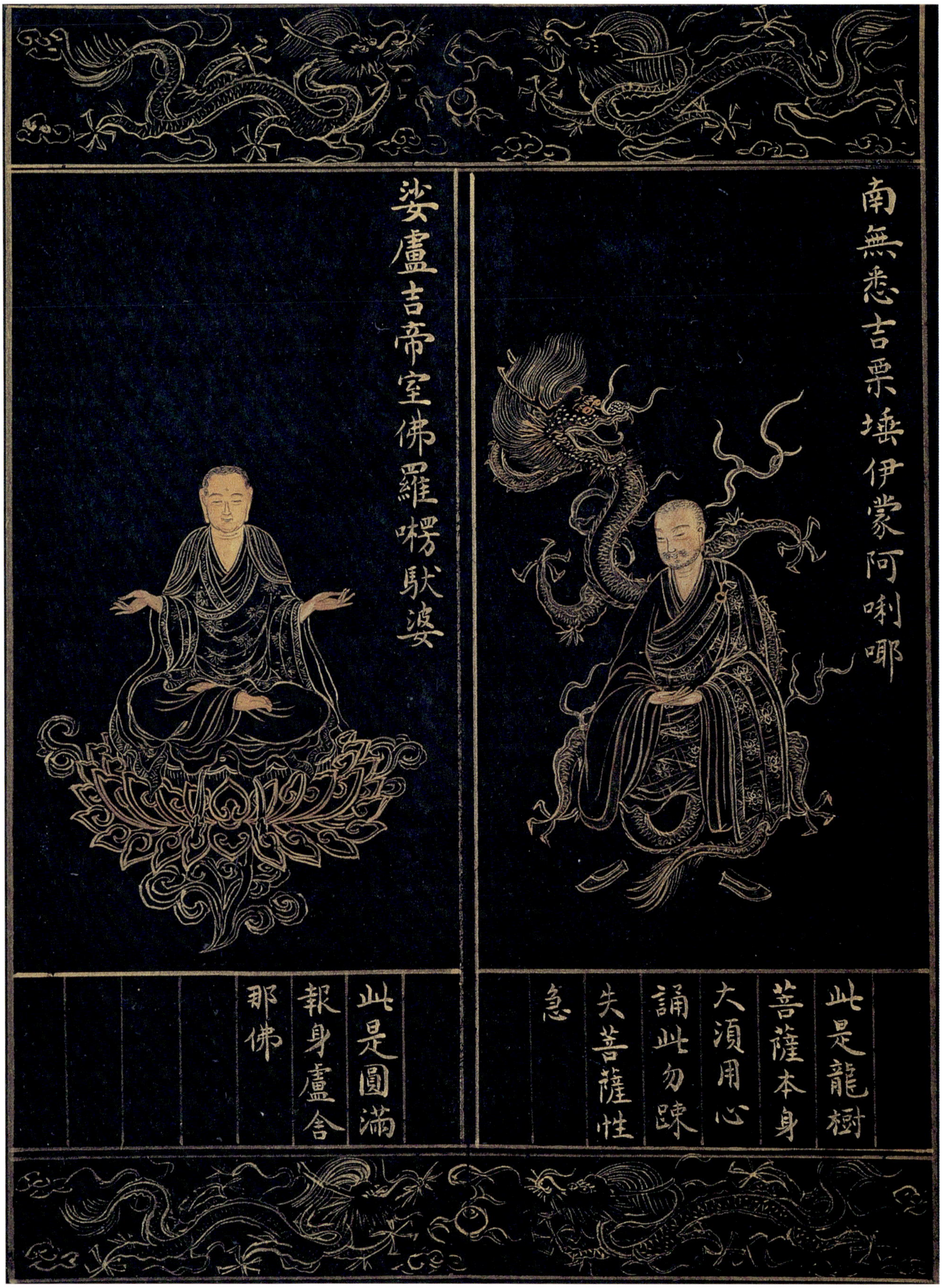

33-2 局部
Detail

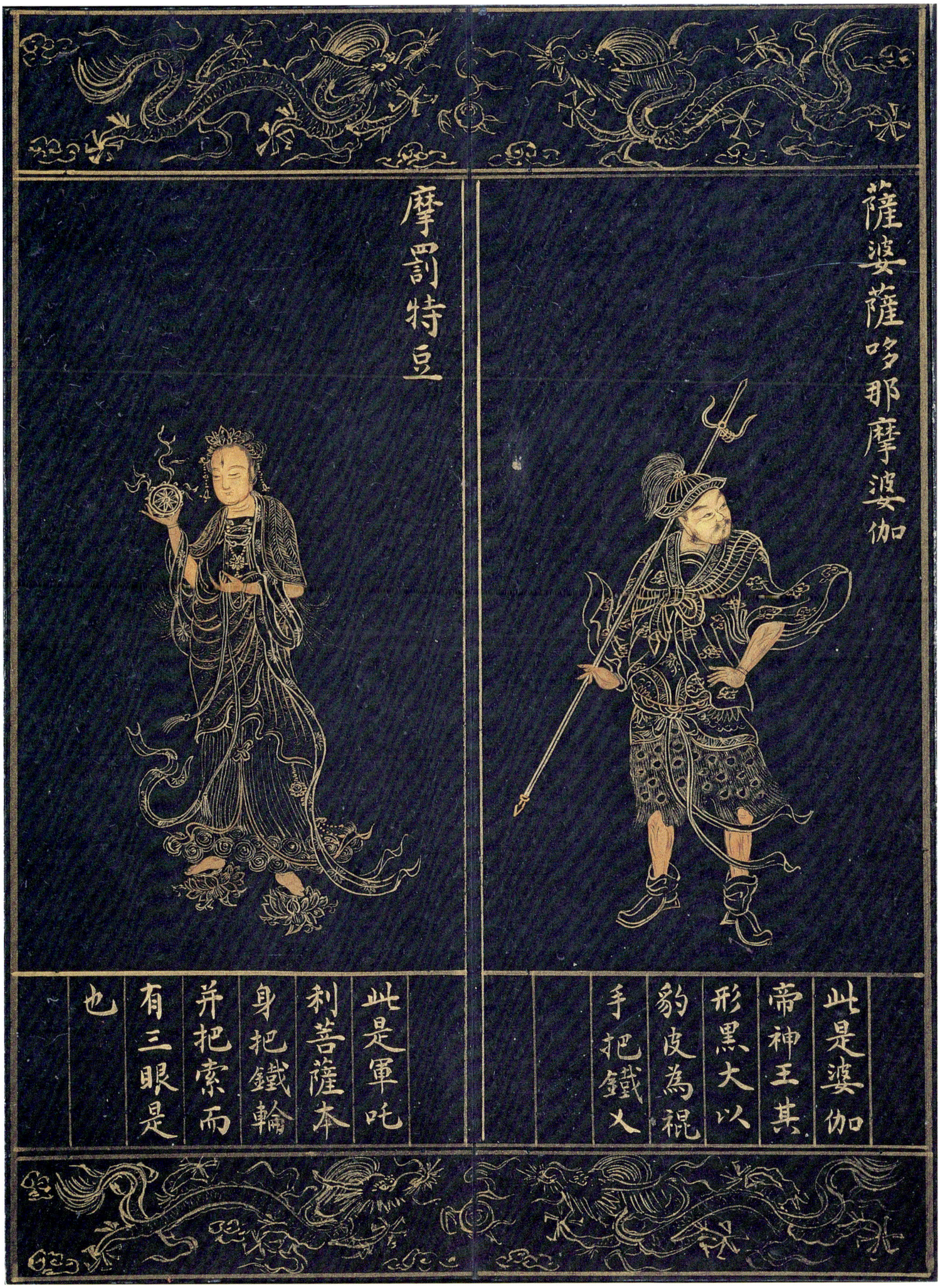

33-2 局部

Detail

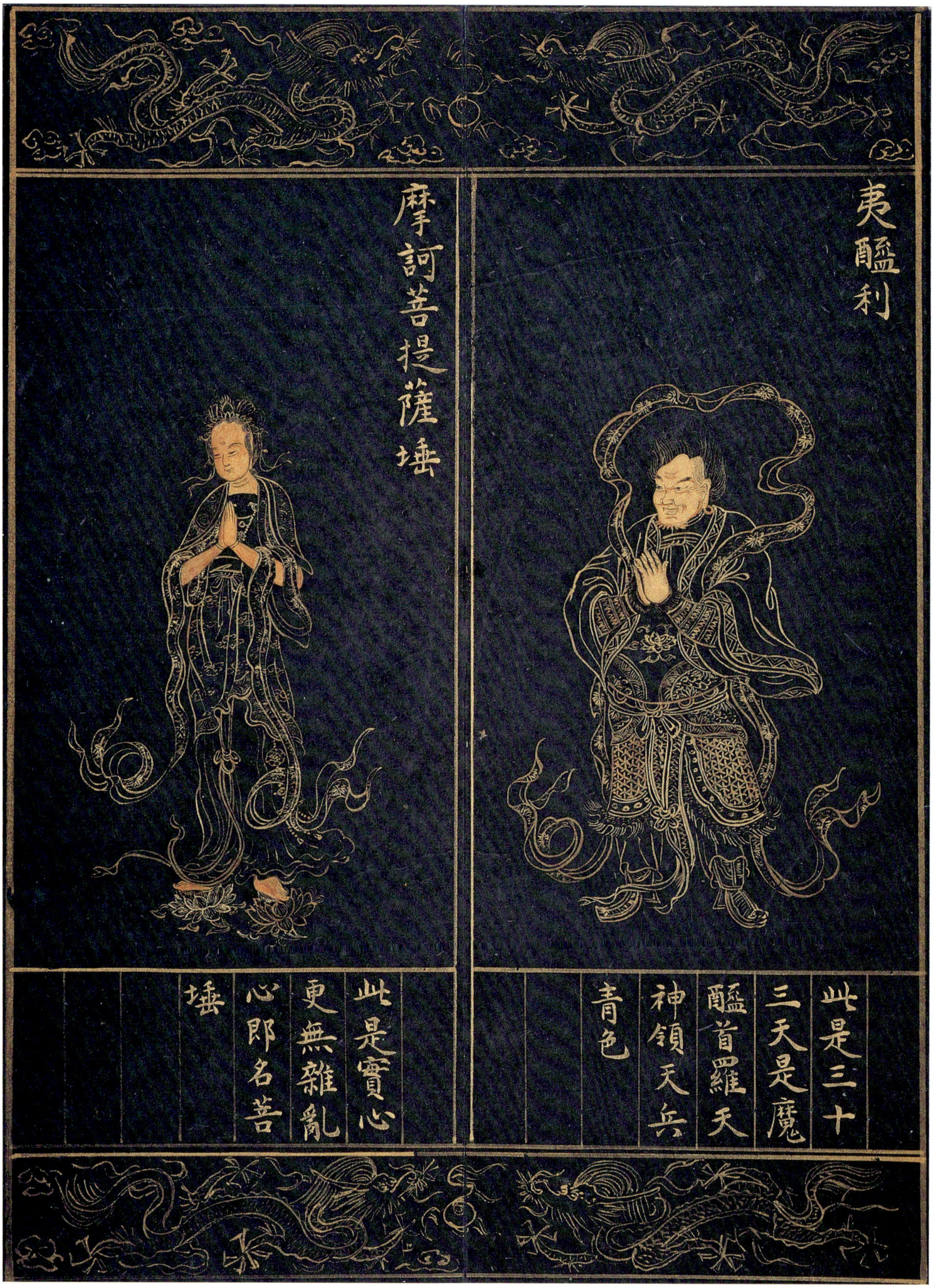

33-2 局部
Detail

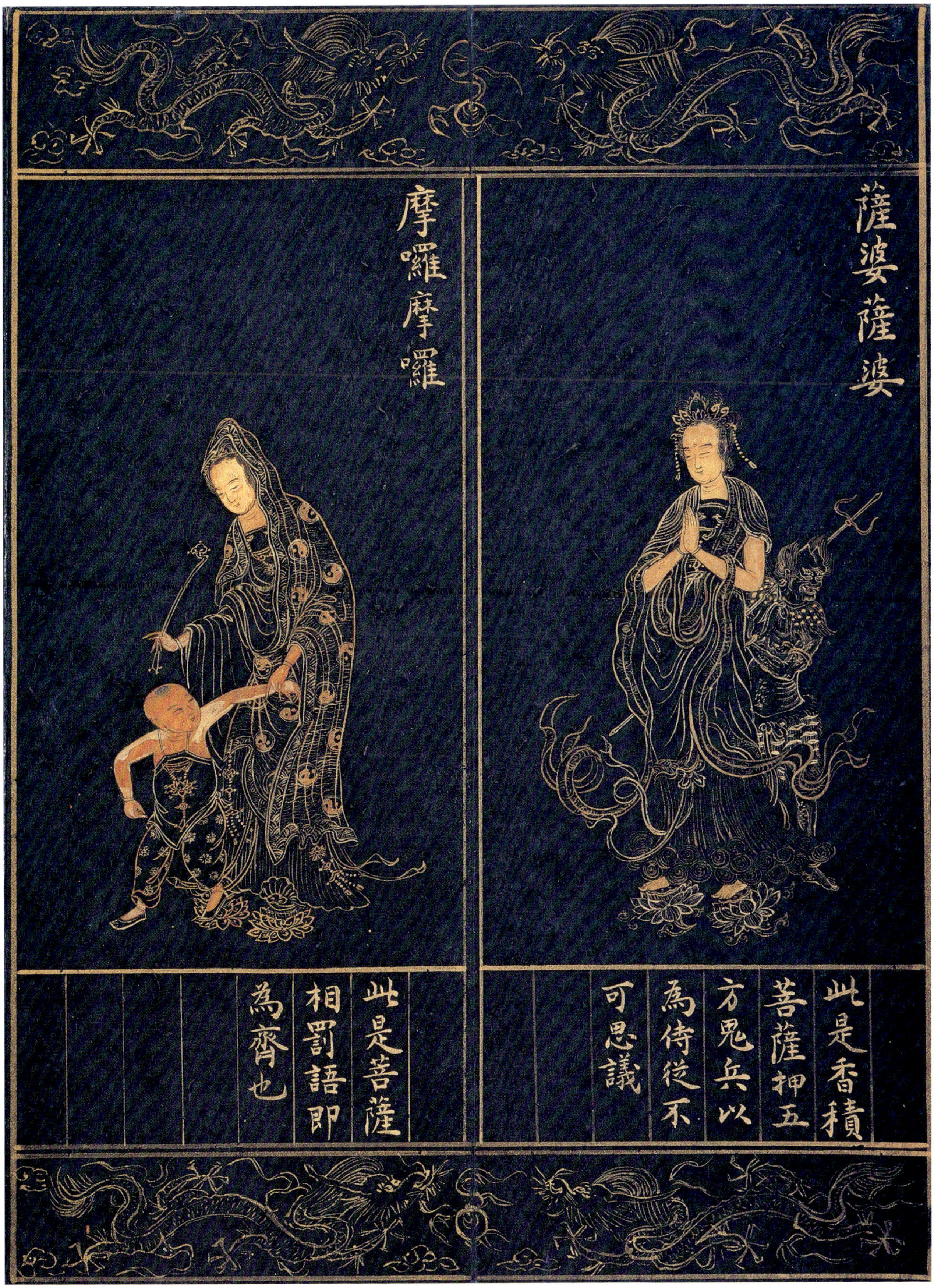

33-2 局部

Detail

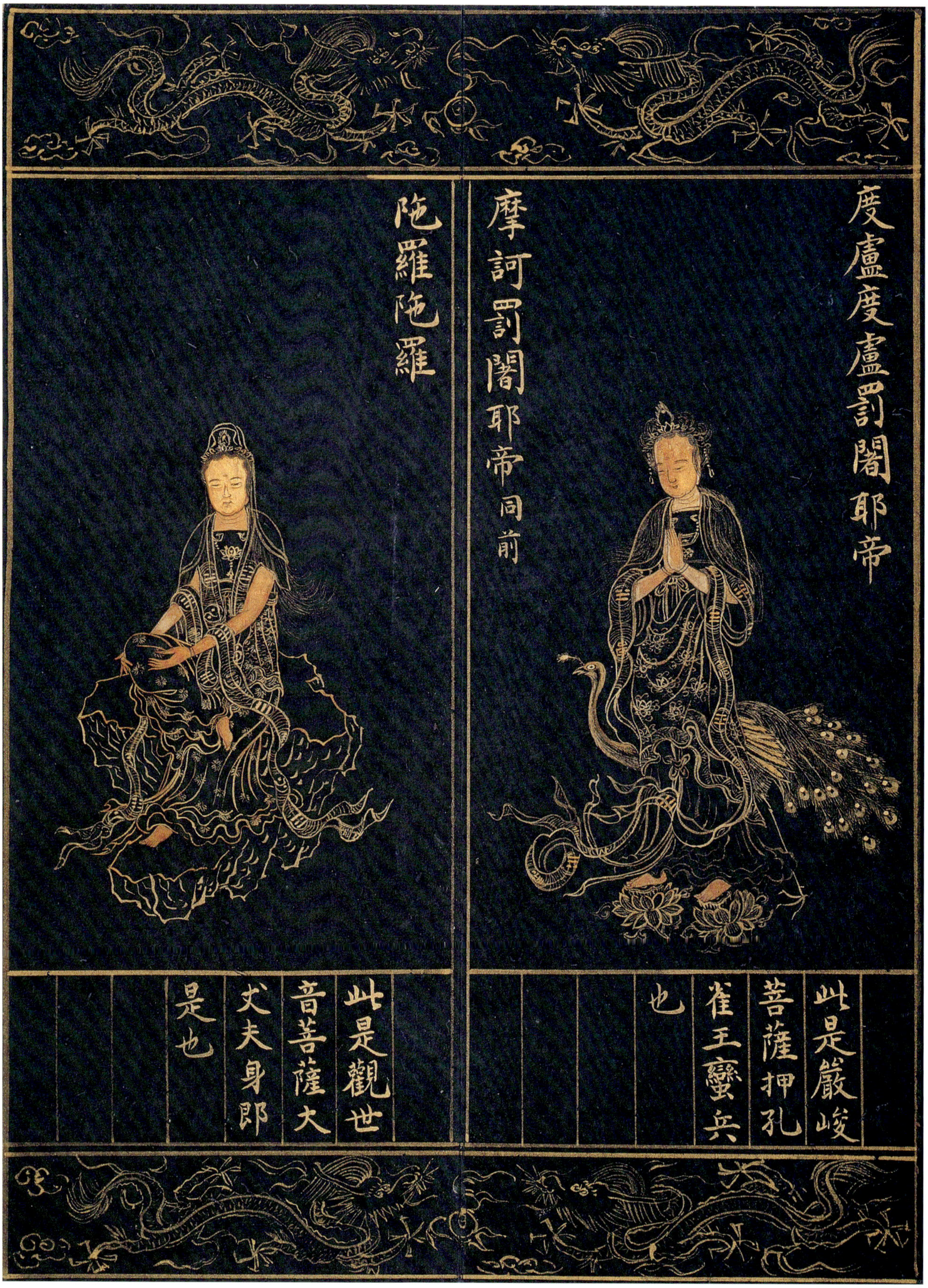

33-2 局部
Detail

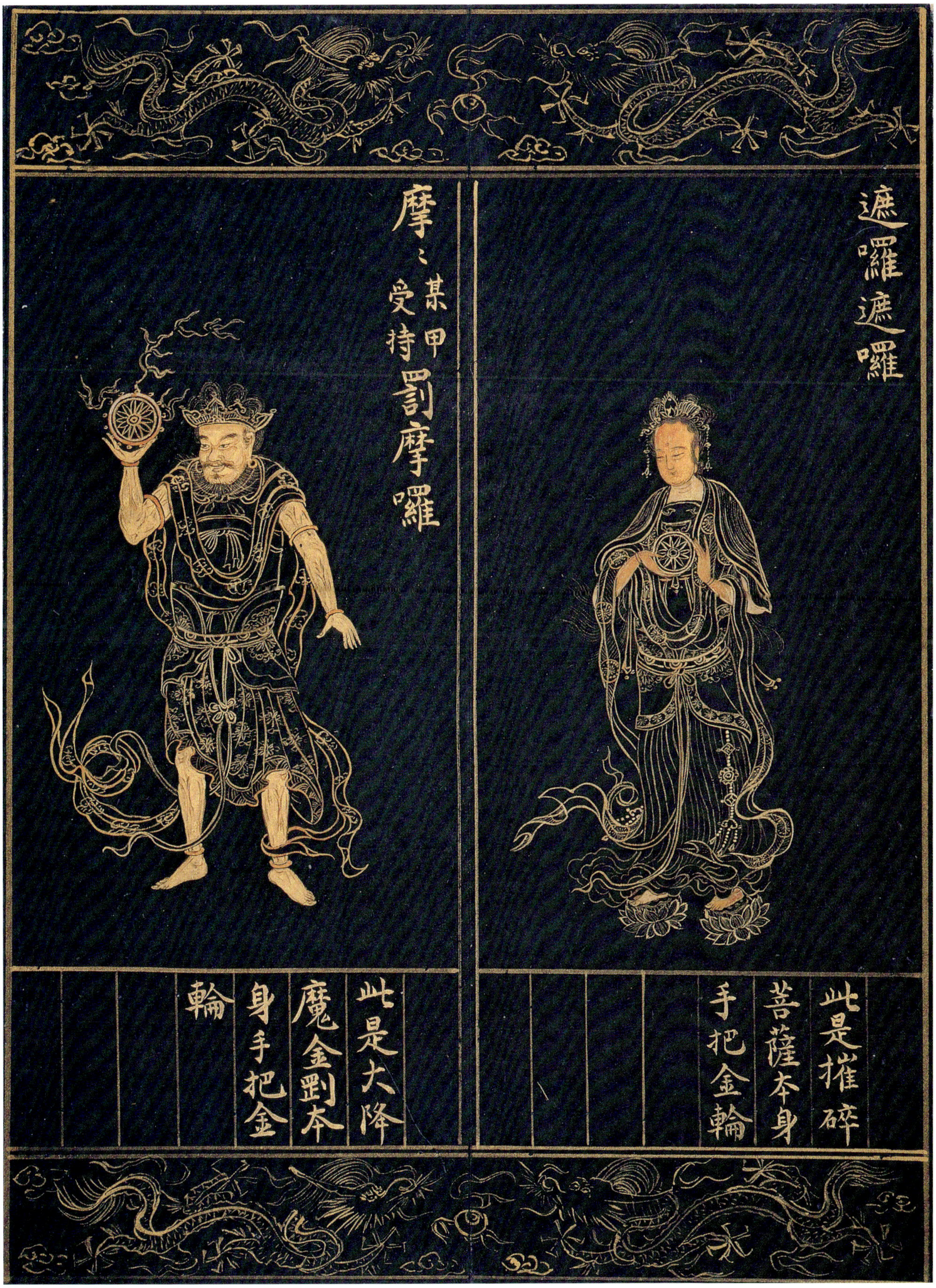

33-2 局部

Detail

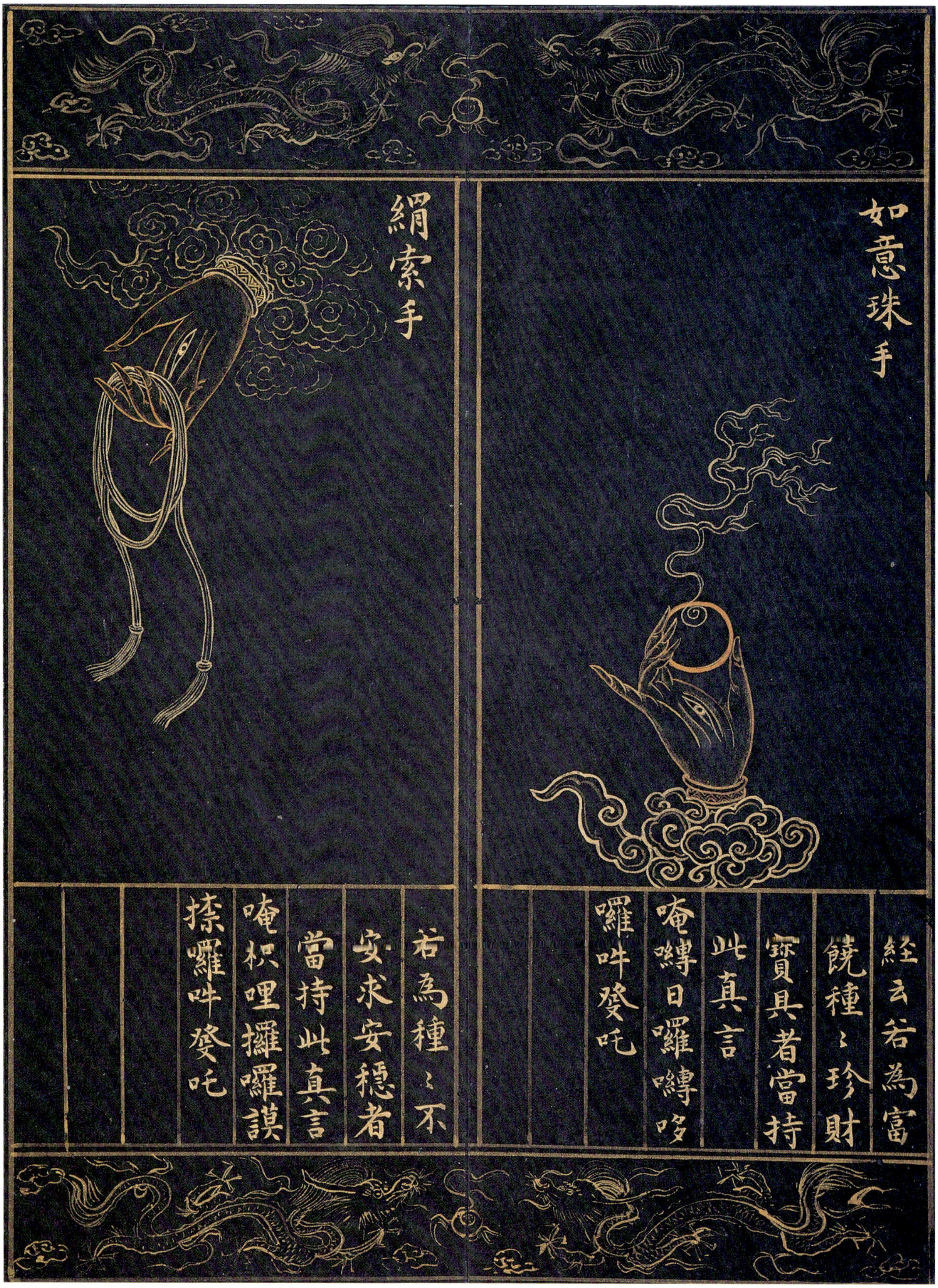

33-3 局部

Detail

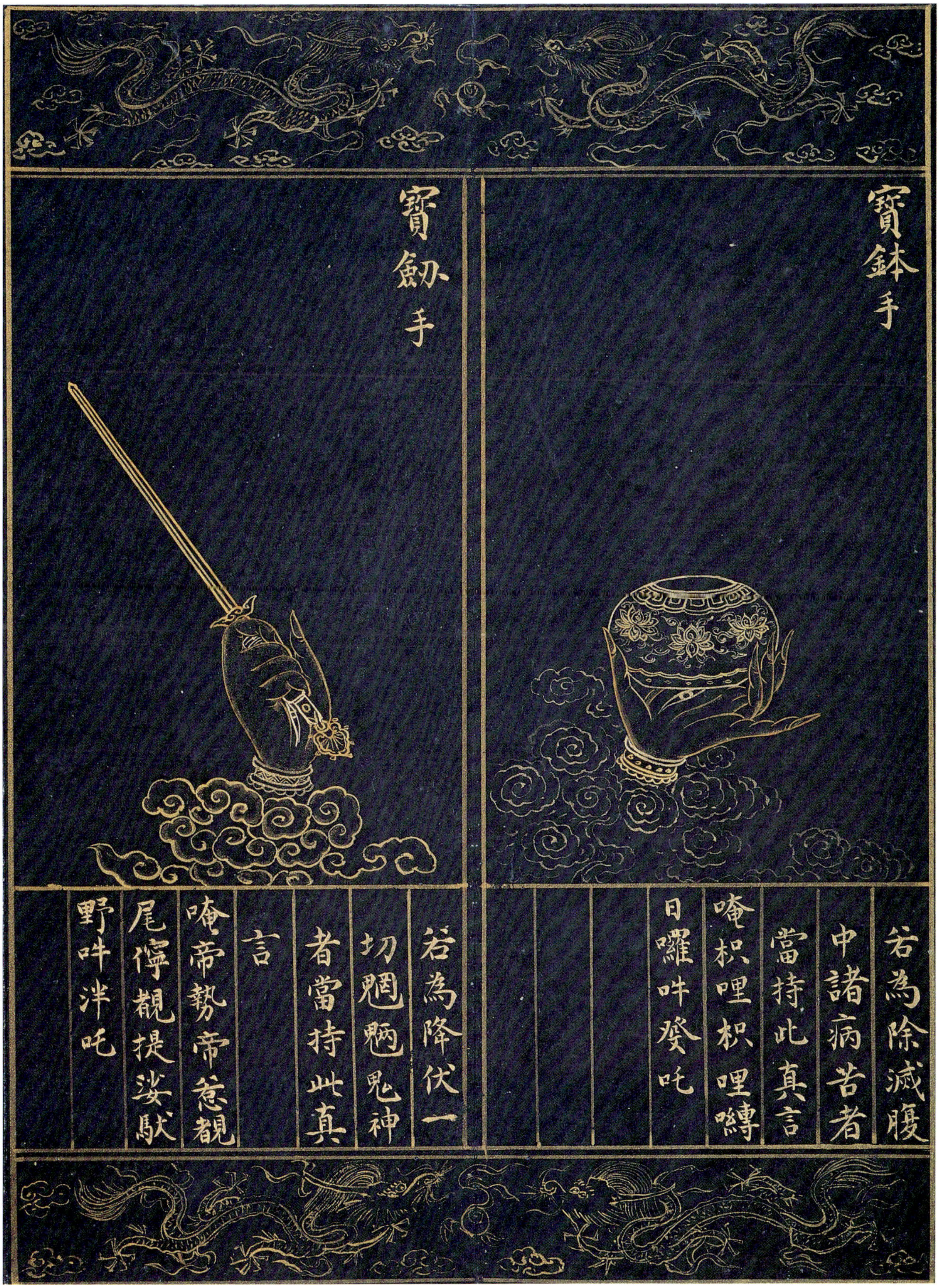

33-3 局部
Detail

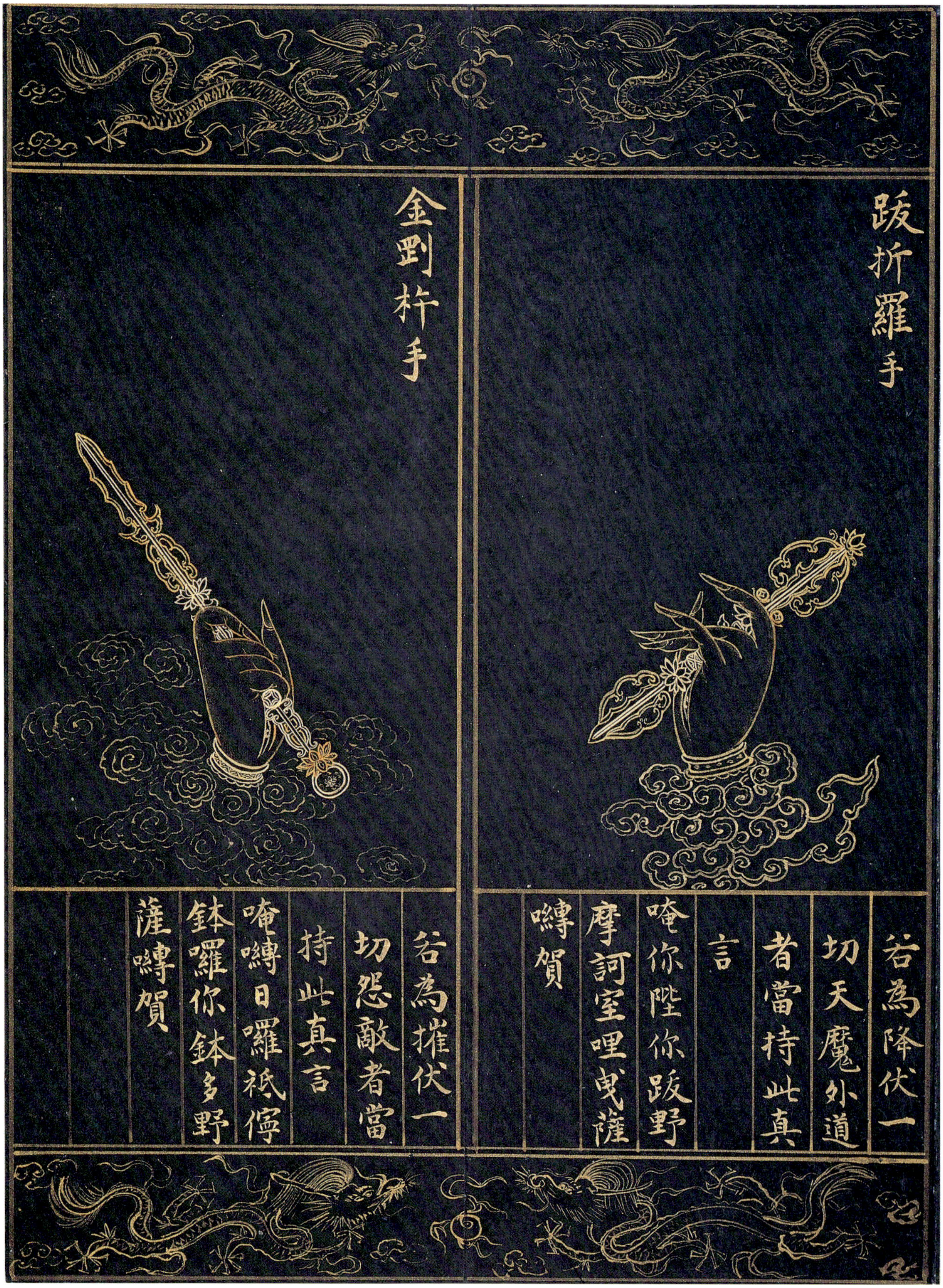

33-3 局部

Detail

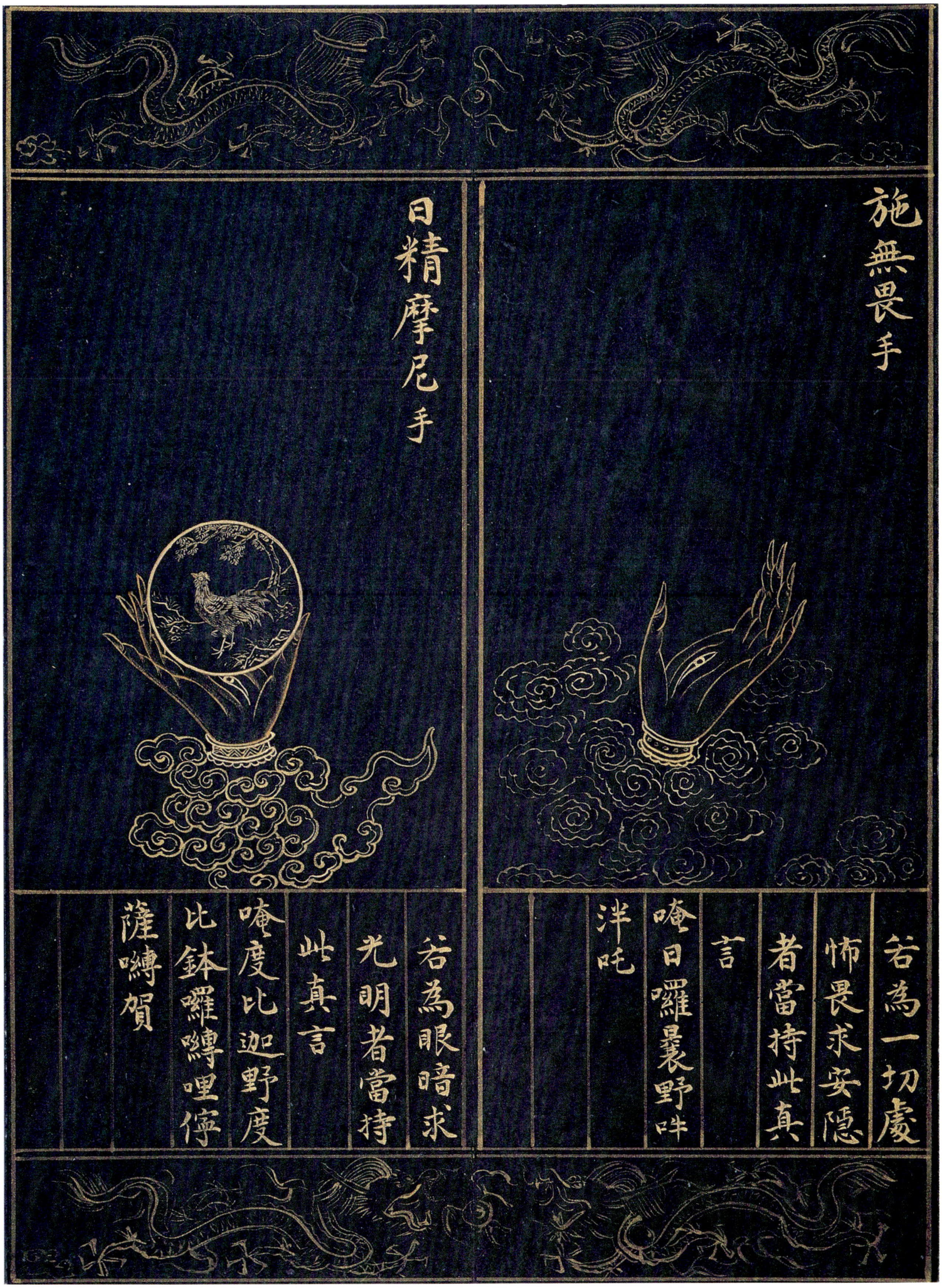

33-3 局部

Detail

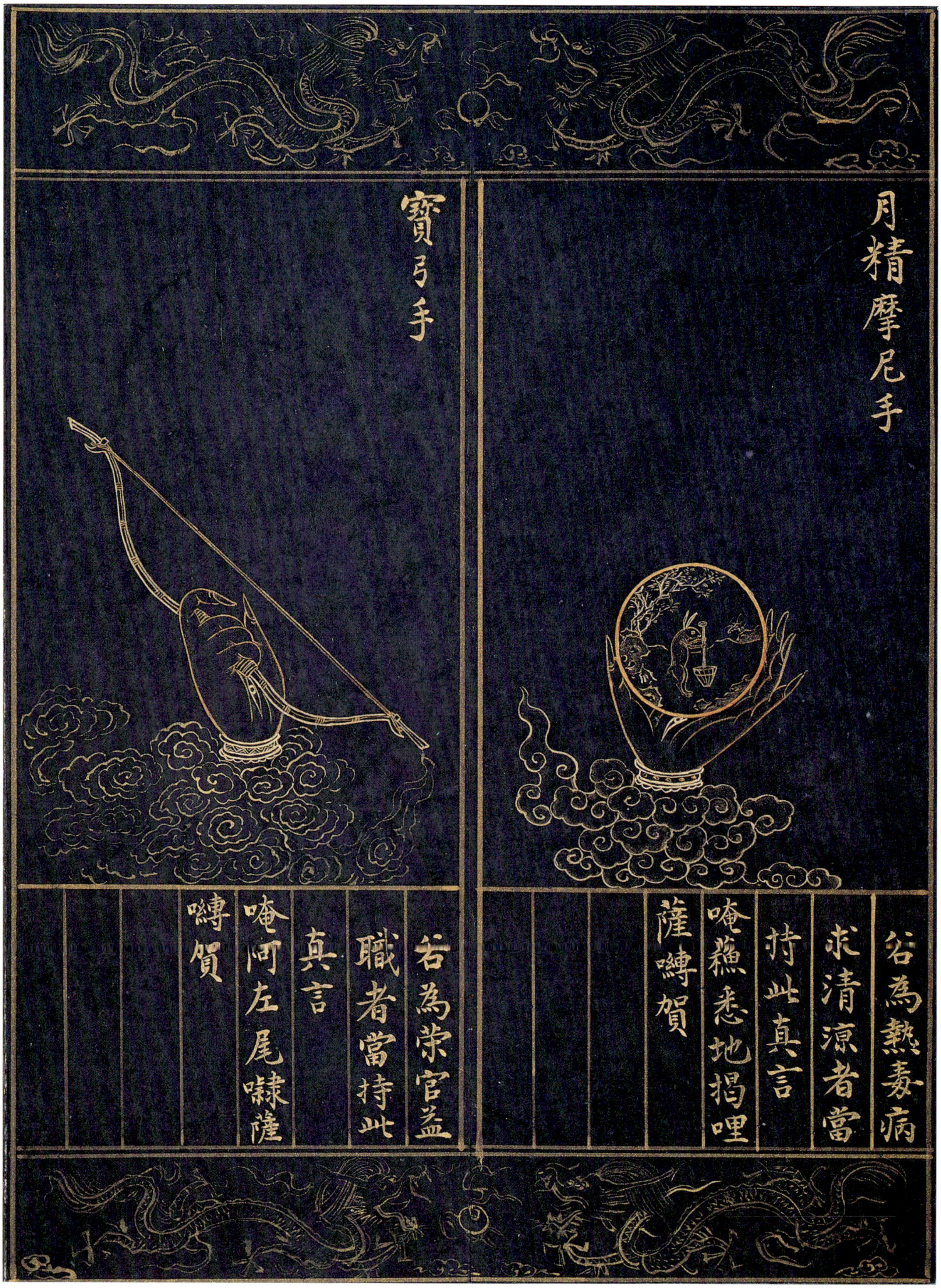

33-3 局部

Detail

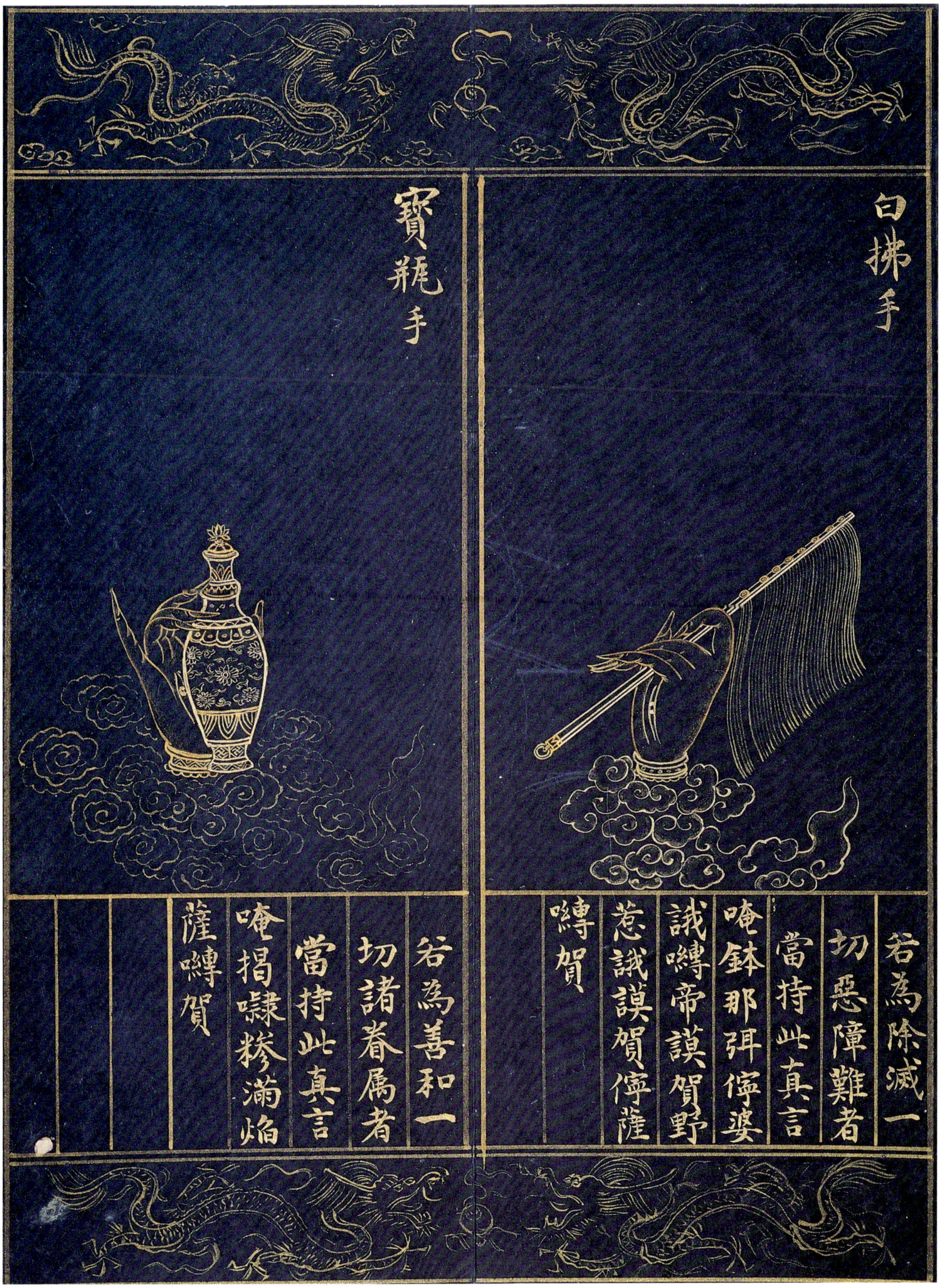

33-3 局部
Detail

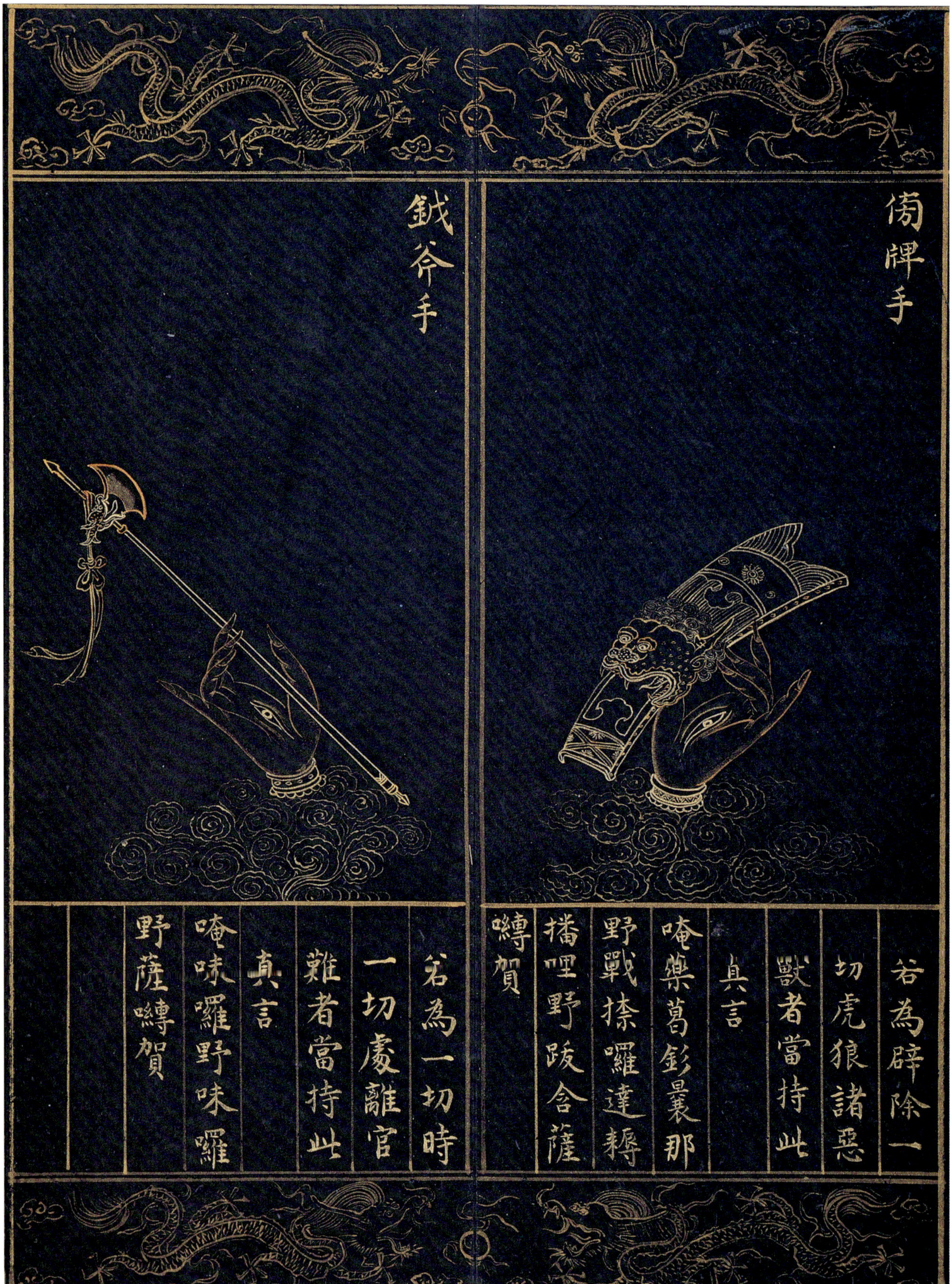

33-4 局部

Detail

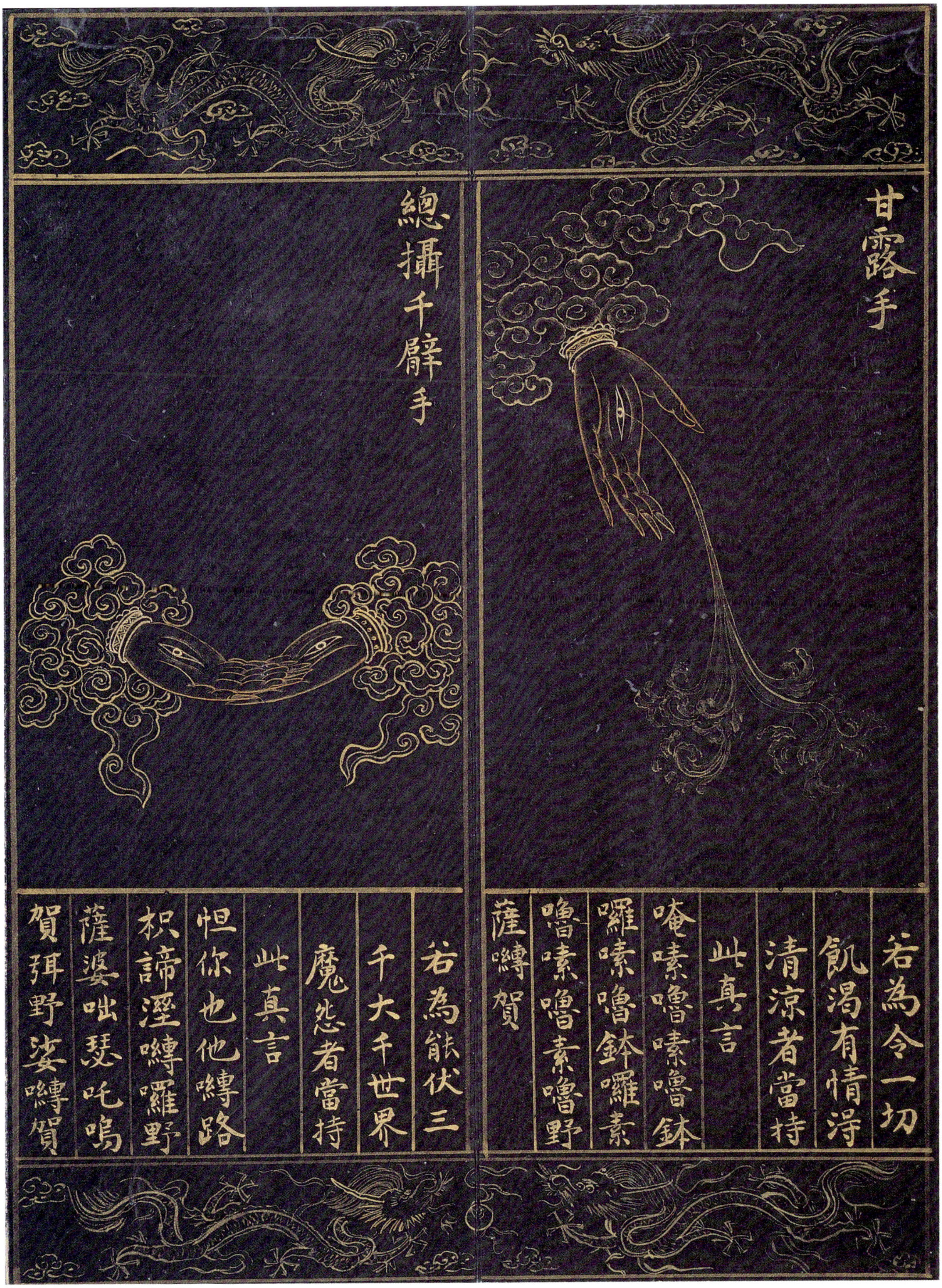

33-4 局部
Detail

作品解析

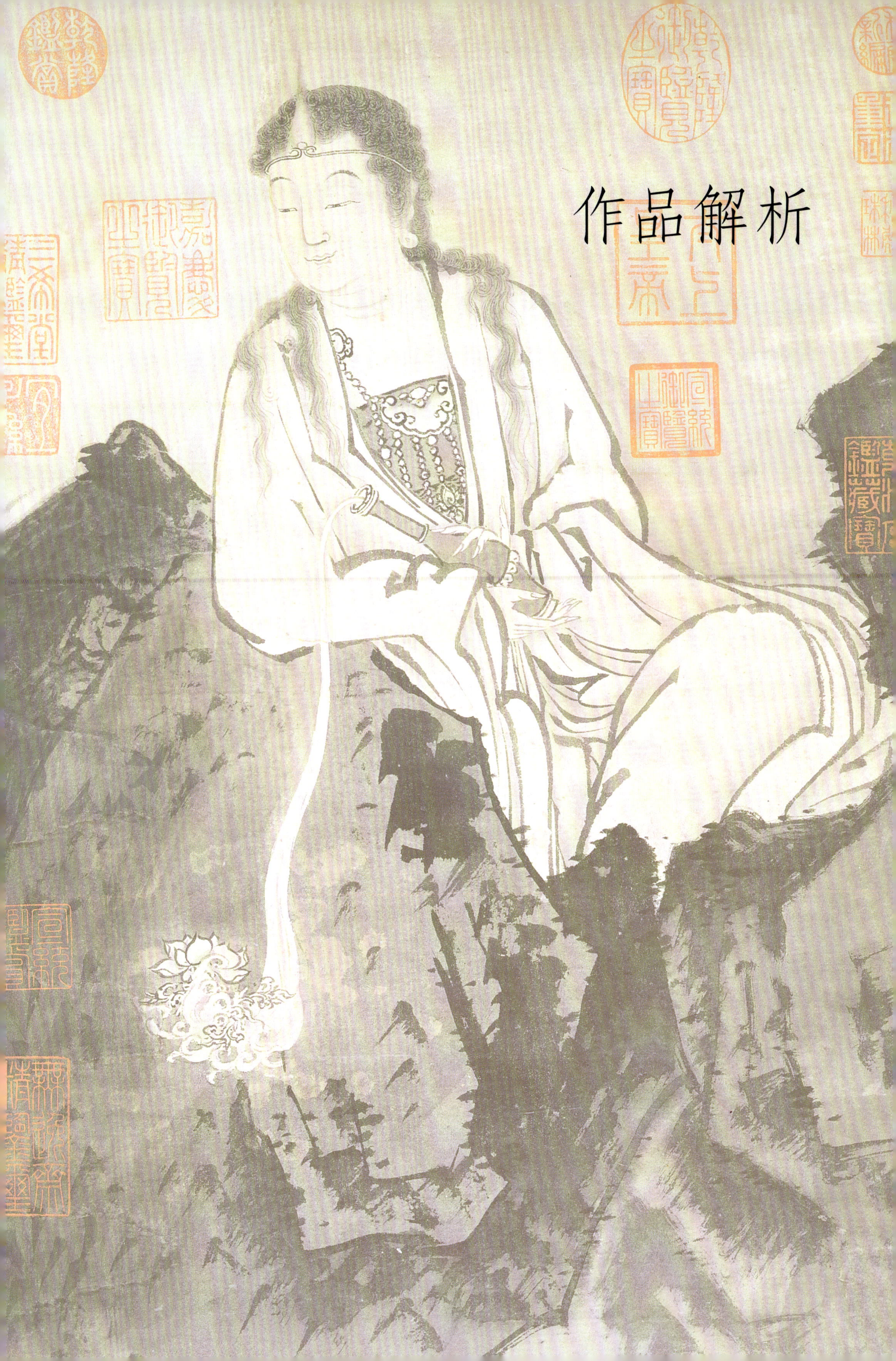

雕刻類

1　觀音菩薩立像　　台購 009071

北魏　太和二十二年（498）

青銅鎏金　高 26 公分

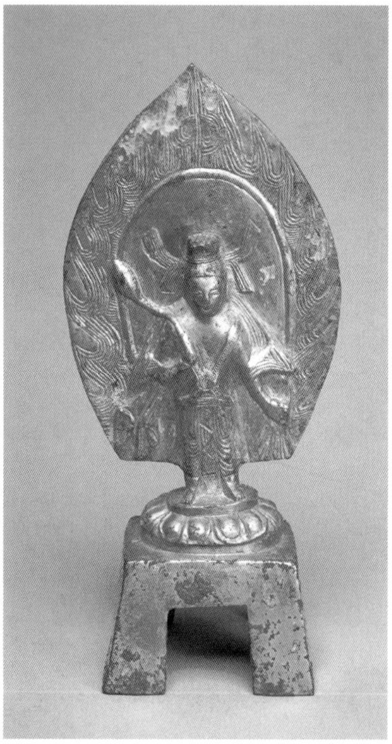

造像題記：太和廿二年十一月二日，條縣人／吳道興為亡父母造光／世音一區，／願居家／大小託生／西方妙洛（樂）／國土，所求如意，／兄弟姊妹六人常與佛會。

這尊觀世音菩薩頂束高髻，上身全袒，下著長裙，肩披天衣，身佩瓔珞，右手持一長莖未敷蓮苞，左手握天衣，為一尊蓮華手觀世音菩薩，是北魏中期（450-500）最具代表性的一種觀世音菩薩形象。蓮華手觀世音圖像並非國人所創，早在貴霜王朝（西元一－三世紀），印度就開始雕鑿手持蓮花的觀世音像，（註 1）但貴霜時期觀世音菩薩手中所持的皆是短莖蓮花，或仰或垂，或盛開或未敷，樣式並不統一。到了笈多時期（西元 320 －六世紀），手持長莖盛開蓮華，始成為印度觀世音的重要圖像特徵。（註 2）雖然北魏蓮華手觀世音的圖像源於印度，可是長莖未敷的蓮花形式卻與印度觀世音所持的盛開蓮華截然不同。此外，北魏中期的觀世音菩薩像執持蓮華的皆為右手，而印度笈多觀音像則是左手，這些差異都說明了我國早期的藝匠在雕鑄佛像時，並非一成不變地謹守印度佛教圖像的規範。

根據台座上的造像記，造像人吳道興乃條縣人。條縣史書無載，松原三郎認為很可能指的是脩縣，在今河北省。（註 3）今將本作與河北北魏中期的作品，如大英博物館所藏皇興五年（471）仇成奴造觀世音菩薩像（註 4），並列比較，發現二者的確有不少雷同之處，如這兩尊觀世音像都頸項粗短，上半身與下半身的比例大約一比一，瓔珞於腹前相交，呈「X」形，衣紋繁密；身後背光分為內外兩部分，內部素淨，外部為鉤連的火焰紋，蓮台上的蓮瓣豐厚，因此推斷，吳道興造的觀世音像也當是一尊河北造像。然而仔細比較二像，卻發現吳道興造的觀世音像五官較為細秀，雙頰略削，兩肩稍斜，身軀結構平板，不似仇成奴造像那麼健碩。仇成奴造像兩腿間波動的衣裙，尚有層疊的交待，而吳道興造像則被「之」字形的線條所取代。仇成奴造像向上自然飄揚的冠繒，在吳道興造像裡則對稱呆板。此外，吳道興造像火焰紋的刻畫也不如仇成奴造像那麼細緻多變。這些差異已透露了北魏晚期造像趨於秀雅、重視線條的轉變。

這尊觀世音造像背光背面陰刻一樹，上刻一雙飛鳥，樹下坐一菩薩，其下尚有一列供養人。手法粗簡，樹葉、人物的造形頗具拙趣，與仇成奴造像仍有一脈相承的關係。

（本件作品於 106 陳列室展出）

註1 參見宮治昭，〈ガンダーラの三尊形式の兩脇侍菩薩の圖像〉，《涅槃と彌勒の圖像》（東京：吉川弘文館，1992），頁245-280。
註2 島田明，〈アジャンターの菩薩圖像——觀音、彌勒像を中心に〉，《佛教藝術》第237號（1998年3月），頁42-45。
註3 松原三郎，《中国仏教雕刻史論．本文編》（東京：吉川弘文館，1995），頁34 註 1、頁254。
註4 圖見國立故宮博物院編輯委員會，《海外遺珍．佛像》（台北：國立故宮博物院，1986），圖20。

2 雙觀音菩薩立像

台購 009073

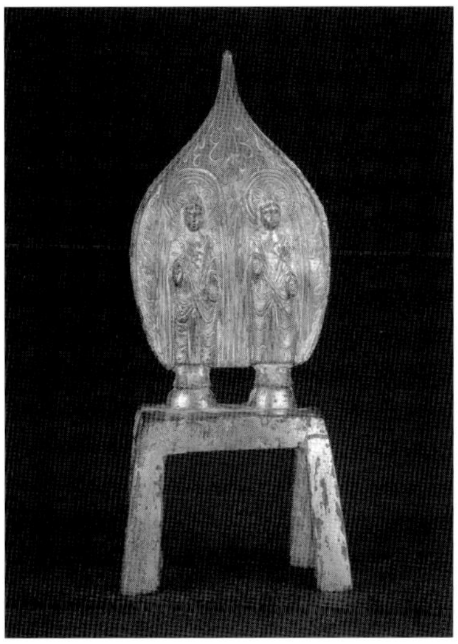

隋代　開皇六年（586）

青銅鎏金　高 34.8 公分

造像題記：開皇六年十／月／五／日，敬造像二區，／為父母溟（冥）福。

二尊菩薩頭戴低冠，項飾桃形頸飾，肩披天衣，於腹前交叉，下著長裙。二者皆右手施無畏印，左手作與願印。雖然題記並未記述這兩尊造像的尊格為何，然而北魏晚期（500-534）以來，無畏印和與願印已成為觀世音菩薩的重要圖像特徵；（註 1）同時，北齊又有雙觀世音立像的出現。因此，筆者推斷這件作品中的雙菩薩像當為雙觀世音菩薩。

在筆者所蒐集的北齊觀音造像資料中，發現了三件刻具觀世音菩薩名號的雙菩薩立像，分別為天保八年（557）閻常等造金銅觀世音像（註 2）、太寧二年（562）劉仰造雙觀音像（註 3）和河清四年（565）道待造觀音像。（註 4）根據這些觀音像的造像題記，閻常等為靈壽縣（今河北保定）人，道待是固城（今河北定縣東）寶光寺僧，而劉仰造像又為河北曲陽修德寺遺址出土。北齊時（550-577），靈壽縣、固城和曲陽這三地均為定州的轄區，顯示雙觀音像的雕製似乎與河北定州有著密切的關係。事實上，在定州北齊的白玉石雕中，雙菩薩立像和雙半跏思惟菩薩像的例子屢見不鮮，這種風氣一直延續到隋代（581-618）。河北曲陽修德寺遺址出土，開皇十一年（591）張難陁造雙菩薩立像的造像記，還清楚地銘刻著「雙觀世音像一區」的題名。（註 5）值得注意的是，這類雙像僅出現於河北的定州地區，所以雖然故宮博物院所藏的這尊雙觀世音菩薩立像不知其出土地為何，但極可能也是一件河北的造像。

林保堯曾經指出，二觀音像的出現可能與《法華經》的義理思想有關，（註 6）旨在彰顯法華信仰的權、實觀念。（註 7）但因為以觀音為主尊的雙觀音像僅出現在定州地區，區域色彩濃郁，這種表現是否受到法華思想的影響，還必須考慮定州地區的佛教文化背景，是一個值得未來探索的課題。

這對觀世音菩薩的造型簡樸，兩手緊貼身體，姿勢挺正，並無動感；從側面觀之，小腹微突，仍具北朝造像的遺風。此外，這兩尊觀世音像的臉略修長，五官清秀，又較北朝造像多了一分秀雅的氣韻。菩薩的天衣自然垂落，衣裙貼近身體，不向兩側張揚，衣紋只以幾道簡單的線條表示。背後舟形的背光頂部極尖，頭後的蓮瓣紋、頭光和背光上的火焰紋都只用幾道陰刻細線表現，明顯簡化。

（本件作品於 106 陳列室展出）

註1　參見拙作，〈南北朝觀世音造像考〉，發表於中央研究院主辦，「中央研究第三屆國際漢學會議」（2000年6月29日至7月1日），頁33-34。

註2　圖見和泉市久保惣記念美術館，《六朝時代の金銅仏》（和泉市：和泉市久保画記念美術館，1991），頁123；大和文華館，《中国の金銅仏》（奈良：大和文華館，1992），頁74。

註3　楊伯達著．松原三郎譯及解題，《埋もれた中国石仏の研究——河北省曲陽出土の白玉像と編年銘文》（東京：東京美術，1985），圖版36，頁171。

註4　松原三郎，《中国仏教雕刻史論》（東京：吉川弘文館，1995），圖414b，〈本文編〉，頁300。

註5　同上註，圖539 a；〈本文編〉，頁313。

註6　林保堯，《法華造像研究——嘉登博物館藏東魏武定元年石造釋迦像考》（台北：藝術家出版社，1993），頁245-256。

註7　同上註，頁256。

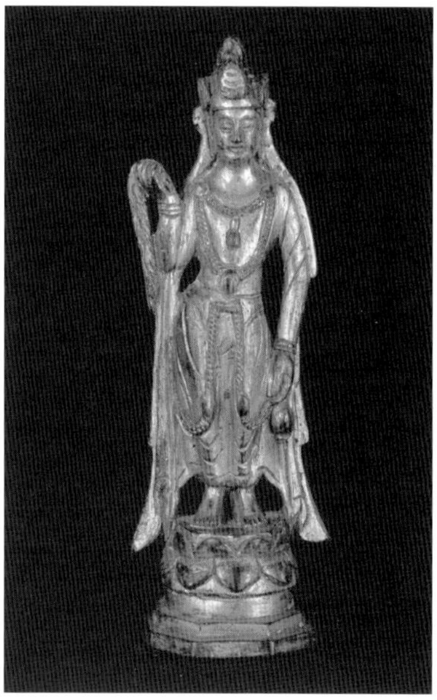

3　觀音菩薩立像

台購 009076

隋代（581-618）

青銅鎏金　高 15.2 公分

這尊菩薩頭戴三葉化佛寶冠，身披瓔珞、天衣，下著裙裳，右手持一枝楊柳，左手執水瓶，立於一仰覆蓮台之上。面作橢圓形，雙頰豐滿。胸腹略有起伏，表現了肌肉柔軟的質感。腰枝輕移，臀部擺動，身軀呈「S」形，與上件開皇六年雙觀音菩薩像的僵直姿態大異其趣。僅以聊聊數刀表現衣褶，刻畫雖然簡單，可是自左肩流利而下的三道衣紋有疏密的變化，與肢體的動作互相呼應，大腿上的弧線衣紋，也表現了這尊菩薩雙腿的豐圓。這種體態自然、漸趨寫實的風格，正是隋代造像重要的特色之一。

這尊菩薩雖然沒有題記，可是其冠有化佛，當是一尊觀音菩薩。另外，由於祂一手持楊柳，另一手執淨瓶，故又稱作「楊柳觀音」。（註 1）在印度和西域美術中都沒有發現楊柳觀音的造像，故這種觀音應為國人所創的新圖像。楊柳觀音的圖像典據劉宋（424-479）竺難提所譯的《請觀世音消伏毒害陀羅尼經》（簡稱《請觀音經》），（註 2）唐代密教的經典，不空（705-774）所譯的《千手千眼觀世音菩薩大悲心陀羅尼》更明確地記載：「若為身上種種病難者，當於楊柳枝手。」（註 3）足證，楊柳觀音旨在凸顯觀世音菩薩能夠解除眾生病苦的特質。

楊柳觀音的圖像是五世紀時在重視《請觀音經》的南朝文化中

孕育出來的產物。六世紀下半，隨著南北文化的交流，楊柳觀音不但出現在南方，（註 4）同時在北周的造像裡也有發現。（註 5）隋代統一南北以後，這種觀音的圖像迅速地在全國各地流傳開來，成為隋代最常見的觀音圖像之一。

（本件作品於 106 陳列室展出）

註1 「楊柳觀音」的名稱出現較晚，隋代尚無此一稱呼，不過為了討論方便，故在此沿用晚期的稱呼，稱這種手持楊柳，另一手執淨瓶的觀音為「楊柳觀音」。

註2 〔東晉〕竺難提譯，《請觀世音菩薩消伏毒害陀羅尼咒經》，收錄於《大正新脩大藏經》（以下簡稱《大正藏》）（台北：新文豐出版社，1983），第20冊，頁34下。

註3 〔唐〕不空譯，《千手千眼觀世音菩薩大悲心陀羅尼》，《大正藏》，第20冊，頁117中。

註4 東京藝術大學的收藏裡，有一尊陳太建元年（569）徐大智所造的觀世音菩薩立像，圖見大和文華館，《中国の金銅仏》（奈良：大和文華館，1992），頁79。

註5 圖見金申，《中國歷代紀年佛像圖典》（北京：文物出版社，1995），圖205；松原三郎，《中国仏教雕刻史論》（東京：吉川弘文館，1995），圖351。

4 觀音菩薩立像

台購 009077

唐代　八世紀中葉

青銅　高 21.2 公分

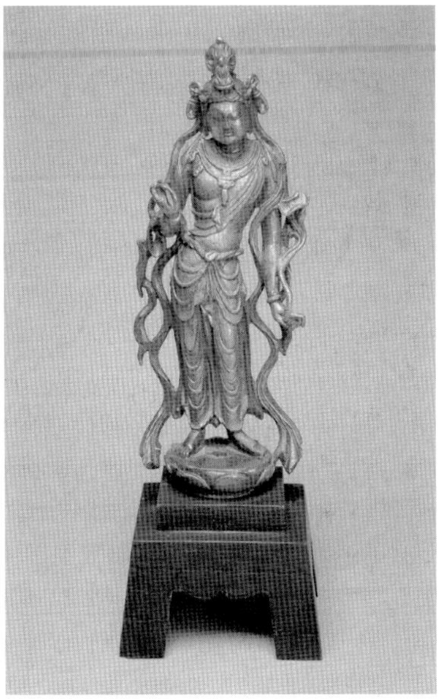

蓮台上立著一尊髮髻高聳的菩薩，臉如滿月，五官俊美，彎眉與鼻樑相接，雙眼俯視，開眼如波，雙頰飽滿，鼻翼窄秀，嘴小而抿，神情端嚴。軀體豐腴，肩寬腰細，胸腹肌肉柔軟而富彈性。下裙質地輕柔，緊貼雙腿，形成U字形的衣褶，與飄動的天衣都為此像增添了不少律動美。褶襞或深或淺，與腿部的動作相呼應，手法寫實。全身的重心置於右腿，左腿微屈，立姿攲斜。這尊菩薩的腰枝擺動幅度較上件隋代楊柳觀音更大，姿態更加生動活潑。這件金銅菩薩像與日本法隆寺所藏的開元七年（719）九面觀音（註 1）近似，可是本件作品的五官線條柔美，面容更女性化，動感更強，肌肉不若法隆寺九面觀音挺健，鑄造的年代應稍晚於九面觀音，約為八世紀中葉之作。

這尊菩薩左手的姆指、無名指相捻，持物已毀。但從其冠有化佛，右手持一枝蓮花（花的部分已殘）的圖像特徵觀之，應是一尊觀音菩薩無疑。畺良耶舍（活動於 424-452）所譯的《觀無量壽佛經》已有觀世音菩薩冠有化佛的記載，該經提到觀世音菩薩「身紫金色，頂有肉髻，項有圓光，面各百千由旬。……頂上毘楞伽摩尼妙寶，以為天冠，其天冠中有一立化佛。」（註 2）永徽四年（653）阿地瞿多所譯的《陀羅尼集經》〈畫觀世音菩薩像法〉也說：「一切觀世音菩薩像，通身白色，結加趺坐百寶莊嚴蓮華座上，頭戴七寶莊嚴華冠，而有重光，其華冠中有立化佛。」（註 3）值得注意的是，這兩部佛經都說是「立化佛」而非「坐佛」，同時也未明確指出這尊化佛就是無量壽佛（阿彌陀佛）。可是到了開元時期（713-741），開元三大士所譯的密教經典中則屢見觀世音菩薩冠有「無量壽佛」的記載。例如善無畏所譯的《大日經》云：「北方大精進，觀世自在者，光色如皓月，商佉軍那華，微笑坐白蓮，髻現無量壽。」（註 4）不空翻譯的《補陀落海會儀軌》又言：「西北觀世音菩薩，頂上大寶冠，中現無量壽。」（註 5）自此，觀世音菩薩冠中的化佛為阿彌陀佛的觀念始普遍流傳開來。

（本件作品於 106 陳列室展出）

註1　圖見國立故宮博物院編輯委員會，《海外遺珍・佛像（續）》（台北：國立故宮博物院，1990），圖121。

註2　〔劉宋〕畺良耶舍譯，《佛說觀無量壽佛經》，《大正藏》，第12冊，頁343下。

註3　〔唐〕阿地瞿多譯，《陀羅尼集經》，《大正藏》，第18冊，頁828上。

註4　〔唐〕善無畏譯，《大毘盧遮那成佛神變加持經》（簡稱《大日經》），《大正藏》，第18冊，頁7上。

註5　〔唐〕不空譯，《攝無礙大悲心大陀羅尼經計一法中出無量義南方滿願補陀落海會五部諸尊等弘誓力方位及威儀形色執持三摩耶幖幟曼荼羅儀軌》（簡稱《補陀落海會儀軌》），《大正藏》，第20冊，頁132上。

5　阿嵯耶觀世音菩薩立像　　台購 009086

大理國　十二世紀

青銅鎏金　高 25.6 公分

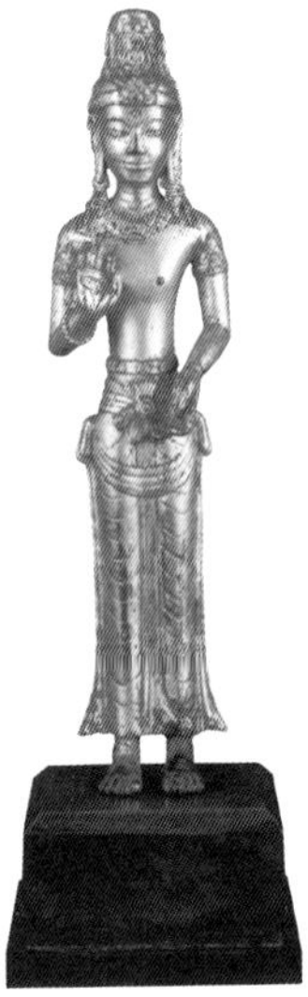

這尊觀音菩薩冠住阿彌陀佛，右手施安慰印，左手手肘微彎，五指微屈。其額方臉扁，雙眉相連如弓，鼻塌嘴寬，兩唇豐厚。髮髻高聳，髻側尚垂掛著重重的髮辮，梳理整齊。頭紮華麗帶飾，耳璫垂至兩肩。上身全袒，身扁胸平，腰枝纖細。頸佩寬的雲紋項圈，手戴臂釧，腰束華帶，下著長裙，衣紋作規律的弧線，姿勢僵直，與我國傳統的觀音造像截然不同。在雲南出土的銅鑄、木雕和石刻裡，這種類型的觀音像屢見不鮮，亦有數尊流落於世界各博物館或私人收藏家之手。由於這種觀音像不見於雲南以外的地區，所以外國學者多稱這類觀音像為「雲南福星」或「雲南觀音」。（註 1）美國聖地牙哥藝術館（Fine Arts Gallery of San Diego）所藏的一尊雲南金銅觀音像，背後的造像記云：「皇帝𦰡信段政興，資為太子段易長生、段易長興等造記。願祿筭塵沙為喻，保慶千春孫嗣，天地標機，相承萬世。」（註 2）為這類觀音造像提供了鑄造年代的參考。段政興即段正興，為大理國第十七代的國主，於宋紹興十七年（1147）即位，乾道八年（1172）禪位為僧，故雲南的這類造像大抵為十二世紀的作品。

本院收藏的「大理國描工張勝溫畫梵像卷」，第 99 頁（註 3）的主尊造型與本件金銅觀音像極為近似，依據畫上的榜題，知其為「真身觀世音菩薩」。另外，86 頁「建囝觀世音菩薩」的頭頂也發現了一尊這種類型的菩薩像，清楚說明這尊觀音乃是曾來雲南洱海地區渡化眾生梵僧觀世音（註 4）的本尊和真身。此外，「南詔圖傳・文字卷」又稱這類觀音為「阿嵯耶觀世音」。（註 5）

阿嵯耶觀世音的名號不見於經傳，也不見於雲南以外的地方文獻，顯示這個稱呼應屬雲南特有。李東紅曾經指出，「“阿嵯耶”與“阿叱力”這兩種稱謂之間，是否存在著某種聯繫？即它們是否就是梵文Acarya 之同音異寫，……」（註 6）這個見解頗具啟發性。阿叱力又作阿吒力、阿左梨、阿拶哩、阿闍黎等。阿闍黎一詞早在佛陀在世時已被普遍使用，可意譯為軌範師、教授、傳授等，是指教授弟子，使之行為端正合宜，而自身又堪為弟子楷模的老師，故又稱作導師。（註 7）直到清代（1644-1911），雲南洱海地區的白族還流傳著阿嵯耶觀世音化為梵僧，在南詔七次渡化眾生的故事。可見，阿嵯耶觀世音在洱海地區化現的主要目的，是在導引眾人皈依佛道。換言之，阿嵯耶觀世音乃為眾人之師，意即眾人的「阿嵯耶」、「阿闍黎」。

雖然根據傳說，早在南詔（649-902）建國之初，阿嵯耶觀世音即化為梵僧，到雲南展開宣教的活動。可是「南詔圖傳・文字卷」有言：

> 保和二年（825）乙巳歲，有西域和尚菩立陁訶來至我京都云：吾西域蓮花部尊阿嵯耶觀音從蕃國中行化至汝大封民國（即南詔），如今何在？語訖，經於七日終於上元蓮宇，我大封民始知阿嵯耶來至此也。（註 8）

由此看來，直到保和二年，南詔人民始知阿嵯耶觀音曾來雲南之事。此外，《僰國通紀淺述》又載：

> 主（隆舜）為世子時，好田獵，至巍山，遇一老人，告曰：世子能造觀音像否？如造，聲名所及，無不臣服。曰：能之。若造，須如來之像方可。乃以兼金鑄阿嵯耶觀音。至是，遠見巍山巔有白氣，使李紫奴往，挖得銅鐘一，重三百兩，阿嵯耶觀音一位，自號摩訶羅嵯耶。（註 9）

隆舜（856-897）又稱摩訶羅嵯，為南詔第十三代國主。「南詔圖傳」在祭鐵柱的畫面之後，繪摩訶羅嵯雙手合什，禮拜阿嵯耶觀世音像的景象，顯示隆舜為虔誠的阿嵯耶觀世音信徒，這點也可以從他以「嵯耶」作為年號得到證實。此外「南詔圖傳」卷末款書：「中興二年（898）三月十四日信博士內常士酋望忍爽臣張順、巍山主掌內書金券贊衛理昌忍爽王臣奉宗等謹。」（註10）酋望與忍爽皆南詔官名，故「南詔圖傳」極可能是奉了隆舜子舜貞化（897-902 在位）的敕命所作。由於現存與阿嵯耶觀音有關資料的年代都集中於九世紀下半葉，又大多與隆舜有關，所以推斷阿嵯耶觀音的信仰約盛行於九世紀末，而隆舜很可能就是推動這一信仰的重要功臣。

阿嵯耶觀音無論是在面相或身軀結構上，皆與我國常見的觀音造像迥別。美國的 Hellen B. Chapin 認為，阿嵯耶觀音像的風格可能源於印度東北部的帕拉王朝（Pāla dynasty，八一十二世紀），經尼泊爾或室利佛逝（Srivijaya，在今蘇門達臘）傳入雲南。（註 11）法國的 Marie Thérèse de Mallmann 則指出，南印度的巴拉伐（Pallava）美術與爪哇雕刻均對大理觀音有相當的影響。（註 12）泰國的 Nandana Chutiwongs 又提到，雲南觀音像與中南半島占婆（今越南中部）的菩薩像十分相似，二者的關係密切。（註 13）細審雲南的觀音造像，其風格的遠源可以追溯到印度的帕拉和巴拉伐雕刻，可是直接影響阿嵯耶觀音造像的應是中南半島的佛教藝術。例如阿嵯耶觀音的鼻塌嘴寬，顴骨較高，上半身平扁，下體窄瘦，姿勢僵直等都與八世紀的暹羅（今泰國）（註 14）和吉蔑（今柬甫寨）的菩薩像（註 15）相似，而高聳的髮髻，重重的髮辮，耳璫、冠飾和瓔珞的樣式、腹前所繫的短巾，以及下裙在臏部兩側束起的方式，也與七、八世紀的占婆菩薩像（註 16）相仿。因此筆者以為，雲南阿嵯耶觀音像應是在七、八世紀中南半島的佛教造像基礎上發展而來的，占婆的色彩雖然顯著，可是吉蔑和暹羅的影響也不容忽視。

（本件作品於 106 陳列室展出）

註1 Hellen B. Chapin, "Yünnanese Images of Avalokiteśvara," *Harvard Journal of Asiatic Studies*, vol. 2 (1944), p. 135; Nandana Chutiwongs, *The Iconography of Avalokiteśvara in Mainland South East Asia* (Ph.D. Dissertation, Leiden, Bangkok, 1942), p. 478.

註2 李霖燦，《南詔大理國新資料的綜合研究》（台北：國立故宮博物院，1982），圖版貳，頁26。

註3 為了討論方便，李霖燦將「梵像卷」全卷分為136個單位（或稱頁），本文中所用之頁碼編號即依李氏所訂。參見李霖燦，《南詔大理國新資料綜合研究》。

註4 有關「大理國描工張勝溫畫梵像卷」諸觀音圖像的研究，請參見本圖錄之〈張勝溫「梵像卷」之觀音研究〉一文。

註5 該卷的圖版見李霖燦，前引書，頁140-150。

註6 李東紅，〈大理地區男性觀音造像的演變〉，《思想戰綫》1992：6（1992年11月），頁62。

註7 慈怡主編，《佛光大辭典》（高雄大樹：佛光出版社，1989），第4冊，頁3688。

註8 李霖燦，前引書，頁145-146。

註9 文見尤中校注，《僰國通紀淺述校注》（昆明：雲南人民出版社，1989），頁81。

註10 李霖燦，前引書，頁138。

註11 Hellen B. Chapin，前引文，p. 182.

註12 Marie Thérèse de Mallmann, "Notes sur les bronxes du Yunnan représentant Avalokiteśvara," *Harvard Journal of Asiatic Studies*, vol. 14, no. 3/4 (1951), pp. 572-575.

註13 Nandana Chutiwongs，前引文，pp. 477-480.

註14 Philip Rawson, *The Art of Southeast Asia* (London: Thames and Hudson Ltd., 1967), fig. 29.

註15 Maud Girard-Geslan and others, *Art of Southeast Asia* (New York: Harry N. Abrams, Inc., 1997), pls. 432, 433.

註16 同上註，pl. 132, Philip Rawson，前引書，figs. 117, 118.

6 觀音菩薩坐像

台購 009083

大理國　十二世紀

青銅鎏金　高 28.5 公分

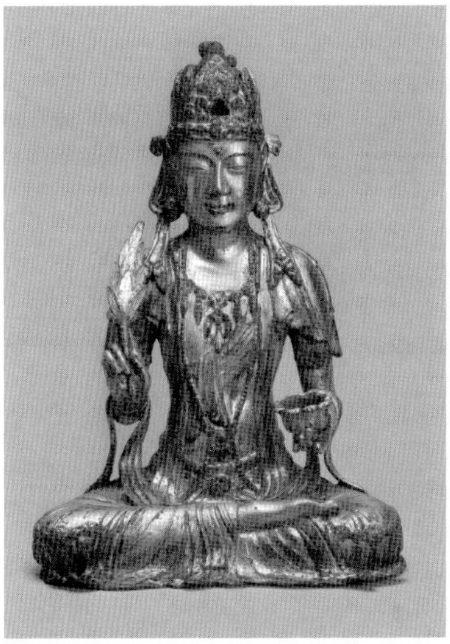

這尊觀音菩薩頭戴寶冠，身披天衣，瓔珞嚴身。右手持楊枝，左手捧蓮華碗，半跏而坐。這尊觀音手中的楊柳向上飄揚，而且仔細刻畫了每片樹葉，狀若片片飛羽，與一般常見的垂枝楊柳有別。這種楊枝的表現手法和菩薩手中所持的蓮華杯式樣，在大理國的造像中時有發現。（註 1）這尊菩薩眉彎眼平，鼻翼稍寬，嘴角含笑，神情恬靜溫雅。腰挺背直，胸腹略有起伏，肌理結構交待清楚。耳戴圓形耳飾，瓔珞在胸前串串垂下，於腰腹之際交叉，並延及腿部，繁複華麗。衣紋綿延，線條流暢，與許多大理國（937-1254）後期的造像，如大理崇聖寺千尋塔出土的許多大理國菩薩像、（註 2）大理市博物館所藏的大理國尊勝佛母像，（註 3）十分類似，因此推知這尊觀音菩薩坐像也應是雲南大理國後期的作品，約製作於十二世紀。

受到阿嵯耶觀音傳說的影響，雲南白族自治州最受眾人崇拜的佛教人物為觀音。在劍川石鐘山石窟的十八處造像、線刻與壁畫裡，以觀音為主尊就有五處之多；「大理國描工張勝溫畫梵像卷」中，也有二十二頁不同系統的觀音圖像，佔全卷的七分之一強，崇聖寺千尋塔出土的七十餘尊南詔和大理國的菩薩像中，觀音像的數量又高達五十餘尊，（註 4）觀音信仰在南詔、大理國之盛於此可見一斑。同時，自大理國時期實行「冠姓雙名制」以來，在人名中夾觀音之名者更不勝枚舉，例如大理國時期有李觀音得、（註 5）高觀音隆、高觀音妙等，（註 6）元代（1260-1368）有趙觀音才、觀音鳳、觀音桂等，（註 7）明代（1368-1644）有何觀音聯、（註 8）趙觀音德、楊觀音堅等。（註 9）時至今日，觀音不但是白族自治州佛寺內最常見的尊像，有些鄉鎮甚至視觀音為當地的本主，將其供奉於本主廟中，觀音無疑已經化成白族文化的血肉。

（本件作品於 106 陳列室展出）

註1 姜懷英．邱宣充，《大理崇聖寺三塔》（北京：文物出版社，1998），圖62、63。

註2 同上註，圖139。

註3 雲南文物管理委員會編，《南詔大理文物》（北京：文物出版社，1992），圖59。

註4 參見上註，頁130；姜懷英．邱宣充，前引書，頁74。

註5 〔宋〕范成大，《桂海虞衡志》，收錄於方國瑜主編，《雲南史料叢刊》（昆明：雲南大學出版社，1998），第二卷，頁232。

註6 林超民，〈大理高氏考略〉，《雲南民族學院學報（哲學社會科學版）》1993：3（1993年9月），頁55-56。

註7 參見冶秋，〈大理訪古記〉，《文物》1961：8（1961年8月），頁53。

註8 楊延福，《劍川石寶山考釋》（昆明：雲南民族出版社，1999），頁96。

註9 張錫祿，《大理白族佛教密宗》（昆明：雲南民族出版社，1999），頁277、296。

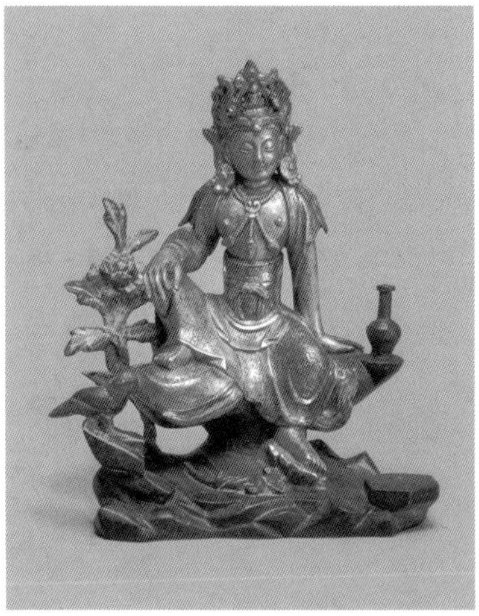

7 觀音菩薩坐像

國贈 26641

明代　十五—十六世紀

青銅鎏金　高 19.5 公分

觀音菩薩頭戴化佛寶冠，胸佩瓔珞，上身袒露，肩披天衣。祂的頭部微傾，右腳置於岩石座上，左足下垂，踏一蓮華，右手擱置膝上，姿勢舒坦自在，輕鬆閒適，完全突破經典儀軌的制約。觀音的重要持物淨瓶擱置於側。和傳統正襟危坐的觀音相比，這類姿態悠閒自在的觀音更加平易近人，人稱「普陀洛迦觀音」，是我國唐代（618-907）藝匠的創意。宋代（960-1279）以來普遍流行，成為我國觀音造像的重要典型。

普陀洛迦觀音圖像的製作典據《華嚴經》。《華嚴經》是觀音信仰的基礎經典之一，該經的〈入法界品〉提到，善財童子接受文殊師利菩薩的教化，四處訪求善知識，問菩薩行，求菩薩道。在他訪求的五十三位善知識中，居住在南印度補怛洛迦山的觀音菩薩即為其中之一。《大方廣佛華嚴經 》〈入法界品〉載：

> （鞞瑟胝羅言：）善男子，於此南方，有山，名補怛洛迦。彼有菩薩，名觀自在，汝詣彼問菩薩，云：何學菩薩行？修菩薩道？……爾時善財童子……至於彼山，處處求覓此大菩薩。見其西面巖谷之中，泉流縈映，樹林蓊鬱，香草柔軟，右旋布地。觀自在菩薩於金剛寶石上，結跏趺坐，無量菩薩皆坐寶石，恭敬圍遶，而為宣說大慈悲法。（註 1）

根據此經，後世佛教徒遂視「補怛洛迦」為觀音菩薩的淨土。唐代藝匠也依此經，創造出在補怛洛伽山中，坐在金剛岩石座上，姿勢悠閒自在的觀音形象。

本院所藏的這件觀音像，除了上承唐代以來發展的普陀洛迦觀音圖像的傳統，在觀音的右前方尚有一隻鸚鵡。這個母題在明代的觀音造像或畫作裡，時有所見。它的出現並無經典依據，而是受到明代流傳《鶯哥孝義傳》（註 2）這類民間文學的影響。《鶯哥孝義傳》以擬人化的手法，描寫一隻孝順的小鶯哥（鸚鵡），為了孝養母鶯，歷經種種艱難，最後跟隨觀音菩薩，到南海修行的故事。隨著這個故事的普遍流傳，在明代的觀音圖像中，經常發現鶯哥或佇立於觀音菩薩的身旁，或在空中飛舞。

這尊觀音造像的額方頰豐，修眉細目，眼神下俯，開眼波動，嘴角略向上揚。祂的耳璫圓大，裝飾華麗，瓔珞於胸前分為三股，皆見明代永樂（1403-1424）、宣德（1426-1435）宮廷藏式造像的影響。可是這尊觀音的嘴唇稍薄，五官線條柔美，面容已完全中國化了，與十五世紀上半藏式或尼泊爾式的造像迥別。其胸部平板，腰枝拉長，身軀結構趨於概念化，和十五世紀上半肌肉結實的造像大異其趣，故推測該像約製作於十五世紀下半葉至十六世紀上半葉之間。

（本件作品於 106 陳列室展出）

註1 〔唐〕實叉難陀譯，《大方廣佛華嚴經 》卷六十八〈入法界品第三十九之一〉，《大正藏》，第10冊，頁366下。

註2 失撰人，《鶯哥孝義傳》（明成化年間〔1465-1487〕永順堂刊本），收錄於劉世德．陳慶浩．石昌渝主編，《古本小說叢刊》（北京：中華書局，1991），第38輯第1冊，頁1-40。

繪畫類

8 宋人 畫千手千眼觀世音菩薩 故畫 02.08.00157

十二世紀

軸　絹本設色畫

縱 176.8 公分　橫 79.2 公分

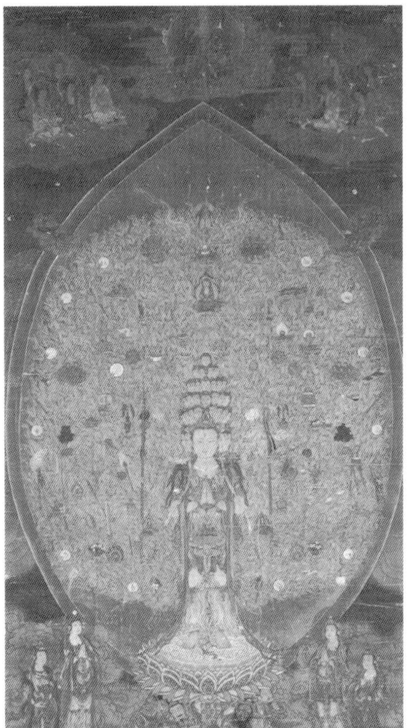

收傳印記：乾隆御覽之寶。乾隆鑑賞。秘殿珠林。秘殿新編。珠林重定。三希堂精鑑璽。宜子孫。乾清宮鑑藏寶。太上皇帝。嘉慶御覽之寶。宣統御覽之寶。

本幅畫萬頃波濤，祥雲湧現，四大天王背擎七寶蓮臺，千手千眼觀世音菩薩法相莊嚴，端立其上。兩側的脇侍菩薩或合什禮拜，或手持法器，隨侍在側。上方諸佛群集，乘雲而來，下方天龍八部雙手合什，恭敬禮拜。這尊菩薩面有三眼，左右各有二菩薩面，其上尚有二十七面，分五層排列。其中二十六面頂戴寶冠，為菩薩面，最上端則為一佛面。身前畫十八隻手，身後舟形背光內畫九百八十二隻手，共有千手。每隻手或結印契，或持器杖，如蓮花、化佛、日、月、戟、金輪等，尤為有趣的是，在眾持物之中還有十二宮的發現，甚為特殊。這尊觀音每一掌中又畫一眼，故名「千手千眼觀世音菩薩」。千手千眼觀世音為密教觀音的一尊，密號「大悲金剛」，又稱「大悲觀音」。

《千手千眼觀世音菩薩廣大圓滿無礙大悲心陀羅尼經》記述千手千眼觀世音的因緣甚詳，云：

觀世音菩薩重白佛言：世尊，我念過去無量億劫有佛出世，名千光王靜住如來。彼佛世尊，憐愍我等，為一切諸眾生，說此

> 廣大圓滿無礙大悲心陀羅尼，以金色手摩我頂上，作如是言：善男子，汝當持此心咒，普為未來惡世一切眾生，作大利樂。我於其時始任初地，一時聞此咒故，超第八地。我時心歡喜，發誓言：若我當來堪能利益安樂一切眾生，則我即時身生千手千眼具足。發是願已，時應身上千手千眼悉盡具足。（註 1）

可見，千手千眼觀世音菩薩是觀世音菩薩聽聞〈廣大圓滿無礙大悲心陀羅尼〉（簡稱〈大悲咒〉），發令眾生安樂的宏誓後，變化而生的一種形象。祂不但可以隨時滿足一切眾生的願望，又可以伏魔除怨，解除危難，所以這尊觀音可以說是以千眼遍視眾生疾苦，又以千手隨時救護有情，充分發揮觀世音菩薩圓通自在，不可思議的神力。

千手千眼觀音的圖像各經軌記載不同，菩提流志翻譯的《千手千眼觀世音菩薩姥陀羅尼身經》提及：

> 若畫千手千眼觀世音菩薩摩訶薩像變者，當用白氎縱廣十肘或二十肘。是菩薩身作閻浮檀金色，面有三眼，臂有千手，於千手掌各有一眼。首戴寶冠，冠有化佛。其正大手有十八臂，先以二手當心合掌，一手把金剛杵，一手把三戟叉，一手把梵夾，一手執寶印，一手把錫杖，一手掌寶珠，一手把寶輪，一手把開敷蓮花，一手把羂索，一手把楊枝，一手把數珠，一手把澡罐，一手施出甘露，一手施出種種寶雨施之無畏，又以二手當臍，右押左仰掌。其餘九百八十二手，皆於手中各執種種器仗等印，或單結手印皆各不同，如心經說，手腕一一各著環釧，身服著以天妙寶衣，咽垂瓔珞。（註 2）

雖然本幅觀音正大手的持物與印契和此經的記載不盡完全相同，可是在眾多的千手千眼觀音經典裡，唯有此經提及大悲觀音的正大手為十八隻，故本幅觀音像的繪製可能仍與《千手千眼觀世音菩薩姥陀羅尼身經》有關。至於這尊觀音的三十二面則不見於經典的記載，不知以何為據。

畫幅中的四大天王面貌各殊，神情生動。天龍八部中部分的人物，頭戴豎梁冠，雙手捧笏，作文官裝束，與道教神祇相近，顯然受到宋代三教合一思想的影響。這尊觀音菩薩紺髮垂肩，頂戴化佛寶冠，身著天衣，胸飾瓔珞，衣著華麗。雙唇上下皆有髭鬚，顯然為一男性，可是其眉清目秀，容顏溫婉，已具女子神韻。

此軸無作者名款。全圖用色妍麗，繪製精謹，就連瓔珞裝飾和七寶蓮臺上鑲嵌的珠寶，都描寫得一絲不苟。人物的輪廓和衣紋線條皆以中鋒一筆畫成，筆筆遒勁，線條柔勁流暢。觀世音菩薩及其脇侍菩薩的下裙衣紋稠密，尤其是起伏波動的裙裾，與京都清淨華院所藏四明（今浙江鄞縣）普悅畫「阿彌陀三尊像」（註 3）和京都知恩院所藏淳熙癸卯年（1183）「阿彌陀佛淨土」（註 4）的表現手法相似，故本作也當出自南宋畫家之手，可能完成於十二世紀。

（此幅為本院之限展畫作，並未展出。）

註1 〔唐〕伽梵達摩譯，《千手千眼觀世音菩薩廣大圓滿無礙大悲心陀羅尼經》，《大正藏》，第20冊，頁106中-下。

註2 〔唐〕菩提流支譯，《千手千眼觀世音菩薩姥陀羅尼身經》，《大正藏》，第20冊，頁101中。

註3 京都国立博物館，《淨土教繪畫》（東京：平凡社，1975），圖版50-52。

註4 同上註，圖版45。

9 〔傳〕宋 賈師古 大士像

故畫02.08.00092

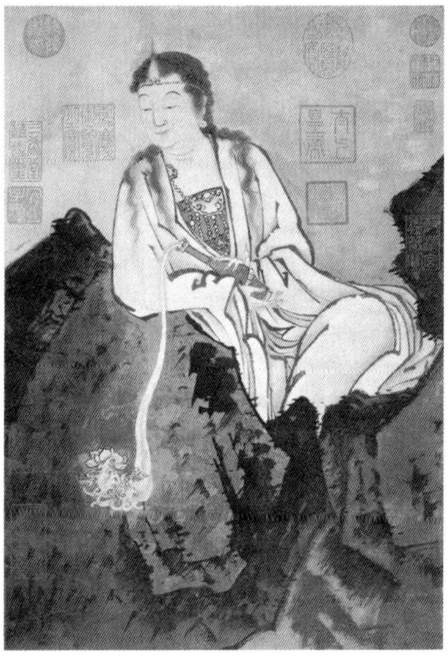

明代 十五世紀

軸 紙本水墨畫

縱 42.2 公分 橫 29.8 公分

款：師古。

收傳印記：乾隆御覽之寶。乾隆鑑賞。秘殿珠林。秘殿新編。珠林重定。三希堂精鑑璽。宜子孫。乾清宮鑑藏寶。太上皇帝。嘉慶御覽之寶。宣統御覽之寶。宣統鑑賞。無逸齋精鑑璽。

觀音大士長髮披肩，面形略方，秀眉細目，胸佩瓔珞，斜倚岩石之上，神態閒適。手中淨瓶灑落甘露，化成蓮花一朵。觀音的輪廓和五官以細筆鉤畫，髮絲如縷，細緻精謹。衣紋行筆粗放，頓挫轉折，遒勁有力，落脫瀟灑。以斧披皴皴寫岩石，行筆豪放。全幅筆調剛柔並濟，生動並富有變化。

根據畫幅左側「師古」的款題，過去多稱此作出自賈師古（活動於 1131-1162）之手。夏文彥《圖繪寶鑑》載：「賈師古，汴人。善畫道釋人物，師李伯時（李公麟，1049-1106）白描。紹興（1131-1162）畫院祇候，其人物頗得閒逸自在之狀。」（註 1）本幅雖為水墨畫，但是衣紋線條與筆意條暢的李公麟白描迥別。《中國古畫索引》一書提到，本軸可能為一件明代之作，（註 2）但未說明原因。今觀本作畫石的皴法和明代的院畫和浙派有關，且本幅觀音的開面與北京首都博物館所藏之元代青白瓷觀音坐像（註 3）相似，所以它可能是明代早期十五世紀畫家偽託賈氏之名的作品。

註1 〔元〕夏文彥《圖繪寶鑑》卷四，收錄於《畫史叢書》（台北：文史哲出版社，1983），第2冊，頁775。

註2 James Cahill, *An Index of Early Chinese Painters and Paintings: T'ang, Sung, and Yüan* (Berkeley · Los Angeles · London: University of California Press, 1980), p. 74.

註3 葉佩蘭，《元代瓷器》(北京：九洲圖書出版社，1998)，圖423。

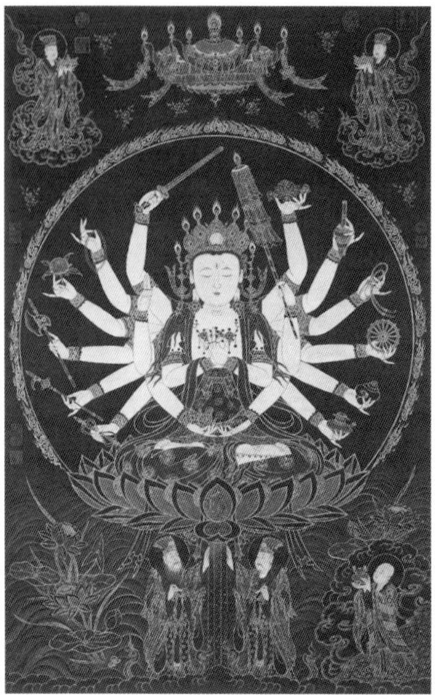

10 明人 準提菩薩

故畫 02.10.01375

十五世紀

軸 紙本泥金設色畫

縱 126.7 公分 橫 81.1 公分

收傳印記：乾隆御覽之寶。乾隆鑑賞。秘殿珠林。秘殿新編。珠林重定。三希堂精鑑璽。宜子孫。太上皇帝、嘉慶御覽之寶、宣統御覽之寶。

本幅以靛青為底，泥金畫蓮池中，有一莖寶蓮升起，準提菩薩紺髮垂肩，頭戴五葉寶冠，面有三眼，身披瓔珞，結跏趺坐其上。頂上懸有華蓋，並有天花飛舞，身後又有圓形火焰背光，法相莊嚴。全作線條勻整細勁，衣上花紋繪製得極為精謹，就連蓮池中的水波也描畫得一絲不苟，是一件明代佛畫的佳作。這件準提菩薩的臉形略方，雙眉下垂，鼻秀嘴小，與北京法海寺的水月觀音（成於1443）（註 1）相似，應是一件十五世紀的作品。

準提菩薩梵名 Cundī，又作准胝、准提佛母、七俱胝佛母等，意譯作清淨，是密教觀音之一。雖然北周時（557-581）闍那崛多所譯的《種種雜咒》中，已載錄了〈七俱胝佛神咒〉，（註 2）玄奘（600-664）翻譯的《咒五首》裡，也發現了〈七俱胝佛咒〉，（註 3）不過直到垂拱二年（686），天竺三藏地婆訶羅譯出《七俱胝佛母心大準提陀羅尼經》後，有系統的準提菩薩儀軌才傳入我國。開元三大士──金剛智（669-741）、善無畏（637-735）和不空（705-774）三位密教高僧都曾翻譯準提菩薩的經典，奠定了準提信仰在我國發展的基礎。《宋高僧傳》載，金剛智在洛陽時，「其年自正月不雨，迨至五月，嶽瀆靈祠禱之無應，乃詔智結壇祈請，於是用不空鉤，依菩薩法，在所住處起壇，深四肘，躬繪七俱胝菩薩像。」（註 4）善無畏在來華途中，「舟行萬里，屬商人遇盜，危於併命，畏恤其徒侶，默諷真言，七俱胝尊全現身相，群盜果為他寇所殲。」（註 5）可見開元時期（713-741），我國應有準提法的流傳。

善無畏所譯的《七俱胝獨部法》提到準提咒「能滅十惡、五逆、一切重罪，成就一切白法功德。作此聖不簡在家、出家，若在家人飲酒食肉，有妻子，不簡淨穢，但依我法，無不成就。」（註 6）這樣的文句不但彰顯準提咒的卓越功能，同時為在家眾開啟方便之門。遼代天祐皇帝（1056-1101）時，《顯密圓通成佛心要集》成書以後，融密教的準提法於顯教的華嚴義學當中，使得準提法門的修持不再侷限於密教的範疇。（註 7）明代修持準提法的風氣更盛，雲棲袾宏、憨山德清等禪宗高僧都曾傳授準提法，明末名宦項蘭齋一家屢蒙準提菩薩的庇佑，項蘭齋不但刊行《準提儀軌》，而且又

鑄造準提鏡，廣施信眾。其孫項謙也曾刊行《佛母准提焚修悉地懺悔玄文》一書，分贈有緣，弘揚準提法門的殊勝。（註 8）

《宣和畫譜》提及，盧楞伽（八世紀）畫「七俱胝菩薩像」，（註 9）是畫史上畫準提菩薩最早的記載，可惜此畫已經不存。本幅雖是一件明代的作品，可是卻謹守金剛智翻譯《佛說七俱胝佛母准提大明陀羅尼經》中的〈七俱胝佛母准提畫像法〉，精心繪製而成。此經言：

> 取不截白氎清淨者，擇去人髮。畫師受八戒齋，不用膠和色，用新碗成綵色而用畫之。其像作黃白色，種種莊嚴其身，腰下著白衣，衣上有花文。身著輕羅綽袖天衣，以綬帶繫腰，朝霞絡身。其手腕以白螺為釧，其臂上釧七寶莊嚴，一一手上著指環。都十八臂面有三目，上二手作說法相，右第二手施無畏，第三手把劍，第四手把數珠，第五手把微若布羅迦果（下註：漢言子滿果，此間無西國有），第六手把鉞斧，第七手把鉤，第八手把跋折羅（金剛杵），第九手把寶鬘。左第二手把如意寶幢，第三手把蓮花，第四手把澡灌，第五手把索，第六手把輪，第七手把螺，第八手把賢瓶，第九手把般若波羅蜜經夾。菩薩下作水池，池中安蓮花，難陀、拔難陀二龍王共扶蓮花莖，於蓮花上安准提菩薩，其像周圓安明光焰，其像作憐愍眼看行者在下坐，手執香鑪，面向上看菩薩，於菩薩上畫二淨居天，像法如是。（註 10）

細審本幅準提菩薩的圖像特徵，除了行者是立像，與經文所述的「行者在下坐」稍有出入外，無一不與經文記述相符。《佛說七俱胝佛母准提大明陀羅尼經》〈求願觀想法〉言：「若求不二法門者，應觀兩臂；若求四無量，當觀四臂，……若求十八不共法者，應觀十八臂，……」（註 11）由此看來，本幅這尊準提菩薩的十八臂代表唯佛與菩薩特有的十八不共法，（註 12）具有深刻的宗教意涵。

註1　北京市法海寺文物保管所．中國旅遊出版社畫冊編輯室，《法海寺壁畫》（北京：中國旅遊出版社，1993），圖7、8。

註2　〔北周〕闍那崛多譯，《種種雜咒》，《大正藏》，第21冊，頁639下。

註3　〔唐〕玄奘譯，《咒五首》，《大正藏》，第20冊，頁17上。

註4　〔宋〕贊寧《宋高僧傳》卷一〈金剛智傳〉，《大正藏》，第50冊，頁711中。

註5　同上註，頁714中。

註6　〔唐〕善無畏譯，《七俱胝獨部法》，《大正藏》，第20冊，頁187上-中。

註7　藍吉富，〈《顯密圓通成佛心要集》初探〉，《佛學研究中心學報》（中國社科院宗教研究所佛學研究中心出版），第 1 期（即將出版）。

註8　藍吉富，《準提法彙》（台北：迦陵出版社，1999），頁14-15。

註9　《宣和畫譜》卷二，收錄於《畫史叢書》（台北：文史哲出版社，1983），第1冊，頁392。

註10〔唐〕金剛智，《佛說七俱胝佛母准提大明陀羅尼經》，《大正藏》，第20冊，頁178中-下。

註11　同上註，頁177下。

註12 十八不共法即不共通於聲聞、緣覺，唯佛與菩薩特有之十八種功德法。這十八種功德法又可以分為佛之十八不共法和菩薩之十八不共法兩大類。至於十八共法的內容可參見慈怡主編，《佛光大辭典》（高雄大樹：佛光出版社，1989），第1冊，頁350。

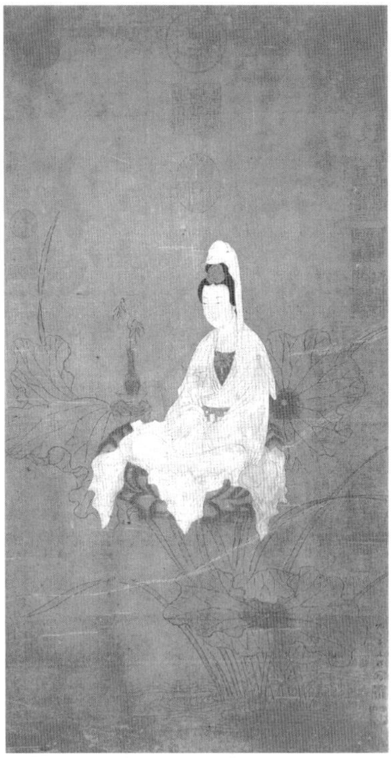

11 明 仇氏杜陵內史 白衣大士像

故畫 02.10.00489

十六世紀後半

軸 絹本設色畫

縱 54 公分 橫 28.6 公分

款：仇氏薰沐拜寫。鈐印二。杜陵內史。斧藻含章。

收傳印記：乾隆御覽之寶。乾隆鑑賞。秘殿珠林。秘殿新編。珠林重定。三希堂精鑑璽。宜子孫。乾清宮鑑藏寶。太上皇帝。嘉慶御覽之寶。宣統御覽之寶。

仇氏，名珠，（註 1）號杜陵內史。仇英（約 1494-1552）女，生卒年不詳。原籍太倉（今江蘇太倉），寓居吳郡（今江蘇蘇州）。自幼聰慧，畫山水、人物，綽有父風。精工秀麗，筆意不凡，無一點塵俗氣。

荷塘裡，荷葉挺立，迎風招展。白衣觀音面如鵝蛋，五官娟秀，一身素服，頭披白巾，端坐蓮華之上。持物楊枝、淨瓶和水杯擱置其側。觀音衣紋和荷葉、葦草的線條柔暢流利，圓勁秀逸。衣衫、蓮座及荷葉分別以白粉、硃砂、石青、花青等敷染，設色艷而不俗。全作工緻秀逸，深具仇英的遺意，筆意不凡，毫無一絲塵俗氣息，為閨閣畫家中之佼佼者。此幀構圖不落俗套，與一般的白衣觀音迥異，別具巧思。

唐代的畫史著錄並無白衣觀音像的發現。南宋鄧椿的《畫繼》雖有吳道子畫白衣觀音圖的記載，可是它卻不見於南宋以前的書畫著錄，或有訛誤。北宋郭若虛《圖畫見聞誌》云：「富玫，工畫佛道，有彌勒內院圖、白衣觀音、文殊、地藏、慈恩法師等像傳於世。」（註 2）這是筆者在古畫著錄中發現最早的白衣觀音像資料。此外，在《宣和畫譜》裡，也發現辛澄、王齊翰、杜子瓌和曹仲元畫白衣觀音像的記載。（註 3）這些畫家多活動於唐末、五代之際，充分證明，十世紀時白衣觀音信仰已蓬勃展開。

十一世紀時，我國已有〈白衣觀音神咒〉（又稱〈白衣咒〉）的流傳，（註 4）更促進了白衣觀音信仰的隆盛。謝肇淛（1567-1624）《五雜俎》云：「大士變相不一，而世所崇奉者白衣為多，亦有《白衣觀音經》云：專主祈嗣生育之事。」（註 5）可見，明末白衣觀音信仰已十分普遍。時至今日，〈白衣咒〉是觀音信眾最常念誦的佛教經咒，而白衣觀音則是國人最熟悉的觀音圖像之一，在姿勢上，其雖有立、坐之別，持物亦楊柳、淨瓶以及念珠之分，（註 6）

可是身著縞衣，頭披白巾卻是祂最明顯的圖像特徵。

註1　李湜，〈掀開封塵的畫卷——明代閨閣畫家藝術談〉，《故宮文物月刊》第14卷第8期（1996年11月），頁39。

註2　〔宋〕郭若虛，《圖畫見聞志》卷二，收錄於《畫史叢書》（台北：文史哲出版社，1983），第1冊，頁171。

註3　《宣和畫譜》，卷二、卷三、卷四，收錄於《畫史叢書》，第1冊，頁396、404、406、415。

註4　Chün-fang Yü, "Guanyin: the Chinese Transformation of Avalokiteshvara," Marsha Weidner ed., *Latter Days of the Law: Images of Chinese Buddhism 850—1850* (Lawrence: Spencer Museum of Art, University of Kansas, 1994), p. 172.

註5　〔明〕謝肇淛，《五雜俎》卷之十五，收錄於《筆記小說大觀．八編》（台北：新興書局，1975），第7冊，頁4390。

註6　潘亮文，〈白衣觀音像についての一考察〉，《佛教藝術》231號（1997年3月），頁114-129。

12 明　邢慈靜　觀世音菩薩三十二應身　故畫03.10.01147

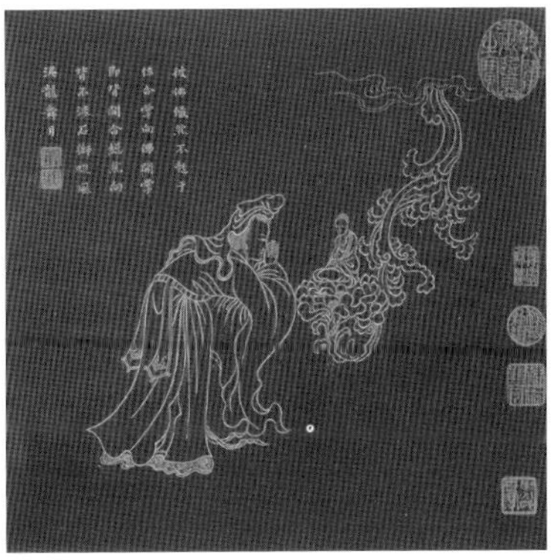

十六世紀後半

冊　褶裝　紙本泥金畫

每幅均縱 28.5 公分　橫 29.5 公分

第一幅款識：彼佛儼然，不起于位。合掌向佛，開掌即背。開合總然，向背不涉。石獅吼風，泥龍舞月。鈐印二：邢氏。慈靜。

第二幅款識：宇宙昧昧，大被長枕。舉世鼾睡，嘑之不醒。以彼夢機，投我夢說。實知夢者，眼未常合。鈐印四：慈。靜。馬邢氏印。濟南。

第三幅款識：海月流光，天雲弄影。縹緗玉軸，展普門品。轉轉不已，喃喃自喜。云何自持，反求諸己。鈐印二：慈。靜。

第四幅款識：秉般若劍，推黑暗盡。光明洞然，行佛心令。令行如焰，無處湊泊。鋒鍔未露，天魔膽落。鈐印二：慈靜。馬邢氏印。

第五幅款識：即佛離相，眾生諸佛。即相索佛，諸佛眾生。百萬妙好，億千威神。能見是者，不以目睛。鈐印二：邢氏。慈靜。

第六幅款識：師獵得麐，師農得粟。善財亡法，禮菩薩足。菩薩不言，前瞻後矚。汝自問取，白雲青竹。鈐印四：邢氏。慈靜。香嚴。濟南。

第七幅款識：鳩摩負鐘，鐘如是輕。大士乘蓮，蓮如是重。輕重無性，一切在心。我苟無心，蓮亦可乘。鈐印三：濟南。慈靜。馬邢氏印。

第八幅款識：浮圖寶級，縱廣百萬。以自在力，指掌可玩。衣裳離披，龍胡鳳毛。游行去來，八荒九霄。鈐印二：邢氏。慈靜。

第九幅款識：眾生熱鬧，熾然若甑。得楊枝水，一滴消盡。我四大中，水相亦多。云何無明，但滋愛河。鈐印二：慈。靜。

第十幅款識：珠網金絡，光芒亘起。我此蓮華，不捨不取。離取捨見，兩頭誰倚。昨夜江邊，一天春雨。鈐印二：慈。靜。

第十一幅款識：桐桐貿貿，墮坑落塹。舒母陀羅，光輝爛爛。地無險平，而有趨蹶。沒巴鼻處，婆心正切。鈐印二：邢氏。慈靜。

第十二幅款識：華鬘瓔珞，具種種好。因好生愛，妄想顛倒。顛倒百變，煩惱境現。諸善男子，莫作是見。鈐印二：邢氏。慈靜。

第十三幅款識：萬象森羅，文殊悟竅。一亘晴空，普賢心妙。具是大德，如青蓮華。皭然皎然，泥而不滓。鈐印二：慈。靜。

第十四幅款識：桓桓武人，犀顱虎髮。負法王子，雲蹇霧發。仰之瞻之，邈彼天外。迴兮旋兮，近我衣帶。鈐印二：慈。靜。

第十五幅款識：飛鳥拍肩，蹲蹲將及。正未及間，狂心頓息。天和氣薰，小雨沾裳。浮雲柳絮，空闊飛揚。鈐印二：邢氏。慈靜。

第十六幅款識：維師子王，駿不可沮。巴鬣生風，鼻端出火。道人行徑，狐蹤掃絕。發猛勇時，劊心瀝血。鈐印二：邢氏。慈靜。

第十七幅款識：猛子求道，渴龍赴海。菩薩何求，清淨自在。乘其背項，游戲無時。龍以渴故，亦總不知。鈐印二：慈。靜。

第十八幅款識：婆娑恩濁，如大苦海。菩薩宴然，得大自在。乃知沸鑊，自有清涼。雲眸臉月，雨華生香。鈐印二：慈。靜。

第十九幅款識：琉璃瓶中，滿貯甘露。灌我頂門，透心溢腑。小童無知，問師走取。師言何用，此恩毒水。鈐印二：慈。靜。

第二十幅款識：海音轟雷，浪華捲雪。彼大士者，飄然一葉。此非因緣，非自然相。欲求明月，在爾床上。鈐印二：邢氏。慈靜。

第二十一幅款識：俯首瞷月，愛而忘歸。江風水露，助其清輝。試觀我心，一塵不涉。萬古寒潭，光明洞徹。鈐印二：邢氏。慈靜。

第二十二幅款識：抱几而坐，為默為說。為是說者，不涉口舌。若名為默，彼意了然。切不可說，非默非言。鈐印二：邢氏。慈靜。

第二十三幅款識：形體變幻，神通妙有。我趨亦趨，我走亦走。或擕之後，或擕之前。前後兩際，不可意言。鈐印二：慈。靜。

第二十四幅款識：菩薩化身，併化是石。情與無情，同是幻質。既隨化生，亦隨化寂。是故佛言，一法不立。鈐印二：慈。靜。

收傳印記：馬氏世寶。（重二十二）濟南。（重一）乾隆御覽之寶。乾隆鑑賞。秘殿珠林。秘殿新編。珠林重定。三希堂精鑑璽。宜子孫。乾清宮鑑藏寶。嘉慶御覽之寶。宣統御覽之寶。

邢慈靜，生卒年不詳，臨邑（今山東臨清）人。書畫名家邢侗（1551-1612）之妹，貴州左布政馬拯之妻，是明代的閨閣書畫家。書法頗類其兄，善畫竹石及白描大士，宗管道昇（1262-1319）。又作髮繡大士，於色絲之外，另闢蹊徑，極為精妙。

邢慈靜曾畫「大士圖」、「白衣菩薩圖卷」等，又作髮繡「大士」，可見邢氏很可能是一位虔誠的觀音信徒。本冊泥金畫觀世音菩薩三十二應身，原應有三十二幅，今僅存二十四幅。全冊人物除了第二十三幅觀音作佛身，現男相，餘皆為女相觀音。其或正或背，或坐磐石，或乘蓮瓣、鰲魚、犼等，身側時有善財童子與鸚哥的出現。全作以金代墨，線條柔暢。每幅均題三十二字贊語一首。李湜在討論明代閨閣畫家時提到：

> 人物畫在閨閣畫家的筆下出現了多層次的表現，……在宗教人物畫題材的表現上，閨閣畫家們不約而同地選擇了具有救苦難寓意的觀音、羅漢像。……在具體的創作上，一部分女畫家側重於作品中的題詩作跋，視所繪的觀音、羅漢圖僅是表達情感的載體，他們把對佛的敬仰和祈求等更主要地傾注在畫中所題的詩文上。典型代表為邢慈靜，……（註 1）

可是筆者在北京圖書館收藏的拓片中，發現了一套「觀音像并頌」，（註 2）計三十二幅。目前安徽省博物館還保存了三十塊「觀音三十二相」版畫的原版，後有天啟二年（1622）巖寺方紹祚的跋，提到這些圖出於《觀世音菩薩三十二相大悲心懺》。（註 3）這兩件作品中，有二十四幅的構圖、人物的造型和風格皆與邢慈靜的「觀世音菩薩三十二應身」彷彿，同時北京圖書館拓片上隸書的題贊文字又和邢慈靜的畫題相同。「觀音像并頌」的末幅還刻題著「李龍眠畫」四字，不過這些作品的畫風皆與李公麟（1049-1106）無關，當為後世附會之語。

由於邢氏畫冊第四、六、七等幅的衣紋與身體關係，交待得尚不及「觀音像并頌」刻本清楚，顯示邢氏的「觀世音菩薩三十二應身」並非創稿。邢氏之作、北京圖書館所藏之「觀音像并頌」的拓片，以及安徽省博物館所藏「觀音三十二相」版畫的原版，皆依同樣的稿本摹寫或刻製，邢氏畫上的題贊亦是抄錄原來稿本上的偈語，並非她自己的創作。與「觀音像并頌」比對，得知邢氏「觀世音菩薩三十二應身」冊缺漏的應是見龍觀音、魚籃觀音、提籃觀音、觀音與龍女等八幅。（註 4）

觀世音菩薩為了濟度眾生，順應各種機類應化示現，有三十三身和三十二身兩個系統。前者是以《法華經》〈普門品〉為根據，這個說法奠定我國民間所流傳三十三觀音像的信仰基礎；後者則是以《首楞嚴經》為依憑，這三十二身觀音又稱為「妙淨三十二應入國土身」。有趣的是，在日本僅流傳三十三觀音的系統，（註 5）而我國則以三十二應身較為普遍，可見《楞嚴經》對我國觀音信仰影響深遠。

註1　李湜，〈掀開封塵的畫卷——明代閨閣畫家藝術談〉，《故宮文物月刊》第14卷第8期（1996年11月），頁38。

註2　北京圖書館善本部金石組編，《北京圖書館畫像拓本匯編》（北京：書目文獻出版社，1993），第9冊，頁179-210。

註3　《明代木刻觀音畫譜》（上海：上海古籍出版社，1996），頁111-142。

註4　所缺的作品見北京圖書館善本部金石組編，《北京圖書館畫像拓本匯編》，第9冊，頁182、183、189、191、198、200、206和210。

註5　鈴木敬，《中國繪畫總合圖錄》（東京：東京大學出版會，1983），第4冊，頁51-53，整理編號 JT28-004；頁100-102，整理編號 JT-101-010。

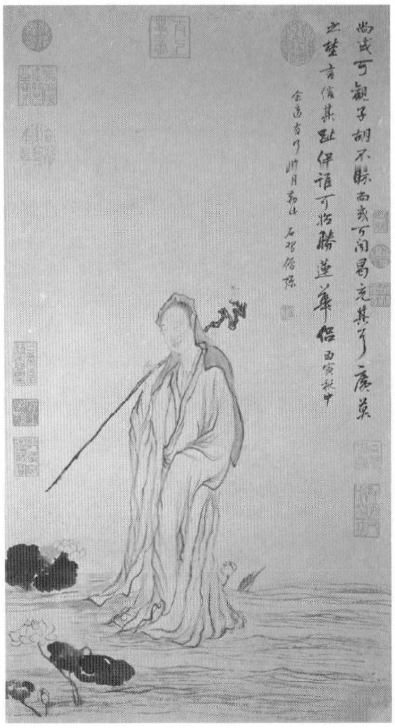

13 明　邵彌　蓮華大士像　　故畫 02.10.00665

丙寅（1626）

軸　紙本水墨畫

縱 65.1 公分　橫 34.4 公分

款識：尚或可觀，子胡不睞。尚或可聞，曷充其耳。廣莫之野，言信其趾。伊誰可招，勝蓮華侶。丙寅秋中，余適有行，照月勒此。石習僧彌。鈐印一：僧彌。

收傳印記：乾隆御覽之寶。乾隆鑑賞。秘殿珠林。秘殿新編。珠林重定。三希堂精鑑璽。宜子孫。乾清宮鑑藏寶。太上皇帝。嘉慶御覽之寶。宣統御覽之寶。宣統鑑賞。無逸齋精鑑璽。

邵彌（約 1593-1642），長洲（今江蘇蘇州）人，字僧彌，號瓜疇。個性迂癖，不諧流俗，好學多藝。詩宗陶、韋，草書出入於大、小米，楷法則得鍾繇（151-230）法，逼進虞、褚。畫學荊、闕，其山水清瘦枯逸，兼長水仙、蘭石，為吳偉業（1609-1671）畫中九友之一。

本幅畫蓮池上蓮花朵朵，大士唇顎有髭，頭戴披巾，身著長衫，荷杖凌波而行。此幀大士的形貌有若尋常書生，與常見的觀音像大不相同，唯從作者自題中的「勝蓮華侶」四字，得知畫中的文士意指觀音菩薩。杖頭立一尊小像，點出書生非凡的身份。此幀觀音的面目和手部以淡墨細筆鉤畫，用筆細緻，其餘信手寫來，磊落瀟灑。荷葉、荷花以寫意法為之，衣紋枯筆、濕筆並用，濃墨、淡墨兼施，雖然逸筆草草，卻將大士凌波而行的動感一表無遺。此幀觀音的形象不遵佛教儀軌，文人意趣濃厚，是觀音畫的另一類型。

14 明　丁雲鵬　大士像

故畫 03.112.03169

戊午（1618）

冊　褶裝　紙本水墨畫

每幅均縱 31.9 公分　橫 28.3 公分

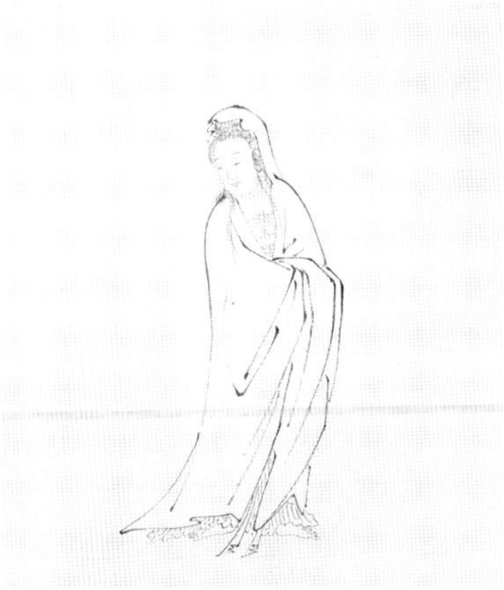

末幅款：戊午仲秋之吉，佛子丁雲鵬寫。鈐印一：丁雲鵬印。

丁雲鵬（1547-1628 尚在），（註 1）安徽休寧人。字南羽，號聖華居士。先居松江（今上海），後遷吳中（今江蘇吳縣），與明末的書畫家兼鑑賞家陳繼儒（1558-1639）和董其昌（1555-1636）時有往來。丁雲鵬父名瓚，酷愛藝術，不但好搜鼎彝、陶瓷、書畫等古文物，也善書畫，有米倪之風。耳濡目染之下，丁雲鵬很早就接觸繪事。及長，拜詹景鳳（活動於 1573-1620）為師，畫風由俗變雅。後來自闢蹊徑，獨樹一格。善畫山水、人物，亦精花卉、禽鳥等，曾參與《程氏墨苑》和《方氏墨譜》等版畫的插畫工作。

丁雲鵬號「聖華居士」，又常自稱「佛子」、「佛弟子」，在本院所藏的「畫應真像」軸上，又發現「癸丑（1613）春日之吉，法王子丁雲鵬敬寫于虎丘僧寮」（註 2）的署款，可見丁氏為一虔誠的佛教徒，因此他所作的人物多以佛釋題材為主。本冊為丁氏戊午年之作，時年七十二歲。全冊計十六幅，每幅畫一尊觀音大士像。人物輪廓均以細筆鉤出，眉鬚毫髮絲絲入微，極其工細，然衣紋線條則變化多端，時而有若行雲流水，筆筆圓潤流暢，如第五、九、十二、十四、十五和十六幅；又時而提頓轉折，用筆強勁有力，如第一、三、七和十幅；有的更以簡筆為之，雖然草草數筆，但是意態畢具，如第二、四、六、八和十一幅。從本冊收放自如、精粗兼具的筆墨來看，無怪乎丁氏被譽為晚明人物畫的名家。

本冊所畫的十六幅觀音菩薩，形貌各異，造型多變，將觀音菩薩神通自在，隨緣變現的性格一表無遺。本冊的第二、三、六、

七、九、十、十一和十六幅的觀音大士嘴角有髭，作男相；第一、四、五、八、十三、十四和十五幅的觀音大士面目娟秀，現女形。最值注意的是第十四幅，該幅的觀音菩薩臉秀嘴小，為一女子的容貌，可是其袒露的胸部又十分平坦，並無女性特徵。這種面為女相，軀體作男身的觀音形象，具體表現了觀音乃十地菩薩，雖然在世俗的眼光中，其似女又似男，但在諸法實相裡，祂既非男也非女的特質。

明代佛教庶民性格強烈，佛教繪畫的世俗色彩也十分濃厚，因此經典儀軌已不再是佛教圖像製作的唯一根據。本冊中丁氏所畫的十六幅觀音，第三、六、七、九和十四數幅的觀音菩薩頭戴化佛冠，第三和第七兩幅的觀音手持蓮華，第十四幅的觀音菩薩右手執柳枝，左手持水瓶，與第二幅觀音身側有善財童子隨侍，這些圖像特徵均有經典、儀軌的根據，可是本冊大士像中，部分觀音圖像則源自民間文學，如第十二、十五和十六幅觀音身側的小鳥，即典出明代流傳的《鶯哥寶卷》、《新刊全相鶯哥行為義傳》等民間文學。此外，尚有一些圖像，如第十一幅的觀音菩薩拱手拜月、第十五幅的觀音手持梅花等，並無任何文獻根據，恐係畫家所添。

註1 丁雲鵬的卒年不詳，各家說法不一，Cahill 認為其應卒於西元1625年後不久。（James Cahill, *The Distant Mountains: Chinese Painting of the Late Ming Dynasty, 1570-1644* [New York/Tokyo: Weatherhill, Inc., 1982], p. 219.）方聞則認為約在西元1621年左右。（Wen C. Fong, "The Literati Artists of the Ming Dynasty," Wen C. Fong & James C. Y. Watt ed., *Possessing the Past: Treasures from the National Palace Museum, Taipei* [New York: Metropolitan Museum of Art & Taipei: National Palace Museum, 1996], p. 402.） 本文依《晚明變形主義畫家作品展》，採1628尚在之說。（國立故宮博物院，《晚明變形主義畫家作品展》〔台北：國立故宮博物 1977〕，頁15。）

註2《晚明變形主義畫家作品展》，頁108。

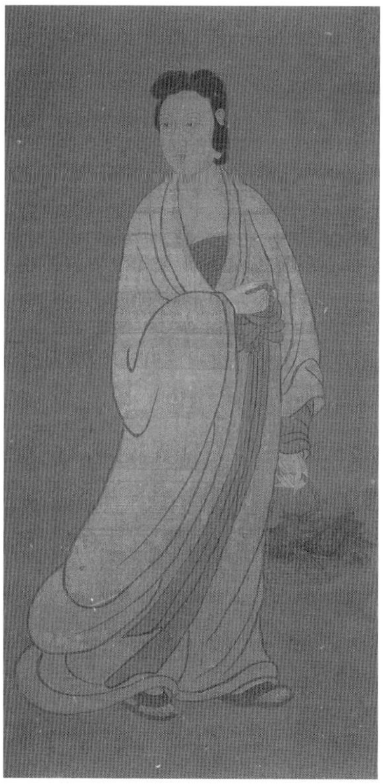

15 〔傳〕元　趙孟頫　魚籃大士像　故畫 02.09.00218

明代（1368-1644）

軸　絹本設色畫

縱 122.6 公分　橫 61.3 公分

鑒藏寶璽：乾隆御覽之寶。乾隆鑑賞。三希堂精鑑璽。秘殿珠林。秘殿新編。珠林重定。乾清宮鑑藏寶。宜子孫。太上皇帝之寶。

本幅畫一婦女右手持念珠，左手提籐籃，籃中有魚數尾，徐步而行。此一婦女即魚籃觀音，因為其後嫁與馬氏之子，故又稱作馬郎婦觀音，為民間流傳的三十三觀音之一。

魚籃觀音的傳奇故事歷經數百年發展，至明初始完全定形。宋濂（1310-1381）的〈魚籃觀音像贊〉記載魚籃觀音的事蹟甚詳，言：

> 〈觀音感應傳〉：唐元和十二年（817），陝右金沙灘上，有美艷女子，挈籃鬻魚，人競欲室之。女曰：妾能授經，一夕能誦〈普門品〉者，事焉。黎明，能者二十。女辭曰：一身豈堪配眾夫邪，請易《金剛經》。如前期，能者復居其半。女又辭，請易《法華經》，期以三日，唯馬氏子能。女令具禮成婚，入門，女即死，死即糜爛立盡，遂瘞之。他日，有僧同馬氏子啟藏觀之，唯黃金鎖子骨存焉。僧曰：此觀音菩薩示現以化人耳。言訖，飛空去。是陝西多誦經者。（註 1）

追溯魚籃觀音這則故事的起源，可至中唐時期李復言的《續玄怪錄》。該書的〈延州婦人〉條記述：

> 昔延州有婦女，白晰頗有姿貌。年可二十四、五。孤行城市，年少之子，悉與之游。狎昵薦枕，一無所卻。數年而沒，州人莫不悲惜共醵喪具，為之葬焉。以其無家，瘞於道左。大曆中（766-779），忽有胡僧自西域來，見墓，遂敷坐具，敬禮焚香，圍繞贊嘆數日。人見謂曰：「此一淫縱女子，人盡夫也，以其無屬，故瘞於此，和尚合敬耶？」僧曰：「非檀越所知，斯乃大聖，慈悲喜舍，世俗之欲，無不徇焉。此即鎖骨菩薩，順緣已盡，聖者云耳。不信，即啟以驗之。」眾人即開墓。現遍身之骨，鉤結皆如鎖狀，果如僧言，州人異之，為設大齋，起塔焉。（註 2）

雖然這則資料並未言，這位延州的美女即是觀音化現，可是其以美貌作為吸引信眾的手段和鎖骨菩薩的記載，已見魚籃觀音故事的雛形。至北宋（960-1127），馬郎婦觀音的故事大體成形。黃庭堅（1045-1105）〈觀世音贊六首〉中有「設欲真見觀世音，金沙灘頭馬郎婦」的詩句，（註 3）又於〈戲答陳季常寄黃州山中連理松枝二首〉裡提到：「金沙灘頭鎖子骨，不妨隨俗暫嬋娟。」（註 4）在該詩下任淵註云：「《傳燈錄》：僧問風穴（896-973）：如何是佛？穴曰：金沙灘頭馬郎婦。世言觀音化身，未見所出。」（註 5）由此觀之，很可能在五代、宋初就有了馬郎婦觀音的流傳。不過，志磐的《佛祖統記》（1269 序）〈馬郎婦〉條卻言：「數日有紫衣老僧至葬所，以錫撥其屍，挑金鎖骨，謂眾曰：此普賢聖者，閔汝輩障重，故垂方便。即凌空而去。」（註 6）由此看來，南宋（1127-1279）末年時，部分人視馬郎婦為普賢菩薩的化現，而非觀音菩薩的應化。覺岸《釋氏稽古略》（成於 1354）中也有馬郎婦觀音的記載，（註 7）可是文中並未提到這位陝右美女「挈籃鬻魚」。根據這些資料，可知直到十四世紀中葉，馬郎婦觀音與魚籃觀音的關係尚未確立。明初宋濂引用〈觀音感應傳〉，已稱馬郎婦為一賣魚女，足證馬郎婦觀音即魚籃觀音的說法至明始日漸普遍，魚籃觀音像也應運而生。（註 8）明代以來，魚籃觀音的傳說普遍流行，于君方即發現了《魚籃寶卷》、《提籃寶卷》、《賣魚寶卷》、《西瓜寶卷》和《觀音妙善寶卷》五部與魚籃觀音有關的寶卷，（註 9）在這些民間講唱文學的推波助瀾下，魚籃觀音像的繪製顯著增加。

此幀設色雅淡，魚籃與魚鱗繪製精謹。幅上未署作者名款，鈐有「趙氏子昂」一印，據此，過去多稱之為趙孟頫（1254-1322）的作品。趙孟頫為宋宗室，居浙江吳興。字子昂，號松雪道人，為元初的書畫名家。趙氏畫人物喜用細筆鉤勒，中鋒運筆，衣紋勻整，線條柔勁圓潤，流暢有力，而本幅的衣紋較粗，筆力遠遜於趙氏，應為後人偽託之作。從風格觀之，應是一幅明代（1368-1644）的畫作。

註1 〔明〕宋濂，《宋學士文集》卷五十一（台北：台灣商務印書館，1965），第6冊，頁881。

註2 引文見〔宋〕李昉等編，《太平廣記》卷一〇一〈延州婦人〉條（台南：平平出版社，1974），第2冊，頁682。

註3 〔宋〕黃庭堅，《豫章黃先生文集》卷十四（四部叢刊初編集部本），頁132。

註4 〔宋〕黃庭堅撰．任淵注，《山谷內集詩注》卷九，收錄於《景印文淵閣四庫全書》（台北：台灣商務印書館，1983-），第1114冊，頁122。

註5 同上註。

註6 〔宋〕志磐，《佛祖統紀》卷四十一，《大正藏》，第49冊，頁380下。

註7 〔元〕覺岸編，《釋氏稽古略》卷三，《大正藏》，第49冊，頁833中。

註8 雖然明代都穆的《寓意編》中有吳道子畫魚籃觀音的記載（參見〔明〕都穆，《寓意編》，收錄於楊家駱主編，《書畫錄》上〔《藝術叢編》第1集第17冊〕〔台北：世界書局，1962〕，頁291），可是從魚籃觀音信仰的發展來看，都穆的記載恐為附會之詞。

註9 Chün-fang Yü, "Guanyin: the Chinese Transformation of Avalokiteshvara," Marsha Weidner ed., *Latter Days of the Law: Images of Chinese Buddhism 850—1850* (Lawrence: Spencer Museum of Art, University of Kansas, 1994), p. 168.

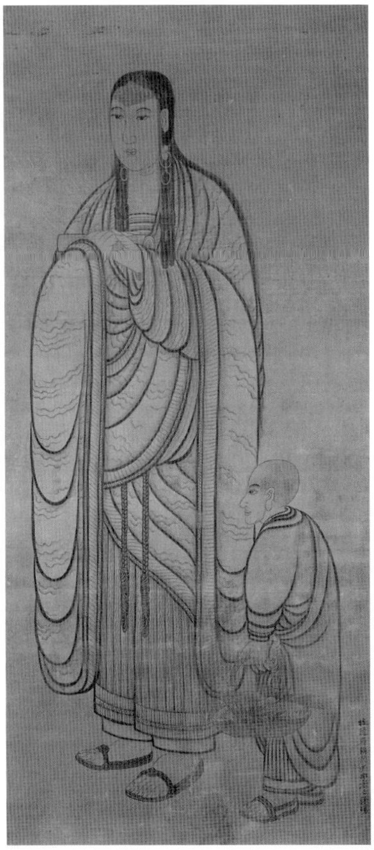

16 明 吳彬 畫魚籃觀音

故畫 02.10.02986

約 1601-1603

軸 絹本設色畫

縱 187.8 公分 橫 85 公分

款：枝隱菴頭陀吳彬齋心拜寫。鈐印二：吳彬之印。吳氏文中。

鑒藏寶璽：乾隆御覽之寶。乾隆鑑賞。三希堂精鑑璽。宜子孫。秘殿珠林。秘殿新編。珠林重定。乾清宮鑑藏寶。太上皇帝之寶。嘉慶御覽之寶。宣統御覽之寶。

吳彬（活動於 1568-1627），生卒年不詳，字文中，一作文仲，號質先。福建莆田人，流寓金陵（今南京）。明萬曆年間（1573-1620），因畫藝卓絕，被召為中書舍人，深獲神宗賞識。善畫山水、花鳥、人物，不為古人所囿，自成一格。吳彬素喜誦經禮佛，為一虔誠的佛教徒。在萬曆辛卯歲（1591）吳氏所作的「十六應真」卷中，即鈐「金粟如來後身」一印。（註 1）在金陵活動期間，他又經常出入棲霞寺，並常自署「枝隱庵頭陀」。其曾經因棲霞寺像設未備，繪五百羅漢施於精藍。（註 2）

萬曆年間（1573-1620），慈聖皇太后曾親作「魚籃觀音像」，（註 3）由於這幅觀音筆端神妙，繪飾莊嚴，故「勒石流傳，延國福民」，（註 4）一時魚籃觀音圖像流行。（註 5）吳彬繪製這幅魚籃觀音，可能也受到明末此一風氣的影響。

本軸畫一婦女足登草履，手持經卷，身側有一童子手提魚籃隨侍在側。在圖像上，此幀與傳為趙孟頫的「魚籃觀音」和萬曆年間所流行慈聖皇太后的「魚籃觀音像」不盡相同，可是童子手中的魚籃清楚表現了這位婦女的賣魚女身分，而這位女子手中的經卷又明白傳達了觀音勸人誦經的意涵。毫無疑問地，畫中的這位婦女即是魚籃觀音.

在構圖上，觀音幾乎與畫幅等高，手提魚籃的侍童僅及觀音的五分之二，二者的比例懸殊，造成視覺上強烈的對比。觀音的臉形拉長，呈橢圓形，頭繫飾帶，長辮垂肩，表示其為一女子，可是這尊觀音的大眼圓鼻，身如圓柱，缺乏女性纖秀柔美的氣質，造型迥異於前人。全作以中鋒圓筆畫成，用筆穩健遒勁。衣紋及輪廓多取平行弧形，一氣呵成，別具一種古拙的趣味。線條都作濃墨粗筆，這種技法或受丁雲鵬佛畫的啟發。（註 6）此作的造形、技法、筆墨及設色均與本院所藏的吳氏「畫佛像」軸（註 7）相同，當為同期之作，約繪於西元一六〇一至一六〇三年之際。（註 8）

註1 國立故宮博物院，《晚明變形主義畫家作品展》（台北：國立故宮博物院，1977），頁22。

註2 參見〔明〕焦竑，〈棲霞寺五百阿羅漢畫記〉，收錄於葛寅亮編，《金陵梵剎志》卷四（《中國佛寺史志》第1輯第4冊）（台北：明文出版社，1980），頁523。

註3 北京圖書館善本部金石組編，《北京圖書館畫像拓本匯編》（北京：書目文獻出版社，1993），第7冊，頁27〈魚籃觀音像并偈〉。

註4 劉世旭．張正寧，〈西昌瀘山“魚籃觀音”畫像碑考略〉，《四川文物》1992：3（1992年5月），頁48。

註5 萬曆年間許多碑上皆刻有魚籃觀音像，參見《北京圖書館畫像拓本匯編》，頁22、27、35；劉世旭．張正寧，前引文，頁48-49。這些碑石分別在北京海淀區、河南登封、和四川西昌，可見當時魚籃觀音圖像分佈之廣。

註6 《晚明變形主義畫家作品展》，頁22。

註7 同上註，圖34。

註8 學者依據畫風，推斷吳彬的「畫佛像」作於一六〇一至一六〇三之際（參見《晚明變形主義畫家作品展》，頁210）。

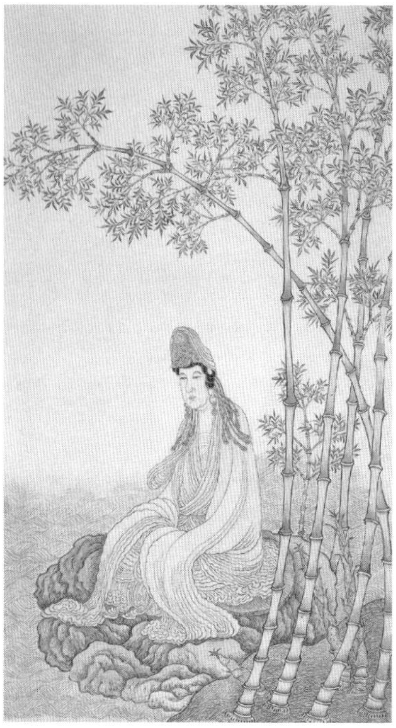

17 明　吳彬　大士像

故畫03.10.03569

約 1610-1620

畫楞嚴廿五圓通冊　第二十二幅

冊　推蓬裝　絹本設色畫

縱 78 公分　橫 88.8 公分

本幅畫觀音菩薩髮住阿彌陀佛，雙手交疊，臨流宴坐，身後竹林茂盛。畫幅左上方題：「大士」，知此乃《楞嚴經》中的第二十五位圓通大士——觀音菩薩。在該經的卷六裡，觀世音菩薩言道：

> 佛問圓通，我從耳門圓照三昧，緣心自在因入流相，得三摩提成就菩提斯為第一。世尊彼佛如來，歎我善得圓通法門，於大會中授記我為觀世音號。由我觀聽十方圓明，故觀音名遍十方界。（註 1）

這段經文明確說明，觀世音菩薩乃代表二十五圓通法門中的耳根圓通菩薩。

本幅的觀音菩薩身軀壯實，臉形條長，開面與五官都和吳氏的「魚籃觀音」相彷，人物輪廓和衣紋皆以中鋒畫成，細勁有力。流暢的衣紋雖然自行雲流水描變化而來，但皆作弧線，且平行波動，遒勁穩定，饒富奇趣。全作的樹石造型古拙，用筆緊密而富有變化，傅色清潤古雅。該冊雖無作者的款印，但從本冊的筆墨、構圖、設色和布局觀之，應是一件吳彬的精心之作。

此畫冊後副葉陳繼儒（1558-1639）題跋云：「盧楞伽畫華嚴變相圖，余曾見真蹟，未有寫二十五圓通者，蓋自吳文仲始有。吳興潘朗士親為經營指授，故胡貌梵相，意態毫髮，皆向筆端出現。」（註 2）可見，吳彬的首創二十五圓通像。此冊中許多畫幅的人物造型、構圖布局等，的確與眾不同，風格獨具。（註 3）

有關這一畫冊的年代，眾說紛紜。高居翰根據顧起元的〈繪施五百阿羅漢記〉，認為該冊是吳彬一六〇三年以前的作品，（註 4）而《變形主義畫家作品展》的作者指出，此冊成於一六一七至一六二〇年之間，（註 5）方聞也以為，此冊乃一六一〇年代晚期的作品。（註 6）究竟何者為是？

吳彬於萬曆辛丑（1601）畫五百羅漢，奉施棲霞寺之後，顧起元為此曾撰〈繪施五百阿羅漢記〉一文，文云：

> 文仲吳君，八閩之高士也。夙世詞客，前身畫師，飛文則萬象縮於毫端，布景而千峰峙於穎上，迺復經營八部，槃礴五天，尼連河畔模八十一相好之容，洛迦山中寫二十五圓通之相。（註 7）

雖然此文的文末未署年款，不過推測其與焦竑撰〈棲霞寺五百阿羅漢畫記〉（1602）和董其昌〈棲霞寺五百阿羅漢畫記〉（1603）的年代相去不遠。高居翰據此認為，吳彬可能在畫棲霞寺的五百羅漢以前，就畫過「二十五圓通像」。不過文中的「尼連河畔模八十一相好之容，洛迦山中寫二十五圓通之相」，當是顧起元對吳彬精於佛釋人物畫的描述，並非指其曾於洛迦山畫二十五圓通之相，更何況洛迦山在印度。此外，茲將本幅與吳彬所作，奉施與棲霞寺的「五百羅漢」（註 8）作一比較，發現本冊的衣紋繁密多變，用筆精練，敷色更為雅淡，應為吳氏的老年之作。

註1 〔唐〕般剌密帝譯，《大佛頂如來密因修證了義諸菩薩萬行首楞嚴經》卷六，《大正藏》，第19冊，頁129下。

註2 國立故宮博物院，《晚明變形主義畫家作品展》（台北：國立故宮博物 1977），頁224。

註3 參見陳韻如，《吳彬佛教人物畫風研究》（國立台灣大學藝術史研究所碩士論文，1996），頁 104-113。

註4 James Cahill, *The Distant Mountains: Chinese Painting of the Late Ming Dynasty, 1570-1644* (New York and Tokyo: Weatherhill, 1982), p. 223.

註5 《晚明變形主義畫家作品展》，頁225。

註6 Wen C. Fong, "The Expanding Literati Culture," Wen C. Fong and James C. Y. Watt ed., *Possessing the Past: Treasures from the National Palace Museum* (New York: Metropolitan Museum of Art & Taipei: National Palace Museum, 1996), p. 408.

註7 參見〔明〕顧起元，〈繪施五百阿羅漢記〉，收錄於葛寅亮編，《金陵梵剎志》卷四（《中國佛寺史志》第1輯第4冊）（台北：明文出版社，1980），頁529。

註8 原藏於棲霞寺的五百羅漢，計百軸，本院所藏之吳彬「畫羅漢」即為其一，圖見《變形主義畫家作品展》，頁 201。

18 明 陳洪綬 蓮池應化圖

故畫 02.10.00646

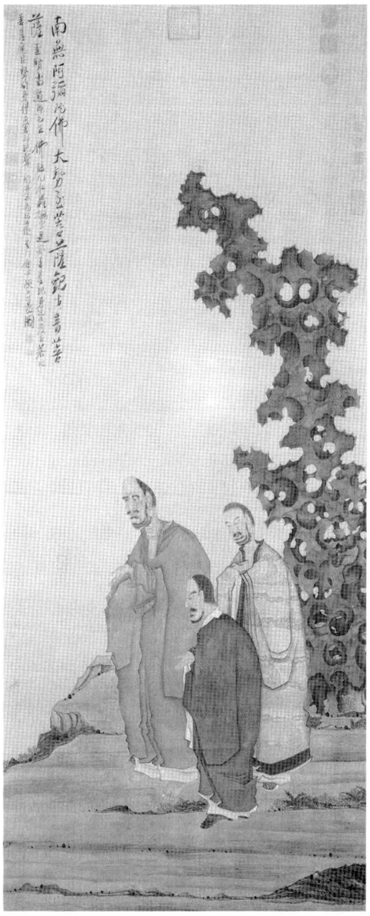

約 1646-1652

軸 絹本設色畫

縱 174.1 公分 橫 72.1 公分

款識：南無阿彌陀佛、大勢至菩薩、觀世音菩薩，聖賢當道，即為生佛臨凡。仁義撫字，是亦菩薩現身，說法度生。若以菩薩應以聲聞身得度者，即現聲聞身而為說法像。雲門僧悔陳洪綬敬圖。鈐印二。洪綬。章侯。

收傳印記：乾隆御覽之寶。乾隆鑑賞。三希堂精鑑璽。宜子孫。秘殿珠林。秘殿新編。珠林重定。乾清宮鑑藏寶。太上皇帝之寶。嘉慶御覽之寶。宣統御覽之寶。宣統鑑賞。無逸齋精鑑璽。

陳洪綬（1599-1652），浙江諸暨人。字章侯，號老蓮，又號老遲。丙戌年（1646）清兵入關，遁入空門後，又自稱悔遲、悔僧、勿遲、雲門僧。善書法，長繪畫，花鳥、草蟲、山水無不精妙，尤工人物，與崔子忠（1644 卒）齊名，人稱「南陳北崔」，是晚明極具影響力的畫家。

高聳的太湖石前，三羅漢頭略前傾，俱皆俯視，均伸一手作迎請狀。根據幅上作者自題，這三羅漢實乃西方三聖。其中，紅衣羅漢體形最大，當為阿彌陀佛，身後二者體形略小，當為脇侍菩薩，即觀世音和大勢至菩薩。陳氏不拘成法，在此不作一佛二菩薩的西方三聖，而畫三羅漢，頗有新意。款識末之「應以聲聞身得度者，即現聲聞身而為說法」，係出《妙法蓮華經》〈觀世音菩薩普門品〉。其融法華系觀音「隨類應化」的觀念於淨土系西方三聖來迎的圖像之中，表現手法獨特，正足以說明陳氏潛心佛教，佛學義理的根基深厚。

這三尊羅漢濃眉高鼻，胡貌梵像，造形奇古。阿彌陀佛表情生動，眼露悲愍，顯示祂慈悲的性格。人物軀幹偉岸，頭身比例不合法度，變形誇張，造型怪異卻有諧趣。陳氏以方硬的線條鉤畫衣紋，筆筆中鋒，但多轉折，凝練沉著，遒勁老辣，真是「森森然如折鐵紋」。人物臉部、衣紋邊緣與孔穴玲瓏的太湖石皆施暈染，表示立體感。衣紋簡練概括，但微細的毛髮、鬍鬚卻描繪得一絲不苟，阿彌陀佛身後脇侍的衣上，尚繪羅漢乘雲的圖案，簡繁相映，意趣盎然。本幅雖未署年款，但從款題之「雲門僧悔陳洪綬敬圖」，得知此作的成畫年代應在陳氏在雲門寺為僧之時，即一六四六年以後。

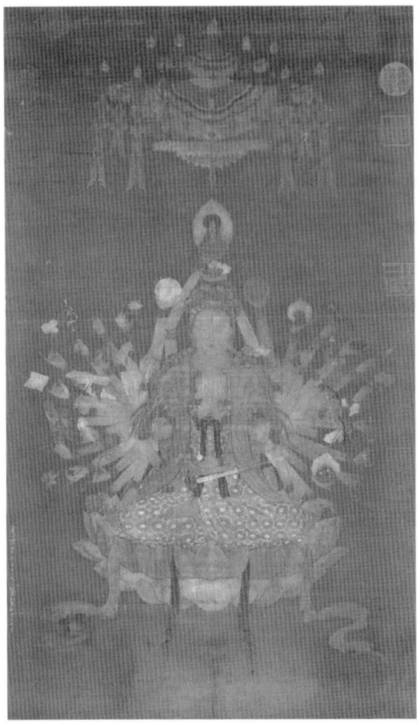

19 〔傳〕唐　范瓊　大悲觀音像

故畫 02.07.00011

明代（1368-1644）

軸　絹本設色畫

縱 67.3 公分　橫 39.9 公分

款識：大唐大中四年（850）庚午歲正月吉旦，范瓊敬畫於蜀郡聖興寺中。

收傳印記：乾隆御覽之寶。乾隆鑑賞。嘉慶御覽之寶。嘉慶鑑賞。三希堂精鑑璽。宜子孫。秘殿珠林。珠林三編。宣統御覽之寶。宣統鑑賞。無逸齋精鑑璽。

華蓋下，觀音菩薩面有三眼，冠有阿彌陀佛，結跏趺坐於藍色重瓣蓮台之上，法相莊嚴。這尊菩薩共有四十二隻手，每隻手掌皆有一眼，乃千手千眼觀音的一種形式。唐代蘇嚩羅翻譯的《千光眼觀自在菩薩祕密法經》言：

> 爾時世尊告阿難言：是觀自在菩薩為眾生故，具足千臂，其眼亦爾。我說彼者其有千條，唯今略說四十手法，其四十手今分為五，何等為五：一者如來部，二者金剛部，三者摩尼部（唐

言寶），四者蓮華部，五者羯嚕磨部（唐言事業），一部之中各配八手（合為四十）。其五部中亦有五法，以何為五：一者息災法用佛部尊，所以有化佛手、羂索手、施無畏手、白拂手、搒排手、鉞斧手、戟槊手、楊柳手（是為八法）。二者調伏法用金剛部尊，是故有跋折羅（二合）手（唐言金剛是三鈷金剛）、金剛杵手（猶鈷金剛）、寶劍手、宮殿手、金輪手、寶鉢手、日摩尼手、月摩尼手（是為八法）。三者增益法用摩尼部，是故有如意珠手、寶弓手、寶經手、白蓮手、青蓮手、寶鐸手、紫蓮手、蒲桃手（是為八法）。四者敬愛法用蓮華部，所以有蓮華合掌手、寶鏡手、寶印手、玉環手、胡瓶手、軍持手、紅蓮手、錫杖手（是為八法）。五者鉤召法用羯磨部，所以有鐵鉤手、頂上化佛手、數珠手、寶螺手、寶箭手、寶篋手、髑髏手、五色雲手（是為八法）。（註1）

可見，大悲觀音除了一雙本手外的四十隻手具有深刻的宗教意涵，其總攝密教金剛界的如來、金剛、摩尼、蓮華和羯磨五部，其手中各式的持物則具有息災、調伏、增益、敬愛和鉤召的法力，可以協助修行者解除各種危難。此外，該經又進一步提出：

善男子，是觀自在菩薩，昔於千光王靜住如來所親受大悲心陀羅尼已，超第八地，心得歡喜發大誓願，應時具足千手千眼。即入三昧名無所畏，於三昧光中涌出二十五菩薩，是諸菩薩身皆金色，具諸相好如觀自在。亦於頂上具十一面，各於身上具足四十手，每手掌中有一慈眼（二十五菩薩各具四十手目，合為千手千眼），諸如是等化菩薩眾圍繞而住。觀自在菩薩纔出三昧，告諸化菩薩言：汝等今者蒙我威力，應往二十五界破其憂有。（註2）

所以這二十五尊四十隻手的觀世音菩薩即是千手千眼觀世音的化現分身，祂們將分別破除二十五種生死輪迴的迷界，即所謂「二十五有」，而得最終解脫。（註3）

四十二臂的大悲觀音圖像在我國何時成立？段成式《寺塔記》提到，唐開元（713-741）初，成都妙積寺的尼師魏八師常念千手千眼觀世音所弘宣的〈大悲咒〉，後因先天菩薩顯化，其徒遂請僧法成將其畫下，後又「塑先天菩薩像二百，四十二（臂），首首如塔勢，分臂如蔓，……畫樣凡十五卷。有柳七師者，崔寧之甥，分三卷，往上都（即長安）流行。」（註4）由於魏八師時常誦持〈大悲咒〉，而文中記述的觀音圖像特徵又與大悲觀音像完全吻合，故知先天菩薩即是千手千眼觀世音菩薩。由此看來，早在開元時期我國就有四十二臂大悲觀音的製作了。

本幅右下方有范瓊（活動於 846-879）的款識，左方裱綾又有查士標「大悲觀音像，唐范瓊真蹟」的籤題，右方裱綾張丑的題識又言：「范瓊阿彌陀佛，向見于金陵沈氏，今爾宰詞兄，出此大悲觀音像，筆法悉與相似，遂定為真蹟無疑。爾宰寶之。清河張丑謹題。」這些似乎都在說明，這軸大悲觀音乃出自晚唐名家范瓊之手。

范瓊，籍里不詳，寓居四川成都，善畫佛像、天王、羅漢、鬼神等，技藝高妙，列為神品。與陳皓、彭堅二人齊名，為晚唐的道釋畫名家。大中至乾符期間（847-879），三人同在成都的大慈、聖壽、聖興、淨眾、中興等寺繪製壁畫。據《益州名畫錄》，聖興寺大殿的大悲觀音即為范瓊的傑作。（註 5）到了宋代，范瓊的大悲觀音已受到人們的推崇，宋李廌（1059-1109）的《德隅齋畫品》提到范瓊的大悲觀音，云：

> 唐大中年（847-859），范瓊所畫，像軀不盈尺，而三十六臂皆端重安穩，如汝州香山大悲化身自作塑像，襄陽東津大悲化身自作畫像。意韻相若，蓋臂手雖多，左右偶，其意相應，混然天成，不見其有餘。各盡其妙，筆跡如縷，而精勁溫潤，妙窮毫釐。（註 6）

細審本幅的觀音，手臂對稱排列，用筆細勁，人物形體精準，華蓋上飾綬帶、寶珠，以及下裙的龜背紋圖案，都繪製精嚴細膩，雖與文獻記載所言：「筆跡如縷，而精勁溫潤，妙窮毫釐」相符，可是本軸的觀音具四十二臂，與李廌的記述又不吻合。《中國古畫索引》一書推斷，這軸大悲觀音可能是元代或早明之作，（註7）可是此幅人物的容貌較接近明代的觀音形象，可能是一件明代（1368-1644）的畫作。

註1 〔唐〕蘇嚩羅譯，《千光眼觀自在菩薩祕密法經》，《大正藏》，第20冊，頁120上。

註2 同上註，頁120上-中。

註3 佛教將生死輪迴之迷界計分為二十五種；由因必得果，因果不亡，故稱為有。即二十五種三界有情異熟之果體，為：（一）地獄有，（二）畜生有，（三）餓鬼有，（四）阿修羅有。地獄至阿修羅乃六趣中之四趣，各一有。（五）弗婆提有，（六）瞿耶尼有，（七）鬱單越有，（八）閻浮提有，（九）四天處有，（十）三十三天處有，（十一）炎摩天有，（十二）兜率天有，（十三）化樂天有，（十四）他化自在天有，（十五）初禪有，（十六）大梵天有，（十七）二禪有，（十八）三禪有，（十九）四禪有，（廿）無想有，（廿一）淨居阿那含有，（廿二）空處有，（廿三）識處有，（廿四）不用處有，（廿五）非想非非想處有。破此二十五有者，有二十五三昧。（參見慈怡主編，《佛光大辭典》〔高雄大樹：佛光出版社，1989〕，第1冊，頁175。）

註4 〔唐〕段成式，《酉陽雜俎續集・寺塔記》〈先天菩薩〉，收錄《中國佛教史料初編》（現代佛學大系12）（台北新店：彌勒出版社，1983），頁432。引文的斷句與補字則依小林太市郎的考訂。（小林市太郎，《小林太市郎著作集7——仏教藝術の研究》（京都：淡交社，1974），頁108。

註5 〔宋〕黃休復，《益州名畫錄》卷上〈范瓊〉條，收錄於《畫史叢書》（台北：文史哲出版社，1983），第3冊，頁1381。

註6 〔宋〕李廌，《德隅齋畫品》，收錄於《景印文淵閣四庫全書》(台北：台灣商務印書館，1983-)，第812冊，頁938。

註7 James Cahill, *An Index of Early Chinese Painters and Paintings: T'ang, Sung, and Yüan* (Berkeley · Los Angeles · London: University of California Press, 1980), p. 9.

20 〔傳〕元 張渥 十六臂大士像 故畫 02.09.02041

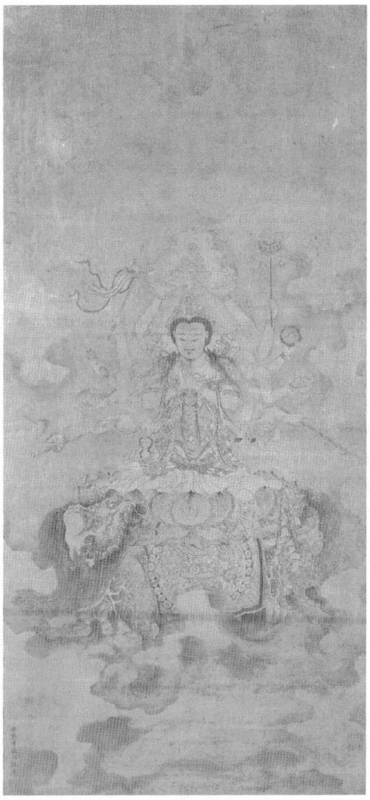

明代（1368-1644）

軸 紙本水墨畫

縱 91 公分 橫 43.5 公分

款：佛弟子張渥敬摹。鈐印一：慈悲三昧。

收傳印記：蕉林玉立氏圖書。乾隆御覽之寶。乾隆鑑賞。秘殿珠林。秘殿新編。珠林重定。三希堂精鑑璽。宜子孫。乾清宮鑑藏寶。太上皇帝之寶。嘉慶御覽之寶。宣統御覽之寶。

本幅白描畫，畫一犼乘祥雲而來上馱蓮台，十六臂觀音大士頭戴立化佛冠佛，端坐蓮台之上，上現佛光。這尊觀音頂上二手合捧祥雲，雲上有一尊化佛，胸前二手合什，其餘十二手分持寶幢、寶輪、軍持、羂索、寶鉤、寶經、寶幡、胡瓶、五鈷杵、蓮台、斧鉞和念珠，為一尊密教觀音。

這尊觀音嘴有鬍髭，作男相。全作繪製精謹，人物輪廓和衣紋均以細線鉤描，線條細勁流暢。頭髮的髮絲和蓮瓣的紋理都描寫入微，纖細如縷，衣衫和錦墊上的圖案也鉤畫仔細，一絲不苟，極精工之能事。並以淡墨渲染，烘托出雲氣繚繞之感。畫幅右下角有張渥（約活動於十四世紀中期）的款題。張渥，字叔厚，號貞期生、真閒生。浙江杭州人，一作淮南人。博學多藝，工寫人物，尤好道釋畫，善白描，為元朝中後期的人物畫家中，得李公麟神髓者。雖然此幀的白描手法，和流利的衣紋遠承李公麟的文人畫傳統，不過與吉林省博物館所藏至正六年（1346）的「九歌圖卷」（註 1）和美國克利夫蘭博物館所藏的「九歌圖」（註 2）等張氏作品比較，本作的線條拘謹，而且過分重視裝飾的細節，缺乏張氏人物畫的靈動瀟灑和秀雅飄逸的韻致，故推測為後人偽託之作。

註1 中國歷代藝術編輯委員會編，《中國歷代藝術．繪畫編（下）》（上海：上海人民美術出版社，1994），圖 24

註2 Wai-kam Ho, Sherman E. Lee, Laruence Sickman, and Marc F. Wilson, *Eight Dynasties of Chinese Painting: the Collections of the Nelson Gallery-Atkins Museum, Kansas City, and the Cleveland Museum* (Cleveland: Cleveland Museum of Art, 1980), pp. 119-120.

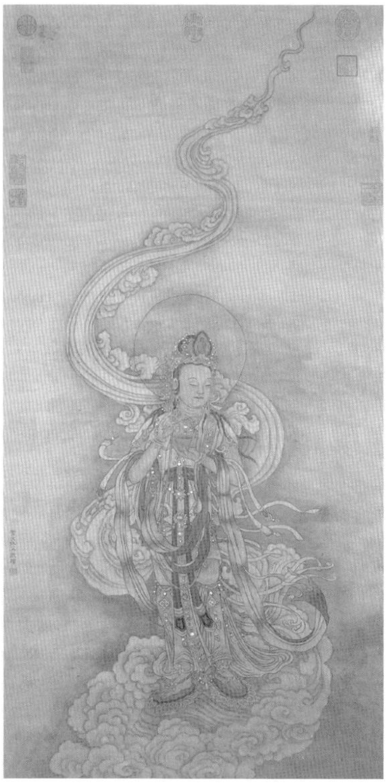

21 〔傳〕明 仇英 觀世音菩薩　故畫 02.10.01327

明代（1368-1644）

軸　紙本設色畫

縱 104.2 公分　橫 52.5 公分

款：實父仇英敬繪。鈐印一。仇英之印。

鑒藏寶璽：乾隆御覽之寶。乾隆鑑賞。嘉慶御覽之寶。嘉慶鑑賞。三希堂精鑑璽。宜子孫。秘殿珠林。珠林三編。宣統御覽之寶。

觀音大士足踏青蓮，右手持楊柳，左手捧杯，瓔珞嚴身，立乘祥雲自空而降。這尊觀音頰頤豐潤，五官娟秀，頭上寶冠本應有立化佛，卻僅留空白，顯示本作尚未完成。此幀設色明淨雅麗，以細謹的線條鉤勒輪廓，並在臉、手及天衣上施以暈染，表現立體效果。衣紋線條勻整，並無太多提頓變化，流利暢達，天衣飄動，頗有吳帶當風的韻致。

《秘殿珠林三編》根據畫幅右側的仇英（約 1494-1552）的款印，稱此作為「仇英觀音大士像」。（註 1）仇英，字實父，號十洲。江蘇太倉人。其出身低微，本為漆工，後受周臣（約 1450-1535）賞識而教之，畫藝大進。善畫山水、人物，兼及花卉、禽獸，尤工仕女，又長於臨摹古畫，幾可亂真，為明四大家之一。雖然本幅的用色仍見仇英精麗秀逸的丰采，可是人物線條的筆力不殆仇氏遠甚，同時細巧縝密的程度更不能與仇英相提並論，而幅上的款印又與仇氏傳世真蹟不符，當為後人偽託仇氏名字之作。

註1　國立故宮博物院編，《秘殿珠林三編》（台北：國立故宮博物院，1969），頁 73。

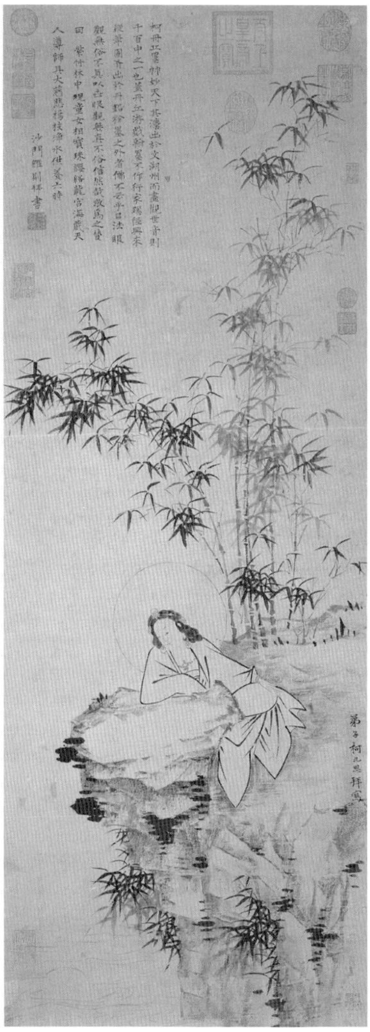

22 〔傳〕元 柯九思 畫大士　故畫02.09.01967

明代（1368-1644）

軸　紙本水墨畫

縱 102.3 公分　橫 37.5 公分

款：弟子柯九思拜寫。鈐印一：柯九思敬畫。

收藏印記：周祚新印。辯利院供養。賜書樓。乾隆御覽之寶。乾隆鑑賞。秘殿珠林。秘殿新編。珠林重定。三希堂精鑑璽。宜子孫。乾清宮鑑藏寶。太上皇帝之寶。嘉慶御覽之寶。宣統御覽之寶。

高崖上，一位菩薩頭有圓光斜倚磐石，低首俯視，後有修竹數竿。人物衣紋僅聊聊數筆，筆簡意賅。以篆法寫竹枝，以撇筆法寫竹葉，並以濃淡不同的墨色，以分前後。石以淡墨枯筆皴擦，將石頭粗硬的質感一表無遺。全作以水墨完成，構圖簡潔，誠如畫幅上方維則題贊所說，「遊戲翰墨」與「興來縱筆」的情趣濃郁。

本幅所畫的菩薩，完全不見任何觀音的圖像特徵，冠中既無化佛，又不見楊枝、淨瓶等觀音菩薩持物的出現，與常見的觀音像不同。不過從這尊菩薩倚石俯視，身後有叢竹的表現看來，畫中的菩薩應代表普陀山潮音洞中的南海觀音。維則的題贊言道：「紫竹林中，現童女相，寶珠纓絡，龍宮海藏，天人導師，具大慈悲，楊柳淨水，供養六時。」可見，受到〈普門品〉「應以童女身得度者，即現童女身而為說法」之語的啟發，作者特別將這尊觀音描繪成童女的形象。

幅左下方有柯九思（1312-1365）的款題。柯九思，台州（今浙江天台）人。字敬仲，號丹丘生。工書法，善竹石，始得筆法於文同（1018-1079），亦長於山水，少畫人物，本幅的款書與柯九思的真蹟也不盡相同，而畫竹的筆力又與柯氏相差甚遠，當為後世偽託之作。

23〔傳〕宋人　白描大士像　　故畫 02.08.00159

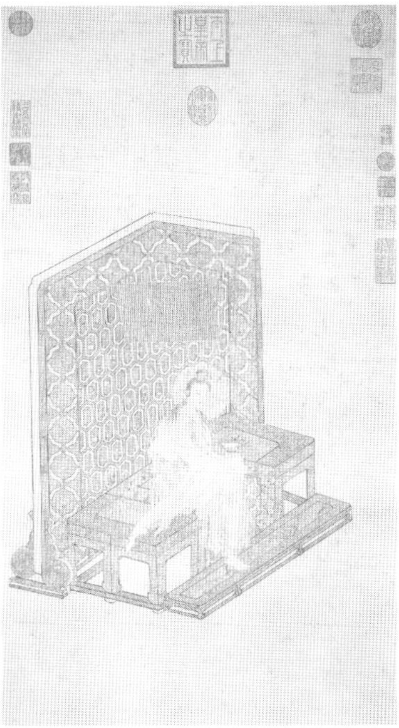

明代（1368-1644）

軸　紙本水墨畫

縱 78.5 公分　橫 44.7 公分

收傳印記：乾隆御覽之寶。乾隆鑑賞。秘殿新編。秘殿珠林。珠林重定。三希堂精鑑璽。宜子孫。乾清宮鑑藏寶。太上皇帝之寶。嘉慶御覽之寶。宣統御覽之寶。宣統鑑賞。無逸齋精鑑璽。

白描畫觀音菩薩，頭有圓光，髮住阿彌陀佛，長髮披肩，胸佩瓔珞，跣足抱膝坐於華榻之上。持物水碗、楊枝置於身側。觀音菩薩臉呈鵝蛋形，眉秀嘴小，五官娟秀，為一典型的女相觀音。衣紋以行雲流水描法表現，均用中鋒，細勁流暢。面目輪廓、眉眼髮絲，用筆纖細如縷，柔韌有力。床榻、踏足和身後的背屏皆以界尺畫成，法度井然。榻上花卉、珊瑚、寶珠、仙鶴等圖案，繁縟華麗，背屏六角龜殼圖案中的鼎、角、鈸、鼓、磬、念珠、書卷、棋盤等，也描繪得一絲不苟，精謹細緻。本幅舊傳為宋人所繪，可是這尊觀音的開面與衣紋的表現方式，皆與晚明作品近似。本幅背屏以蠅頭小楷書寫的《妙法蓮華經》〈觀世音菩薩普門品〉，雖為兩千字左右的長文，但絕無懈筆。全文結字縝密，書風方勁，筆鋒挺秀，法度嚴謹，明顯受到文徵明（1470-1559）一派的影響，足證此畫為晚明之作。本院收藏中尚有一幅明人「臨宋人白描大士像」（註 1）與本作同出一轍，應根據同一畫稿所成。

佛教經藏之中，與觀音有關的經典浩繁，其中以《法華經》最為重要。《法華經》是大乘佛教的重要經典之一，曾有六譯，三佚三存。（註 2）現存的三個譯本：一為西晉竺法護於太康七年（286）依據西域胡本所譯的《正法華經》，共十卷廿七品。二是姚秦鳩摩羅什於弘治八年（406）依龜茲本所翻的《妙法蓮華經》，共七卷廿八品。三乃隋代闍那崛多和達摩笈多於仁壽元年（601）依梵本所譯的《添品妙法蓮華經》，共七卷廿七品。這三個譯本中，雖然鳩摩羅什的譯本闕文最多，且與梵文原典差距最大，（註 3）可是其文詞最為雋永，流傳最廣。道宣在《法華經弘傳序》中說：「三經重沓，文旨互陳，時所宗尚，皆弘秦本。」（註 4）本幅背屏上書寫的〈觀世音菩薩普門品〉即抄錄自鳩摩羅什所譯的《妙法蓮華經》。

註1　圖見國立故宮編輯委員會，《故宮書畫圖錄》，第9冊（台北：國立故宮博物院，1992），頁303。
註2　參見〔唐〕僧詳，《法華傳記》卷一，《大正藏》，第51冊，頁50下。
註3　楊富學，〈從出土文獻看《法華經》在西域、敦煌的傳譯〉，收錄於楊富學著，《西域敦煌宗教論稿》（蘭州：甘肅文化出版社，1998），頁183。
註4　〔唐〕道宣，〈妙法蓮華經弘傳序〉，《大正藏》，第9冊，頁1中。

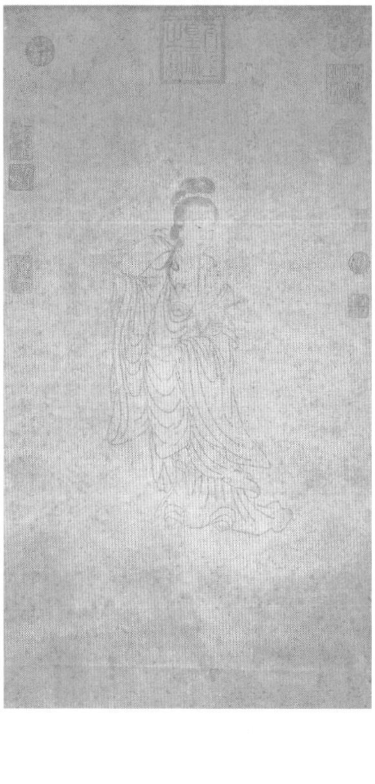

24 明人　觀世音菩薩普門品經像　故畫02.1001374

十六世紀—十七世紀
軸　紙本水墨畫
縱 98.1 公分　橫 35.6 公分

收傳印記：乾隆御覽之寶。乾隆鑑賞。秘殿珠林。珠林新編。珠林重定。三希堂精鑑璽。宜子孫。乾清宮鑑藏寶。太上皇帝之寶。嘉慶御覽之寶。宣統御覽之寶。

一位中年婦女手抱孩童，回首而望，從其手中有楊柳和水碗這兩件持物看來，這位婦女實為送子觀音。由於本軸人物的開面、體態、髮髻的樣式以及回首的姿態，和萬曆十五年（1587）與萬曆二十年（1592）的魚藍觀音像碑碣上的人物（註 1）相似，這幅觀音當亦是明代晚期之作。

《法華經》〈普門品〉言：「若有女人，設欲求男，禮拜供養觀世音菩薩，便生福德智慧之男。設欲求女，便生端正有相之女。」（註 2）雖然觀音送子的觀念在六朝時期已經出現，可是直到宋代的筆記小說中，如洪邁（1123-1202）的《夷堅志》，送子觀音的記載才明顯增加，送子觀音信仰始普遍流行，（註 3）送子觀音的圖像遂應運而生。如今，送子觀音的流傳甚廣，許多民間寺廟中都有送子觀音像的奉置，成為國人最熟悉的觀音形象之一。

這尊觀音的面目、手腳都以中鋒鉤勒而成，筆力穩健。可是衣紋則以楷書抄錄近兩千字的〈觀世音菩薩普門品〉經文表現，字跡端秀，令人歎為觀止。全文始自觀音左臂近孩童頭部處，由上而下為「妙法蓮華經觀世」，再轉至次行，由下而上抄錄「音菩薩普門品，爾時無盡意菩薩即從座起，偏袒」，再轉至左肩，由上而下書寫「右肩合掌向佛，而作是言：……」至右足及小腿的「佛說是普門品時，眾中八萬四千眾生皆發無等等阿耨多羅三藐三菩提心」為結。全文字字相續，一絲不苟，充分表現作者誠摯的宗教情懷。

註1　圖見北京圖書館善本部金石組編，《北京圖書館畫像拓本匯編》（北京：書目文獻出版社，1993），第7冊，頁22、27。

註2　〔姚秦〕鳩摩羅什譯，《妙法蓮華經》卷七，《大正藏》，第9冊，頁57上。

註3　孫昌武，《中國文學中的維摩與觀音》(北京：高等教育出版社，1996)，頁369。

25 〔傳〕宋人　觀音大士

中畫 0.02.08.00014

明清之際　十七—十八世紀

軸　絹本設色畫

縱 131.7 公分　橫 56.2 公分

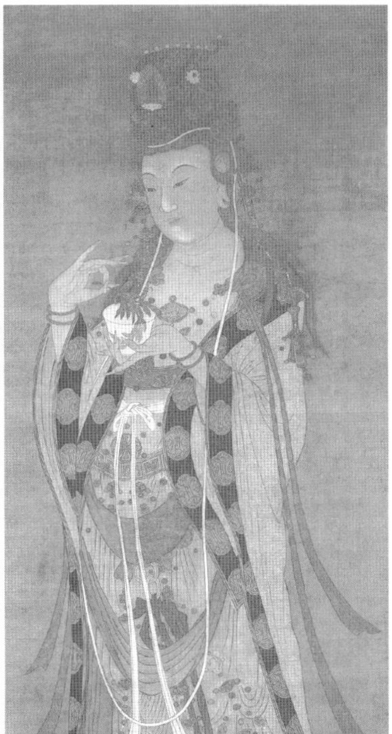

觀音菩薩紺髮垂肩，頭戴莊嚴寶冠，冠住阿彌陀佛。穿著華麗錦衣，身披各式瓔珞，手腳戴鐲。足踏青、白蓮華，款步而行。其一手持柳枝，另一手捧透明琉璃碗。雖然經典中從無觀音菩薩手持琉璃碗的記載，可是這個傳統至少可以追溯至南宋（1127-1279），京都清淨華院藏南宋的阿彌陀佛三尊像中的觀音菩薩（註 1）已以楊枝和琉璃碗為持物。此外，元代盛熙明的《補陀洛迦山傳》提到，大德五年（1301），集賢學士張蓬山奉旨祝釐普陀山善財洞時，曾見觀音大士「寶冠瓔珞，手執楊枝、碧玻璃椀」。（註 2）可見，宋、元時期，手捧玻璃碗的觀音圖像已為人們所熟悉。

本幅設色穠艷亮麗，根據舊傳，稱其出自宋人之手。細審這尊觀音，面龐圓潤，柳眉鳳眼，體態豐腴，與清淨華院所藏的南宋阿彌陀佛三尊像中的觀音菩薩的確有幾分相似，同時所佩戴瓔珞的式樣與其在身上披佩的方式也相彷彿，不過，本院的藏品在雙眉、鼻、下顎以白粉敷染，施以三白法，衣紋線條挺勁有力，裙緣尚以白粉鉤提，與清淨華院本觀音稠疊綿密、圓潤細勁的線條大異其趣；同時本幅的繪製遠不如清淨華院本觀音精謹細緻，可能是明清之際（十七—十八世紀）以宋代觀音為祖本的臨摹之作。

註1 京都国立博物館，《淨土教繪畫》(東京：平凡社，1975)，圖版50。
註2 〔元〕盛熙明，《補陀洛迦山傳》，《大正藏》，第51冊，頁1137中。

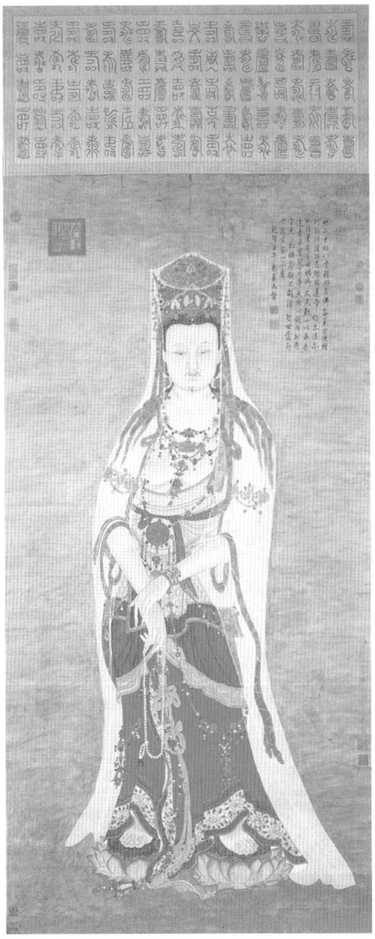

26〔傳〕明 丁雲鵬 畫莊嚴大士瑞像 故畫 02.10.00912

明清之際 十七—十八世紀

軸 紙本設色畫

縱 197.8 公分 橫 98 公分

款識：己酉（1609）春日之吉，佛子丁雲鵬敬寫。鈐印二：丁雲鵬印。南羽。

收傳印記：蕭條方外。丁九常印。乾隆御覽之寶。乾隆鑑賞。乾清宮鑑藏寶。三希堂精鑑璽。宜子孫。秘殿珠林。珠林重定。秘殿新編。太上皇帝之寶。嘉慶御覽之寶。宣統御覽之寶。

明末觀音菩薩多以女子的形態出現，胡應麟（1551-1602）〈觀音大士現象靈應記〉云：

> 今塑畫觀音像無不作婦人者，……冠飾以婦人之服則前此未聞。考《宣和畫譜》，唐宋名手寫觀音像極多，俱不云婦人服。李廌、董逌畫跋所載諸觀音像亦然，則婦人之像當自近代。蓋因大士有化身之說，而閨閣多崇奉者，展轉流傳，遂致。（註 1）

本幅的觀音菩薩唇上有髭，身軀壯碩，與明末流行娟秀柔美的女相觀音截然不同，是一件明清之際較為少見的男相觀音像。

此尊觀音法相莊嚴，手持念珠，紺髮披肩，頂戴華麗寶冠，冠住化佛，瓔珞嚴身，身披薄如蟬翼的輕縠，足踏雙蓮。全作繪製精謹，就連衣衫與輕縠上精美的紋飾圖案，都描畫得一絲不苟。在眼鼻周圍以及頸胸手足等處，畫家尚以層層暈染，表現五官的凹凸和身軀的立體感。根據畫幅左下方的硃砂款書，人稱此幀乃是一幅萬曆三十七年丁雲鵬的畫作。

本院所藏的丁雲鵬作品中，另有一幅設色的「掃象圖」，（註 2）款署「庚戌（1610）春日」，為「畫莊嚴大士」後一年的畫作。細審二畫，雖然二者繪製年代相近，可是筆描線條卻截然不同。「畫莊嚴大士」的人物以鐵線描為之，線條挺健有力，造形穩重端嚴；而「掃象圖」的衣紋則為行雲流水描，線條圓潤流利，部分人物的五官刻意變形，別具趣味。在色彩上，雖然「掃象圖」的用色也十分穠麗，但是其較「畫莊嚴大士」又多了一分明淨典雅的感覺。此外，這「畫莊嚴大士」的款書也和「掃象圖」不盡相同。日本岐阜縣東光寺的收藏中有一幅高麗（918-1392）的觀音菩薩立像，（註 3）無論是菩薩的造型、服飾和姿態，甚至於兩手於腹前交疊，手持念珠的樣子，都與本幅的觀音十分近似，故而推測，此軸乃一幅明清之際（十七—十八世紀）後人依據舊稿繪製，但偽託丁氏之名的作品。

註1 〔明〕胡應麟，〈觀音大士現象靈應記〉，收錄於《觀音大士慈容五十三現象贊》（明刻本），頁57。

註2 圖見國立故宮博物院，《晚明變形主義畫家作品展》（台北：國立故宮博物院，1977），圖16。

註3 鈴木敬，《中國繪畫總合圖錄》（東京：東京大學出版會，1983），第4冊，頁140，整理編號JT174-001。

27 清 陳書 出海大士像

故畫 02.11.00771

康熙五十二年（1713）

軸 紙本淺設色畫

縱 70.7 公分 橫 27.2 公分

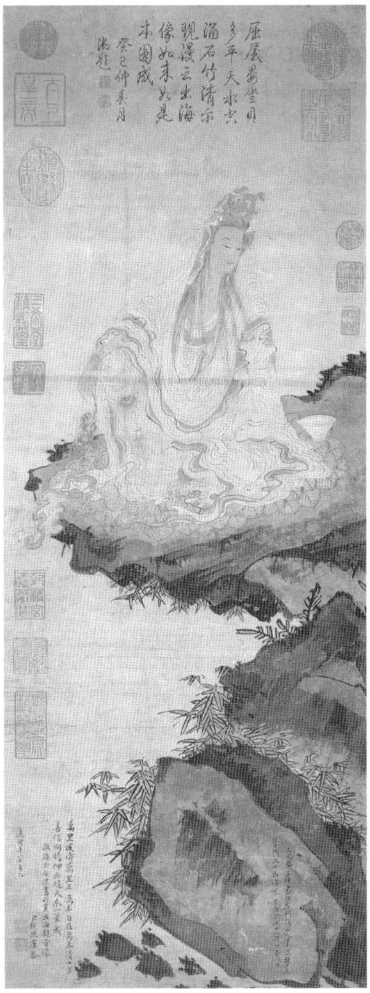

款識：上元弟子陳書，仿左門孫山人筆法，敬畫普門大士出海像。時康熙五十二年仲春三日。鈐印二：陳。書。

收傳印記：乾隆御覽之寶。乾隆鑑賞。秘殿珠林。秘殿新編。珠林重定。三希堂精鑑璽。宜子孫。乾清宮鑑藏寶。太上皇帝。嘉慶御覽之寶。宣統御覽之寶。宣統鑑賞。無逸齋精鑑璽。

陳書（1660-1736），字南樓，號上元弟子、南樓老人。秀水（今浙江嘉興）人。適海鹽錢綸光，後以長子錢陳群（1686-1774）貴，誥封太淑人。善繪畫，花鳥、草蟲、山水、人物無不精妙。

觀音菩薩頂戴化佛，身著白衣，頭覆白巾，右手持楊柳，姿態悠閒自在地坐在臨岸磐石上，其另一持物水杯則閒置在以葉編織的舖墊之上。雖然幅上作者款識云：「敬畫普門大士出海像」，可是從人物的造形和衣著看來，應與南海觀音有關，而與〈普門品〉聞聲救苦、隨類應化的內容無涉。全作敷色淡雅，人物造形娟秀，衣紋繁密稠疊，線條流暢，有若行雲流水一般，筆意清雋；又以斧披皴寫石，用筆緊勁老辣，墨色醇老，秀逸中饒有勁力，全作絲毫沒有文弱的閨閣氣息。根據幅上年款，為陳氏五十四歲之作。

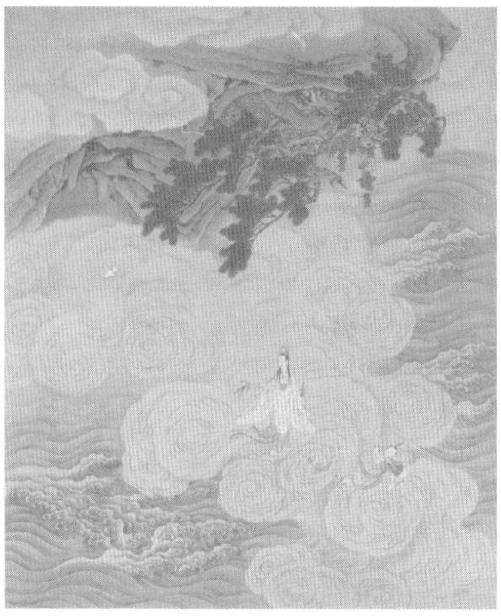

28 清人　畫海洞潮音

故畫 03.11.03617

清代（1644-1911）
無量壽佛會慶圖冊　第八幅
冊　褶裝　絹本設色畫
縱 49 公分　橫 41.5 公分

此作設色妍麗，畫海中波濤洶湧，潮音洞中祥雲湧現，觀音大士身著白衣，胸佩瓔珞，右手持楊枝，左手執淨瓶，乘雲而來，身前有典出《華嚴經》的善財童子禮拜，身後有跟隨南海觀音去普陀山學道的白鸑哥飛舞。圖中的觀音形象與元代盛熙明《補陀洛迦山傳》中「（善財）童子忽現，大士亦縞衣縹帶，珠瓔交錯，精神顧盼，如將示語」（註 1）的記載相符，人稱這類觀音為「普陀觀音」或「南海觀音」。

潮音洞為普陀山的一勝景。普陀山又稱補陀山、補陀洛迦山等，位於浙江定海縣東海中的舟山群島，是觀世音菩薩之聖地。據說，唐大中年間（847-860），有一梵僧在潮音洞前，自焚十指，而親睹觀世音菩薩現身說法，並授以七色寶石。據說，大中十二年（858）日本沙門慧鍔又因舟過普陀山而不能復進，故於此立寺奉祀五臺山的觀音像。（註 2）自此，普陀山遂被國人視為觀音菩薩的聖地，（註 3）而觀音菩薩的淨土——補陀洛迦山，也從《大方廣佛華嚴經》〈入法界品〉中所說的南印度，移至浙江沿海，這是佛教中國化最具體的表徵之一。

根據文獻，早在宋代，觀音菩薩住在普陀山潮音洞的觀念已深入民心。于君方的研究指出，至少在明代晚期，普陀山已成為觀音信徒朝拜的聖地，（註 4）在此信仰的影響下，像「海洞潮音」這一類的觀音畫作在民間自然普遍流行。

註1〔元〕盛熙明，《補陀洛迦山傳》，《大正藏》，第51冊，頁1137上-中。
註2〔宋〕志磐，《佛祖統記》卷三十六，《大正藏》，第49冊，頁380下。
註2 參見〔元〕盛熙明，前引書，頁1136下-1137上。
註3 Chün-fang Yü, "Guanyin: the Chinese Transformation of Avalokiteshvara," Marsha Weidner ed., *Latter Days of the Law: Images of Chinese Buddhism 850—1850* (Lawrence: Spencer Museum of Art, University of Kansas, 1994), p. 164.

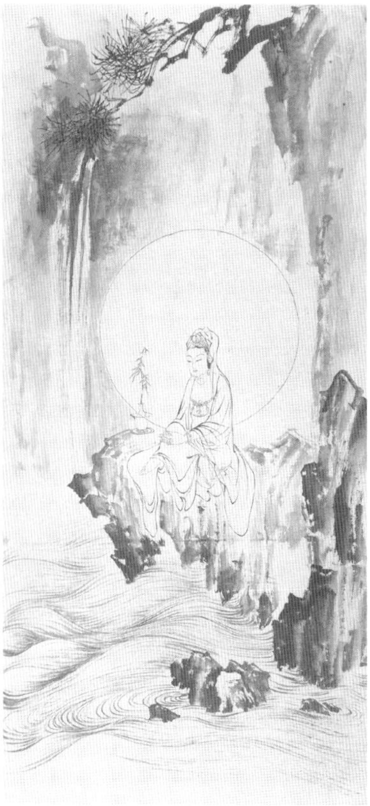

29 民國　溥儒　觀音

二十世紀
軸　紙本水墨畫
縱 119.6 公分　橫 56.8 公分
溥心畬遺物八人小組託管

溥儒（1896-1962），河北宛平（今北京）人。字心畬，號署西山逸士。清宗室，恭親王奕訢之孫。幼即潛心文學、書法、繪畫。其畫作係出自學，風格清逸出塵，被人譽為民國畫家中最能得傳統之精髓者，與張大千齊名，有「南張北溥」之稱。

本幅為溥心畬遺物八人小組託管，畫水月觀音，頭後有大圓光，冠住阿彌陀佛，頭披白巾，身著素衣，抱膝坐於磐石之上，狀甚安詳。楊枝、淨瓶和水杯三件持物擱置石上。崖下波濤洶湧，頂上松枝斜掛，身後一道瀑布飛下。此幀的構圖與美國納爾遜美術館庋藏的「水月觀音」（註 1）雷同，當是溥心畬參考此圖所畫，不過溥氏並非完全的臨古。原作本是一幅淺設色畫，而溥氏則以水墨畫為之。同時他又將觀音大士、山崖與瀑布的位置向後推移，增加了畫面的深度，並以斧劈皴皴寫山石，飛白法刷成瀑布，筆意剛健勁利，恣肆放縱，與原作較為緊勁的筆墨趣味截然不同。人物也不採原作的細膩烘染方式，而以白描法畫成，筆致流暢細緻，清雅秀逸，深得仇英一派雅潔的特質。因此兩畫布局雖同，但風格實不相侔。

水月觀音的圖像典出《華嚴經》，（註 2）造形與普陀洛迦觀音（圖錄 7）有關，均坐岩石，採安閒自在的姿勢。現藏於法國居美博物館（Museé Guimet）的敦煌帛畫裡，還發現繪有粼粼的水波、蓮華和樹木的五代（907-960）「水月觀音」（註 3），具體表現了《華嚴經》所說的觀音聖地補怛洛迦山「泉流縈映，樹林蓊鬱」的意涵。

根據畫史，除了周昉（活動於 779-804）「妙創水月之體」（註 4）外，范瓊（活動於 846-879）、左全（活動於 825-859）等也分別在成都聖壽寺和大聖慈寺繪水月觀音，（註 5）可惜這些畫作均未倖存。從現存的水月觀音畫觀之，粗略地說，五代至宋的水月觀音多為重彩設色，觀音菩薩有大身光或頭光，在磐石上垂足屈膝而坐，或有蓮池環繞，或有綠波臨岸。身後時有竹竿、棕櫚等植物，（註 6）顯然深受周昉的影響。然自士大夫畫家李公麟（1049-1106）、禪宗畫僧梵隆（十二世紀）、牧溪（活動於十三世紀下半葉）等，用水墨白描法作觀音像後，水墨式的水月觀音遂日漸普遍，本幅即是一幅近代水墨式水月觀音的代表作。

註1 Marsha Weidner ed., *Latter Days of the Law: Images of Chinese Buddhism 850—1850* (Lawrence: Spencer Museum of Art, University of Kansas, 1994), pl. 21.

註2 松本榮一，《燉煌畫の研究・圖像篇》（東京：同朋舍，1937），頁346-348。

註3 圖見ジャン・フランソワ・ジャリーシュ（Jean-Francois Jarrige），秋山光和監修；ジャク・ジェス（Jack Jesse）編輯，《西域美術：ギメ美術館ペレオ・コレクション》第一卷（東京：講談社，1994），圖版83-1、96、96-5。

註4 〔唐〕張彥遠，《歷代名畫記》卷十，收錄於《畫史叢書》（台北：文史哲出版社，1983），第1冊，頁127。

註5 〔宋〕黃休復，《益州名畫錄》卷上，收錄於《畫史叢書》，第3冊，頁1380、1386。

註6 潘亮文，〈試論水月觀音圖〉，《藝術學》第17期（1997年4月），頁17-33。

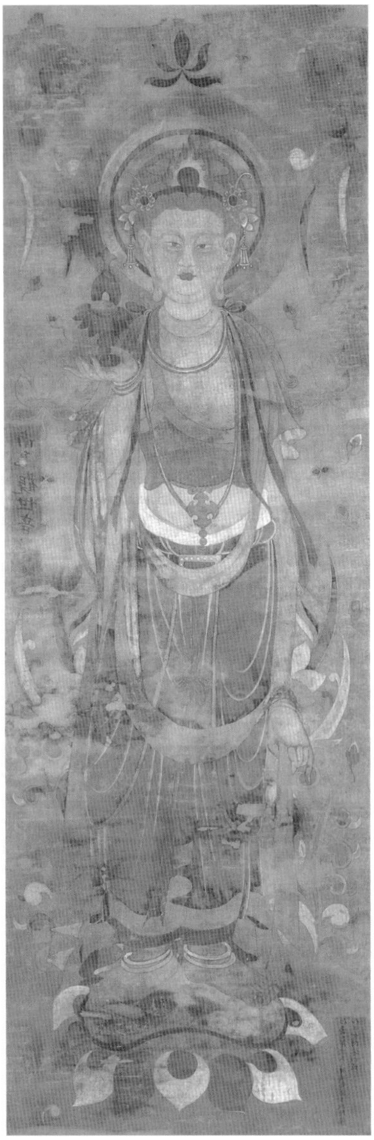

30 〔傳〕隋人　成陁羅造觀世音菩薩像　國贈 06482

民國　二十世紀
軸　絹本設色畫
縱 198.1 公分　橫 65.6 公分
大風堂捐贈

造像題記：南无觀世音。仁壽三年（603）癸亥十一月，清信弟子成陁羅為亡女阿嫛敬造。

本幅畫天華飛舞，觀世音菩薩紺髮披肩，頂戴華冠，身披絡腋，左手捧持蓮台寶珠，右手提天衣，立於仰蓮之上。根據畫幅左下角的題記，這尊觀世音菩薩是仁壽三年，成陁羅為亡女阿嫛所造。在敦煌莫高窟六十二窟的供養人題名中也有成陁羅名字的發現，（註 1）由此看來，這件畫軸與敦煌應有淵源。

此尊菩薩面短而豐，眉目娟秀，腰枝輕移，兩足作八字形，的確與隋代的敦煌菩薩畫像有幾分神似，可是細審此畫，卻發現此幀的輪廓線條細勁，五官與手腳等部分以淡墨暈染，表示立體感，手法極為細膩，且在衣紋邊緣留白，並施白粉，這些表現都較隋代的敦煌壁畫成熟。此外，隋代敦煌壁畫中的人物，大多身軀短碩，頭大腿短，腰線較高，身體比例也與此作不合，故推測此幀觀世音菩薩實為後人所仿。傅申曾經指出，這件畫軸乃出自張大千之手。（註 2）

本軸原是張大千（1899-1983）先生舊藏，於民國七十二年以大風堂之名捐贈本院。張大千，原名權，後改名爰，字季爰，別號大千居士，四川內江人。工書善畫，山水、人物、仕女、花卉無一不精，不但是民國的書畫名家，又為近代臨古、摹古的高手。民國三十年至三十二年間（1941-1943），張大千曾率門人、子侄、門生等兩度進入敦煌，悉心觀察研究各代壁畫特點，並仔細臨摹。去夏，筆者赴敦煌考察時，曾親訪莫高窟六十二窟，發現這尊觀世音菩薩的造形與六十二窟北壁佛說法圖中的脇侍菩薩相似，因此筆者同意傅申之說，認為本幅為張大千依據六十二窟的脇侍菩薩所作，是張氏臨古、摹古的一件作品。

註1　敦煌研究院編，《敦煌莫高窟供養人題記》（北京：文物出版社，1986），頁 27。

註2　Shen C. Y. Fu, *Challenging the Past: the Paintings of Chang Dai-chien* (Washington D. C.: Arthur M. Sackler Gallery, 1991), p. 309.

31 明人　書妙法蓮華經觀世音菩薩普門品　故佛 000706　寫經類

宣德七年（1432）

冊　經摺裝　紙本泥金寫本

每幅高 34.7 公分　寬 12.2 公分

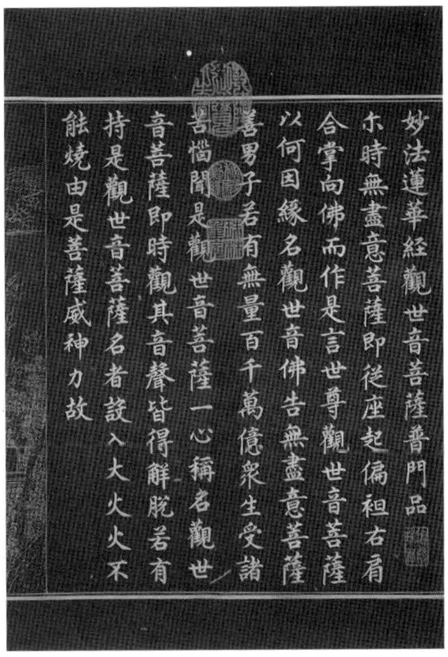
妙法蓮華経觀世音菩薩普門品
尒時無盡意菩薩即從座起偏袒右肩
合掌向佛而作是言世尊觀世音菩薩
以何因緣名觀世音佛告無盡意菩薩
善男子若有無量百千萬億衆生受諸
苦惱聞是觀世音菩薩一心稱名觀世
音菩薩即時觀其音聲皆得解脫若有
持是觀世音菩薩名者設入大火火不
能燒由是菩薩威神力故

牌記款識：六合清寧，七政順序，雨暘時若，萬物阜豐。億兆康和，九幽融朗，均躋壽城，溥種福田。上善攸臻，障礙消釋，家崇忠孝，人樂慈良。官清政平，訟簡刑措，化行俗美，泰道咸亨。凡厥有生，俱成佛果。宣德七年四月初七日。

收傳印記：乾隆御覽之寶。乾隆鑑賞。秘殿珠林。秘殿新編。珠林重定。三希堂精鑑璽。宜子孫。乾清宮鑑藏寶。嘉慶御覽之寶。宣統御覽之寶。

本冊泥金書兩部觀世音信仰的基礎經典——鳩摩羅什（343-413）譯《妙華蓮華經》〈觀世音菩薩普門品〉一卷及玄奘（600-664）譯《摩訶般若波羅密多心經》一卷，前者揭櫫觀世音菩薩普門示現、慈悲救渡的精神；後者則在彰顯觀世音菩薩用觀照世間無常、無我的方法，證得般若實相的智慧，洞澈五蘊皆空的道理。

這冊寫經圖文並茂，有四十二幅描金插畫，除了扉頁的釋迦牟尼佛靈山法會和卷末的韋馱護法外，其餘四十幅皆描繪〈普門品〉的情節，包括了觀世音菩薩聞聲救苦，解除災厄的景象，和祂隨類應化，說法渡眾的情景，以及觀世音菩薩在接受無盡意菩薩等所供養的瓔珞後，分奉釋迦佛和多寶塔的畫面。全冊將觀音菩薩「救難無礙」和「化身無量」的兩大特質一表無遺。美國哈佛大學賽克勒美術館（Arthur M. Sackler Museum, Harvard University）收藏中有一件永樂二十一年（1423）的木刻本「觀音經」，（註 1）也採一圖一文的形式，與本冊雷同，而且故事情節的描繪也和本冊一致，可見這樣的經冊形式在十五世紀上半葉十分流行。

在本冊的四十二幅插畫裡，三十九幅以觀音菩薩為主尊，實可謂集明代觀音圖像的大成。這些圖像除了明代最流行的楊柳觀音外，尚包括手持蓮花的蓮華手觀音、阿彌陀佛三尊像、八臂觀音、準提菩薩、九面十二臂觀音等，甚至還描繪了追隨觀音至南海普陀山習法的鸚哥，充分顯示明代的觀音信仰顯密共修，正統和民俗兼備，內容十分龐雜。本冊插畫的描金線條纖細如縷，細勁流暢。人物形象生動，面容平和的觀音菩薩和滿面驚恐的遇難信徒，兩相對照，將聖俗之分一表無遺。雖然此冊出自畫工之手，可是其藝術水準之高仍令人讚賞。

據筆者所知，除此本外，國立故宮博物院（註 2）與美國哈佛大學賽克勒美術館（Arthur M. Sackler Museum, Harvard University）

（註 3）尚各藏一本「書妙法蓮華經觀世音菩薩普門品」，經後均書玄奘譯《摩訶般若波羅密多心經》，形式及內容與本冊完全相同，扉頁後牌記題識的文字和年款也一致，三者顯然是同時製作的。根據經冊的裝裱、五爪金龍的風格、碑記的文字，這些經冊可能都是宮廷內府所抄。（註 4）

註1 Marsha Weidner ed., *Latter Days of the Law: Images of Chinese Buddhism 850—1850* (Lawrence: Spencer Museum of Art, University of Kansas, 1994), Catalogue 39, pp. 309-311.

註2 此冊寫經的典藏號為故佛 000392。

註3 Marsha Weidner ed., 前引書， Catalogue 41.

註4 同上註，p. 313.

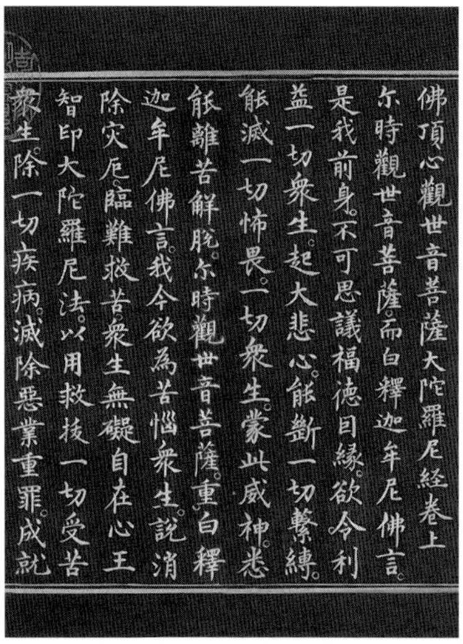
佛頂心觀世音菩薩大陀羅尼經卷上
尒時觀世音菩薩而白釋迦牟尼佛言。
是我前身。不可思議福德因緣。欲令利
益一切衆生。起大悲心。能斷一切繫縛。
能滅一切怖畏。一切衆生。蒙此威神悉
能離苦解脫。尒時觀世音菩薩。重白釋
迦牟尼佛言。我今欲為苦惱衆生。說消
除災厄臨難救苦衆生無礙自在心王
智印大陀羅尼法。以用救拔一切受苦
衆生。除一切疾病。滅除惡業重罪。成就

32 明人　書佛頂心觀世音菩薩大陀羅尼經　故佛 000419

明代（1368-1644）

冊　經摺裝　紙本泥金寫本

每幅高 25 公分　寬 9.1 公分

收傳印記：嘉慶御覽之寶。宣統御覽之寶。

本冊泥金楷書。《國立故宮博物院善本舊籍總目》載：「《佛頂心觀世音菩薩大陀羅尼經》三卷，明泥金寫本，唐不著譯人」，（註 1）卷上為《佛頂心觀世音菩薩大陀羅尼經》，卷中是《佛頂心觀世音療病救產方大陀羅尼經》，卷下則是《佛頂心觀世音菩薩救難神驗大陀羅尼經》。《佛頂心觀世音菩薩大陀羅尼經》言及，持念觀音咒不但能滅十惡五逆，並且在臨終時，將可以往生淨土。《佛頂心觀世音療病救產方大陀羅尼經》主要是針對產婦所說，特別強調以硃砂書寫此陀羅尼及秘字的功德。《佛頂心觀世音菩薩救難神驗大陀羅尼經》則記述了四個觀音靈驗的故事，行文與靈驗故事和寶卷十分近似。于君方指出，各種版本的《大藏經》都沒有收錄這三部經，經仔細分析這些經典的內容，得知《佛頂心觀世音菩薩大陀羅尼經》三卷實為一部偽經，撰著的年代無法細考，至少不會早於唐代。（註 2）又因宋崇寧元年（1102）所刻「佛頂心觀世音菩薩大陀羅尼輪經引首」的插圖，即以《佛頂心觀世音菩薩大陀羅尼經》三經為根據，（註 3）因此至少在十二世紀時我國已有這部偽經的流傳。

于君方曾在北京法源寺所藏的善本書目中，發現近百冊《佛頂心觀世音菩薩大陀羅尼經》的明代刻本，最早的為宣德三年（1428），大多數刻製於是萬曆年間（1573-1620）。（註 4）大部分在卷末尚附有觀音靈驗記，記錄信徒因誠心念誦這些經咒，而獲觀音菩薩救助的故事。這些故事最早的可溯及唐代，有些則是刻印者親自目睹或耳聞，甚至於是親身的體驗，如正統十二年（1447）刻印的《佛頂心大陀羅尼經》，牌記言道：

京都江米巷北面南居住奉佛弟子陳宗華為求子嗣，告許《陀羅尼經》一藏，因蒙佛力，添得一子，印散流傳，吉祥如意。（註5）

可見《佛頂心觀世音菩薩大陀羅尼經》在明代，特別是明末，十分流行。這部偽經受到明代信徒如此的重視，對當時觀音信仰的弘傳必然起了積極的作用。

本冊寫經的扉頁泥金畫波濤洶湧，南海觀音悠閒自在地坐在岩石座上，楊枝、淨瓶和琉璃碗置於其側，身後有竹林圍繞，鸚哥停憩，其前有龍王夫婦和有善財童子供養禮拜，天際有護法韋馱乘雲侍立。全作描金線條流暢靈活，筆跡如縷，精謹細膩，妙窮毫釐。

註1　國立故宮博物院編，《國立故宮博物院善本舊籍總目》（台北：國立故宮博物院，1983），下冊，頁949。
註2　于君方，〈「偽經」與觀音信仰〉，《中華佛學學報》第8期（1995年7月），頁117-122。
註3　圖見鄭振鐸，《中國木刻畫選集》，第1冊，資料引述見上註，頁119。
註4　于君方，前引文，頁100-101。
註5　引文見上註，頁101。

33 明人　書千手千眼觀世音菩薩大慈心陀羅尼經

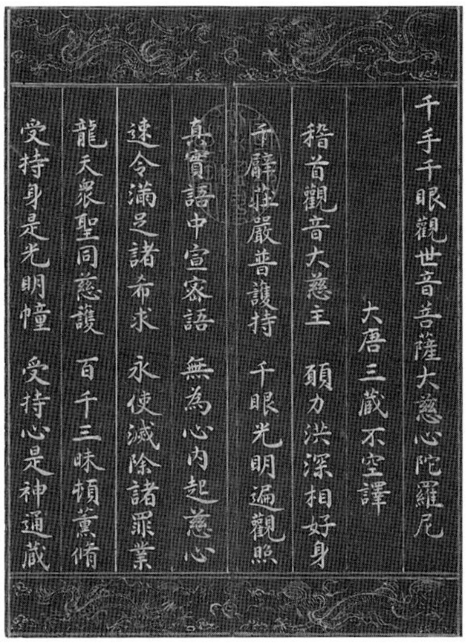
千手千眼觀世音菩薩大慈心陀羅尼
大唐三藏不空譯
稽首觀音大慈主　願力洪深相好身
千臂莊嚴普護持　千眼光明遍觀照
真實語中宣密語　無為心內起悲心
速令滿足諸希求　永使滅除諸罪業
龍天眾聖同慈護　百千三昧頓熏修
受持身是光明幢　受持心是神通藏

明代（1368-1644）　故佛 000407～000410

四冊　經摺裝　紙本泥金寫本

每幅高 22.1 公分　寬 8.3 公分

收傳印記：乾隆御覽之寶。乾隆鑑賞。秘殿珠林。秘殿新編。珠林重定。三希堂精鑑璽。宜子孫。乾清宮鑑藏寶。嘉慶御覽之寶。宣統御覽之寶。

此經計四冊，卷首書：「千手千眼觀世音菩薩大慈心陀羅尼經，大唐三藏不空譯。」茲檢視大藏經中不空的譯經題名，不見《千手千眼觀世音菩薩大慈心陀羅尼經》（以下簡稱《大慈心陀羅尼經》），僅見《千手千眼觀世音菩薩大悲心陀羅尼經》（又稱《大悲心陀羅尼經》）（註 1）之名。而比較經文，則發現本院所藏的《大慈心陀羅尼經》除了將原經文中所有的「大悲」改為「大慈」之外，其他文字與《大悲心陀羅尼經》完全一致，故知二經實為同本。

本院所藏之《大慈心陀羅尼經》包括了扉頁、經文、圖繪和讚偈四部分。扉頁以泥金和赭色畫十臂觀音菩薩、侍者和供養人，其次為經文，再其次則圖寫觀世音菩薩和大悲心咒像，以及大悲觀音的各式手印和持物，內容極為豐富。前者是根據《大悲心陀羅尼經》，繪製〈大悲咒〉的八十四章句神咒所化現的佛、菩薩、尊者等，後者不但圖繪千手千眼觀音的四十二種手印和持物，同時於下又一一註記其功能與真言。今將本院所藏的明代寫本《大慈心陀羅尼經》和《大藏經》收錄的《大悲心陀羅尼經》作一比較，發現前者羅列的千手千眼觀世音菩薩的手印和持物計四十二種，比後者多了總攝千臂手一項。至於最後的偈語：「皈命慈心觀世音，現千手眼難思議。宣說祕密陀羅尼，弘誓甚深震大地。天人共仰鬼神欽，外道群魔皆退避。辟（譬）如日輪行虛空，放大光明九幽利。能摧一切障碍山，能開一切金剛智。救渡群生苦海難，不墮三途諸惡趣。一句一佛現頂前，一手一願所求至。能於觀相敬無疑，清淨圓滿得如意。」不見於《大悲心陀羅尼經》，是抄經者所加，它或為當時流行的大悲觀音讚偈，或為抄寫者所撰。總之，本院所藏的這四冊《大慈心陀羅尼經》可謂圖文並茂，解說詳實。

本經的圖繪的人物修長，造型清秀，除了泥金描寫之外，畫工時以赭色暈染，增加人物的立體感。全作筆描線條精謹熟練，圓勁流利，衣上的紋飾、動物的鱗毛都描繪得一絲不苟，雖是畫工所為，然其嚴整細膩的程度，實在令人歎為觀止。

註1 〔唐〕不空譯，《千手千眼觀世音菩薩大悲心陀羅尼經》，《大正藏》，第20冊，頁115中-119下。

張勝温「梵像卷」之觀音研究

引言

現藏於台北國立故宮博物院的「宋時大理國描工張勝溫畫梵像」（以下簡稱「梵像卷」），全長1636.5公分，設色貼金，繪製精工，是一件極為珍貴的大理國文物。根據幅上榜題：「利貞皇帝瞟信畫」、畫後釋妙光的題跋和全卷尚未畫完的狀況，此畫可能成於利貞三年（1176），[1]是大理國描工張勝溫的傳世傑作。不過，全卷的繪畫水準並不統一，顯然不是出自一人之手，張勝溫應為此畫卷的主要負責人。

張勝溫畫史無傳，李霖燦指出，張勝溫可能是一位流寓雲南大理的蜀地畫家。[2]楊曉東卻言：「具體到作者姓名上，『張』為白族大姓之一；『勝溫』二字，按漢文難以釋意，不似漢族命名習俗，而以白語『shuo-wen』，則意為『塑佛的人』。」[3]由此看來，張勝溫又可能是一位白族的佛畫大師。

「梵像卷」全畫共分三段：第一段畫大理國王男女扈從等（1至6頁[4]），第二段畫佛、菩薩、天王、護法等數百位佛教人物（7至128頁），第三段畫十六國王（131至134頁）。內容豐富，是研究我國西南邊境南詔（約653-902）、大理（937-1254）[5]二國歷史、宗教、民俗、藝術的瑰寶。

「梵像卷」後清高宗乾隆（1736-1795）的跋語言道：「明洪武間（1368-1398），初本長卷，僧德泰藏之天界寺中。至正統時（1436-1449），經水漸漬，乃裝成冊，不知何時復還卷軸舊觀。」[6]李霖燦更進一步指出，此卷最原始的形式當是梵篋裝的冊頁。[7]由於卷冊裝池屢易，此圖不免有所脫漏，尊像的次序也時有到置。有鑑於此，乾隆皇帝曾命丁觀鵬以張勝溫「梵像卷」的第一和第三段為本，另繪「蠻王禮佛圖」一卷；以「梵像卷」的第二段為基，再作「法界源流圖」一卷。[8]丁觀鵬「摹張勝溫法界源流圖」成於乾隆三十二年（1767），畫上乾隆題跋言道：「張勝溫所繪梵像，自金剛、天、龍、帝釋，下及十六應真、兩大弟子、六祖等眾，並維摩問答、藥師大願、普門現相，乃

---

1 此畫幅後宋濂跋稱：「右梵像卷，大理國畫師張勝溫之所貌，其右題云：「為利貞皇帝瞟信畫』，後有釋妙光記文，稱盛德五年庚子……其所謂庚子蓋宋理宗嘉熙四年（1240）……」。可是經近代學者考証，盛德五年應是淳熙七年（1180）。關口正之認為此卷作於利貞皇帝時期（1173-1176）（參見關口正之，〈大理國張勝溫畫梵像について・上〉，《國華》第895號〔1966年10月〕，頁15-16），據筆者的考證，利貞三年時，由於高氏子弟爭奪相國之位，使得「梵像卷」的繪製工作不得不中輟。（參見拙稿，〈石鐘山石窟與梵像卷雜考〉，收錄於北京大學考古系主編，《石鐘山石窟調查報告》〔暫定〕，近期出版。）

2 李霖燦，《南詔大理國新資料綜合研究》（台北：國立故宮博物院，1982），頁123。

3 楊曉東，〈張勝溫《梵像卷》述考〉，《美術研究》1990 : 2（1990年2月），頁66。

4 為了討論方便，李霖燦將「梵像卷」全卷分為136個單位（或稱頁），本文中所用之頁碼編號即依李氏所訂。

5 宋哲宗紹聖元年（1094），大理國十四代主段正明不賢，人民擁立鄯闡侯高昇泰為君，是為大中國。二年後，高昇泰卒，其子遵父遺命，還政於段氏之後段正淳。自段思平至段正明計十四世，稱為大理國（937-1094）。自段正淳至忽必烈擒段智興，是謂後理國（1096-1254）。不過，《宋史》和後理國人皆稱後理國為大理國，故而本文中概以大理國稱之。

6 國立故宮博物院編纂委員會，《故宮書畫錄》增訂本（台北：國立故宮博物院，1965），卷四，頁81。

7 李霖燦，《南詔大理國新資料綜合研究》，頁29。

8 國立故宮博物院編，《秘殿珠林續編》（台北：國立故宮博物院，1971），頁350-352。

至摩醯首羅、藥叉、龍女、波旬，種種備具。……惟是卷中諸佛、菩薩之前後位置、應真之名因列序、觀音之變相示感，多有倒置。因諮之章嘉國師，悉為正其訛舛。命丁觀鵬摹寫成圖，以備耆闍圓勝蚓。」[9]章嘉國師即章嘉呼圖克圖，是乾隆時期藏密的權威人士，他為「梵像卷」的各個尊像正名，可謂此畫卷研究之肇端。

數十年來， Helen B. Chapin、[10]羅庸、[11]方國瑜、[12]關口正之、[13]李霖燦、[14]Alexander C. Soper、[15]松本守隆、[16]李偉卿、[17]楊曉東[18]和侯沖[19]等，都曾對「梵像卷」進行過研究，解決了不少疑難。但是「梵像卷」的圖像繁多，顯密兼備，有些圖像又與大理地方信仰有關，十分複雜。此外，南詔國勢強盛，鼎盛之際，版圖北抵大渡河，與唐以一水為界；西北與吐蕃（今西藏）為鄰，東達現在的貴州和廣西西部；越南、泰國和緬甸三國的北部皆被南詔所征服。[20]大理國繼承南詔的版圖，因此南詔、大理國的佛教文化極為複雜，不但有中土佛教的成分，又有西藏、印度、東南亞的佛教色彩。

張勝溫「梵像卷」的觀音圖像種類眾多（圖 1），內容豐富，不少畫頁上尚有榜題，書寫尊像的名號，是南詔、大理國觀音圖像研究最重要資料之一。本文擬探索此卷觀音圖像的內容和特色，並利用這些圖像來說明大理國與漢、藏、東南亞諸地的複雜關係。

大理的觀音信仰

觀音是雲南白族自治州，最受眾人崇拜的佛教人物，祂的信仰源遠而流長。日本京都藤井有鄰館的收藏中，有兩件研究南詔、大理國文化的重要遺物──「南詔圖傳」（圖 2）和「南詔圖傳・文字卷」。[21]二者或以圖繪，或以文字，記述阿嵯耶觀音在南詔七次渡化人民的故事。根據這兩件作品，早在南詔建國之初，阿嵯耶觀世音即化為梵僧，到雲南展開宣教的活動，可是「南詔圖傳・文

---

9 同上註，頁350。

10 Helen B. Chapin, "A Long Roll of Buddhist Images", *Journal of the Indian Society of Oriental Art,* June 1936, pp. 1-24; December 1936, pp. 1-10; June 1938, pp. 26-67. 三十餘年後，Alexander C. Soper 增定，重刊於*Artibus Asiae*, vol. 32 (1970), pp. 5-41, 157-199, 259-306, and vol. 33 (1971), pp. 75-142. 另Artibus Asia又發行了單行本，Helen B. Chapin, revised by Alexander C. Soper, *A Long Roll of Buddhist Images*, Ascona: Artibus Asiae Publishers, 1971.

11 羅庸，〈張勝溫梵畫贊論〉，方國瑜主編・徐文德、木芹纂錄校訂，《雲南史料叢刊》（昆明：雲南大學出版社，1998），第2冊，頁451-453。

12 方國瑜，〈跋大理國張勝溫畫卷〉，收錄於《雲南史料叢刊》，第2冊，頁453-459。

13 關口正之，〈大理國張勝溫畫梵像について〉，《國華》895 號（1966年10月），頁9-21；《國華》第 896 號（1967年1月），頁7-27。

14 李霖燦的「梵像卷」研究原收於《中央研究院民族研究所專刊之九──南詔大理國新得資料的綜合研究》中，此專刊出版於 1967 年。1982年，台北國立故宮博物院復以彩色版重新印刷。

15 Helen B. Chapin, revised by Alexander C. Soper, *A Long Roll of Buddhist Images*, Ascona: Artibus Asiae Publishers, 1971.

16 Matsumoto Moritaka（松本守隆），*Chang Sheng-wen's Long Roll of Buddhist Images: a Reconstruction and Iconology,* Dissertation, 1976, Princeton University.

17 李偉卿，〈關於張勝溫畫卷的幾個問題〉，《雲南民族學院學報》1991 : 1（1991年3月），頁34-42；李偉卿，〈論大理國梵像卷的藝術成就—張勝溫畫卷學習札記之二〉，《雲南文史叢刊》1990 : 2（1990年），頁58-63＋27。

18 楊曉東，〈張勝溫《梵像卷》述考〉，《美術研究》1990 : 2（1990年 5月），頁 63-68。

19 侯沖，〈從張勝溫畫《梵像卷》看南詔大理佛教〉，《雲南社會科學》1991:3（1991年8月），頁81-94＋37。

20 向達，《唐代長安與西域文明》（台北：明文書局，1982），頁155。

21 參見李霖燦，《南詔大理國新資料的綜合研究》，頁140-150。

字卷」有言：

> 保和二年（825）乙巳歲，有西域和尚菩立陁訶來至我京都云：吾西域蓮花部尊阿嵯耶觀音從蕃國中行化至汝大封民國（即南詔），如今何在？語訖，經於七日終於上元蓮宇，我大封民始知阿嵯耶來至此也。[22]

由此看來，直到保和二年，南詔人民始知阿嵯耶觀音曾來雲南之事。此外，《僰國通紀淺述》又載：

> 主（隆舜）為世子時，好田獵，至巍山，遇一老人，告曰：世子能造觀音像否？如造，聲名所及，無不臣服。曰：能之。若造，須如來之像方可。乃以兼金鑄阿嵯耶觀音。至是，遠見巍山巔有白氣，使李紫奴往，挖得銅鐘一，重三百兩，阿嵯耶觀音一位，自號摩訶羅嵯耶。[23]

隆舜（856-897）又稱摩訶羅嵯，為南詔第十三代國主。「南詔圖傳」在祭鐵柱的畫面之後，繪摩訶羅嵯雙手合什，禮拜阿嵯耶觀世音像的景象，顯示隆舜為虔誠的阿嵯耶觀世音受信者。此外「南詔圖傳」卷末款書：「中興二年（898）三月十四日信博士內常士酋望忍爽臣張順、巍山主掌內書金券贊衛理昌忍爽王臣奉宗等謹。」[24]酋望與忍爽皆南詔官名，「南詔圖傳」極可能是奉隆舜子舜貞化（897-902 在位）的敕命所作。由於現存與阿嵯耶觀音有關資料的年代都集中於九世紀下半葉，又大多與隆舜有關，所以推斷阿嵯耶觀音的信仰約盛行於九世紀末，而隆舜很可能就是推動這一信仰的重要功臣。

大理國王段政興（1147-1172 在位）所造阿嵯耶觀音像上的銘文云：「皇帝𦘼信段政興資為太子段易長生、段易長興等造記，願祿筭塵沙為喻，保慶千春孫嗣天地標機相丞（承）万世。」[25]大理國國王段政興顯然也篤信觀音。在石鐘山石窟十八處南詔、大理國的造像、線刻與壁畫裡，以觀音為主尊就有五處之多；崇聖寺千尋塔出土的七十餘尊南詔和大理國菩薩像中，觀音像的數量高達五十餘尊；[26]「梵像卷」的觀音圖像又多達二十二頁，佔全卷圖像的七分之一強。觀音信仰在南詔、大理國之盛於此可見一斑。同時，自南詔、大理國時期施行「冠姓雙名制」以來，在人名中夾觀音者更不勝枚舉，例如大理國時期有李觀音得、[27]高觀音隆、高觀音妙、[28]高觀音政、高觀音明等，[29]元代（1271-1368）有趙觀音才、趙觀音鳳、趙觀音桂等，[30]明代（1368-1644）有何觀音聯、何觀音明、[31]趙觀音德、楊觀音堅、趙觀音錦[32]等。甚至到清代（1644-1911），阿嵯耶觀音的故事仍在大理流傳。[33]

---

22 文見上註，頁146。

23 文見尤中校注，《僰國通紀淺述校注》（昆明：雲南人民出版社，1989），頁81。

24 李霖燦，《南詔大理國新資料的綜合研究》，頁138。

25 該像目前藏於美國聖第牙哥藝術館，圖見上註，圖版貳G；錄文見上註，頁26。

26 一說大理崇聖寺三塔出土七十八尊菩薩像，其中觀音像有五十三尊。（姜懷英．邱宣充，《大理崇聖寺三塔》，〔北京：文物出版社，1998〕，頁74。）一說大理崇聖寺千尋塔出土各類菩薩像七十六尊，其中觀音像計五十八尊。（邱宣充，〈南詔大理的塔藏文物〉，收錄於雲南文物管理委員會編，《南詔大理文物》〔北京：文物出版社，1992〕，頁130。）

27 〔宋〕范成大，《桂海虞衡志》，收錄於方國瑜主編，《雲南史料叢刊》，第2卷，頁232。

28 林超民，〈大理高氏考略〉，《雲南民族學院學報（哲學社會科學版）》1993 : 3（1993年9月），頁55-56。

29 張錫祿，《大理白族佛教密宗》（昆明：雲南民族出版社，1999），頁100、101。

30 冶秋，〈大理訪古記〉，《文物》1961:8（1961年8月），頁53。

31 楊延福，《劍川石寶山考釋》（昆明：雲南民族出版社，1999），頁96。

32 張錫祿，《大理白族佛教密宗》（昆明：雲南民族出版社，1999），頁277、296。

時至今日，雲南的大理、洱源、劍川、鶴慶等地，觀音寺廟林立，有些鄉鎮甚至於視觀音為本主，供奉於本主廟中，觀音無疑已經化成白族文化的血肉。

「梵像卷」觀音圖像研究

「梵像卷」的觀音圖像種類繁多，內容豐富，從性質來說，可分作顯教觀音、密教觀音和具大理地方色彩的觀音像三大類，茲討論於下。

顯教觀音

「梵像卷」中的顯教觀音有五，分別為 87 頁的觀世音菩薩、88 至 90 頁的普門品觀世音卄（即菩薩）、91 頁的南无尋聲救苦觀世音卄、98 頁的南无孤絕海岸觀世音卄，以及 101 頁的救苦觀世音菩薩。

87 觀世音菩薩

華蓋下，一位菩薩在蓮台上結跏趺坐，頭戴寶冠，身披天衣，瓔珞嚴身。左手捧蓮華碗，右手持楊枝。這尊觀音手中的楊柳向上飄揚，而且仔細刻畫了每片樹葉，狀若片片飛羽，與一般所見的垂枝楊柳有別。這種楊枝的表現手法和菩薩手中所持的蓮華碗式樣，在大理國的造像中時有發現。[34] 從其持物觀之，這尊菩薩當為一尊觀音無疑。觀音菩薩之前有一三足供鼎，兩側各有一上身袒露、身著天衣的供養天人。左下方畫頭有圓光的禪僧坐於磐石之上，其前尚繪一合掌禮拜、身有雙翅的女神，以及兩位鳥首人身的迦樓羅，其一雙手合什，另一則回首而望。在祂們的身後還畫一位手持袈裟的比丘。

章嘉國師根據本頁右上方的榜題，指授丁觀鵬在「摹張勝溫法界源流圖」上題寫「普門品觀世音卄」的名號。[35]可是細審圖像內容，「普門品觀世音卄」應是第 88 至 90 頁的題名，與這尊觀世音菩薩並無關連；而與之毗鄰 86 頁的右上方，榜書「建囯觀世音菩薩」，則是 86頁主尊的題名。因此，這頁觀音的題名為何，不得而知。

88 至 90 普門品觀世音卄

88、89 和 90 三頁應視為一組，87 頁右上方的榜題云：「普門品觀世音卄」。丁觀鵬「摹張勝溫法界源流圖」此段的左上角有「除怨報觀世音」的題名。由此可見，章嘉呼圖克圖雖是藏密的專家，但是對顯教的圖像仍有不甚明瞭之處，故在辨識上有所偏失。89 頁畫一半跏趺坐的觀音菩薩，右手作安慰印，左手施與願印。寬肩細腰，腰繫飾帶，小腹前垂掛巾帶。無論是手印或是衣飾，皆與大理國的許多金銅觀音像（圖錄 5）相近。

本頁畫一條河流，河中升起瑞雲，上現觀音菩薩。河中尚畫二龍和一螺。元代的《白古通記》云：

---

33 類似的故事仍見於明人楊慎所著的《南詔野史》、《滇略》，及清康熙刻本《白國因由》。

34 姜懷英．邱宣充，《大理崇聖寺三塔》，圖62、63。另外，台北國立故宮博物院的收藏中亦有一尊，見本書圖錄6。

35 圖見《法界源流圖》，香港：商務印書館（香港）有限公司，1992。

點蒼山插入洱河，其最深長者，惟城東一支與喜洲一支。南支之神，其形金魚戴金錢；北支之神，其形玉螺。二物見則為祥。[36]

「南詔圖傳．文字卷」引〈西洱河記〉也言：

西耳河者，西河如耳，即大海之耳也。主風聲，扶桑影照其中，以種瑞木，遵行五常，乃壓耳聲也。二者，河神有金螺、金魚也。金魚白頭，頟上有輪。蒙毒蛇遶之，居之左右，分為二耳也。[37]

本頁所畫河中的螺當是西洱河的寶螺，而梵語「蛇」作 Nāga，中文譯為龍，所以此圖中的二龍應該就是〈西洱河記〉所言，居於金螺左右的毒蛇。螺與龍的出現皆表祥瑞。

觀音菩薩的兩側，描繪八種應化觀音救助眾生的畫面，這種圖像的創作顯然是受了《法華經》〈普門品〉的啟發。〈普門品〉為觀音信仰的基礎經典，它提到觀音慈悲為懷，每當信徒遭遇危難，只要禱念觀音，便可解除災難，化險為夷。88 頁自上而下，依其榜題分別是「除怨報觀世音」、「除水難觀世音」、「除象難觀世音」和「除虵難觀世音」。90 頁的左邊在裝裱時略被裁去，以至於部分榜題被截，不過根據圖畫內容，我們仍可辨識。左上方繪山間有二行旅行走，後有持戟追趕的盜賊，前有足踏蓮花的觀世音菩薩化現，顯然是在表現「或被惡人逐，墮落金剛山，念彼觀音力，不能損一毛」[38]這段經文，原來的標題可能是「除賊難觀世音」。它的下方為「除獸難觀世音」。90 頁的右下角畫一官員坐於屋內，前有二人彎腰似論辯狀，榜題亦被割去，但從圖像看來，應與「若人犯罪若無有罪，若為惡人縣官所錄，……一心歸稱光世音（即觀世音）名號，即得解脫，開獄門出無能拘制」[39]這段經文有關。它的題識大概是「除獄難觀世音」。它的下方則是「除火難觀世音」。這種以觀音為主尊，兩側配以八種應化觀音救助人們脫離災難的作品，又稱作「八難觀音」。

「八難觀音」的圖像可追溯至五、六世紀的印度美術（圖 3）。自此以後，這類作品日益普遍，在阿姜塔（Ajaṇṭā）、艾羅拉（Ellora）及巴達米（Bādāmī）等石窟中均有發現。[40]在這些印度作品中，觀音的應化救渡場面通常出現在主尊觀音的兩側，布排對稱規整，構圖簡單。而我國早在隋代（581-618）即有普門品觀音經變的製作。[41]在五代以來的敦煌壁畫和帛畫中，發現了不少普門品觀世音的作品，[42]或六難，或八難，甚或更詳盡的描繪。它們的表現較印度作品生動，對細節的交代更明

---

36 〔元〕失名，《白石通記》，文見王叔武輯著，《雲南古佚書鈔》(昆明：雲南人民出版社，1996)，頁58。

37 李霖燦，《南詔大理國新資料的綜合研究》，頁51、149。

38 〔姚秦〕鳩摩羅什譯，《妙法蓮華經》卷七〈觀世音菩薩普門品〉，《大正新脩大藏經》(以下簡稱《大正藏》，台北：新文豐出版公司，1983)，第9冊，頁57下。

39 〔西晉〕竺法護譯，《正法華經》卷十〈光世音普門品〉，《大正藏》，第9冊，頁129上。

40 Mallar Ghosh, *Development of Buddhist Iconography in Eastern India: A Study of Tārā, Prajñās of Five Thathāgatas and Bhṛikuṭī* (New Delhi: Munshiram Manoharlal Publishers, 1980), pp. 23-24.

41 敦煌文物研究所，《中國石窟——敦煌莫高窟》，第2冊（北京：文物出版社，1989），圖版15、16、77。有關敦煌普門品經變的研究，參見羅華慶，〈敦煌藝術中的《觀音普門品變》和《觀音經變》〉，《敦煌研究》1987：3（1987年8月），頁49-61。

42 圖見敦煌文物研究所編，《中國石窟——敦煌莫高窟》，第5冊（北京，文物出版社，1987），圖105；大英博物館監修，《西域美術——大英博物館・スタイン・コレクション敦煌繪畫》(東京：講談社，1982)，第2冊，圖21，25；ジャン・フランソワ・ジャリーシュ（Jean-Francois Jarrige），秋山光和監修；ジャク・ジェス（Jack Jesse）編輯，《西域美術：ギメ美術館ペレオ・コレクション》(東京：講談社，1994)，第1冊，圖版72、73。

晰，並有山水的配置，使得整個畫面更為豐富。根據《益州名畫錄》的記載，五代人麻居禮曾在四川聖壽寺內，繪製八難觀音的壁畫，[43]四川安岳毗盧洞尚保存著一鋪精美的南宋（1127-1279）八難觀音變相浮雕，[44]可見五代、兩宋時期，四川已有了八難觀音的製作。今觀「梵像卷」這段八難觀音變相，畫中的觀世音菩薩衣著華化，筆描、設色皆與中原系統相同，又有山水的配置，全圖敘事性強，這些特徵都與中土的普門品觀音變相相符，故此圖應是依循中國的稿本繪製而成。不過，在中土的「八難觀音」中，不見「除象難觀世音」。象在中原極為罕見，除象難觀世音的觀念很可能受到印度或東南亞的影響。

91 南无尋聲救苦觀世音卅

觀世音菩薩長髮披肩，頂戴華冠，中住阿彌陀佛。面容秀美，體型豐盈，儀態端莊，右肩袒露，手持數珠，足踩蓮瓣，身略側立，涉水而過。無論在造型、姿態和衣飾上，都與宋代的菩薩相似。右上方的題名曰：「南无尋聲救苦觀音卅」。《妙法蓮華經》〈觀世音菩薩普門品〉言：「若有無量百千萬億眾生受諸煩惱，聞是觀世音菩薩，一心稱名，觀世音菩薩即時觀其音聲，皆得解脫。」[45]顯然這尊觀音名中的「尋聲救苦」四字是從〈普門品〉衍化而生。「尋聲」是指這位菩薩能追尋眾生呼喚觀世音菩薩的聲音，「救苦」則是指祂應化救濟，解救眾生的困厄苦難。換言之，「尋聲救苦」四字將觀世音菩薩的特質一表無遺。

在漢地的佛教美術裡，手持數珠的觀音時有所見，浙江杭州煙霞洞[46]和四川大足北山的宋代石雕[47]中，都有手持念珠的觀世音菩薩像的發現，此尊南无尋聲救苦觀世音卅的圖像顯然與中土的傳統息息相關。

98 南无孤絕海岸觀世音卅

這尊觀世音菩薩面有髫髭，足踏雙蓮，雙手執柳枝和淨瓶，作楊柳觀音的形貌。頂上繪一片彩雲，中有亭台樓閣，象徵淨土。左右上方各有一題識，98 頁的右上方是「南无孤絕海岸觀世音卅」，97 頁的右上方則為「普陁落山觀世音」。根據李霖燦的整理，知道「梵像卷」上下兩邊裝飾紋樣，通常應是一杵一鈴一花一雲交互出現，[48]而 97 和 98 頁的裝飾紋卻均為杵和花，二者之間必有脫落，「普陁落山觀世音」之名當與 98 頁的觀音菩薩無關。Soper 提到，觀音以渡化眾生，救濟有情安抵彼岸為志，故可將「南无孤絕海岸」之名加於觀音之上。[49]

101 救苦觀世音菩薩

這尊觀音衣著保守，一手執瓶，另一手持楊枝。兩側各有一菩薩三尊像為脇侍。後方以點蒼山為背景，前方則有一河，河中畫二蛇、金螺和金魚，表示西洱河現祥瑞。

43〔宋〕黃休復，《益州名畫錄》卷下，收錄於《畫史叢書》（台北：文史哲出版社，1983），第3冊，頁1141。

44 圖見劉長久主編，《安岳石窟藝術》（成都：四川人民出版社，1997），圖146。

45〔姚秦〕鳩摩羅什譯，《妙法蓮華經》卷七〈觀世音菩薩普門品〉，《大正藏》，第9冊，頁56下。

46 王士倫主編，《西湖石窟》（杭州：浙江人民出版社，1986），圖55。

47 中國美術全集編輯委員會，《中國美術全集．雕塑編12．四川石窟雕塑》（北京：人民美術出版社，1988），圖145、172。

48 李霖燦，《南詔大理國新資料的綜合研究》，頁31。

49 Helen B. Chapin, revised by Alexander C. Soper, *A Long Roll of Buddhist Images,* p. 84.

此頁主尊的題名是「救苦觀世音菩薩」。早在唐代（618-906）初期，我國就出現了「救苦觀世音」的稱呼。在龍門的唐代石窟裡，即發現不少救苦觀世音的造像記。[50]〈普門品〉提及，只要人們一心稱念觀世音菩薩的名號，一定能脫離各種災難和危厄，救苦觀世音之名當源於《法華經》〈普門品〉無疑。

密教觀音

張勝溫「梵像卷」的密教觀音圖像豐富，佔全卷觀音圖像的二分之一強，包括了 92 頁的南无白水精觀音、93 頁的千手千眼觀音、94 頁的大隨求（觀音）菩薩、95 頁的八臂觀世音、96 頁的救諸疾病觀世音、97 頁的社嚩嚟佛母、102 頁的大悲觀世音菩薩、103 頁的十一面觀世音菩薩、105 頁的六臂觀世音、112 頁的南无暨愚梨觀音和 113 頁的南无如意輪卉。

92 南无白水精觀音

此頁右上角的題識已漫漶不可辨，左上角的榜題則讀作「白水精觀音」。Chapin[51]及李霖燦[52]皆依左上方的榜題，認為這尊菩薩當是白水精觀音。而經章嘉國師的指授，丁觀鵬在「法界源流圖」中，稱這尊觀音為「普陀落伽山觀世音」。由於這尊菩薩三面六臂，為一尊密教菩薩。普陀落伽山觀世音的圖像則典據顯教的《華嚴經》，應是一尊顯教觀音，章嘉國師的訂名顯然有誤。

松本守隆指出，白水精觀音即宋代法賢所譯《瑜伽大教王經》中提到的白衣菩薩。[53]該經言及，阿闍梨在觀想時會化成白衣菩薩，該尊菩薩「身現白色，六臂三面，面各三目，一切莊嚴。右第一手作無畏印，第二手持金剛杵，第三手持箭；左第一手持蓮花，第二手持數珠，第三手持弓，結跏趺坐。」[54]雖然本頁所繪的觀音菩薩亦是三面六臂，不過手中的持物與白衣菩薩不盡相同，更重要的是，依據此經，這位白衣菩薩與觀音並無任何的關連，筆者認為松本氏的說法有待商榷。茲查閱漢譯經典資料，不見任何有關白水精觀音的記載，不知命名的原由。不過，91 至 93 頁的上邊飾皆為五鈷杵， 91 至 93 頁間應有錯簡或漏頁，所以白水精觀音也可能指的是在錯落頁上的觀音像，那麼此頁菩薩的名號就應標示在本圖的左上角。但因左上角的題識不明，故此菩薩真正的名號難以肯定，今暫從前人所稱。

本頁的主尊立於一紅蓮之上，三面六臂，每面各有三眼，正面頂上華冠內住立化佛。衪腰圍虎皮，肩披鹿皮。左右兩側有二童子，分舉日月。這尊菩薩的諸種特徵，例如面有三眼，以獸皮為衣飾等，在許多密教觀音的圖像中皆有發現。[55]同時，觀音天冠中有一立化佛，更見於劉宋畺良耶舍所譯的《觀音無量壽經》。[56]此外，《大乘莊嚴寶王經》提到：「觀自在菩薩，於其眼中而出日月」，[57]二童子手中的日月可能與此段經文有關。由此可知，這尊菩薩應為觀音。

---

50 小林太市郎，〈唐代の救苦觀音〉，《小林太市郎著作集7——仏教藝術の研究》（京都：淡交社，1974），頁194-205。

51 Helen B. Chapin, revised by Alexander C. Soper, *A Long Roll of Buddhist Images*, p. 138.

52 李霖燦，《南詔大理國新資料的綜合研究》，頁42。

53 Matsumoto Moritaka, *Chang Sheng-wen's Long Roll of Buddhist Images: a Reconstruction and Iconology*, p. 282.

54〔宋〕法賢譯，《佛說瑜伽大教王經》，《大正藏》，第18冊，頁564下。

55 參見Benoytosh Bhattacharyya, *The Indian Buddhist Iconography* (New Delhi: Cosmo Publications, 1985), pp. 32-52.

56〔劉宋〕畺良耶舍譯，《觀無量壽佛經》，《大正藏》，第12冊，頁343下。

57〔宋〕天息災譯，《佛說大乘莊嚴寶王經》，《大正藏》，第20冊，頁49下。

這尊觀音共有六臂，左三手分別持弓、數珠和白蓮花，右三手則分別持雲、箭及施與願印。一支被蛇纏繞的三叉戟分置在觀音的左右。這些特色均和藏密中騎吼觀音（Haľahara-Avalokiteśvara）十分相近。《能立鬘經》（*Sādhanamālā Sūtra*）云：「受信者觀想自己為騎吼觀音，……面有三眼，共三面……中面白色，右面藍色，左面紅色。瓔珞嚴身，冠住阿彌陀佛。……六臂，面露微笑，喜以虎皮為衣。右一手施與願印，二手持數珠，三手持箭；左一手執弓，二手持白蓮，三手撫其明妃之乳。……右側有一為蛇纏繞之三叉戟。」[58]雖說本圖的觀音與《能立鬘經》的描述略有變異，祂三面的顏色無差異，圖中亦無觀音明妃的出現，經文中所提撫觸明妃之手持雲，不過大體來說，二者的圖像特徵近似，故而推測這尊觀音可能即是無上瑜伽密教中的騎吼觀音。畫工將觀音的明妃略去，恐是為了因應當地民情而做的調整。

93 千手千眼觀世音

此頁不具題識，章嘉國師[59]與李霖燦[60]都認為本頁的菩薩是四十八臂觀音，Chapin 則以為這尊菩薩是千手千眼觀世音，祂有四十一手。[61]由於這尊觀音每一手掌均有一眼，同時細數此觀音的手，的確是四十一隻， Chapin 的辨識無誤。將這尊觀音和本卷的另一尊千手千眼觀世音像（102 頁的大悲觀音，詳見下論）比對，知其頂上捧持阿彌陀佛的當為兩手，故此千手觀音實際上應有四十二手，可能由於畫師的疏忽，而漏畫一手。四十二臂觀音實乃千手觀音的一種變形，根據唐代段成式的《寺塔記》，早在開元（713-741）初，四川即有四十二臂千手千眼觀世音像的流傳。[62]

唐代，千手觀音圖像流行。時至今日，其仍為我國佛教美術中常見的一種觀音圖像。反觀東印度、尼泊爾與西藏這些無上瑜伽教法流行的地區，在十二世紀以前的作品中，並未發現千手千眼觀世音像的遺例，可見大理國的千手千眼觀音的圖像傳統應源於中土。

此頁觀音四十一手，或作手印，或執持物，皆與許多千手千眼觀世音經典記載相符，在此不詳加討論。觀音左側跪著一位男子，手拿一個張口的大袋，右側是一骨瘦如柴的男子，伸手乞討。本頁下方的左右兩角各有一憤怒的明王像，二者中間跪著兩位獸首人身的人物，一位象首人身，另一位則是豬首人身。這些人物的名號究竟為何？大英博物館所藏的敦煌唐代千手千眼觀世音帛畫，[63]主尊千手千眼觀音的四周繪有許多菩薩、護法等。以構圖來看，這幅敦煌帛畫和本頁的千手千眼觀音十分相似。可貴的是，敦煌帛畫的人物皆有榜題，對這類作品中人物的辨識助益良多。經與這幅千手千眼觀音帛畫比對後，得知緊鄰主尊兩側的人物，一為取求甘露的餓鬼，另一則是期盼七寶的貪兒。類似的人物在四川安岳臥佛院四十五龕唐代的千手千眼觀世音經變裡也有發現。[64]象首人身的是頻那，豬首人身的則為夜迦。頻那與夜迦實聖天——頻那夜迦的分身，二者結合即頻那夜迦。根據經典，頻那夜迦乃觀世音菩薩的化身。[65]

---

58 Benoytosh Bhattacharyya, *The Indian Buddhist Iconography*, p.132.

59 參見《法界源流圖》。

60 李霖燦，《南詔大理國新資料的綜合研究》，頁42。

61 Helen B. Chapin, revised by Alexander C. Soper, *A Long Roll of Buddhist Images*, pp. 78-79.

62 四十二臂千手千眼觀世音菩薩在唐代又稱「先天菩薩」，相關資料參見本圖錄之「作品解析」圖錄19。

63 大英博物館監修，《西域美術——大英博物館・スタイン・コレクション敦煌繪畫・I》，圖18-1。

64 圖見劉長久主編，《安岳石窟藝術》，圖146。

65〔唐〕善無畏，《大聖歡喜雙身大自在天毘那夜迦王歸依念誦供養法》，《大正藏》，第21冊，頁303下；〔唐〕含光，《毘那夜迦那缽底瑜伽悉地品祕要》，《大正藏》，第21冊，頁322下。

94 大隨求菩薩

本頁沒有題名，學者們對此圖中主尊的名號頗有出入。Chapin 指出，這尊菩薩有八臂，八手中的持物又有羂索，所以祂應是不空羂索觀音。[66]松本守隆同意 Chapin 之說。[67]李霖燦則依章嘉國師之見，以為這尊菩薩應是文殊。[68]雖然文獻中找不到章嘉國師論證的文字，不知根據為何。但筆者推測，大概和這尊菩薩手持文殊的重要持物——長劍和上置經卷的蓮花——有關。究竟上述這兩個說法何者為是？

誠如 Chapin 所說，八臂的確是不空羂索觀音常見的一種形式。根據經典，祂的八手通常應分別作無畏印、與願印和期剋印（一手作拳，豎立食指），及持羂索、白蓮花、鉤、經和數珠；[69]有時也以三叉戟與淨瓶取代期剋印和鉤。[70]此頁菩薩的手印及持物與之相去太遠，故本頁的主尊應不是不空羂索觀音。至於章嘉國師的說法，筆者以為也不妥當。密宗裡文殊菩薩有時以多首多臂的姿態出現，但卻不見一面八臂像，所以僅根據長劍和蓮花上置經卷這兩件持物，就斷言這是一尊文殊菩薩，實有待商榷。另外，這尊菩薩衣著特殊，祂上穿緊身衣，下穿裙裳，衣與裙間露出腹部肌膚。這種服裝樣式在東印度的雕刻[71]和十一、二世紀的西藏壁畫[72]中時有發現，為一種女性的服式。由此看來，這頁上的菩薩當是一位女身菩薩，而上述的不空羂索觀音或是文殊，均是男身菩薩，顯然這兩個名號都不應與這尊菩薩有關。筆者認為祂當是大隨求菩薩。

大隨求是一位女身菩薩，乃胎藏界曼陀羅觀音院的一尊，為觀音菩薩的變身。藏密與東密經典皆有大隨求菩薩的記載。密藏的大隨求佛母，或四面八臂，或一面二臂，[73]與本圖的圖像特徵相差太遠。根據東密的《別尊雜記》，在金剛智三藏（669-741）金泥曼荼羅中，有一尊一面八臂的大隨求菩薩，手中分持五鈷杵、鉞斧、索、劍、輪、梵夾、三叉戟、寶幢。[74]本頁主尊各手持物的次序與《別尊雜記》所載近似，只將經篋和金輪的位置互換，用如意寶珠取代《別尊雜記》所說的寶幢，這尊菩薩當是大隨求菩薩。祂半跏而坐，其下的蓮花池內有禮敬此尊的難陀和優波難陀二位龍王和祂們的妻室。圖的下方，轉輪王七寶（輪、象、馬、珠、玉女、藏臣和主兵）清晰可見。

95 八臂觀世音

此頁所畫的菩薩一面八臂，右一手持柳枝，二手施無畏印，三手作與願印，四手施安慰印；左一手執紅蓮花，二手執枯枝，三手持淨瓶，四手施安慰印。查閱佛教圖像資料，不見與此菩薩形象相近的圖像，然柳枝、蓮花和淨瓶皆是觀音的重要持物，所以推測這尊菩薩當為一觀音像。章嘉國師和松本守隆[75]皆稱其為「救諸疾病觀世音」，可是這個名號應指 96 頁的主尊（詳見下論），所以這尊觀音真正的稱呼為何？目前無法斷定。

---

66 Helen B. Chapin, revised by Alexander C. Soper, *A Long Roll of Buddhist Images,* p. 140.

67 Matsumoto Moritaka, *Chang Sheng-wen's Long Roll of Buddhist Images: a Reconstruction and Iconology*, p. 269.

68 李霖燦，《南詔大理國新資料的綜合研究》，頁11。

69〔日本〕覺禪集，《覺禪鈔》卷五十〈不空羂索上〉，《大正藏・圖像部》，第4冊，頁508中。

70 參見Pratapaditya Pal, "The Iconography of Amoghapaśa Lokeśvara," *Oriental Art*, vol. 12, no. 4 (Winter 1966), pp. 234-239, vol. 13, no. 1 (Spring 1967), pp. 21-28.

71 Mallar Ghosh, *Development of Buddhist Iconography in Eastern India: A Study of Tārā, Prajñās of Five Thathāgatas and Bhṛikuṭī*, figs. 17, 24, Susan L. Huntington, *The Art of Ancient India* (New York・Tokyo: Weatherhill, Inc., 1985), pl. 30.

72 Susan L. Huntington, *The Art of Ancient India*, pls. 19, 20.

73 逸見梅榮，《中國喇嘛教美術大觀》(東京：東京美術，1981)，下冊，頁61-62。

74〔日本〕心覺抄，《別尊雜記》卷三十〈隨求〉，《大正藏》，第3冊，頁306上、307。

75 Matsumoto Moritaka, *Chang Sheng-wen's Long Roll of Buddhist Images: a Reconstruction and Iconology*, pp. 269-270.

96 救諸疾病觀世音

紅色蓮花之上，一位菩薩半跏舒坐，姿勢閒適。其下有四天女舞樂，氣氛祥和，這位菩薩冠住阿彌陀佛，背光的中央尚繪佛三尊像，這位菩薩當然應是觀音。本圖右上方的榜題云：「救諸疾病觀世音」，左上方之題識又言：「社嚩㗚佛母」。章嘉國師與 Chapin[76]都認為，社嚩㗚佛母才是這尊菩薩的名號，而筆者卻以為，這尊菩薩的名號是書寫在本頁右上方的「救諸疾病觀世音」。

雖然查閱各種參考資料，不曾發現救諸疾病觀世音之名。從這尊菩薩的特徵看來，祂當為經文中所說的葉衣觀世音。唐不空和尚所譯的《葉衣觀自在菩薩經》云：「若國內疫病流行。應取白氎闊一肘半長二肘。先令畫人潔淨齋戒。以瞿摩夷汁和少青綠，以香膠和。勿用皮膠，取鬼宿日，畫葉衣觀自在菩薩像。其像作天女型，首戴寶冠，冠有無量壽佛，身有圓光火焰圍繞。像有四臂，右一手當心持吉祥果，第二手作施願手；左第一手持鉞斧，第二手持羂索，坐蓮花上。」[77]從持物觀之，本頁的觀音除了以柳枝取代吉祥果、和右二手作與願印的手中持一似如意寶珠外，其餘皆和經文所述相同。為什麼在此要以柳枝代替吉祥果呢？《千手千眼觀世音菩薩大悲心陀羅尼》言：「若為身上種種病難者，當為楊柳枝手。」[78]可見柳枝有除病的功能，因此這一觀音像以柳枝代吉祥果，來強調葉衣觀音的能除病疫特色，自屬合理。此外，這尊菩薩乃葉衣觀音的另一有力證據，就是它的顏色。「梵像卷」繪製的年代久遠，部分顏色嚴重地剝落。不過，本頁菩薩的臉部及胸部仍見石綠的殘痕，顯然此像原為青綠色，與經文所述之「以瞿摩夷汁和少青綠」相侔合。故筆者更加肯定，本頁的主尊乃葉衣觀音。《葉衣觀自在菩薩經》中，屢見「又法欲求長壽無病者，……氎上畫葉衣觀自在菩薩像」，[79]「以葉衣真言加持繫其頭上，若說如是法，身上疾病鬼魅厭禱，執曜凌逼本命宿所皆悉殄滅」[80]等句子。顯然葉衣觀世音能夠解除信眾的各種疾病，是以祂又可以稱為「救諸疾病觀世音」。

97 社嚩㗚佛母

本圖畫一尊三面六臂、以蛇為瓔珞環釧的密宗菩薩。關於祂的訂名是一個十分棘手的難題。章嘉國師、Chapin 和松本守隆皆認為，它應該是普陁落山觀音，[81]但是 97 和 98 頁兩花兩杵緊連，顯然這段畫頁有錯落，此頁左上方的榜題應是錯落頁上的觀音圖像題名，本頁的榜題則出現在右上方，那就是「社嚩㗚佛母」。

佛教經典中，不見有關社嚩㗚佛母的文字。從這尊菩薩的名字有「佛母」二字，可斷定它應是一位女身菩薩。而它的許多圖像特色均與 92 頁的觀音圖像十分近似。二者都以虎皮為衣，三面六臂。六手中，一手作與願印，四手持蓮花、弓、箭和數珠。唯一不同的是社嚩㗚佛母的第六手持羂索，而 92 頁騎吼觀音則持雲。社嚩㗚佛母冠住阿彌陀佛，正面是白色，右面藍色，左面紅色，這些特徵又與《能立鬘經》所言一致。故而推測，社嚩㗚佛母和騎吼觀音關係密切，可能是騎吼觀音的變化身。

---

76 Helen B. Chapin, revised by Alexander C. Soper, *A Long Roll of Buddhist Images*, p. 142.

77〔唐〕不空譯，《葉衣觀自在菩薩經》，《大正藏》，第20冊，頁448上。

78〔唐〕不空譯，《千手千眼觀世音菩薩大悲心陀羅尼經》，《大正藏》，第20冊，頁117中。

79〔唐〕不空譯，《葉衣觀自在菩薩經》，《大正藏》，第20冊，頁448中。

80 同上註，頁449中。

81 Helen B. Chapin, revised by Alexander C. Soper, *A Long Roll of Buddhist Images*, p. 83; Matsumoto Moritaka, *Chang Sheng-wen's Long Roll of Buddhist Images: a Reconstruction and Iconology*, p. 270.

此頁下方的河川裡，有二龍和寶螺，這些典據〈西洱河記〉的母題，在 88 至 90 頁普門品觀世音像上亦有發現。

102 大悲觀世音菩薩

千手千眼觀世音又稱大悲觀世音、大悲金剛。本頁所繪大悲觀世音的圖像和 93 頁的千手觀音像相似，其面有三眼，頭冠中有立化佛，具四十二手，各手的持物和手印均依經典繪製。大悲觀世音的兩側分立婆藪仙和吉祥天。婆藪仙作老者狀，一手握杖，另一手揚舉。吉祥天作天女形，一手舉花，另一手豎掌。下方兩角畫頻那及夜迦，二者在 93 頁亦曾出現。不過與 93 頁不同的是，二人身著鎧甲，頻那首戴象頭，夜迦頭頂豬首，不再以獸首人身的形象出現。此圖所見之婆藪仙、吉祥天和頂戴獸冠的頻那與夜迦，常見於敦煌畫作之中，[82]再度證實，大理國的千手千眼觀音和漢地的圖像傳統息息相關。

本頁大悲觀世音圖中，最令人困惑的乃是主尊下方的八臂明王像。祂頭戴高冠，身穿官服，周身有火焰圍繞，似一位憤怒明王。然而迄今筆者尚未發現身穿官服的明王像，[83]其身份為何？尚待查考。

103 十一面觀世音菩薩

本頁的觀世音有三菩薩面、八佛面，共十一面，故稱十一面觀世音，是藏密和東密常見的觀音圖像。本頁的十一面觀世音菩薩具十六臂，結跏趺坐，兩側天人禮敬，狀甚莊嚴。它的右上方繪敲打雷鼓的雷公、手捧虎皮袋的風神，以及一手持巨罐，另一手拿柳枝的電母。左上方是一隻巨龍，代表雨神。這幅畫頁上出現了中國傳說中的雷電風雨諸神，漢地文化對大理國之影響於此可見一斑。下方兩列供養人，每位皆附題名，分別為：孝桓王異□尋、□武聖□□□、威成王閣□□、興宗王羅晟、靜王晟勸？利、景莊皇帝世隆、孝哀中興皇帝、夢諱、潯彌腳、武宣皇帝□□□、昭成皇帝勸豐佑、奇王細奴羅、太宗武王晟□□、神武王……、□□……武□子□，[84]皆為南詔帝王或王室。毫無疑問地南詔王室崇奉觀音菩薩。

《僰古通記淺述》記述：

> （贊普鍾）二年癸巳（753），唐使張阿蠻領青龍、白虎二獸及兵萬眾，吸洱河水涸乾，无計可過。忽有一老人告主曰：國將危矣！何不救？主曰：此一大怪事，非人力所能。奈何！老人曰：君無憂焉，我有法術可殄。翁乃畫一觀音，有十一面，座下畫一龍虎，敬于法真寺內。是夜，二龍虎入阿蠻營，與其龍虎互相抵觸，破其龍虎腹，而洱河水復滿。主乃驅兵擊之，止留四、五騎，得其棄甲曳兵，并雜占曆書一部。[85]

雖然這則故事充滿了傳奇的色彩，並不可信，可是文中所提老人畫十一面觀音之事，卻是南詔時大理地區已有十一面觀音信仰流傳的佐證。

---

82 敦煌文物研究所，《中國石窟——敦煌莫高窟》，第5冊，圖170。

83 嘉蘭氏以為，這位憤怒明王本上身袒露，官服乃後加畫。(見Helen B. Chapin and Alexander C. Soper, *A Long Roll of Buddhist Images*, p. 147.)然從原畫，很難判定嘉蘭氏推論是否正確。

84 李霖燦，《南詔大理國新資料的綜合研究》，頁43。

85 尤中校注，《僰國通紀淺述校注》（昆明：雲南人民出版社，1989），頁44。

105 六臂觀世音

本頁左上方有「南无地藏菩薩」的字樣，但它應指下頁的主尊，手執錫杖的地藏菩薩。此頁的菩薩三面六臂，正面髮冠中有阿彌陀佛，左三手持日、寶鏡與水杯，右三手執月、寶劍和柳枝。由於冠住阿彌陀佛，並執持著日、月、水杯及柳枝這些觀音菩薩的持物，推測其很可能也是一尊觀音。只是祂的名號稱呼究竟為何？因資料散佚，無從查考。

112 南无暨愚梨觀音

佛教經典中，不見暨愚梨觀音的記載，可是暨愚梨很可能是蘘麌哩（Jāṅgulī）的另譯，那麼，暨愚梨觀音大概就是指的蘘麌哩童女。根據不空所譯《觀自在菩薩化身蘘麌哩童女銷伏陀羅尼經》，蘘麌哩乃觀音為了救世治毒，所變化出的一位菩薩，所以蘘麌哩童女又可稱為蘘麌哩觀音。本頁的暨愚梨觀音，冠住手結禪定印的坐佛，立於蓮台之上，其前有一男子倒地不起，眾人跪地哀號，畫家用此來表示遭受毒害之意。

至於蘘麌哩的圖像，經典所載不一，出入頗大。藏密中，蘘麌哩視為觀音配偶——多羅——的化身，[86]其形象和不空所譯的《佛說穰麌梨童女經》描述相同。此經云：「欲作法除毒之時，觀想自身為穰麌梨童女，身綠色狀如龍女，具足七頭項有圓光，應想四臂，右第一手持戟叉，第二手執三五莖孔雀尾。左第一手把一黑蛇，第二手施無畏。又想七寶瓔珞耳璫環釧，臂腳釧莊嚴其身，并以諸蛇用為瓔珞。」[87]將這段經文與本頁暨愚梨觀音兩相比對，發現吻合之處不少，例如狀若龍女、以蛇為瓔珞等；此外，圖中暨愚梨觀音的身上，尚餘青綠的痕跡，知道此像原為青綠色。這一圖像的繪製顯然是根據《佛說穰麌梨童女經》這類經典而來。可是，本頁觀音三頭六臂，又和《佛說穰麌梨童女經》所提之一面四臂不同，似乎另有本。茲查閱佛教經典，三頭六臂穰麌梨的記載見於宋代法賢所譯的《佛說瑜珈大教王經》，文曰：「……穰虞利菩薩，做童子像，頭有七龍，龍頭有如意寶珠光明遍照。頂戴阿閦佛及種種花，面現喜怒相以大龍繫腰，作於蓮花上，身相金色，放赤圓光。六臂三面，面各三目，右第一手持金剛杵，第二手持劍，第三手作舞勢及持箭；左第一手持羂索及作期剋印，第二手持尾沙花，第三手持弓。」[88]與這段經文對照，「梵像卷」的暨愚梨觀音圖像特徵均與此經相符。根據這些經典，暨愚梨觀音能夠斷除眾生一切煩惱，同時祂亦能破除世間諸毒以及貪、瞋、痴三毒。

113 南无如意輪莾

東密與藏密系統都有如意輪菩薩，祂是觀音的一變化身。[89]但是，在這兩個系統中，如意輪的圖像相差懸殊。東密的如意輪菩薩有一面二臂、一面四臂、一面六臂等，[90]而藏密的如意輪則是三面二臂。[91]此處的如意輪觀音一面六臂，自是依從東密的傳統。《觀自在如意輪瑜珈》言：「（如意輪菩薩）手持如意寶，六臂身金色，皆想於自身。頂髻寶莊嚴，冠坐自在王，住於說法相。第一手思

---

86 Antoinette K. Gordon, *The Iconography of Tibetan Lamaism* (New York, Paragon Book Reprint Corp. , 1972), pp. 41-42.

87〔唐〕不空譯，《觀自在菩薩化身蘘麌哩曳童女銷伏陀羅尼經》，《大正藏》，第21冊，頁293下-294上。

88〔宋〕法賢譯，《佛說瑜珈大教王經》，《大正藏》，第18冊，頁567下。

89 後藤大用著，黃佳馨譯，《觀音菩薩本事》（台北：明友出版社，198-），頁100-102。

90〔日本〕覺禪集，《覺禪鈔》卷四十八、四十九〈如意輪〉，《大正藏・圖像部》，第4冊，頁469上-497。

91 逸見梅榮，《中國喇嘛教美術大觀》，下冊，頁53。

惟，愍念有情故。第二持意寶，能滿一切願。第三持念珠，為度傍生苦。左按光明山，成就無傾動。第二持蓮手，能淨諸非法。第三掣輪手，能轉無上法。六臂廣博體，能遊於六道。」[92]正與本頁菩薩的形象侔合。其前有四位供養菩薩，手持各種供品，供養主尊。

具大理地方色彩的觀音像

「梵像卷」中的58頁梵僧觀世音卉、86頁建囯觀世音菩薩、99頁真身觀世音菩薩和100頁易長觀世音菩薩的圖像特殊，極具大理地方特色，為南詔、大理國特有的觀音圖像。章嘉國師雖為藏密高僧，可是對大理佛教一無所知，故丁觀鵬在他指導下所作的「法界源流圖」中，就將南詔、大理國觀音信仰的關鍵人物建囯觀世音菩薩省略，破壞了畫卷的完整性。

58梵僧觀世音卉

有關大理地區的觀音信仰，「南詔圖傳」畫卷（圖二）和文字卷記述甚詳。「南詔圖傳．文字卷」記述，阿嵯耶觀音化為梵僧，在雲南七次渡化人民的故事，迄今仍為大理地區的人們津津樂道。大理地區的人民遂稱這位梵僧為「梵僧觀世音」。由於「南詔圖傳．文字卷」卷末書有中興二年（898）的年款，[93]顯示這則故事的歷史悠久。

本頁所畫的梵僧觀世音身穿交領僧服，坐在磐石之上，兩側各立一位仙女，一人手持方金鏡，另一人則持鐵杖，梵僧前有兩位婦女合掌禮拜。這幅畫面當是在描繪阿嵯耶觀音菩薩在雲南的第二化和第三化。「南詔圖傳．文字卷」云：

> 第二化
>
> 潯彌腳、夢諱等二人欲送耕飯，其時梵僧在奇王家內留住不去，潯彌腳等送飯至路中，梵僧已在前迴乞食矣。乃戴夢諱所施黑淡綵二端疊以為首飾蓋貴重人所施之物也，後人效為首飾也。其時潯彌腳等所將耕飯，再亦迴施，無有悋惜之意。
>
> 第三化
>
> 潯彌腳等再取耕飯家內，送至巍山頂上，再逢梵僧坐於石上，左右（有）朱鬃白馬，上出化雲，中有侍童，手把鐵杖。右有白象，上出化雲，中有侍童，手把方金鏡。並有一青沙牛。潯彌腳等敬心無異，驚喜交並，所將耕飯再亦施之。梵僧見其敬心堅固，乃云：恣汝所願，潯彌腳等雖申懇願，未能遣於聖懷。乃授記云：鳥（疑當作鳥）飛三月之限，樹葉如針之峰，奕葉相承，為汝臣屬。

根據這段文字，並參照「南詔圖傳」，得知該尊觀世音頂載的兩疊方綾，實為南詔國興宗王之妻夢諱所贈與梵僧的纏頭，又稱為「裓」，而非有些學者所稱的「蓮花冠」。[94]其右手伸食指、中指，似施無畏印，另一手捧著祂向潯彌腳和夢諱乞食的鉢。兩側侍立天女就是「南詔圖傳．文字卷」所說在巍山頂，立於梵僧兩側的侍童。身前跪著的兩位婦女，乃是得觀世音菩薩授記的奇王婦潯彌腳和其媳夢諱。地上所放之物，Soper 認為是梵僧行腳時所攜的扁擔、行囊和水瓶，以及二婦人供養梵僧

92〔唐〕不空譯，《觀自在菩薩如意輪瑜伽》，《大正藏》，第20冊，頁208下-209上。

93 雖然「南詔圖傳．文字卷」卷末書有中興二年的款書，但從其字體觀之，當為後代的傳抄本。

94 張楠，〈南詔大理的石刻藝術〉，《南詔大理文物》，頁143。然梵僧觀世音像頭頂戴著的兩疊方綾， 式樣與「南詔圖傳」所畫的赤蓮冠相去甚遠，如此的稱呼恐有不當。

所使用的大食器。[95]經與「南詔圖傳」的圖像比對，筆者認為地上擱置的扁擔、行囊與水瓶應屬潯彌腳和夢諱所有，乃她們原來打算送給奇王等的食物和水，但因途經巍山，遇見梵僧，轉而將這些東西敬施梵僧。

至於 Soper 所謂的大食器，「南詔圖傳・文字卷」第六化載：

> 聖僧行化至忙道大首領李忙靈之界焉，其時人機闇昧，未識聖人。雖有宿緣，未可教化，遂即騰空乘雲，化為阿嵯耶像。忙靈驚駭，打鏈鼓集村人。人既集之，髣髴猶見聖像放大光明。乃於打鏈鼓處，化一老人云：乃吾解鎔鑄，作此聖容所見之形，豪（毫）釐不異。忙靈云：欲鑄此像，恐銅鏈未足。老人云：但隨銅鏈所在，不限多少。忙靈等驚喜從之，鑄作聖像，及集村鏈鼓，置於山上焉。

因此，水瓶上方所畫的龐然大物，當是第六化所言，李忙靈為鑄觀世音菩薩聖像，從村民處所徵得的鏈鼓。鏈鼓即雲南少數民族所使用的銅鼓。

86 建囯觀世音菩薩

這頁所畫的建囯觀世音身穿僧服，頭戴纏頭，右手伸食指、中指，似施無畏印，左手置於腹前，造形與 58 頁的梵僧觀世音雷同，顯然梵僧觀音和建囯觀世音之間有著微妙的關係。「南詔圖傳・文字卷」第一化記述：

> 又聖人梵僧未至前三日，有一黃鳥來至奇王之家。即鷹子也。又於興宗王之時（674-712 在位）先出一士，號曰各郡矣，著錦服，披虎皮，手把白旗，教以用兵。次出一士，號曰羅傍，著錦衣。此二士共佐興宗王統治國政。其羅傍遇梵僧以乞書，教即《封民之書》也。其二士表文武。
>
> 後有天兵十二騎來助興宗王，……從此兵強國盛，闢土開疆，亦即阿嵯耶之化也。

興宗王時，阿嵯耶觀音化現為梵僧，到雲南行化，在祂的協助下，南詔得以國勢強盛，獨霸西南。因此，梵僧觀世音又稱為「建囯觀世音菩薩」。更值注意的是，這尊觀世音像的圓光之上，有一尊阿嵯耶觀音立像，明確地標示了梵僧乃阿嵯耶觀音的化現。

建囯觀世音的身光後，青山蒼翠，田間有兩牛及一犁扛，傍坐一人，畫面雖小，可是細奴邏的姿勢則與「南詔圖傳」如出一轍，正是「細奴邏耕于巍山之下」的具體寫照。建囯觀世音的兩側有「南詔圖傳・文字卷」第三化所言之手持方鏡和鐵杖的二仙童侍立，身前的白馬和白象即第三化記載的「朱鬃白馬」和「白象」，都是梵僧在巍山頂大顯神通時所出現的人物和動物。至於蜷伏著的白犬，在雲南的石刻中時有發現，[96]是梵僧觀世音最重要的圖像特徵之一，它的出現與南詔、大理國流行的觀音傳說有關。「南詔圖傳・文字卷」第四化云：

> 興宗王蒙邏盛時，有一梵僧來自南開郡西瀾滄江外，獸賧窮石村中，牽一白犬，手持錫杖、鉢盂。經於三夜，其犬忽被村主加明樂等偷食。明朝，梵僧尋問，翻更凌辱。僧乃高聲呼犬，犬遂嘷於數十男子腹內。偷食人等莫不驚懼相視，形神散去。

畫中的這隻白犬就是文中所說，隨著梵僧四處遊化的神犬。

畫幅的右下方有一身著全身虎皮，腰部佩劍，手持旌旗的武將，以及一位手持書卷，雙膝微曲的文士。根據「南詔圖傳・文字卷」和「南詔圖傳」上的榜題，這名武士當為阿嵯耶觀音第一化中教以用兵的名將「名（當作各）群矣」，文士乃是手持《封民之書》的「羅傍」。左下方有一位身著

---

95 Helen B. Chapin, revised by Alexander C. Soper, *A Long Roll of Buddhist Images,* p. 92.

96 圖見雲南劍川縣文化體育局編，《南天瑰寶》（昆明：雲南美術出版社，1998），頁48、49。

紅袍，頂戴頭囊，狀似王者的供養人，身後榜題曰：「奉罔聖感靈通大王」。嘉蘉博士[97]和李霖燦[98]均以為，此大王可能為奇王細奴邏。由於本圖左下角的兩位人物乃協助興宗王奠定南詔國基礎的羅傍和各郡矣；同時「南詔圖傳・文字卷」又說，南詔是在興宗王時，因得阿嵯耶觀音神助，才得國勢強盛，這位「奉罔聖感靈通大王」應該是興宗王，而非奇王細奴邏。

99 真身觀世音菩薩

本頁所畫的菩薩立像，髮髻高聳，髻側尚垂掛著重重的髮辮，梳理整齊。頭戴華冠，耳璫垂至兩肩。上身全袒，腰枝纖細。頸佩寬的項圈，手戴臂釧，腰束華帶，下著長裙，衣紋作規律的弧線，姿勢僵直。身後有大圓輪，頂有紅色祥雲。畫幅右上方的榜題云：「真身觀世音菩薩」。86 頁「建囯觀世音菩薩」的頭頂也發現一尊這種類型的菩薩像，清楚說明這尊觀音乃是曾來雲南洱海地區，渡化眾生梵僧觀世音的本尊和真身。根據「南詔圖傳・文字卷」，真身觀世音又稱為「阿嵯耶觀世音」。[99]

這尊觀音的造型特殊，與「梵像卷」中其他的觀音菩薩造型截然不同。類似的觀音像在雲南的銅鑄、木雕和石刻裡，屢見不鮮（圖錄 5）。Chapin 認為，真身觀音像的風格可能源於印度東北部的帕拉王朝（Pāla dynasty，八一十二世紀），經尼泊爾或室利佛逝（Srivijaya，在今蘇門達臘）傳入雲南。[100]法國的 Marie Thérese de Mallmann 則指出，南印度的巴拉伐（Pallava）美術與爪哇雕刻均對大理觀音有相當的影響。[101]泰國的 Nandana Chutiwongs 又提到，雲南觀音像與中南半島占婆（今越南中部）的菩薩像十分相似，二者的關係密切。[102]細審雲南的觀音造像，其風格的遠源可以追溯到印度的帕拉和巴拉伐雕刻，可是直接影響真身觀音造形的應是中南半島的佛教藝術。例如真身觀音的鼻塌嘴寬，顴骨較高，上半身平扁，下體窄瘦，姿勢僵直等都與八世紀的暹羅（今泰國）[103]和吉蔑（今柬普寨）的菩薩像[104]相似，而高聳的髮髻，重重的髮辮，耳璫、冠飾和瓔珞的樣式、腹前繫有短巾，以及下裙在腰下兩側束起的方式，也與七、八世紀的占婆菩薩像[105]相仿。因此筆者以為，雲南真身觀音像應是在七、八世紀中南半島的佛教造像基礎上發展而來的，占婆的色彩雖然顯著，可是吉蔑和暹羅的影響也不容忽視。

這尊真身觀世音菩薩兩側各有一侍女，分持一塊巾布與經冊。畫幅下方，根據「南詔圖傳・文字卷」第六化，描繪李忙靈打鍾鼓以集村人，和白髮老人鑄觀音像之事。

---

97 Helen B. Chapin, "Yünnanese Images of Avalokiteśvara," *Harvard Journal of Asiatic Studies*, vol. 2 (1944), p.173; Helen B. Chapin, revised by Alexander C. Soper, *A Long Roll of Buddhist Images*, p. 134.

98 李霖燦，《南詔大理國新資料綜合研究》，頁42。

99 同上註，頁148。

100 Hellen B. Chapin, "Yünnanese Images of Avalokiteśvara," p. 182.

101 Marie Thérèse de Mallmann, "Notes sur les bronxes du Yunnan représentant Avalokiteśvara," *Harvard Journal of Asiatic Studies*, vol. 14, no. 3/4 (1951), pp. 572-575.

102 Nandana Chutiwongs, *The Iconography of Avalokiteśvara in Mainland South East Asia* (Ph.D. Dissertation, Leiden, Bangkok, 1942), p. 477-480.

103 Philip Rawson, *The Art of Southeast Asia* (London: Thames and Hudson Ltd., 1967), fig. 29.

104 Maud Girard-Geslan and others, *Art of Southeast Asia* (New York: Harry N. Abrams, Inc., 1997), pls. 432, 433.

105 同上註，pl. 132 ; Philip Rawson, *The Art of Southeast Asia*, figs. 117, 118.

100 易長觀世音菩薩

華蓋下，觀世音菩薩左手執柳枝，右手持淨瓶，端立於蓮台之上，下有龍座。兩側各有一脇侍菩薩，下方畫一天王與一龍女。這位龍女頭後有糾盤的蛇頭，坐在岩石座上，右腿垂下，呈游戲坐姿。圖左榜題云：「易長觀世音菩薩」。松本守隆根據本圖有龍座與龍女的出現，認為這尊觀音即三十三觀音中的「龍頭觀音」，[106]解說牽強，並不可取。

值得注意的是，這尊觀音菩薩頭戴華冠，身披瓔珞，而瓔珞上的圖飾極為特殊，在胸前的圓板上飾涅槃圖，而大腿處則有一尊佛坐像。目前傳世的金銅佛像裡，也發現數尊類似的觀音像，[107]以日本私人收藏的一尊金銅觀音菩薩為例（圖 4），菩薩面頰豐潤，頭戴華冠，身著半肩天衣，瓔珞嚴身，十分華麗。右手的食指翹起，左手握淨瓶。腹部的飾版浮雕一佛枕身累足，右脇而臥，身後有兩列弟子，在佛身前的人物當是釋迦佛所收的最後一名弟子須跋陀羅。這瓔珞飾板上圖飾為一幅涅槃圖。在小腿間，又有一坐佛三尊像，兩側還刻畫著兩個龍頭。其造像風格、瓔珞式樣等都與大理崇聖寺出土的觀音像[108]相似，當也是大理國的作品。而這種瓔珞的樣式不見於其他地區，可能是雲南特有的圖像。其意涵為何？由於目前雲南早期的文獻散佚，無從查考。

大理崇聖寺的出土物中，有一尊木雕的真身觀音像，像身正面書寫朱字「易長真身」，背書「菩薩弟子楊聖香」字樣。[109]可見，大理國人視易長觀世音菩薩為真身觀音的化現。根據聖地牙哥藝術館所藏段政興造阿嵯耶觀音像的造像記，Chapin 指出，大理國王段智興又稱段易長興，故其對「易長觀世音」之名提出了以下兩個解釋：一、中南半島的柬埔寨和占婆常將統治者的名字，加諸於神名之上。大理與中南半島為鄰，很可能受到這些地區的影響，將大理國主段智興的「易長」之名冠於觀世音之上。二、《圭峰宗密禪師傳》有「易短為長」之語，易長觀世音之名很可能即由此演繹而出。[110]

自漢迄明，雲南大理地區即採特殊的「冠姓雙名制」。[111]大抵來說，南詔時期，洱海地區漢化程度較高的烏蠻、白蠻大姓，如張、蒙、楊、段、趙、李、王、董、高等多遵此法。大理國時，段氏二十二代主中，避位為僧者即有十人之多，並任用師僧為官，佛教盛行，取名時採用大量的佛號，如李觀音得、李大日賢、張般若師、楊天王秀等，所以名字中夾加佛名並非大理國王室所專有。段政興又稱段易長興，其子又名段易長生、段易長興（又名段智興）。此外，在諫議大夫敕賜大師楊俊升撰〈大理國故高姬墓銘〉中，也載述著高姬為「天下相國高妙音護之女，母建德皇女段易長順，翰林郎李大日賢之內寢也。」[112]高姬之母為大理國建德皇帝段政興的女兒段易長順，「梵像卷」即是張勝溫為利貞皇帝段易長智興所畫。這樣看來，大理國在名字中夾「易長」的皆為大理國的王室。「易長」這個名號似乎與大理國的統治者有著特殊的關係。

---

106 Matsumoto Moritaka, *Chang Sheng-wen's Long Roll of Buddhist Images: a Reconstruction and Iconology*, p. 246.

107 Hugo Munsterberg, *Chinese Buddhist Bronzes* (Tokyo: Charles E. Tuttle Company, 1967), figs. 56a, 56b; 大阪市立美術館，《大阪市立美術館藏品選集》（大阪：大阪市立美術館，1986），圖173。

108 雲南省文物管理委員會編，《南詔大理文物》（北京：文物出版社，1992），圖62、63。

109 姜懷英．邱宣充，《大理崇聖寺三塔》，頁74，圖版 109。

110 Hellen B. Chapin, "Yünnanese Images of Avalokiteśvara," pp. 176-177.

111 「冠姓雙名制」又稱「冠姓三字名」，有關雲南的「冠姓三字名」研究，參見楊政業，〈大理白族地區的"冠姓三字名"〉，《雲南民族學院學報（哲學社會科學版）》1994 : 3（1994年 9月），頁50-53。

112 大理市博物館，〈大理市收集的四方大理國末期的碑刻〉，《考古》1987 : 9（1987年9月），頁791。

唐代不空（705-774）所譯的《葉衣觀自在菩薩經》中，葉衣觀音菩薩說祂的陀羅尼和道場時，言及：

> 又法若國王男女難長難養，或短壽、疾病纏眠、寢食不安，……則於所居之處，用牛黃或紙或素，上書二十八大藥叉將真言，帖（貼）四壁上，……帖（貼）真言已，於二十八大藥叉將位，各各以香塗一小壇，壇上燒香、雜華、飲食、燈燭、閼伽，虔誠啟告：唯願二十八大藥叉將并諸眷屬，各住本方護持守護某甲，除災禍、不祥、疾病、夭壽，獲得色力，增長聰慧，威肅端嚴具足。易養易長，壽命長遠。作是加持已，二十八大藥叉將不敢違越諸佛，如觀自在菩薩及金剛手菩薩教敕，晝夜擁護臥安覺安獲大威德。若有國王作此法者。其王境內災疾消滅，國土安寧，人民歡樂。[113]

由此看來，遵循葉衣觀自在菩薩的壇法，可以使時為疾病所擾或夭壽者「易養易長」。大理國所崇奉的易長觀世音，可能是從這個觀念演繹而來。經文又特別提到，國王若作此法，則可以使境內的「災疾消滅，國土安寧，人民歡樂」，更說明了這個壇法具有了護國的意涵，無怪乎只有在大理國王族的名字裡，發現「易長」二字。

大理國與鄰近的文化關係

「梵像卷」的觀音圖像內容龐雜，造形變化多端，充分反映了大理國與鄰近文化錯縱複雜的關係。首先，從這些觀音的造形和衣飾中，可以發現極具地方色彩的梵僧觀世音和建囝觀世音，祂們身著僧衣，頂戴雲南特有的頭飾纏頭，為結合觀音信仰與當地傳統的重要典型。有受東南亞影響者，如普門品觀世音和真身觀世音。祂們上身全袒，腰束飾帶，腹前懸有短巾，衣褶規律等，這些特徵均和東南亞作品相似。另外，南無白水精觀音及社嚩㘑佛母腰肢纖細，體態婀娜，或披鹿皮，或著虎皮裙，或以蛇為瓔珞；大隨求菩薩身著露腹短衣，這些又都與印度或西藏菩薩相似。當然這些觀音畫像中，亦有體態豐腴，和中原風貌相近的作品，南无尋聲救苦觀世音和南无孤絕海岸觀世音即屬此類。

在繪畫技法方面，本卷用色雅麗，注重線描技巧，用筆時而均勻含蓄，時而轉折有力，靈活多變。「梵像卷」的畫師張勝溫深通漢地筆描技法，能夠充分掌握各種筆描的特色，以不同質感的線條來表現形神，和藏畫強調明暗烘托的立體手法迥異。此外，全圖山水處理或以青綠設色，或以鉤斫皴擦，這些技法更是以中國山水畫的技法為依歸。

中國和大理親近的關係，還可以從「梵像卷」中普門品觀世音、南无尋聲救苦觀世音、及救苦觀世音這些顯教觀音的出現得到證明。這三尊觀音的名號皆以《法華經》〈普門品〉作為基礎，可見《法華經》在大理地區的觀音信仰中佔據著一席舉足輕重的地位。太康七年（286），竺法護翻譯《正法華經》之後，〈普門品〉就一直是我國觀音信仰的基礎經典。大理的觀音信仰重視〈普門品〉，自然是受了漢地的影響。「梵像卷」中普門品觀世音的八難救護，布局和敦煌普門品觀世音的八難救護相同，更清楚說明大理與漢地圖像相承的關係。此外，「梵像卷」五尊顯教觀音中，除了普門品觀世音外，其餘四尊皆一手持楊枝，南无尋聲救苦觀世音、南无尋聲救苦觀世音、以及救苦觀世音的另一手還執持淨瓶，與中土常見的楊柳觀音圖像一致。楊柳觀音不見於印度、西藏和

113〔唐〕不空譯，《葉衣觀自在菩薩經》，《大正藏》，第20冊，頁448中-449中。

東南亞，為我國特有的觀音形象。足證，大理國的顯教觀音圖像與漢地的傳統關係密切。

由於雲南地近西藏，不少學者認為大理地區的密教是由西藏傳入的。[114]茲根據「梵像卷」的密教觀音圖像，來檢測這個看法。「梵像卷」有十一尊密教系的觀音圖像，依其特徵及名目，可分為四大類：（一）專屬東密者，（二）專屬印度晚期和西藏密教者，（三）在東密和印度晚期及西藏中均有發現者，和（四）不知屬於何系者。專屬東密者有三：千手千眼觀世音、除諸疾病觀世音和大悲觀世音。專屬印度晚期和西藏者有二：乃白水精觀音及社嚩嚛佛母。同屬東密和印度晚期和西藏密教者有四：大隨求菩薩、十一面觀音、暨愚梨觀音和如意輪觀音。其中大隨求和如意輪菩薩的圖像與印度晚期和西藏密教圖像的特徵截然不同，反而與東密的圖像一致。十一面觀音圖上的雷電雲雨諸神在東密或敦煌的繪畫中，時有發現，卻不曾在藏畫中出現。此外，暨愚梨在藏密系統裡被視為多羅的應化，在東密系統中卻稱作觀音的示現。這些都明白顯示，雖然這四尊菩薩同屬印度晚期、西藏密教和東密兩個系統，但以其特徵和意義來說，它們與東密的關係教較為密切，和印度晚期和西藏密教的關係較為疏遠。不知應歸屬那一個系統者有二，即上文所說的八臂觀音與六臂觀音。由於不知它們的稱號，很難判識祂們應屬藏密還是東密。不過，六臂觀音的持物中有日、月。以日與月為持物的觀音像在中國和日本極為普遍，但在印度後期和西藏美術中，甚為罕見。故而推測，此六臂觀音的圖像應受到中國的影響。另外，這尊六臂觀音手拿水杯和柳枝，這兩件持物在漢地的觀音圖像中十分常見，亦是大理國與中國文化關係密切的重要佐證。

從以上的分析，「梵像卷」的密教觀音的確有受印度晚期和西藏密教影響之處；不過，就宗教圖像而言，其與日本之東密契合的部分仍佔多數。這個結果對大理國密教的研究，有著十分重大的意義。根據各種文獻資料，大理國與日本素無往來，大理文化自然不可能受到日本的薰陶。因此，唯一能夠解釋大理密教與東密契合這種現象的原因，是大理和日本的密教來自同一源頭，那就是中土密教，[115]也就是開元三大士——善無畏（637-735）、金剛智（669-741）、不空（705-774）所弘傳的純密。這也就是說，中土傳來的密教在大理有相當的影響力，為當地密教的主流。

依據信仰內容，密教的發展可分為雜密、純密和無上瑜伽密教三個階段。從時間上來說，雜密的出現最早，純密屬中期密教，無上瑜伽密教為晚期密教，八世紀以後在東印度展開，對西藏密教影響深遠。如此看來，大理國密教屬中期密教的傳統。職是之故，在大理國的密教藝術中不曾發現晚期密教的雙身像。楊學政的研究指出，藏密入滇的年代約在西元十一世紀末，[116]所以藏密對大理國佛教的影響應該有限。

中國密教何時傳入大理，史書並無明確的記載。迄今，與雲南毗鄰的四川還保存著不少唐、宋時期的密教造像。主持大足寶頂山摩崖石刻的南宋僧人趙智鳳，還以密宗六代祖師自居。[117]南詔、

---

114 羅庸，〈張勝溫梵畫瞽論〉，《雲南史料叢刊》，頁 453；趙櫓，〈藏傳密教與劍川石鐘山石窟〉，《西藏研究》1994:2（1994年5月），頁 83；Angela F. Howard, "Buddhist Monuments of Yunnan: Eclectic Art of a Frontier Kingdom," Maxwell K. Hearn and Judith G. Smith ed., *Arts of the Sung and Yuan: Papers Prepared for an International Symposium Organized by the Metropolitan Museum of Art* (New York: The Metropolitan Museum of Art, 1996), pp. 234-237.

115 日本密宗的祖師乃空海和尚（774-835）。唐德宗二十年（804），隨日本遣唐使來華研習佛法，在長安青龍寺從惠果和尚（？-805）學習密教，深受惠果器重，得密教衣鉢。惠果乃唐代密宗大師，曾隨胎藏界曼荼羅傳人善無畏的弟子玄超學法，又得金剛界曼荼羅大師不空和尚親傳，精通密教兩界曼荼羅之妙理。故其傳授空海者，乃流行於唐代的密教精義也，而且日本的密教是以中國密宗思想為源流。

116 楊學政，〈略論西藏佛教在雲南的傳播及演變特徵〉，《雲南社會科學》1988 : 1（1988年2月），頁68-69。

117 東登，〈再談寶頂山摩岩造像的年代問題〉，《文物》1983 : 5（1983年5月），頁91。

大理時期，四川南部的西昌亦屬大理國的版圖，因此中土的密教極可能經四川傳入大理。

綜上所述，在宗教內容上，大理受中土顯教和密教的影響甚大。以繪畫技法言，無論是用筆設色，或是經營布局，「梵像卷」皆與漢地繪畫相同。甚至畫卷上的題字還常用唐人別體，如「菩薩」作「井」、「國」作「囗」等。可見在鄰近諸地的文化當中，漢文化對大理國影響最深。

餘論

宋太祖揮玉斧，劃大渡河以外於不顧的故事，一直為人們所津津樂道，《宋史》提到，四川的地方官宇文常甚至還以宋太祖玉斧一揮之事為由，拒絕與大理人民互市。[118]似乎暗示著，當時大理與中國並不親和。然而范成大《桂海虞衡志》記述：「乾道癸巳（1173），忽有大理人李觀音得、董六斤黑、張般若師等率以三字為名，凡二十三人至橫山議市馬。」[119]另外，段正淳時（1096-1108在位）曾使高太連入宋求書，善闡（今雲南昆明）高觀音來朝宋主。[120]大理國文治九年（1118），相國高泰明又贈宋使《維摩詰經》一部。[121]大理國王段智廉（1200-1204）時，曾使人入宋求《大藏經》一千四百六十五部，置五華樓。[122]凡此種種清楚顯示，宋代三百多年間，中原與大理的交往頻繁。究竟宋代時大理與中原的關係為何？僅從「梵像卷」觀音圖的研究，我們得到了一個正面且肯定的答案。但是筆者必須承認，僅以「梵像卷」二十二頁觀音的圖像來討論錯綜複雜的大理文化，是有相當的侷限性，為避免以偏蓋全、掛一漏萬的錯誤，許多大理文化與宗教的問題仍有待將來做更深入且更全面的探討。

（本稿原刊於《東吳大學中國藝術史集刊》第 15 卷（1987 年 2 月），頁 227-264 。今略加修訂，重刊之。）

118〔元〕托克托等，《宋史》，卷三五三〈宇文常傳〉，收錄於《景印文淵閣四庫全書》（台北：台灣商務印書館，1983-），第286冊，頁686下。

119 這段文字今本《桂海虞衡志》無載，今從《文獻通考》錄出。文見《雲南史料叢刊》，第2冊，頁232。

120〔清〕王崧校理．胡蔚增訂．木芹會証，《南詔野史會証》（昆明：雲南人民出版社，1990），頁268-269。

121 該件作品現藏於美國大都會博物館。圖見李霖燦，《南詔大理國新資料的綜合研究》，圖版壹A 。

122〔清〕王崧校理．胡蔚增訂．木芹會証，《南詔野史會証》，頁305。

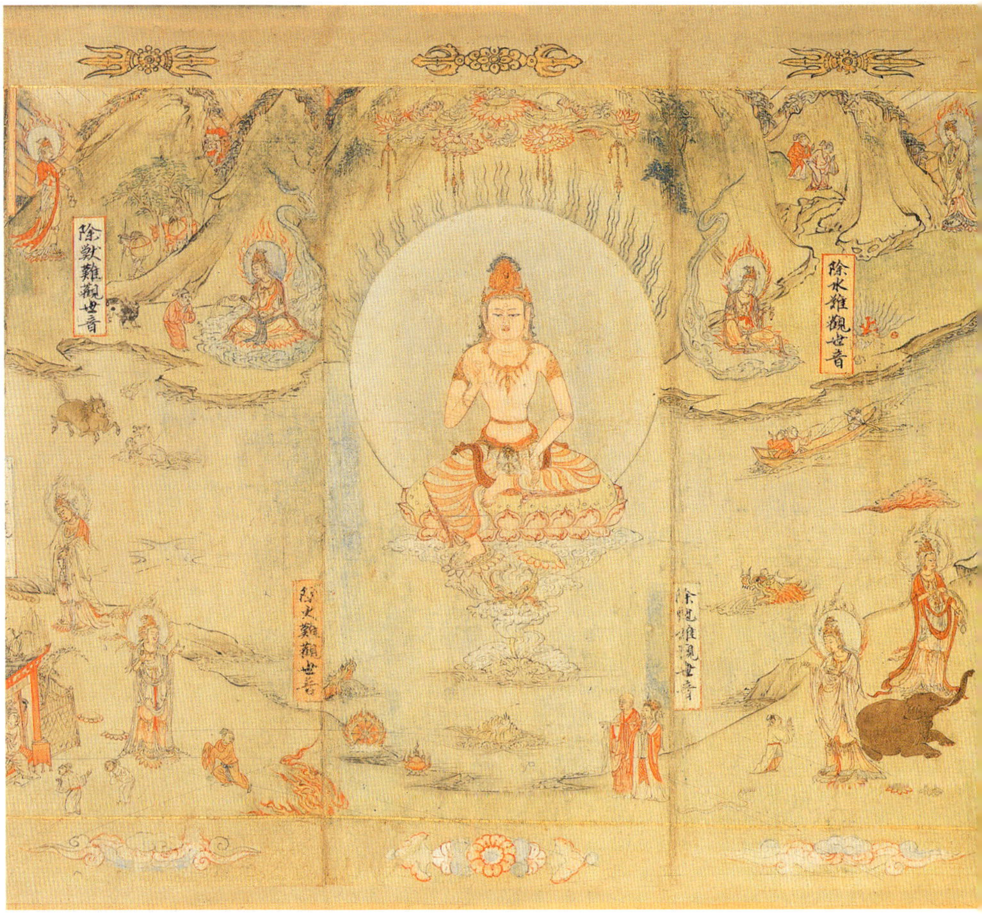

90 89 88

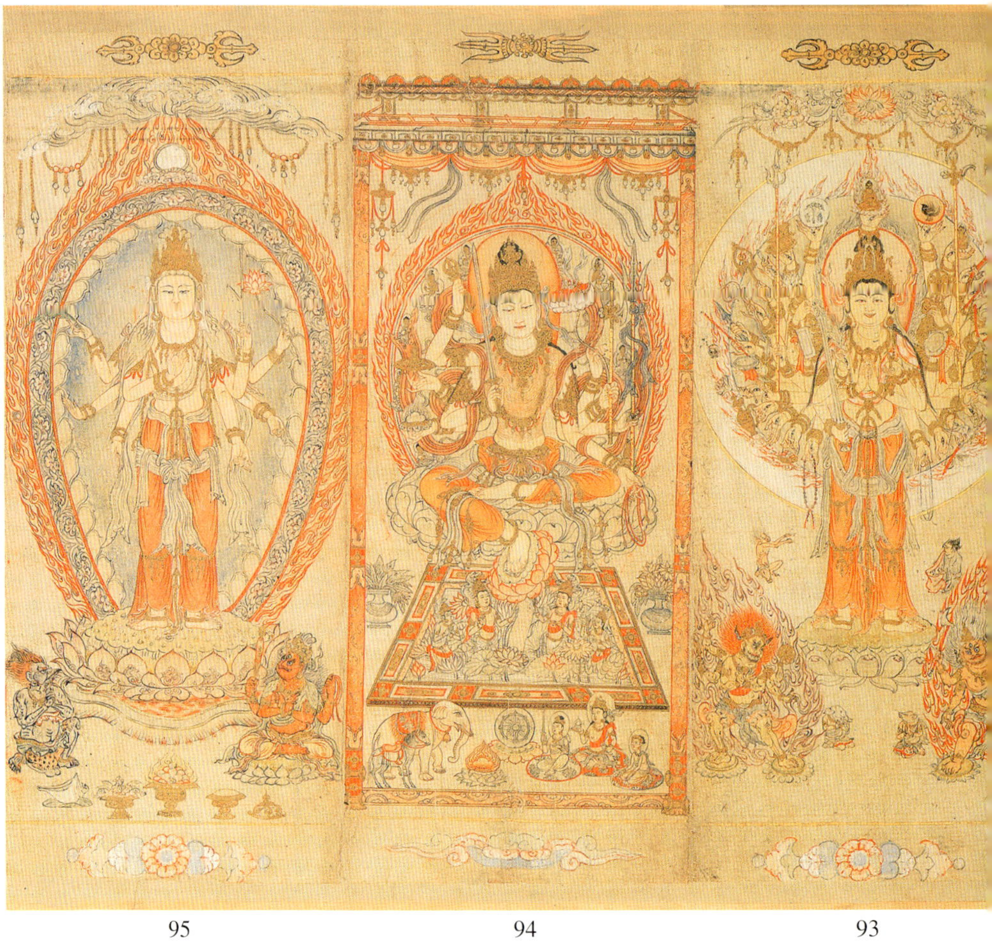

95 94 93

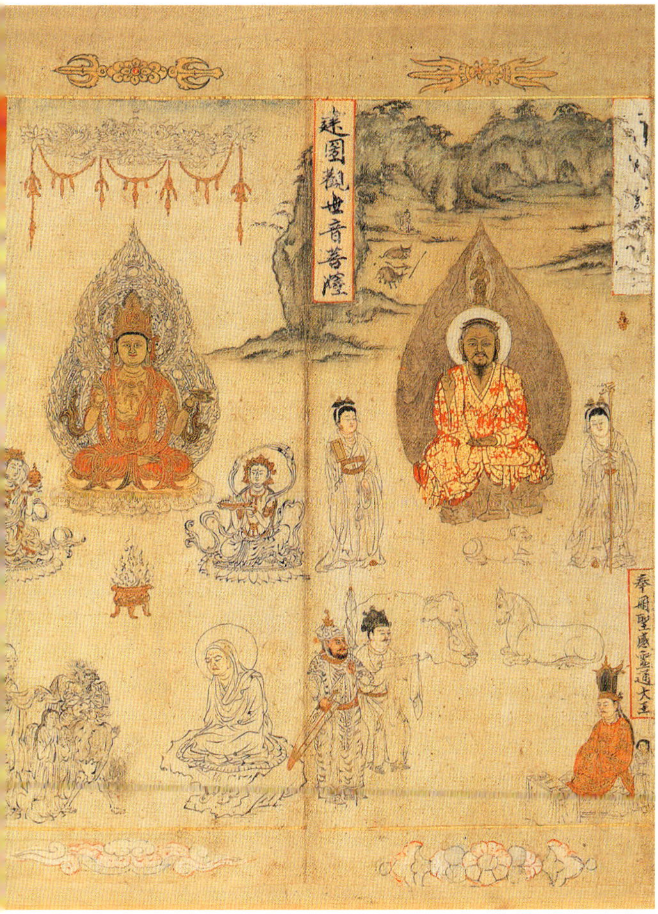

87　　86

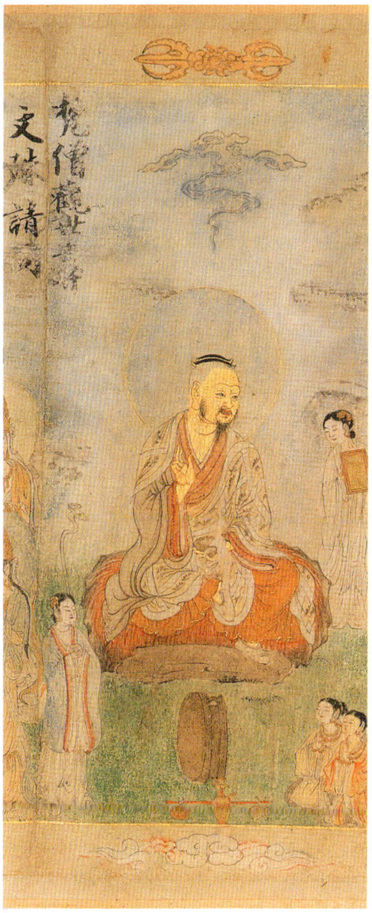

58

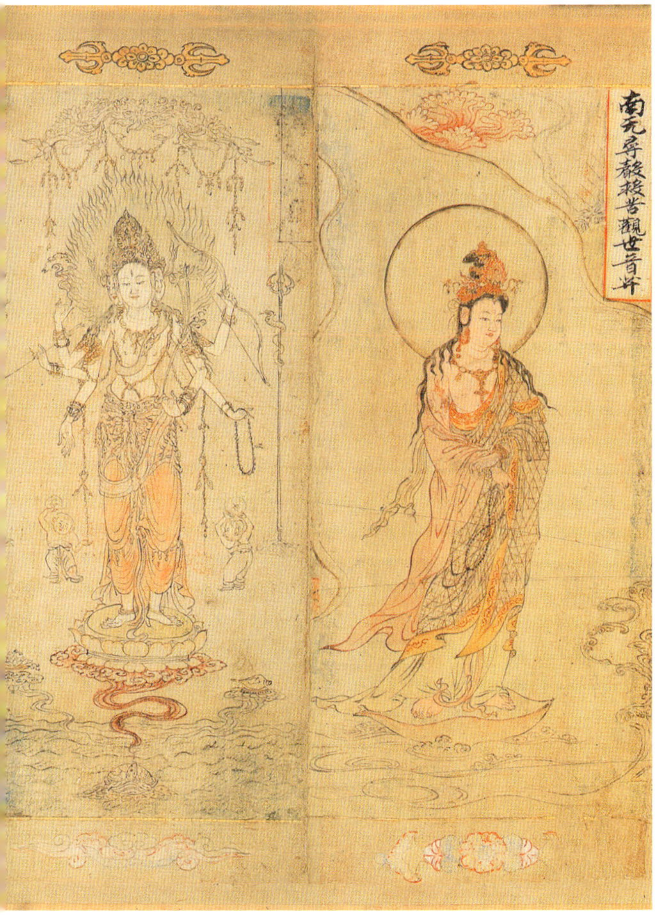

92　　91

圖1 張勝溫　梵像卷（局部）
大理國　國立故宮博物院藏

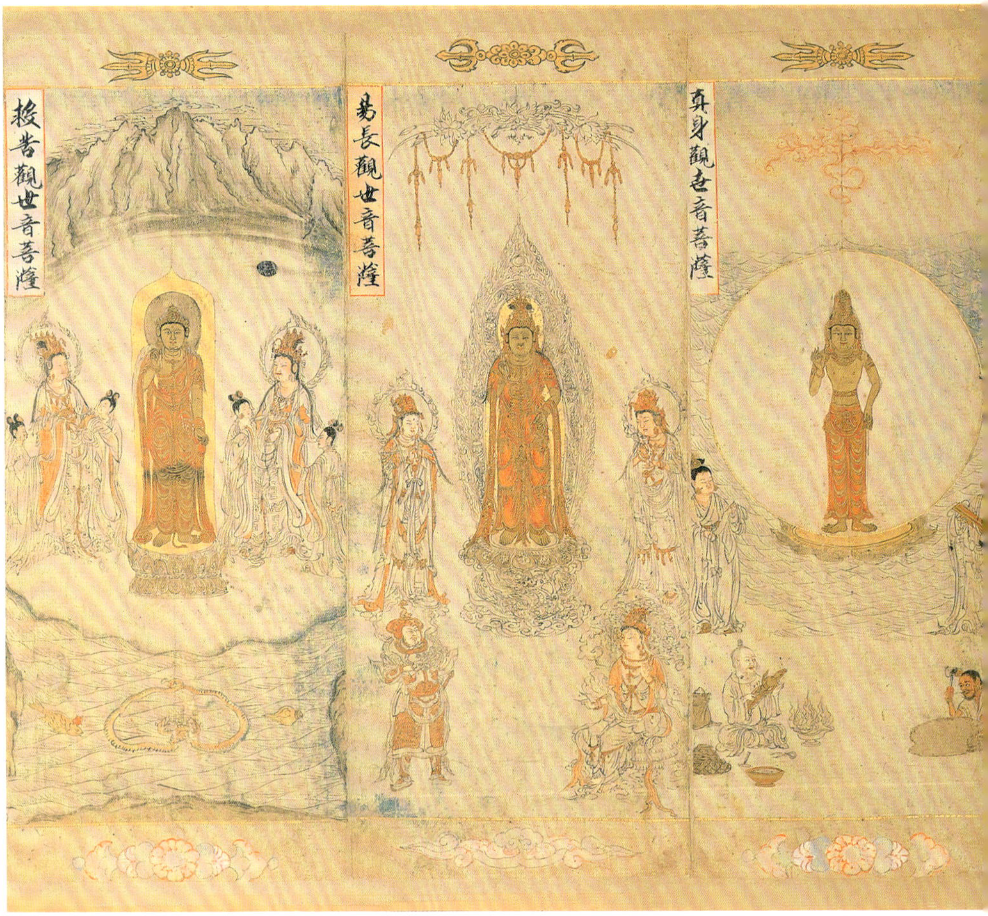

101 100 99

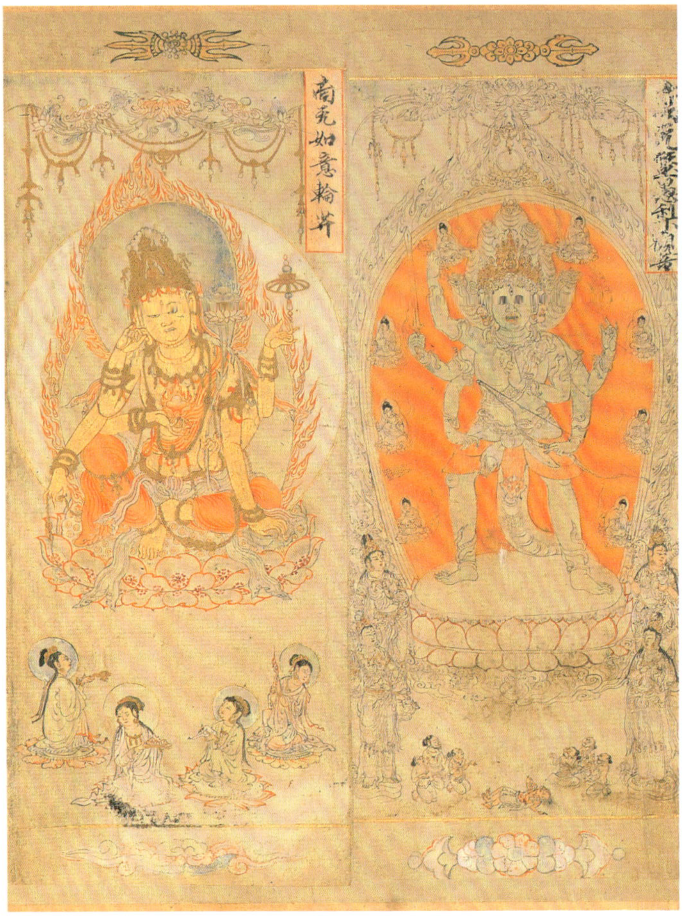

113 112

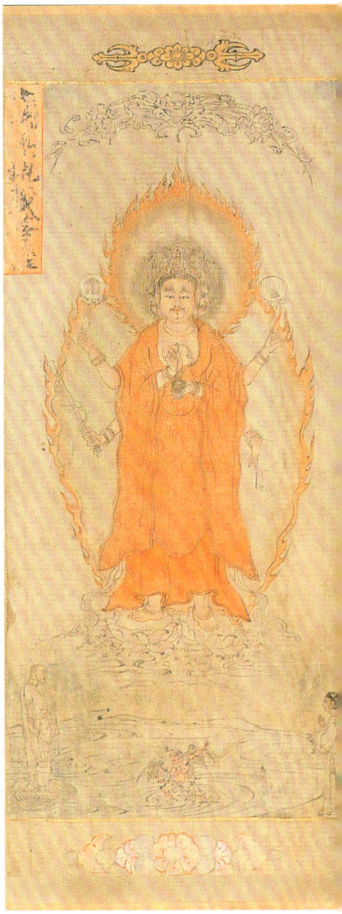

105

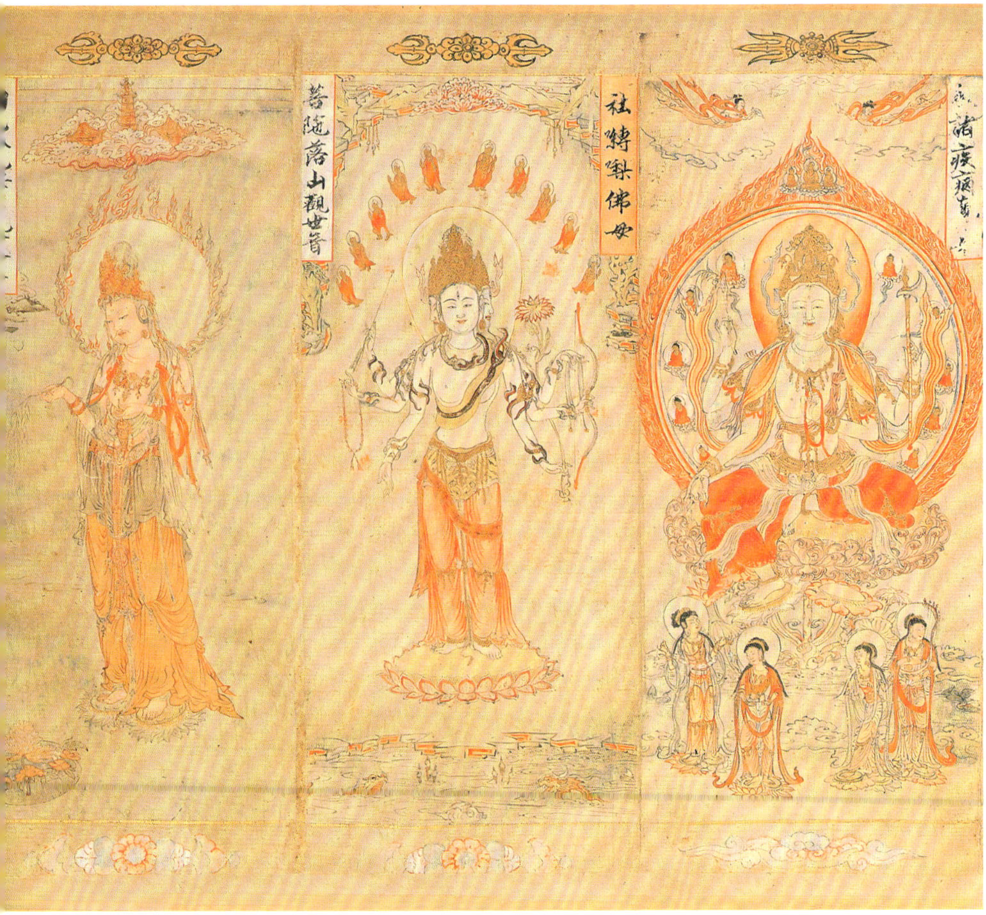

98　97　96

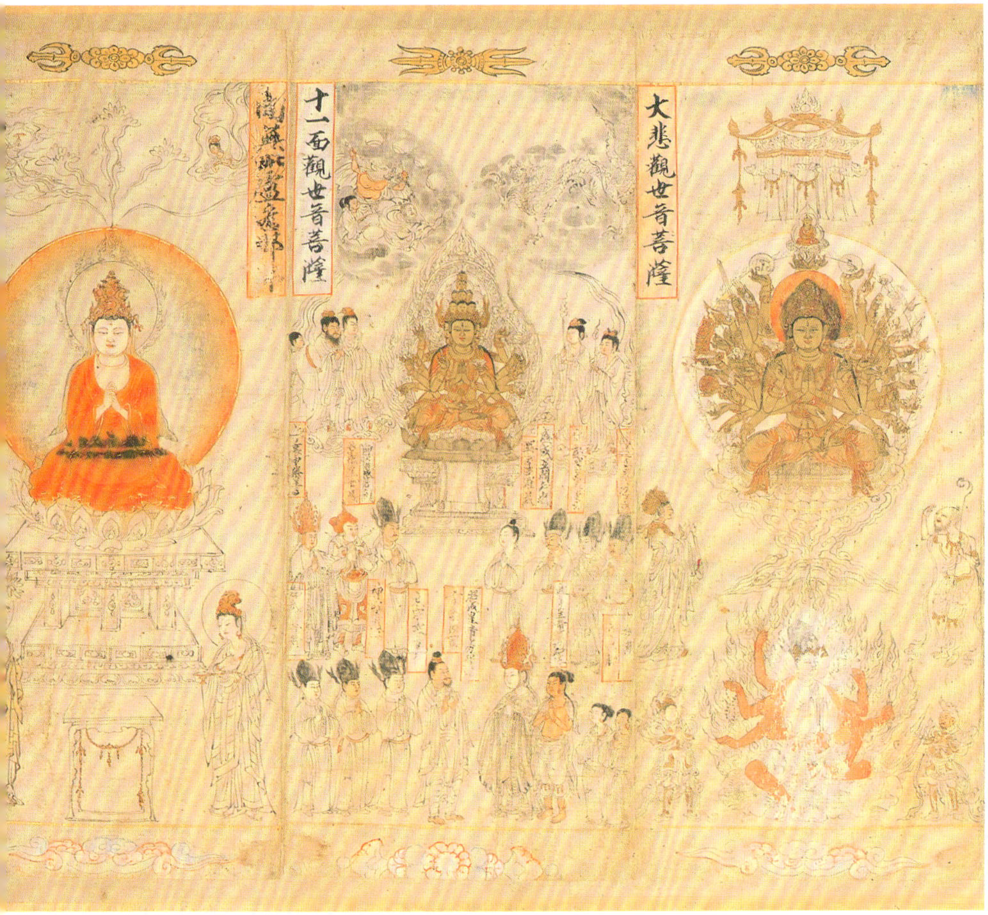

104　103　102

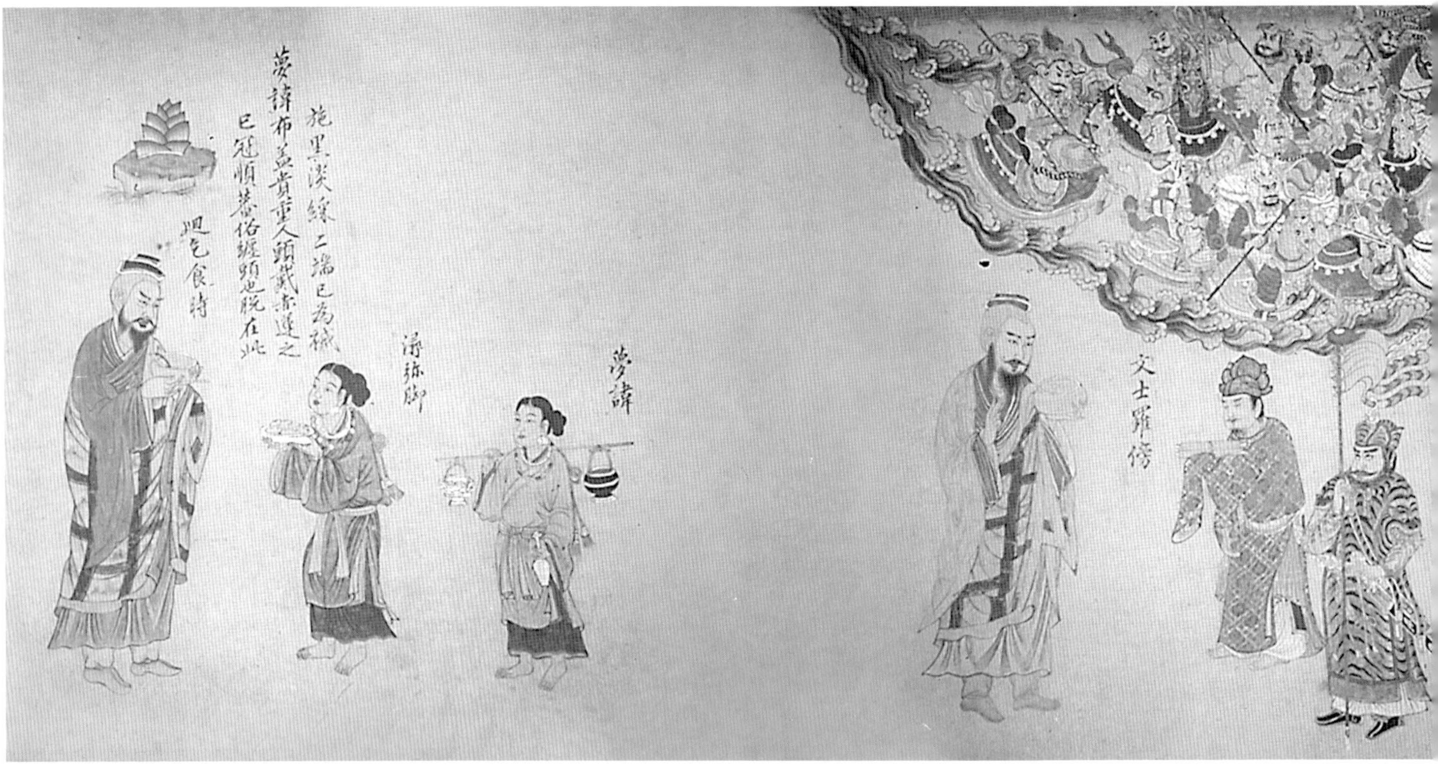

圖2 南詔圖傳　日本京都藤井有鄰館藏

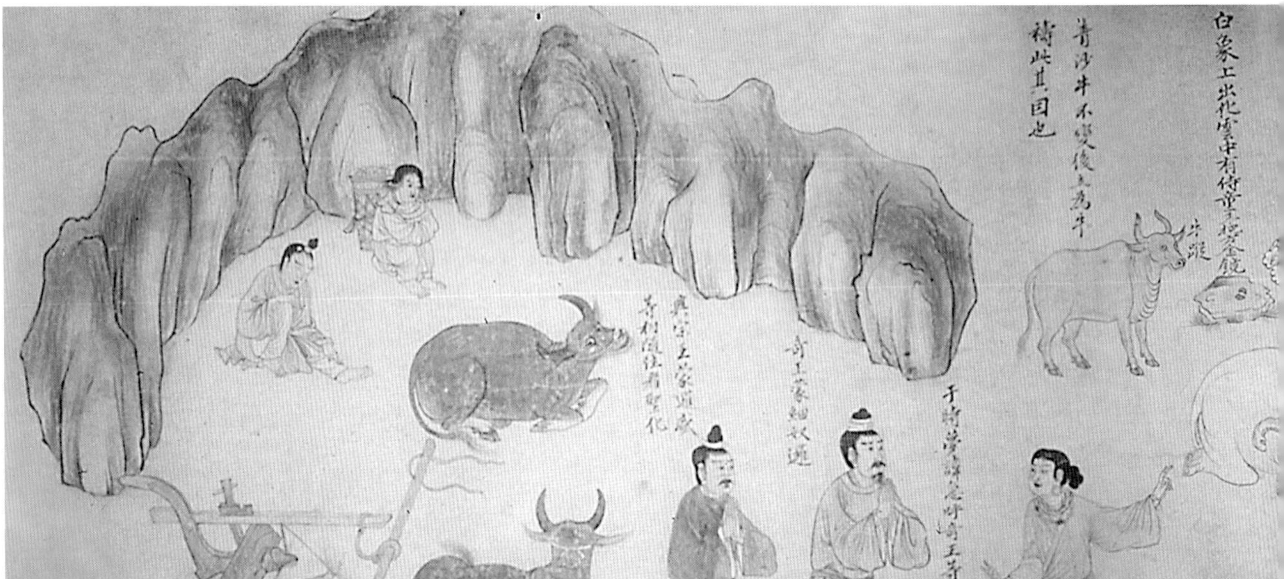

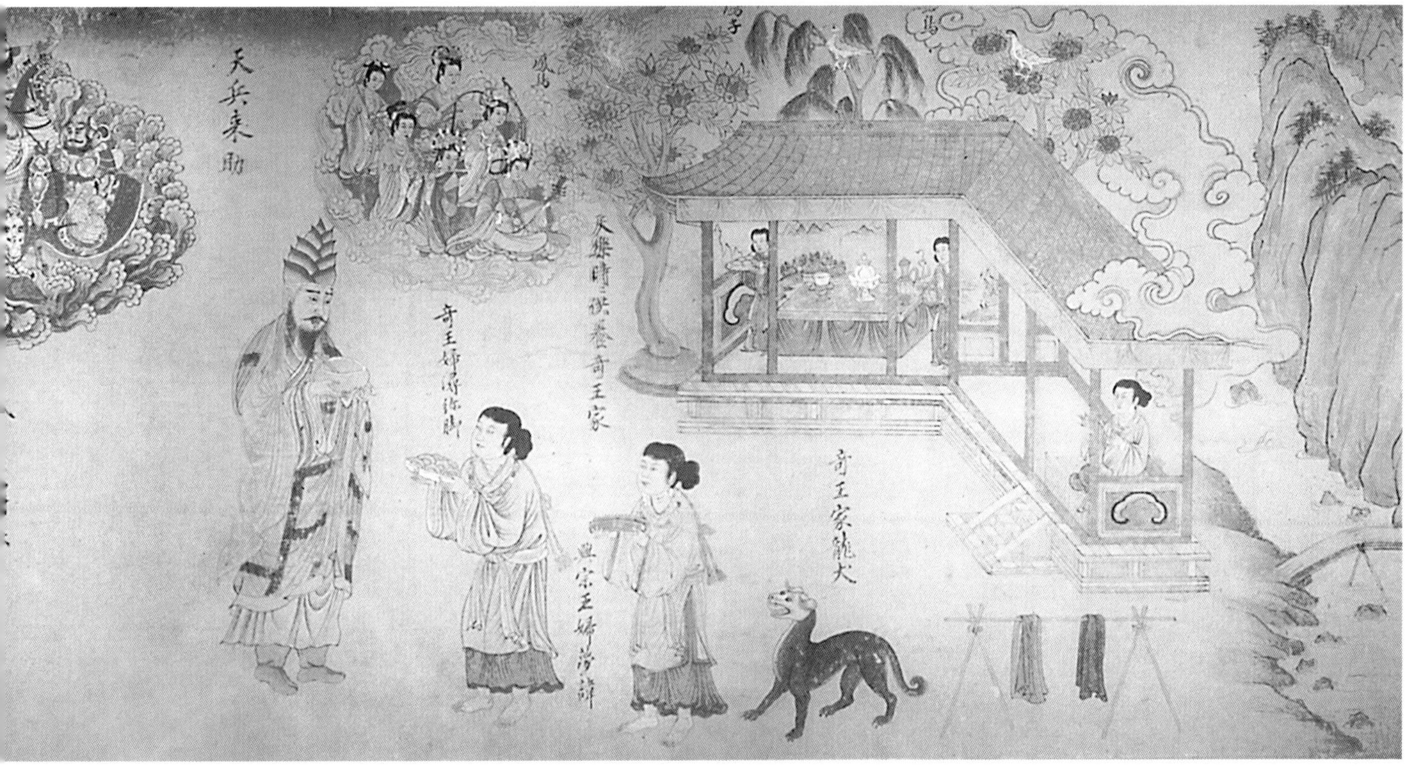

2～1

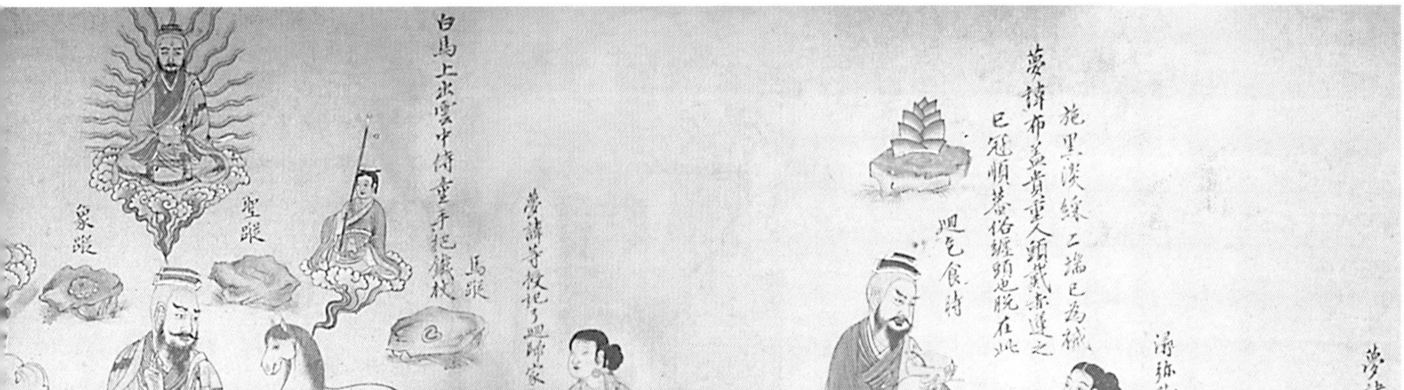

2～2

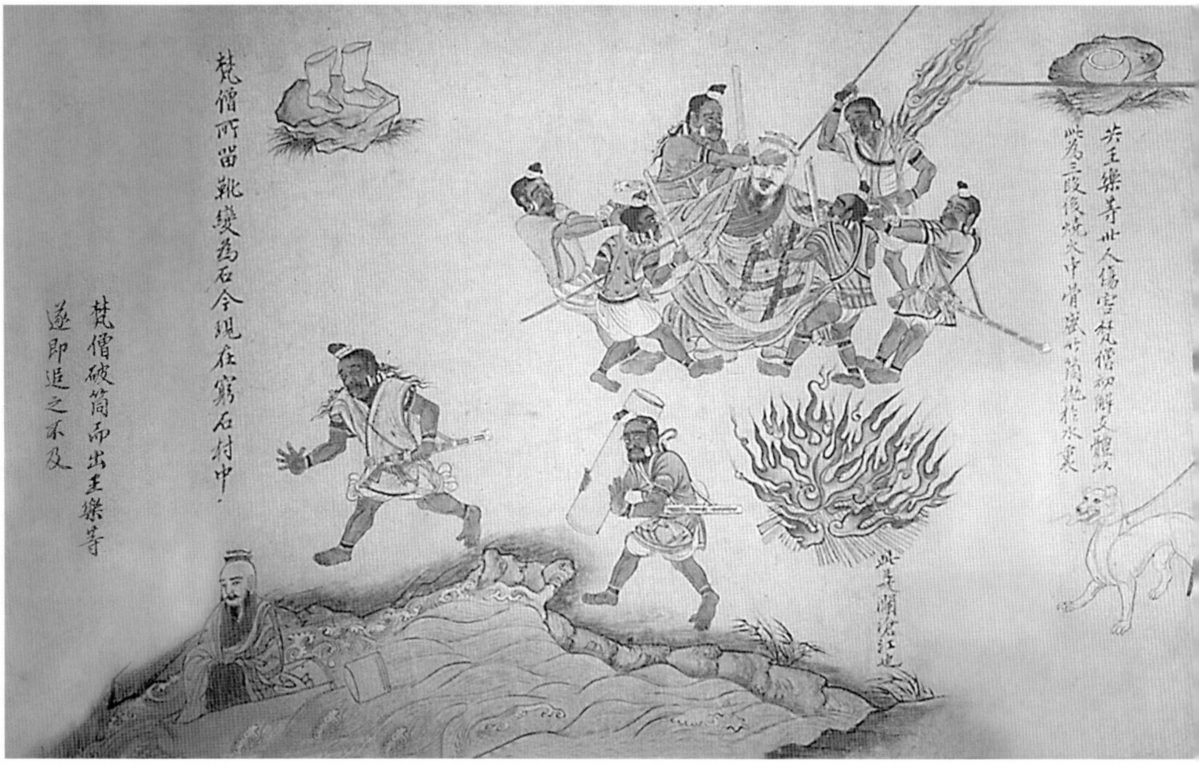
其王樂等世人傷害梵僧初解支體以
此為三段後燒火中骨藏於筒擲於水裏
梵僧所留靴變為石今現在窮石村中
梵僧破筒而出王樂等
遂即趁之不及
此是瀾滄江也

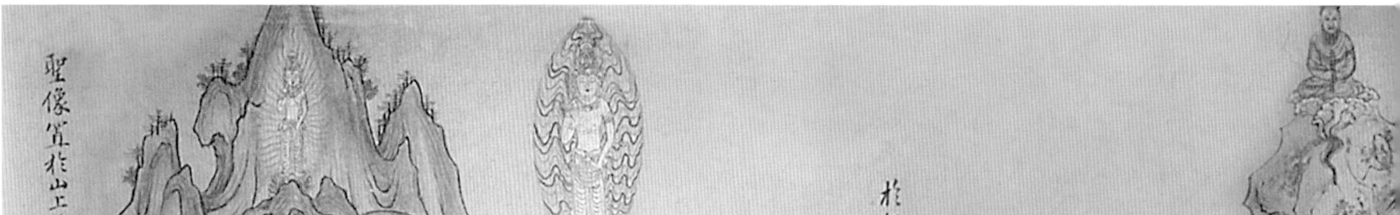
於打鍊鼓化現一老人稱云解鑄聖像
忙道大首李忙靈
老人鑄聖像時
聖像置於山上焉

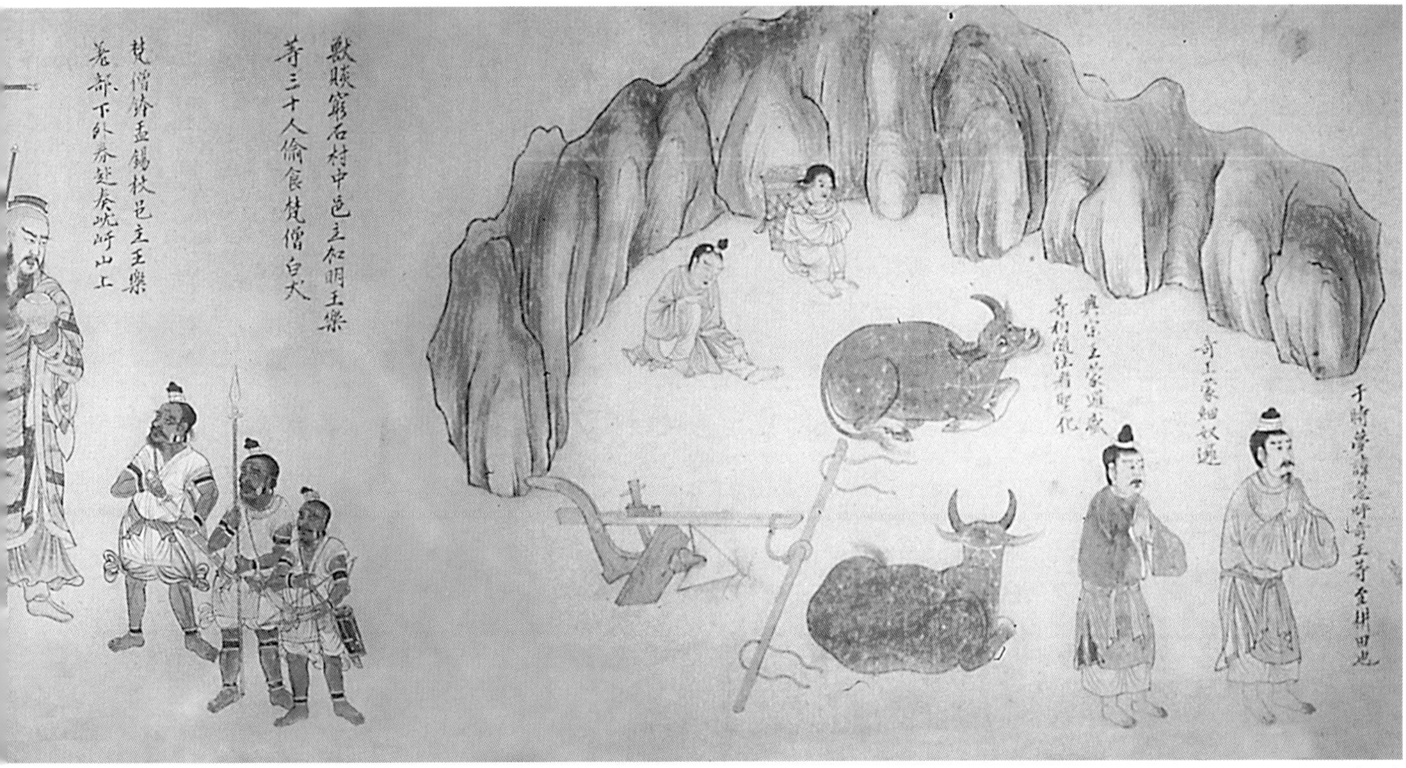
獸賧窮石村中邑主和明王樂
等三十人偷食梵僧白犬
梵僧拎盂錫杖邑主王樂
2～3

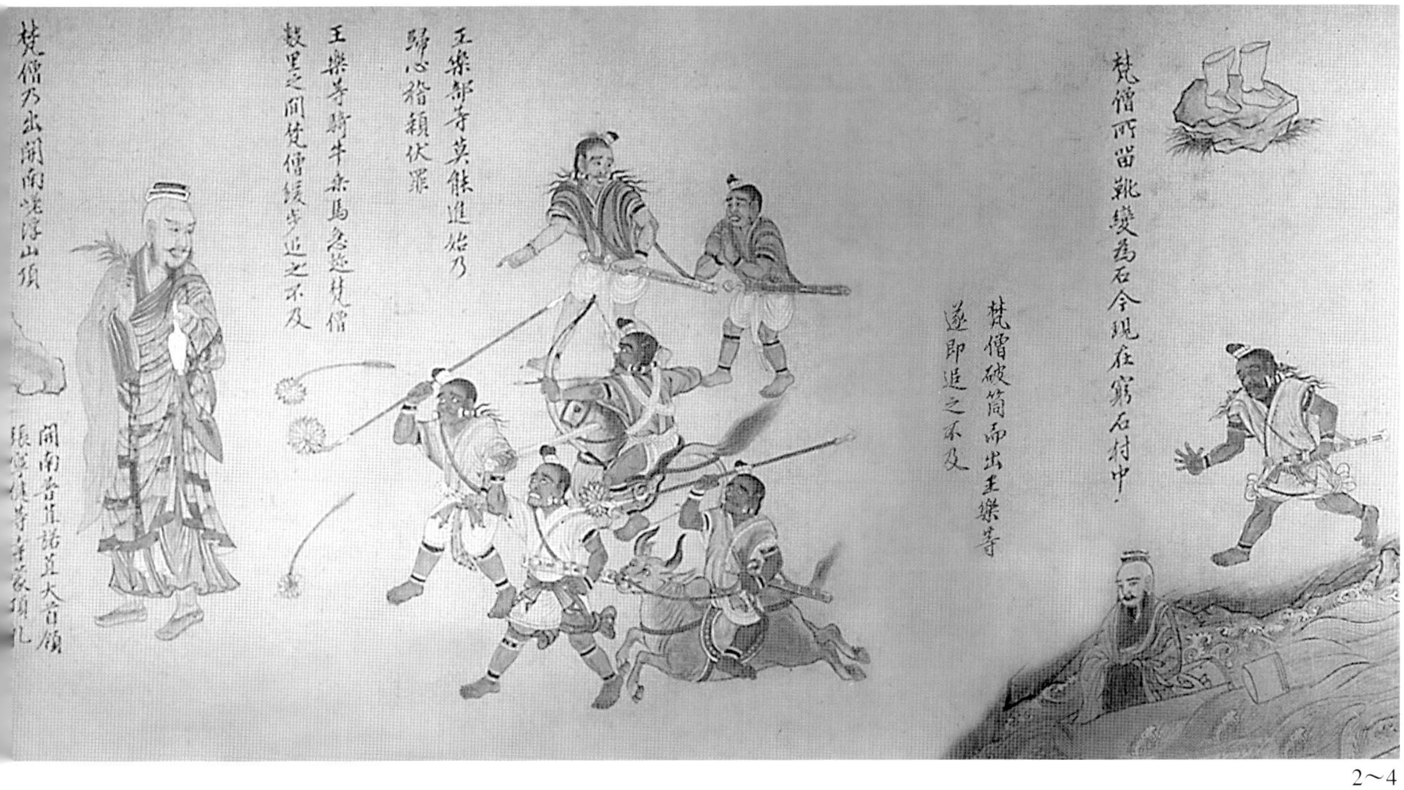
梵僧所留靴變爲石今現在窮石村中
梵僧破筒而出王樂等
遂即追之不及
王樂部等莫能進始乃
歸心稽顙伏罪
王樂等騎牛乘馬急追梵僧
數里之間梵僧緩步追之不及
2～4

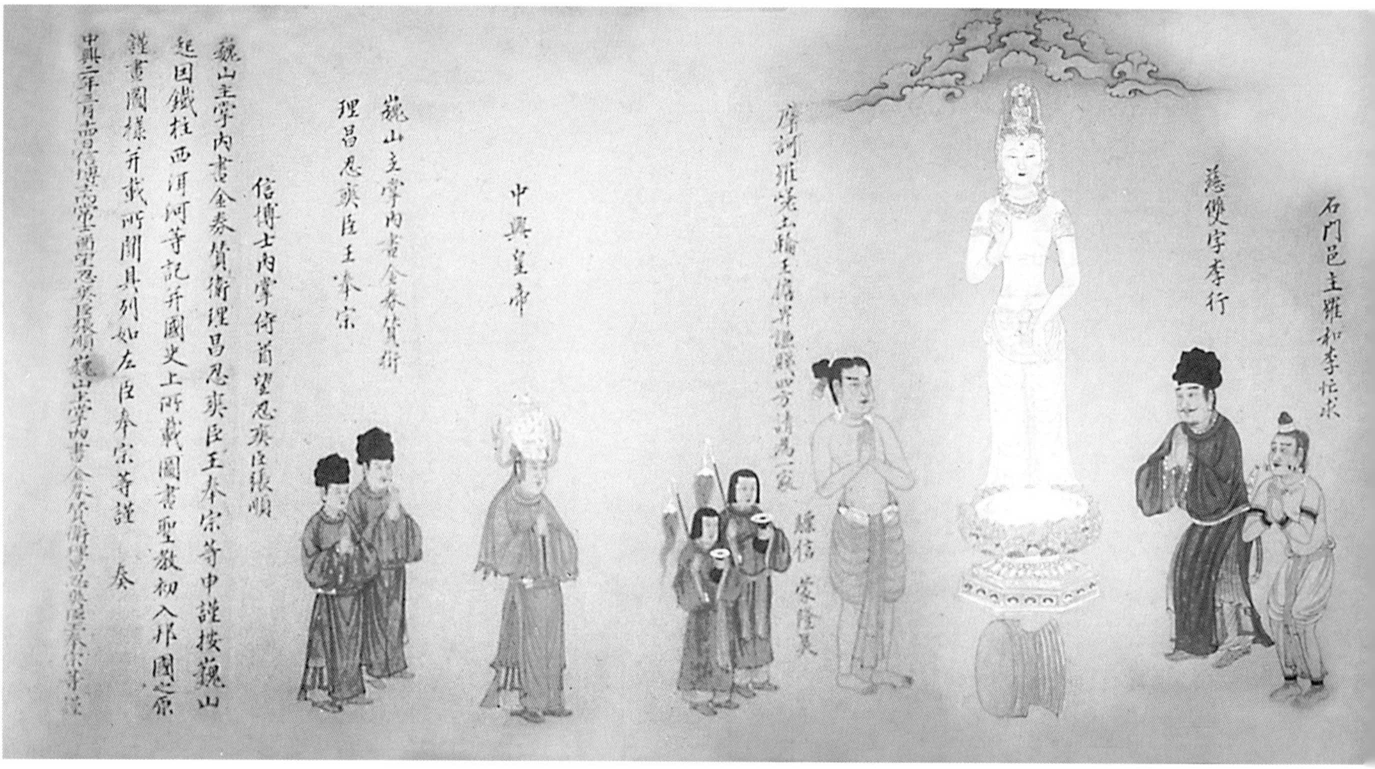
石門邑主羅和李忙求
摩訶羅嵯土輪王擔畀謙賤四方請為一家
驃信 蒙隆昊
中興皇帝
巍山主掌內書金券贊衛理昌忍爽臣王奉宗
信博士內常侍酋望忍爽臣張順
巍山主掌內書金券贊衛理昌忍爽臣王奉宗等申謹按巍山起因鐵柱西洱河等記并國史上所載圖書聖教初入邦國之原謹畫圖樣并載所聞具列如左臣奉宗等謹 奏

西洱河者西河如耳即大海之耳也河神有金螺金魚也金魚白頭額上有輪爻蛇繞之居之左右分為二河也
龍尾江
西
北
南
東
嘉慶二十五年歲在庚辰九月廿二

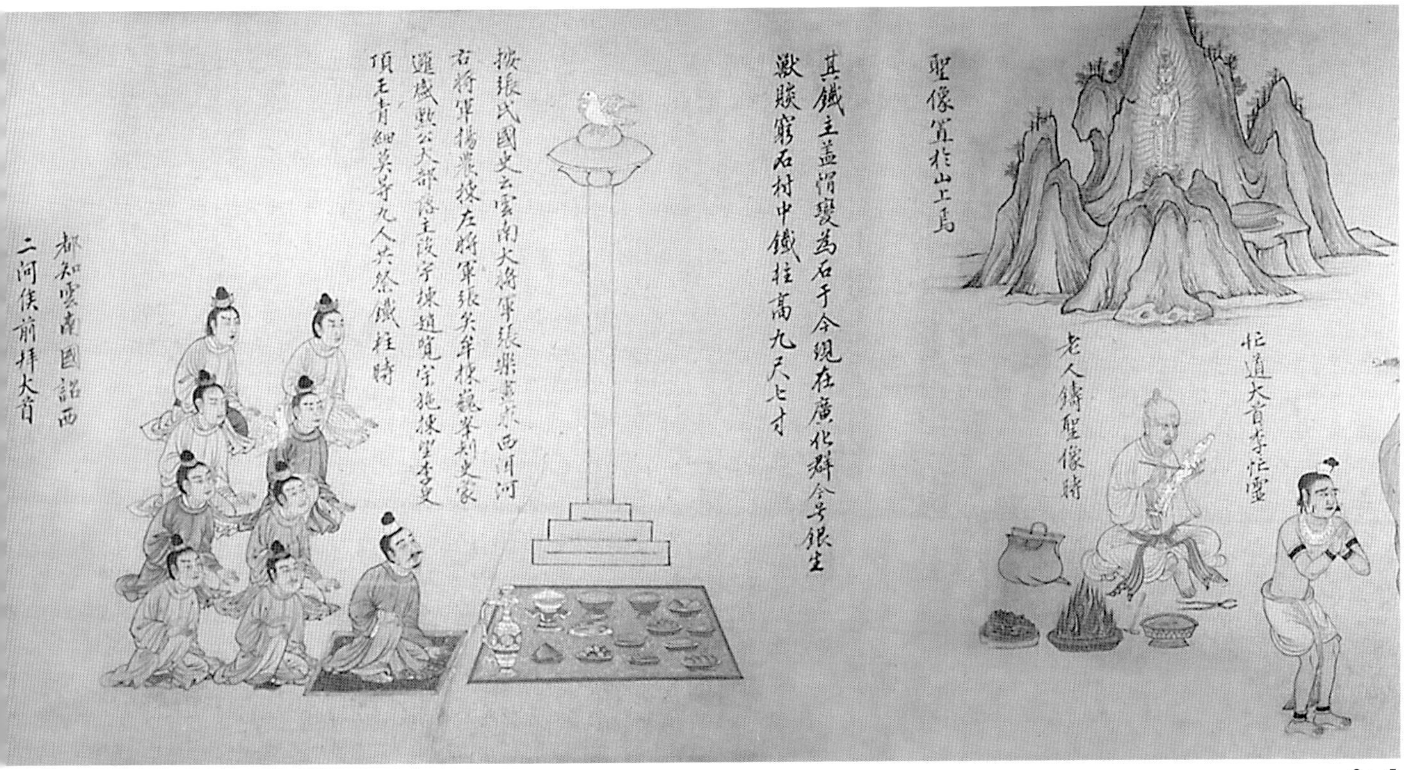
聖像置於山上焉
其鐵主蓋帽變為石于今現在廣化郡今号銀生
歟賧窮石村中鐵柱高九尺七寸
老人鑄聖像時
都知雲南國詔西
二河侯前拜大首
2～5

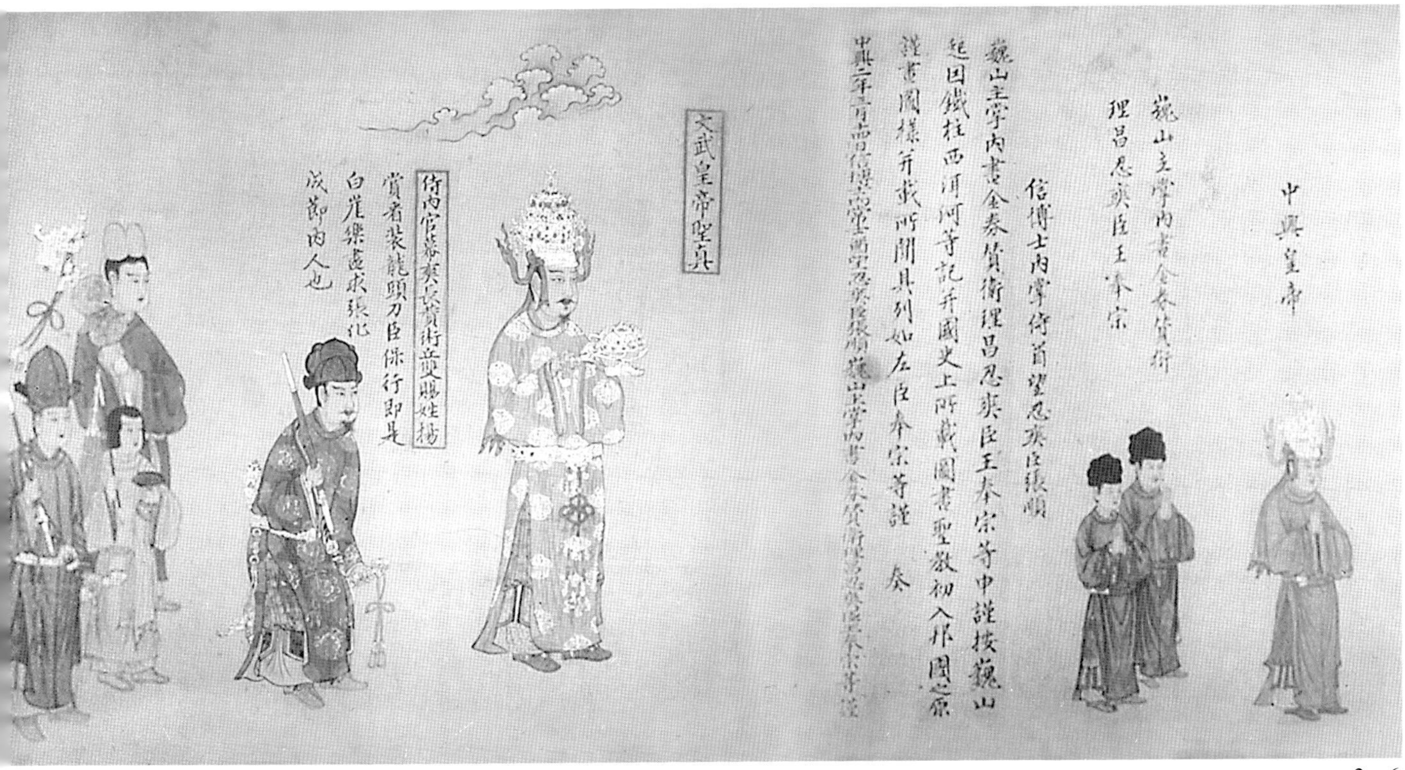
中興皇帝
巍山主掌內書金券贊衛
理昌忍爽臣王奉宗
信博士內掌侍酋望忍爽臣張順
巍山主掌內書金券贊衛理昌忍爽臣王奉宗等申謹按巍山
起因鐵柱西洱河等記并國史上所載圖書聖教初入邦國之原
謹畫圖樣并載所聞具列如左臣奉宗等謹　奏
文武皇帝聖真
成節內人也
2～6

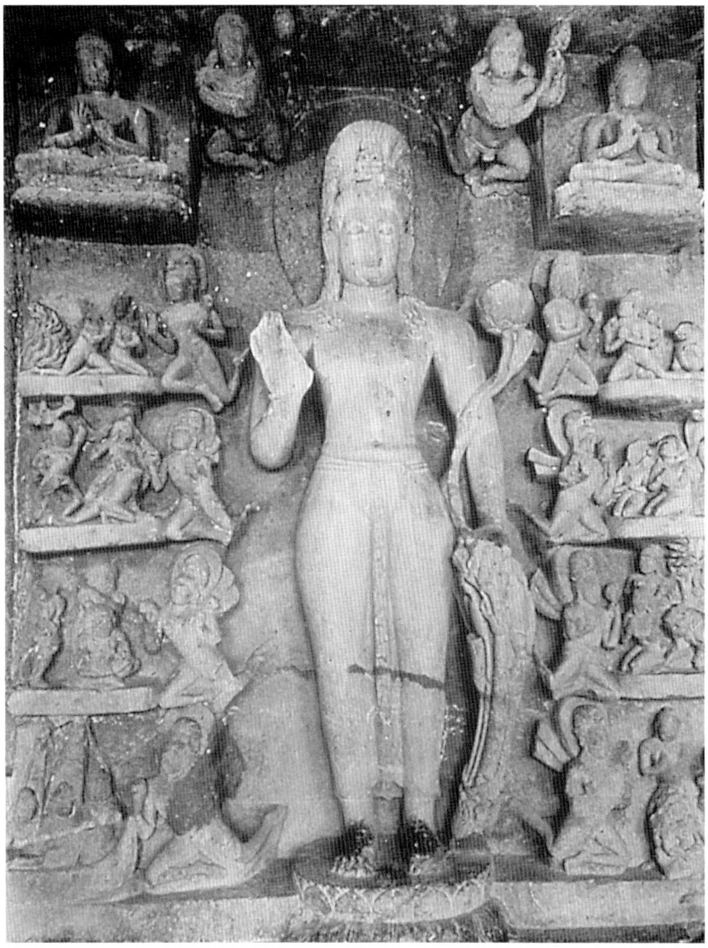

圖3　觀音經變相　六世紀下半　Aurangabad 第七窟

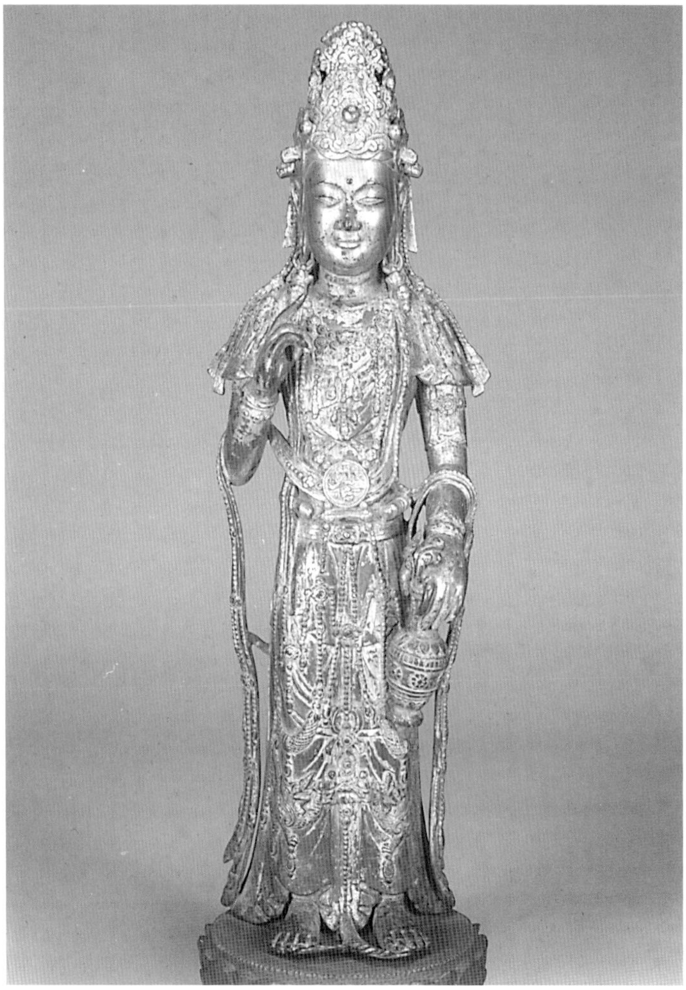

圖4　觀音菩薩立像　大理國　日本私人收藏

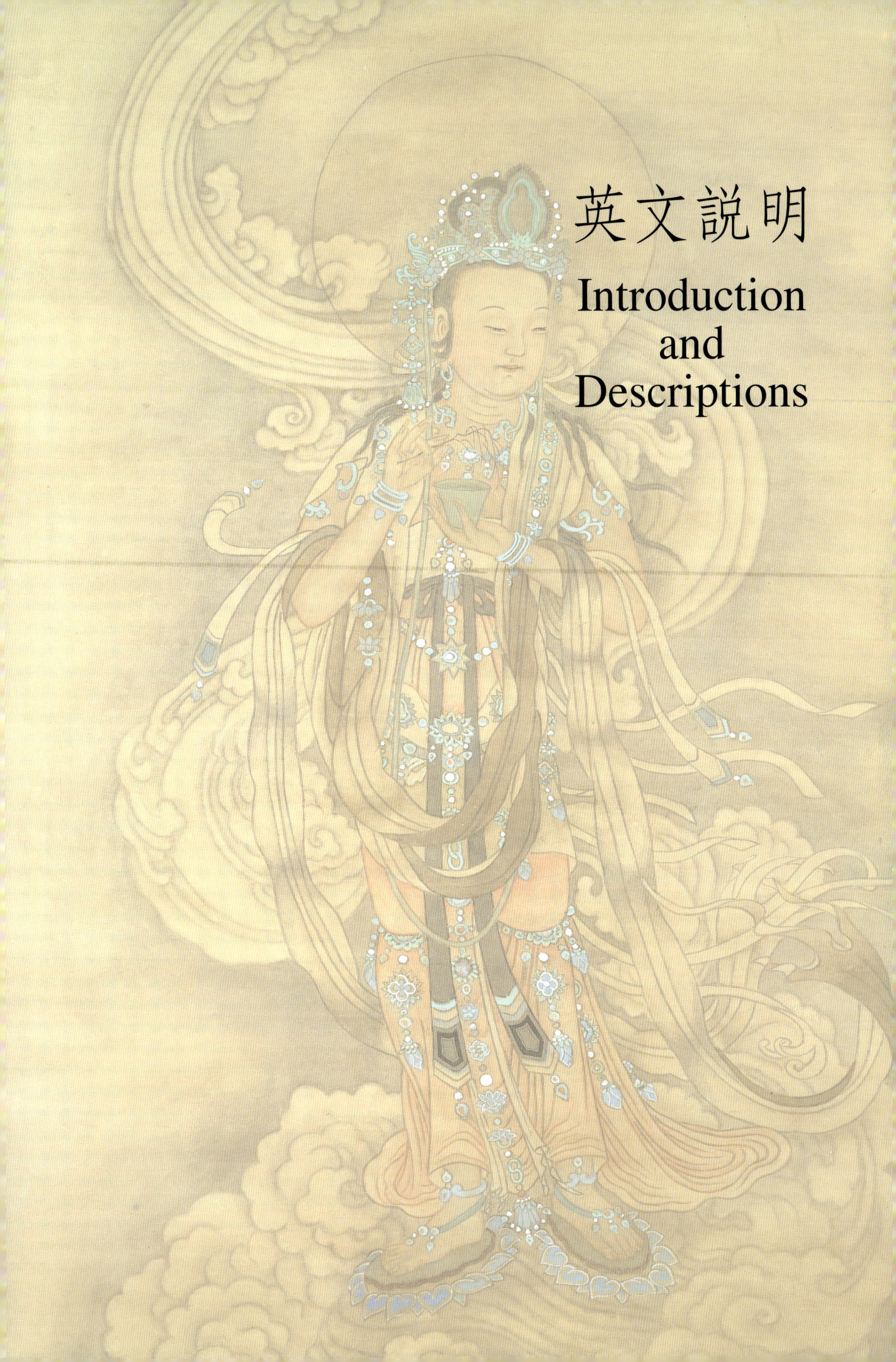

英文說明

Introduction and Descriptions

Introduction

Kuan-yin (Sanskrit: Avalokiteśvara), also known as Kuan-shih-yin ("Beholder of All Sounds") or Kuan-tzu-tsai ("Sovereign Beholder"), is one of the bodhisattvas (sentient beings who forgo nirvāṇa in order to save others) in Buddhism. The belief in Kuan-yin entered China and spread rapidly after the third century. To this day, many temples and monasteries are dedicated to Kuan-yin throughout the country. Known as the Bodhisattva of Infinite Compassion, countless numbers of followers have called upon this deity for salvation and intervention. Kuan-yin thus has become one of the most well known bodhisattvas in the Mahāyāna (popular) sect of Buddhism.

The first translation into Chinese of the *Lotus Sūtra*, which contains a chapter devoted to Kuan-yin, was completed in 286 by Dharmarakṣa, marking the introduction of this deity to China. Over the following 1700 years, learned monks have translated more than eighty scriptures associated with Kuan-yin. To further propagate the belief in this deity in China, non-orthodox scriptures based on Buddhist canons (*sūtras*) have been written, countless collections of miracle tales have been compiled, and many stories and legends have been spread. Through the slow yet steady process of sinification, the male form of Kuan-yin as originally seen in Indian art gave way to the female one of motherly compassion. Popularly known as the Goddess of Mercy, Kuan-yin evolved from foreign origins to become an integral part of Chinese culture.

In China, the belief in Kuan-yin is varied and complex. Overall, however, three types may be observed; the exoteric ("general"), esoteric ("secret"), and sinified (Chinese) types of Kuan-yin. The images associated with these types also differ accordingly. The exoteric Kuan-yin type is based on the general *sūtras* of Mahāyāna Buddhism, such as "The Kuan-yin Chapter" of the *Lotus Sūtra*, the *Avataṁsaka Sūtra*, and the *Sukhāvativyūha Sūtra*. This Kuan-yin type has a single head and two arms, wears a crown adorned with a Buddha, and often holds such objects as a lotus blossom, a willow branch, a water vase, rosary beads, or a water cup. Examples in the present catalogue are *Kuan-yin* attributed to a Sung dynasty artist and *Kuan-yin* attributed to Ch'iu Ying. The "secret" Kuan-yin type is based on such esoteric Buddhist canons as *Sūtra of the Eleven-headed Kuan-yin, Sūtra of the Thousand-armed Kuan-yin of Great Compassion,* and the *Cundī Sūtra.* This Kuan-yin either has one head and many hands or multiple heads and hands, which are often shown holding ritual objects of various kinds to relieve suffering and provide salvation. Examples in the catalogue are *Kuan-yin of Great Compassion* attributed to Fan Ch'iung and *Cundī* by a Ming dynasty artist.

The sinified form of Kuan-yin is based on Chinese texts, miracle tales, *pao-chüan* ("precious scrolls" folk literature), and native stories and legends. The image of this Kuan-yin form was strongly influenced by popular fiction and includes such varieties as the White-robed Kuan-yin, Kuan-yin Bestowing Children, Kuan-yin of the Fish Basket, and the South Sea Kuan-yin. Furthermore, in the Ming dynasty (1368-1644), it was popularly believed that Kuan-yin (according to descriptions in "The 25 Great Ones" from the *Śūraṅgama Sūtra* and "The Kuan-yin Chapter" from the *Lotus Sūtra*) could transform at will and appear in more than thirty human forms to expound the Buddhist faith. At the time, compilations of 32 and 33 forms of Kuan-yin images were collected to create the "32 Manifestations of Kuan-yin" and the "33 Manifestations of Kuan-yin." Most of these images are not found in orthodox *sūtra*s and thus reflect one of the most concrete expressions of the sinification of Kuan-yin.

The present catalogue to the special exhibition from the Museum collection includes Kuan-yin paintings and examples of exoteric, esoteric, and sinified Kuan-yin scriptures as well as sculptures. In addition to revealing the richness of the belief in Kuan-yin, the catalogue also provides viewers with a greater understanding of the changes in Chinese Buddhism as manifested by these magnificent visions of compassion.

Descriptions of the Plates

Sculptures

1

Standing Kuan-yin

Northern Wei Dynasty, dated 498

Gilt bronze, height: 26 cm

With hair tied into a topknot and the torso exposed, Kuan-yin's sashes entwine the arms and the skirt covers the legs. A band of jewelry drapes around the neck and crosses at the abdomen. In the figure's right hand is a lotus bud and in the left is the end of a sash.

This Kuan-yin with a Lotus Blossom, known in Sanskrit as Padmāpaṇi, was the most representative type of Kuan-yin in the middle Northern Wei dynasty (386-534)—the mid-fifth century. The facial features are delicate and the cheeks and shoulders sloping. The torso is flatter than examples from the early T'ai-ho period (477-499) with dense drapery patterns and strong linear features. According to the inscription on the reverse of the pedestal, this sculpture was made in 498 for Wu Tao-hsing, a native of Hopeh.

2

Two Standing Kuan-yin

Sui Dynasty, dated 586

Gilt bronze, height: 34.8 cm

These two Kuan-yin figures wear low crowns and peach-shaped neck ornaments. The robes cover the bodies with sashes crossing at the torso. Their right hands are in the gesture of "no fear" (*abhāya mudrā*), while the left hands are in the gesture of bestowing wishes (*varada mudrā*). Although the inscription on this sculpture does not identify the two figures, they undoubtedly are Kuan-yin. Double standing Kuan-yin images are known in the art of the Northern Ch'i (550-577), so this sculpture thus represents two Kuan-yin.

The simplicity of the forms is indicated by the flatness of the hands against the bodies and the stiff, erect stances with no suggestion of movement, which derive from the Northern Dynasties (386-581) style. However, the elongated faces and elegant facial features of these two figures reflect refined advances from the Sui dynasty (581-618).

3

Standing Kuan-yin

Sui Dynasty (581-618)

Gilt bronze, height: 15.2 cm

The three-pronged crown of this Kuan-yin is adorned with a Buddha figure. Kuan-yin's body is covered by jewelry, sashes, and a skirt. In the figure's right hand is a willow branch and in the left a water vase, which are most commonly seen in Kuan-yin images of the Sui dynasty. The oval face is punctuated by fleshy cheeks, and the belly protrudes to suggest the soft fleshy quality of the body. The slight curve to the waist above the figure's right hip creates an "S" shape that expresses a shift in weight, suggesting a pose of relaxation. The drapery was rendered with just a few lines.

Despite the simplicity of the body, the connection between the parts is amply suggested; even the drapery lines over the thigh reflect the fleshiness of the legs. This degree of naturalism is an important stylistic feature of Sui dynasty sculptures.

4

Standing Kuan-yin

T'ang Dynasty, mid-8th c.

Bronze, height: 21.2 cm

The crown of this Kuan-yin is adorned with a seated Buddha. The figure's left hand holds the stem of a lotus blossom. The round fleshy face bears elegant features marked by high arcing eyebrows connecting to the bridge of the nose. The downcast eyes, wave-like eyelids, and slender nose create a solemn expression. Despite the fleshy body and wide shoulders, the narrow waist and suggestion of anatomical structure provide a sense of substance. The soft skirt clings to the legs, forming "U"-shaped drapery folds that add a sense of graceful movement along with the cascading wave-like sashes. The weight is shifted to the figure's right leg with the left leg slightly bent to suggest relaxation.

The bend to the waist here is greater than that of the Sui dynasty Kuan-yin sculptures above, imbuing this figure with a greater sense of movement and energy. The style indicates that this sculpture was made approximately in the middle of the 8th century during the T'ang dynasty (618-907).

5

Standing Ācārya Kuan-yin

Ta-li Kingdom, 12th c.

Gilt bronze, height: 25.6 cm

The crown of this Kuan-yin bears the figure of an Amitābha Buddha. The right hand of Kuan-yin is in the gesture of comfort (*vitarka mudrā*), and the left arm bends a little with the fingers slightly curled. The slender face features arched eyebrows connecting with a flattened nose. The mouth is wide with thick lips. The hair, tied into a topknot, falls in neat braids down to the shoulders. The exposed torso is also flat and reveals a thin waist. The figure wears a cloud-pattern necklace with bracelets on both upper arms and a bracelet on the right wrist. Below the decorative waist band, the lower body is covered by a long skirt rendered as regular arched drapery lines.

The stiff pose of the figure here was influenced by the style of sculptures from Southeast Asia, which is quite different from traditional Chinese images of Kuan-yin. The style here belongs to that of the 12th century from the Ta-li Kingdom (937-1254). This type of Kuan-yin image is found only in Yünnan, where it was called the "Ācārya Kuan-yin."

6

Seated Kuan-yin

Ta-li Kingdom, 12th c.

Gilt bronze, height: 28.5 cm

Kuan-yin wears a crown; robes and sashes cross the bejeweled torso. The figure's left hand has a lotus cup, and the right has a willow branch with large leaves that almost look like feathers. This techniques for representing the willow branch and the form of the lotus cup are found among images from the Ta-li Kingdom in Yünnan.

The eyebrows are slightly curved and the eyes level. The bridge of the nose is broad, and the corners of the lips are raised a bit for a peaceful and serene expression. The erect pose features a swelling chest with the forms of the body clearly revealed. The necklace extends down to the abdomen, where it crosses and then extends down to the legs in a complex yet ornate arrangement. The drapery lines flow over the body in a manner similar to that of many late Ta-li Kingdom images, thereby dating this work to about the 12th century in the latter part of this period.

7

Seated Kuan-yin

Ming Dynasty, 15th-16th c.

Gilt bronze, height: 19.5 cm

A Buddha figure adorns the crown of this Kuan-yin, whose right foot rests on the covered rock as the left foot is on a lotus blossom below. The figure's right hand is on its right knee in a pose of ease that represents a break from classical rules. This type of Kuan-yin at ease is commonly referred to as the "Potaraka Kuan-yin." By the right foot of the figure is a parrot, a motif that derives from stories that spread extensively starting from the Yüan dynasty (1279-1368).

The flat forehead and fleshy cheeks here are complemented by long eyebrows and delicate eyes with curving eyelids. The bracelet includes three separate strands across the torso for an opulent effect. The elongated waist appears somewhat unnaturalistic. This work was done in the Ming dynasty (1368-1644) sometime between the second half of the 15th century and the first half of the 16th century.

Paintings

8

Kuan-yin of a Thousand Arms and Eyes

Anonymous, Sung Dynasty, 12th c.

Hanging scroll, ink and colors on silk, 176.8 x 79.2 cm

Kuan-yin has 26 bodhisattva heads and one Buddha head. The palm of each of the thousand hands has an eye, representing a visualization of the deity's ability to see and assist all in need. This type of Kuan-yin represents an important form in esoteric Buddhism, which entered T'ang China under Emperor Kao-tsu (r. 618-626).

Kuan-yin solemnly stands among the waves on top of a lotus pedestal that is being supported by four Heavenly Kings. On either side are bodhisattva attendants. Above are seated Buddhas on auspicious clouds, and below are Eight Deva Kings in two rows. Kuan-yin has a moustache, but also an elegant face and delicate figure that clearly reveal feminine qualities. The painting is elegantly colored, and the details of the jewelry have been rendered with exceptional refinement. The soft and flowing drapery lines are features of a Sung dynasty (960-1279) painting dated 1183 that was transmitted to Japan, making this an important masterpiece of Buddhist painting from the 12th century.

9

Kuan-yin

Attributed to Chia Shih-ku (fl. 1131-1162), Sung Dynasty

Ming Dynasty, 15th c.

Hanging scroll, ink on paper, 42.2 x 29.8 cm

Kuan-yin sits leaning on a rock as the water of Buddha-truth pours from the vase he is holding and then transforms into a lotus blossom. The details of Kuan-yin are rendered with exceptionally fine brushwork. In contrast, the drapery lines vary considerably in thickness and are done with great force.

Judging from the "Shih-ku" signature to the lower right of the figure, this work was considered at one point to have been painted by the Sung artist Chia Shih-ku. However, the treatment of the rocks is similar to landscape painting of the 15th century (early in the Ming dynasty), indicating that the signature is a later addition. Nevertheless, the mature and skillful painting techniques still make this a masterpiece of Buddhist art.

10

Cundī

Anonymous, Ming Dynasty, 15th c.

Hanging scroll, gold ink and colors on paper, 126.7 x 81.1 cm

The base of this hanging scroll is rendered in dark blue. Depicted here is a large lotus blossom above the waves upon which Cundī, a form of Kuan-yin, solemnly sits cross-legged. The figure wears a five-pointed crown and jewelry draped across the torso. The face is distinguished by a third eye, and the figure has eighteen arms. Some of the hands form *mudrās* (gestures), while most hold ritual objects. In each corner above, a heavenly deity approaches on clouds, while two dragon kings below support the lotus stem. The monk in the lower right probably is a Cundī practitioner. The work was done in gold ink with fine flowing lines. The drapery patterns are complete and detailed, making this a fine Ming Buddhist painting of the 15th century.

11

White-robed Kuan-yin

Tu-ling Nei-shih, Ming Dynasty, 2nd half of the 16th c.

Hanging scroll, ink and colors on silk, 54 x 28.6 cm

Tu-ling nei-shih (personal name Chu) is the sobriquet of the daughter of the famous artist Ch'iu Ying (ca. 1494-1552). Influenced by her father, she was good at landscape and figure painting.

In this work, the White-robed Kuan-yin sits on a large blue lotus blossom rising from a pond and surrounded by lotus leaves and reeds. Resting on a lotus pod next to her is the water vase of purity that she is often shown holding. The vase rests in a water cup and holds a willow branch. The leaves and reeds are done in outlines and light ink washes, while other details include washes of color for contrast, especially the white pigment of Kuan-yin's robes. The elegance and otherworldliness make this an exceptional work by a female artist of the Ming dynasty.

12

Thirty-two Manifestations of Kuan-yin

Hsing Tz'u-ching, Ming Dynasty, 2nd half of the 16th c.

Album leaves, gold ink on paper, 28.5 x 29.5 cm each

Hsing Tz'u-ching was the younger sister of the famous painter-calligrapher Hsing T'ung (1551-1612). She excelled at painting the themes of bamboo-and-stones and the White-robed Kuan-yin.

This album is based on the contents of the *Śūraṅgama Sūtra* and shows 32 transformations of Kuan-yin that have been done in gold ink. Of the original 32 leaves in this album, only 24 now survive. All the Kuan-yin figures are shown in female form. The manifestations of the deity are rendered in a variety of poses, including seated, standing, facing the viewer, with the back to the viewer. Each leaf also includes a calligraphed poem in praise of Kuan-yin.

13

Kuan-yin of the Lotuses

Shao Mi, Ming Dynasty, dated 1626

Hanging scroll, ink on paper, 65.1 x 34.4 cm

Shao Mi (fl. 1593-1642), a native of Soochow, was gifted at poetry, prose, calligraphy, and painting.

On a pond with several lotus blossoms, Kuan-yin is shown here with a beard and moustache. Walking on the water, he wears a cloth cap and a long robe and carries a figure-tipped cane. The appearance of Kuan-yin differs greatly from that usually associated with the deity, making the figure look more like a scholar. The facial features and hand are rendered in outlines of light ink for an exceptionally fine and delicate look. Other areas, such as the drapery, are done more sketchily for a free and loose quality. Shao Mi's unconventional rendering in the form of a scholar provides yet another interpretation of the Kuan-yin deity.

14

Kuan-yin

Ting Yün-p'eng, Ming Dynasty, dated 1618

Album leaves, ink on paper, 31.9 x 28.3 cm each

Ting Yün-p'eng (1547-after 1628), a native of Anhwei, was a renowned late Ming painter of landscapes, birds-and-flowers, and Buddhist and Taoist figures.

Each of the 16 leaves of this album includes a representation of Kuan-yin. Kuan-yin exhibits mercy and compassion out of concern and transforms into different forms to perform salvation for humanity. This album was done using either the *pai-miao* (outline) manner or with simple brushstrokes. Some lines are complex and flowing with rounded turns, while others show angular abbreviation and force with obvious variation in the thickness. The inscription and signature on the last leaf indicates that this work was done by Ting Yün-p'eng at the age of 71.

15

Kuan-yin of the Fish Basket

Attributed to Chao Meng-fu (1254-1322), Yüan Dynasty

Ming Dynasty (1368-1644)

Hanging scroll, ink and colors on silk, 122.6 x 61.3 cm

It is said that there once was a beautiful maiden who sold fish from a basket. With many suitors, she said that she would marry the man who could memorize overnight "The Kuan-yin Chapter" from the *Lotus Sūtra* or the *Diamond Sūtra*. As it turned out, many were able to do so. She thereupon said that she would betroth the suitor who could also memorize the entire text of the *Lotus Sūtra* in three days. Only one young man, surnamed

Ma, succeeded and they thereupon married. Immediately afterwards, however, she fell ill and died. Only then was it learned that the beautiful girl was a manifestation of Kuan-yin. This painting of a lady represents Kuan-yin of the Fish Basket, also known as Mrs. Ma Kuan-yin. Although attributed to Chao Meng-fu, the style of this work suggests a Ming dynasty date.

16

Kuan-yin of the Fish Basket

Wu Pin, Ming Dynasty, ca. 1601-1603

Hanging scroll, ink and colors on silk, 187.8 x 85 cm

Wu Pin (fl. 1568-1627) was a native of Fukien who settled in Nanking. He specialized in painting landscapes, birds-and-flowers, and Buddhist and Taoist figures.

In this painting of Kuan-yin of the Fish Basket, she wears straw sandals and holds a *sūtra* scroll as a child attendant stands next to her holding the fish basket. Though Kuan-yin here is supposed to be a young maiden, the heavyset features of the oval face seem to lack the beauty with which she was associated. The disproportionate size between her and the attendant makes her seem unusually large and elongated. The drapery lines are done using coarse strokes with thick ink. However, many of the lines are curved and parallel, imparting an unusual yet appealing quality to the painting.

17

Kuan-yin

Wu Pin, Ming Dynasty, ca. 1610-1620

Album leaf, ink and colors on silk, 78 x 88.8 cm

This painting of Kuan-yin is the 22nd leaf from "Album of the 25 Great Ones from the *Śūraṅgama Sūtra*." Here, Kuan-yin wears a white cloth on her head and wears a white robe. Seated cross-legged facing the water, bamboo trees are shown growing on the slope behind her. The coloring of the painting is subdued and elegant, and the body of Kuan-yin appears gracefully elongated. The flowing parallel lines of the drapery echo the crests and troughs of the waves below, adding quite a bit of distortion to the style for which Wu Pin (fl. 1568-1627) was known.

18

The Amitābha Triad

Ch'en Hung-shou, Ming Dynasty, ca. 1646-1652

Hanging scroll, ink and colors on silk, 174.1 x 72.1 cm

Ch'en Hung-shou (1599-1652), a native of Chekiang, was known for the distorted style of his bird-and-flower, insect-and-grass, and landscape painting. His figure paintings were also unparalleled.

Three Buddhist monks proceed in front of a tall perforated garden rock. Their heavy facial hair and features suggest that they are foreigners. According to the artist's inscription, they represent the Amitābha Buddha accompanied by the bodhisattvas Kuan-yin and Mahāsthāmaprāpta. The unusual appearance of the figures is accented by the size and disproportion of the heads to the bodies. To outline the drapery, Ch'en Hung-shou used his distinctive angular strokes that look as tough and powerful as steel wire.

19

Kuan-yin of Great Compassion

Attributed to Fan Ch'iung (fl. 846-879), T'ang Dynasty

Ming Dynasty (1368-1644)

Hanging scroll, ink and colors on silk, 67.3 x 39.9 cm

Kuan-yin appears here wearing a jeweled crown, in which is set a small Amitābha Buddha, and sits cross-legged on a blue lotus pedestal. Her face has a third eye and each of her 42 hands has an eye in the palm. This is the Kuan-yin of a Thousand Arms and Eyes, a type also known as the Kuan-yin of Great Compassion and found in esoteric Buddhism.

The signature of Fan Ch'iung in the lower left led Ch'a Shih-piao and Chang Ch'ou of the Ch'ing dynasty (1644-1911) to consider this an authentic work by Fan. However, the feminine appearance differs from the masculine one associated with Kuan-yin in the T'ang. It seems, rather, more like that of the Ming dynasty, indicating it is probably a work of this later period.

20

Sixteen-armed Kuan-yin

Attributed to Chang Wo (fl. mid-14th c.), Yüan Dynasty

Ming Dynasty (1368-1644)

Hanging scroll, ink on paper, 91 x 43.5 cm

This work done in the *pai-miao* (outline) manner shows a sixteen-armed Kuan-yin sitting cross-legged on a lotus pedestal that is supported by a canine-looking beast on clouds. The painting is quite fine, especially in the flowing lines of the brushstrokes and the drapery. The hair and lotus petals are all rendered in minute detail, while the patterns of the decorative cloth on the back of the beast and the figure's drapery were all painted fastidiously.

The signature of Chang Wo appears in the lower left corner. However, when compared to the figures in his famous painting of the *Nine Songs*, the drapery lines here lack the same harmony and graceful flow. Thus, this painting is probably not an authentic work of Chang Wo and was done in the Ming dynasty.

21

Kuan-yin

Attributed to Ch'iu Ying (ca. 1494-1552), Ming Dynasty

Ming Dynasty (1368-1644)

Hanging scroll, ink and colors on paper, 104.2 x 52.5 cm

With sashes fluttering in the breeze, Kuan-yin stands here on blue lotus blossoms resting on a trail of clouds and holds a willow branch and a water cup. The jeweled crown shows the place where a standing Buddha should be seen, indicating that this is an unfinished painting. In addition to the fine strokes for rendering the details and lines, elegant washes of colors were used for the face, hands, and clothing to complement the colorful jewelry and to suggest volume.

Although the seal and signature of Ch'iu Ying appear along the left border, the quality of the lines and details differ considerably from that associated with this Ming master. Thus, this is probably a Ming dynasty work to which Ch'iu's name was added by a later person.

22

Kuan-yin

Attributed to Ko Ch'iu-ssu (1312-1365), Yüan Dynasty

Ming Dynasty (1368-1644)

Hanging scroll, ink on paper, 102.3 x 37.5 cm

Kuan-yin sits leaning against a large rock on an overhanging cliff with a clump of bamboo. She seems to gaze at the reflection of the moon on the surface of the water below. The artist used just a few strokes to outline the drapery and employed calligraphic brushwork to render the bamboo, imparting a playful sense to the brush and ink. Kuan-yin here appears in the image of a girl, probably inspired by the description in "The Kuan-yin Chapter" from the *Lotus Sūtra*.

Although the signature of K'o Chiu-ssu, a famous bamboo painter of the period, appears along the middle lower right border, the style of the bamboo and the signature differ from other examples associated with him and appear closer to examples from the Ming dynasty. Thus, the signature was probably added by a later hand.

23

Kuan-yin in the Outline Manner

Attributed to an Anonymous Artist, Sung Dynasty (960-1279)

Ming Dynasty, 16th-17th c.

Hanging scroll, ink on paper, 78.5 x 44.7 cm

In this *pai-miao* (outline) work, Kuan-yin's hair drapes over her shoulders. With a semi-transparent halo, she sits on an opulent daybed clasping her knee. The elegant facial features, such as the delicate eyes and the small mouth, give her a very feminine appearance.

The artist used strokes as fine as silk strands to define the figure outlines and facial features, and also employed delicately graceful yet forceful lines for the drapery, making them look like flowing clouds and water. On the screen is a transcription of "The Kuan-yin Chapter" from the *Lotus Sūtra* done in tiny "gnat's-head" regular script. Since the style reveals the influence of Wen Cheng-ming's (1470-1559) calligraphy, this work is probably by a late Ming dynasty artist.

24

Kuan-yin Bestowing Children

Anonymous, Ming Dynasty, 16th-17th c.

Hanging scroll, ink on paper, 98.1 x 35.6 cm

This hanging scroll shows a lady holding a child. She holds a willow branch in her right hand and a water cup in her left. Representing Kuan-yin Bestowing Children, she has very down-to-earth features and a visage that emanates mercy and compassion, like that of a kind and loving mother.

Her face, hair, hands, and feet were all done with fine strokes of light ink using a strong yet steady brush. The drapery lines, however, are composed of tiny characters transcribed from the "The Kuan-yin Chapter" from the *Lotus Sūtra* in regular script. The text starts from the left arm of Kuan-yin near the head of the child and continues character-for-character in fine elegant script, revealing the religious dedication of the artist. This work was probably done in the late 16th or early 17th century.

25

Kuan-yin

Attributed to an Anonymous Artist, Sung Dynasty (960-1279)

Late Ming to Early Ch'ing Dynasty, 17th-18th c.

Hanging scroll, ink and colors on silk, 131.7 x 56.2 cm

Kuan-yin's blue hair drapes over the shoulders in this work. Wearing a jeweled crown which bears a seated Buddha, Kuan-yin is shown placing a willow branch into the glass bowl held in the left hand. The opulent clothing is decorated with jewelry all over the body.

In the Museum's old catalogues, this work is listed as by an anonymous Sung artist. Indeed, the form of Kuan-yin here is similar to a Sung dynasty one that was transmitted to Japan. However, the artist has added washes of white pigment to the eyebrows, nose, and chin. Moreover, the drapery lines appear coarser. These techniques differ from those of the Sung dynasty. Consequently, this work was probably done by a late Ming or early Ch'ing artist copying after a Sung model.

26

Solemn Kuan-yin

Attributed to Ting Yün-p'eng (1547-after 1628), Ming Dynasty

Late Ming to Early Ch'ing Dynasty, 17th-18th c.

Hanging scroll, ink and colors on paper, 197.8 x 98 cm

Kuan-yin's bluish hair is draped over the shoulders in this painting. Kuan-yin, wearing an opulent crown with a seated Buddha, is adorned with all sorts of jewels and is covered with a semi-transparent cloth. The coloring is rich and the portrayal quite delicate and fine; no detail of the clothing pattern has been left out. Furthermore, the exposed parts of the body have all been rendered with washes, imparting a sense of volume to the figure.

Although the signature of Ting Yün-p'eng appears along the middle lower right border, the style indicates that it was probably done by a later painter working from an older model. Thus, the signature of Ting Yün-p'eng is an interpolation that was probably added at a later date.

27

Kuan-yin by the Sea

Ch'en Shu, Ch'ing Dynasty, dated 1713

Hanging scroll, ink and light colors on paper, 70.7 x 27.2 cm

Ch'en Shu (1660-1736), a native of Chekiang, was the mother of Ch'ien Ch'en-ch'un, a high official under the Ch'ien-lung Emperor (r. 1736-1795). She was gifted at painting birds-and-flowers, insects-and-grasses, landscapes, and figures.

This work was painted by Ch'en Shu at the age of 53. The White-robed Kuan-yin also wears a white cloth on her head. She holds a willow branch in her right hand as she sits leisurely on a rocky outcropping by the sea. The elegant features of the figure are complemented by the dense flowing drapery lines. The rich and angular texturing of the rocks looks like "axe-cut" strokes. The contrast between the delicate drapery and rough rocks create an interesting visual effect.

28

Kuan-yin of the Tidal Cave

Anonymous, Ch'ing Dynasty (1644-1911)

Album leaf, ink and colors on silk, 49 x 41.5 cm

This, the eighth leaf from the album "In Celebration of the Amitābha Buddha," shows Kuan-yin at Tidal Sound (Hai-ch'ao-yin) Cave. The cave is located at Mt. Potala (P'u-t'o), Chekiang, and is said to be where Kuan-yin is often sighted.

Among the waves, the South Sea Kuan-yin wears a white robe as she stands on auspicious clouds emanating from Tidal Sound Cave. Looking back, she holds a willow branch to spread the water from her vase and alleviate the suffering of all people. The figure with hands clasped is Sudhana (Shan-ts'ai), who is often said to appear at the Sudhana Cave at Mt. P'u-t'o. The white parrot here is said to have accompanied the South Sea Kuan-yin to Mt. Potala and studied Buddhism (as narrated in "The Parrot of Loyalty").

29

Kuan-yin

P'u-ju (1896-1963), Republican Period

Hanging scroll, ink on paper, 119.6 x 56.8 cm

P'u-ju, a native of Peking, is also known by his style name, Hsin-yü. The cousin of P'u-i, the last emperor of China, P'u-ju began his study of literature, calligraphy, and painting at an early age, and he eventually became an important painter and calligrapher of the 20th century.

This Kuan-yin painting was done in monochrome ink. Behind the head of Kuan-yin is a large halo. She wears a white robe and sits on an outcropping clasping her knee. Below are rolling waves and to the rear is a cascade. The artist has used the *pai-miao* (outline) manner to render the figure, and the lines are fine yet flowing and forceful. The brushwork for the rocks and cascade, however, is much freer and more energetic. This powerful yet elegant masterpiece is a modern rendition of the theme of the Water-moon Kuan-yin in monochrome ink.

30

Kuan-yin

Attributed to an Anonymous Artist, Sui Dynasty (581-618)

Republican Period, 20th c.

Hanging scroll, ink and colors on silk, 198.1 x 65.6 cm

This painting is a bequest to the Museum from the Ta-feng Collection of Chang Ta-chien (1899-1983).

Here, Kuan-yin wears an opulent crown, holds a jewel on a lotus base, and stands on a lotus pedestal. The inscription in the lower left states that Ch'eng T'o-lo had this work done in 603 AD on behalf of his deceased daughter. The name of Ch'eng T'o-lo has been discovered in a Sui dynasty grotto at Tun-huang, suggesting that this is a painting of the period. However, the proportion of the body differs from that in Sui dynasty Tun-huang wall paintings. Moreover, the technique of using washes to suggest volume for the body appears too advanced for the time. Thus, this looks more like the work of a later artist.

31

"The Kuan-yin Chapter" from the *Lotus Sūtra*

Anonymous, Ming Dynasty, dated 1432

Folding book, gold ink on paper, 34.7 x 12.2 cm each leaf

This folding leaf book in gold ink combines alternating texts and images. Transcribing "The Kuan-yin Chapter" of the *Lotus Sūtra* and the *Heart Sūtra*, the fine calligraphy here is accompanied by a total of 42 illustrations. The paintings illustrate the appearance of Kuan-yin coming to the aid of people in difficult situations as well as manifestations of the deity to instruct the masses. According to the frontispiece inscription, this work was done in 1432 to bless the country and the people. Judging from the appearance of the mounting, this book appears to be a *sūtra* edition that was transcribed at the early Ming inner court.

32

Kuan-yin Sūtra

Anonymous, Ming Dynasty (1368-1644)

Folding book, gold ink on paper, 25 x 9 cm each leaf

This folding album of Buddhist *sūtra*s was calligraphed in gold ink and consists of three *chüan* (chapters). The first chapter is the *Sūtra of Kuan-yin*, the second is the *Sūtra of Kuan-yin the Healer*, and the third is the *Sūtra of Kuan-yin the Savior*. These texts are not recorded in Buddhist compilations, indicating that they were not translated based of texts from either India or Central Asia. Rather, they represent *sūtra*s that were written in China, thereby serving as testimony to the sinification of Buddhism that took place.

The frontispiece illustration in gold ink shows Sudhana (in the lower right) and the Dragon King couple paying reverence to the South Sea Kuan-yin. The painting is exceptionally fine and detailed.

33

Kuan-yin Sūtra of Great Compassion

Anonymous, Ming Dynasty (1368-1644)

Folding book, gold ink on paper, 22.1 x 8.3 cm each leaf

This folding album is composed of four volumes and is a transcription of *Kuan-yin Sūtra of Great Compassion*. It includes a frontispiece illustration of the Ten-armed Kuan-yin, the *sūtra* text itself, manifestations of Buddhas and bodhisattvas based on the "Incantation of Great Compassion," hands holding different ritual vessels and in various *mudrā*s (gestures) from the Thousand-armed Kuan-yin, and a text in praise of the Thousand-armed Kuan-yin. In the illustrations, strokes of delicate gold ink were used to outline the figures, and washes of rouge indicate sense of volume. The representation is quite refined.

Visions of Compassion: Images of Kuan-yin in Chinese Art

Catalogue to a Special Exhibition of Works from the National Palace Museum Collection

Held at the National Palace Museum, Taipei
From October to December 2000

Author
Yu-min LEE (National Palace Museum, Taipei)

Translator
Donald E. BRIX

Designer
Show-Printing Art Company

Photography
Lee and Lee Communications
TS'UI Hsüeh-kuo and LIN Feng-sung (National Palace Museum, Taipei)

Publisher
NATIONAL PALACE MUSEUM
Wai-shuang-hsi, Shih-lin
Taipei 11102, Taiwan, R.O.C.
(Tel: 886-2-2881-2021; Fax: 886-2-2882-1440)

Printer
Show-Printing Art Company
Taiwan, R.O.C.

First printing: October 2000

Cover
Detail of *Cundī*, Anonymous, Ming Dynasty (1368-1644), National Palace Museum (Taipei)

國家圖書館出版品預行編目資料

觀音特展 = Visions of compassion : images of Kuan-yin in Chinese art / 國立故宮博物院編輯委員會編輯；李玉珉文字撰述. -- 初版. -- 臺北市 ： 故宮, 民89
面； 公分

ISBN 957-562-388-6(精裝)

1. 佛教藝術 2. 佛教文物

224.52 89016390

中華民國八十九年十一月初版一刷
中華民國新聞局登記證局版台證字第2621號

觀音特展

發行人：杜正勝
編輯者：國立故宮博物院編輯委員會
文字撰述　李玉珉
英文翻譯　蒲思棠
美術設計　士鳳藝術設計印刷有限公司
攝　影：得意傳播科技股份有限公司
故宮博物院出版組照相室
崔學國　林豐松
出版者：國立故宮博物院
地址：中華民國台北市士林區至善路2段221號
電話：（02）2881-2021-4
傳真：（02）2882-1440
郵撥帳戶 0012874-1
印刷者：士鳳藝術設計印刷有限公司
地址：台北市羅斯福路一段72巷1號1樓
電話：（02）2321-5706
傳真：（02）2393-0428

ISBN 957-562-388-6
9 789575 623883　2 010010 601508
統一編號：020018890178